SV

Helmuth Feilke
Common sense-Kompetenz

Überlegungen zu einer Theorie
des ›sympathischen‹ und ›natürlichen‹
Meinens und Verstehens

Suhrkamp

Die Deutsche Bibliothek – CIP-Einheitsaufnahme
Feilke, Helmuth:
Common sense-Kompetenz :
Überlegungen zu einer Theorie des
»sympathischen« und »natürlichen« Meinens
und Verstehens /
Helmuth Feilke.
– 1. Aufl. –
Frankfurt am Main : Suhrkamp, 1994
ISBN 3-518-58170-8

Erste Auflage 1994
© Suhrkamp Verlag Frankfurt am Main 1994
Alle Rechte vorbehalten
Satz und Druck: Wagner GmbH, Nördlingen
Printed in Germany

Inhalt

Vorwort 11

Zur Einleitung 13

I. Historische, erkenntnistheoretische und soziologische Aspekte des Common sense-Begriffs

1. Vorbemerkungen 29
   1.1 Vorbemerkungen zu den Kapiteln 29
   1.2 Vorbemerkungen zum Begriff 32

2. Historische Aspekte: Traditionen der Thematisierung des Common sense 37

3. Common sense als erkenntnistheoretische Kategorie . 52
   3.1 Zum Kontext der biologischen Erkenntnistheorie . 52
   3.2 Assimilation in einem realen Kosmos – oder Akkommodation eines ›oikos‹? 58

4. Common sense als soziologische Kategorie in der Systemtheorie: Darstellung und linguistische Kritik . . . 67
   4.1 Vorbemerkungen zu den soziologischen Ansätzen 67
   4.2 Reichweite und Grenzen der systemtheoretischen Frageweise 70
   4.3 Kommunikation als Systemeigenschaft, sozialer Sinn und Selbstreferenz 73
   4.4 Bedingungen und Formen kommunikativer Strukturbildung 81
   Doppelte Kontingenz und kommunikative Strukturbildung 82
   Thematisierung und die Vorteile der Sprache . . . 84
   Sachliche, zeitliche und soziale Themenselektion . 86

4.5 Das Problem der Sprachlichkeit des Themenwissens – Eine Kritik 90
Zusammenfassung der Diskussion 101

5. Die wissenssoziologische Konzeption des Common sense: Darstellung und linguistische Kritik 105
5.1 Die Etappen der Entstehung des sozialen Wissens 105
   Typisierung 107
   Schematisierung 108
   Habitualisierung 109
   Institutionalisierung 111
5.2 Common sense als Institutionenwissen: Sprache als Sediment und Speicher 115

Erster Exkurs: Die ›Weisheit‹ der Formel als phraseologischer Topos 119

5.3 Die Institutionalisierung des Sprechens und die Verfügbarkeit des Wissens – Eine Kritik 136
5.3.1 Common sense als ein konstruktiv-rekonstruktives Interpretationswissen 136
5.3.2 Verfügbarkeit und Sprachlichkeit des Common sense 143
Common sense-Kompetenz als Resultat einer Prägung des Sprechens 143
Kurzer Exkurs zur semiotischen Bedeutung des Institutionalisierungsschemas 150
5.4 ›Gestisches Prinzip‹ und Common sense 152
5.5 Zur ›Natürlichkeit‹ der institutionalisierten Kompetenz 158

Zweiter Exkurs: Konsens oder Common sense? Zur Theorie des Kommunikativen Handelns ... 181
Grundzüge der Konzeption 184
Habermas' Kritik an Mead und ihre sprachtheoretischen Prämissen 186
Das Einverständnis und die Grammatik. Eine kritische Anmerkung 189

Wer regelt, was Regeln regeln? Das Problem der
Intersubjektivität 194

II. Im Spiegel des Common sense
Die idiomatische Rückseite der Sprachtheorie

1. Vorbemerkungen 209

2. Zur Diskussion: Erörterung eines Beispiels 213
   2.1 Das Problem 213
   2.2 Eine mögliche Antwort: Idiomatische Prägung . . 217
   2.3 Prägungstypen 225
   2.4 Resümee 235

3. Pragmatisch motivierte Strukturbildung als Problem
   reduktionistischer Erklärungsansätze 239
   3.1 Zum Problem des Reduktionismus 239
   3.2 Lösungsvorschläge: Konzepte der Thematisierung
       pragmatisch motivierter Strukturen 242
       3.2.1 ›Mikrostruktur‹ und ›Makrostruktur‹ (Searle) . . 242
       3.2.2 ›Analyse‹ der ›lebendigen Einheiten‹ (Wygotski) 244
       3.2.3 ›Verursachung von oben‹: ›Erstmaligkeit und
             Bestätigung in pragmatischer Information‹
             (Weizsäcker, Küppers, Eigen) 246
   3.3 Anmerkungen zum Problem des Reduktionismus
       in der Linguistik 259

4. Der paradigmatische Ort der ›Common sense-Kompetenz‹ 269
   4.1 Vorbemerkungen: Idiomatische Prägung als
       Problem theoretischer Reduktionen in der
       Sprachwissenschaft 269
   4.2 Reduktion auf den Handlungsaspekt 273
       4.2.1 Zur idiomatischen Insensibilität handlungsorien-
             tierter Kompetenzbegriffe 276
       4.2.2 Kontextualisierung und idiomatische Oberflächen 288

Dritter Exkurs: Anmerkungen zu Karl Bühlers
Unterscheidung zwischen Sprechhandlung und
Sprachwerk 300

4.3 Reduktion auf den Aspekt der grammatisch-
kombinatorischen Kreativität 304
4.3.1 Das ›Dogma vom Lexikon und von der Syntax‹
(Bühler) 304
4.3.2 Die Dominanz der grammatischen Perspektive . 310
4.3.3 Präferenzen des Verstehens: Der blinde Fleck
grammatisch dominierter Kompetenzbegriffe . . . 315
4.4 Reduktion auf den Zeichenaspekt: Paradigmatischer Strukturwert und syntagmatischer Gebrauchswert der Zeichen 341

III. RESULTAT UND PERSPEKTIVE DES DISKURSES

1. Resultat: Common sense, Kompetenz und Kommunikation 361
2. Perspektive: Zur idiomatischen Ordnung der
Verständigung 373
3. Schlußbemerkung 380

Literaturverzeichnis 383

Namenregister 414

Sachregister 419

»Das Verfahren der Sprache ist .. nicht bloss ein solches, wodurch eine einzelne Erscheinung zu Stande kommt; es muß .. zugleich die Möglichkeit eröffnen, eine unbestimmbare Menge solcher Erscheinungen ... hervorzubringen. Denn sie steht ganz eigentlich einem unendlichen und wahrhaft gränzenlosen Gebiete, dem Inbegriff alles Denkbaren gegenüber. Sie muss daher von endlichen Mitteln einen unendlichen Gebrauch machen...«
(Wilhelm v. Humboldt)

»Wir dürfen nicht die unendliche Möglichkeit der Anwendung mit dem verwechseln, was wirklich bewiesen ist. Die unendliche Möglichkeit der Anwendung ist nicht bewiesen!«
»Unendliche Möglichkeit bedeutet nicht: Möglichkeit des Unendlichen. Das Wort unendlich charakterisiert eine Möglichkeit und nicht eine Wirklichkeit.«
(Ludwig Wittgenstein)

»Im weitesten Sinne sind alle, die dieselbe Sprache sprechen, füreinander wirklichkeitswahrende Andere.«
(Peter Berger und Thomas Luckmann)

»Ja, ist es denn die Möglichkeit?!«
(native speaker)

Vorwort

Das Vorwort zu einem Text ist oft das Nachwort zu seiner Geschichte. Aus der Autorenperspektive ist es ein notwendiges, aus der Perspektive der Vorwort-Leser ein vielleicht paradoxes Wort. Denn das Vorwort hat mit dem zu tun, womit das Buch *inhaltlich* so gut wie nichts, *tatsächlich* aber so gut wie alles zu tun hat: mit den Bedingungen und vor allem mit den Personen, die es dem Autor ermöglicht, beziehungsweise zugestanden haben, wider alle Natur seine Tage damit zu verbringen, *etwas aufzuschreiben*. Dabei oft mit nicht mehr als der dürren Hoffnung in der Hand, daß der Besagte damit fertig werden und daß niemand dabei Schaden nehmen möge.
Denen, die für entscheidende Streckenabschnitte das einzige Licht auf den sogenannten ›Pfad der Erkenntnis‹ geworfen haben, einmal *etwas anderes* zu sagen, ist der Sinn auch dieses Vorworts.
Ich möchte denen danken, die in diesem Sinne das Buch mitgeschrieben und mir das Schreiben ermöglicht haben. Ein herzlicher Dank gilt auch denen, die zur Entwicklung der Arbeit durch Kritik und Anregung beigetragen haben.
Geholfen haben mir nicht zuletzt die anregenden und stützenden Bedingungen für wissenschaftliches Arbeiten am Fachbereich 3 ›Sprach- und Literaturwissenschaften‹ der Universität-Gesamthochschule Siegen.
Besonders danken möchte ich Gerhard Augst für seine Art der Förderung und viele Diskussionen auf der ›Kalten Eiche‹.

Damm, 14. Juli 1993
Helmuth Feilke

Zur Einleitung

Kindergeschichten

Fußball-Europameisterschaft 1992. Im Fernsehen wird das Finale ›Dänemark–Deutschland‹ übertragen. Judith (3½ Jahre) betritt das Fernsehzimmer, blickt kurz auf den Bildschirm und wendet sich fragend an die übrigen Zuschauer: »Warum hat nicht jeder einen?« – Sie erhält keine ernsthafte Antwort, das Spiel geht weiter, die Frage wird eigentlich kaum bemerkt, zumal die Antwort ›selbstverständlich‹ erscheint. Es ist für den ›gesunden Menschenverstand‹ keine Frage, daß es in einem Fußballspiel ›natürlich‹ nur *einen* Ball gibt, dem alle hinterherlaufen. Das gehört zum kompetenten Verstehen solcher Spiele so sehr dazu, daß es uns schon gar nicht mehr auffällt. Ein Mensch, der in einem solchen Spiel mit dem Ball so umgeht, als hätte jeder einen, der also mit dem Ball herumexperimentiert, nicht abgibt und nicht mitläuft, ist denen, die das Spiel kennen, schnell ›unsympathisch‹. Sie verstehen es anders; sie haben es anders zu verstehen *gelernt*. So wird es auch Judith lernen, sehr wahrscheinlich, ohne dafür einer expliziten Instruktion durch Eltern oder andere Experten zu bedürfen. Das ist, wie Rudi Keller sehr schön formuliert, ›so sicher wie das Amen in der Kirche‹, d.h., der Erwerb des Common sense zum Spiel ist ein *sozial mit großer Sicherheit zu erwartendes Ergebnis des Lernprozesses*. Die Fähigkeit, das Spiel zu verstehen, beruht dabei genau auf der Kenntnis des Unterschieds zwischen verschiedenen Möglichkeiten, ein solches Spiel zu spielen, und den im speziellen Fall sozial obligatorischen.
Betrachten wir eine weitere Kinder-Geschichte. Das noch unbeschwert seine Möglichkeiten ausspielende Verhalten von Kindern ist für die in dieser Arbeit zu untersuchende Problematik ein geradezu idealer Fundort für Beispiele. Moritz (3½ Jahre) wird eines Nachts um zwei Uhr wach. Er erscheint im Schlafzimmer seiner Eltern und krabbelt dort mit unter die Decke. Auf die Frage, ›Warum bist du denn wach geworden? Hast du geträumt?‹ gibt er – schon wieder einschlafend – zur Antwort: ›Nein, ich

hab' nicht geträumt. *Ich hatte einfach keine Ruhe mehr.*‹ So etwas gilt gemeinhin als ›Kindermund‹, man kann es wiedererzählen und manchmal damit – unter Erwachsenen – Heiterkeit auslösen. Entsprechend dem üblichen Funktionieren von Pointen kann dabei der besondere Effekt darauf zurückgeführt werden, daß Moritz' Äußerung einerseits zwar mit üblichen Erwartungen an Kinderäußerungen in solchen Kontexten bricht, andererseits aber zugleich eine alternative, – unerwartete – *Möglichkeit* des Meinens und Verstehens realisiert. Nach dem Duden-Universalwörterbuch wäre der von Moritz formulierte Ausdruck zu interpretieren im Sinne von *Verlust eines ›durch keine Erregung gestörten Zustandes des seelischen Gleichgewichts‹* (vgl. Duden 1989). Sein Gebrauch indiziert damit im Common sense offenbar einen Zustand der Unruhe oder Beunruhigung. Moritz aber benutzt ihn, wie es scheint, lediglich um auszudrücken, daß er ›einfach wach geworden‹ und damit sein Ruhen beendet sei. Auch dies ist sprachlich eine *Möglichkeit*, die aber nicht dem Common sense entspricht, weshalb der Ausdruck in diesem Kontext auch nicht unsinnig, sondern lediglich ungewöhnlich und ›kontextuell verrückt‹ wirkt. Sein Gebrauch scheint in einer perspektivischen Weise konventionell auf bestimmte Hintergrundannahmen des Verstehens festgelegt zu sein, die sich umgekehrt auch für das Meinen bindend auswirken. Wie oben bei Judith so vertrauen wir aber auch bei Moritz darauf, daß er ohne Instruktionen lernen wird, dem Common sense entsprechend zu sagen, was er sagen möchte. Und wie dort beim Verstehen eines Spiels, so besteht auch hier beim sprachlichen Meinen die Fähigkeit, das Gemeinte auszudrücken, in der Kenntnis des Unterschieds zwischen verschiedenen Möglichkeiten, etwas zu sagen, und der im speziellen Fall sozial obligatorischen.

Zu einer letzten Kindergeschichte. Sie wird von Ludwig Wittgenstein in den ›Philosophischen Untersuchungen‹ berichtet. Wittgenstein schreibt dort: »Jemand sagte mir, er habe sich als Kind darüber gewundert, daß der Schneider *›ein Kleid nähen könne‹* – er dachte, dies heiße, es werde durch bloßes Nähen ein Kleid erzeugt, indem man Faden an Faden näht.« (Wittgenstein 1958/1967, S. 104; = PU 195) Als erwachsene und vernünftige Menschen sind wir gewohnt, über dergleichen ›surrealistische‹

Kindereien hinweg- und zu den geordneten Verhältnissen unserer alltäglichen Verrichtungen überzugehen. Wer aber könnte sich – bei einer noch so ausgeprägten Ordentlichkeit der eigenen Vorstellungswelt – erdreisten, die *Vorstellung* des Kindes als ›unmöglich‹ zu bezeichnen? Allein die *spezielle* Vorstellung, die dieser Ausdruck für uns als gelernte SprecherInnen wachruft, ist ziemlich ›unwahrscheinlich‹, was es wiederum sehr wahrscheinlich macht, daß die noch nicht mit den Selektionen des Common sense vertrauten ›kleinen SprecherInnen‹ ihn anders verstehen. Um es aphoristisch zu formulieren: Das Unnormale ist das Wahrscheinliche, das Normale aber als die soziale Ordnung unserer Vorstellungen außerordentlich unwahrscheinlich und deshalb erklärungsbedürftig. Sprachlich gilt dies für die Art und Weise unseres Verstehens von Ausdrücken ebenso wie für die Art und Weise unseres Ausdrucks von Vorstellungen. Dies können Kindergeschichten zeigen.
Gehen wir weiter zum kommunikationstheoretischen und linguistischen Sinn, den solche Beobachtungen haben können. Diese Einleitung will versuchen, den Stellenwert des hier behandelten Themas für einige aktuelle Diskussionen zu veranschaulichen. Die beiden folgenden Abschnitte stellen in diesem Sinn einen erläuternden Kommentar zum Untertitel der Arbeit dar, während die Kommentierung des eigentlichen Titels bereits eine Angelegenheit des ersten Teils dieser Untersuchung sein soll. Dabei gilt im Blick auf den Sachgehalt der Ausführungen hier: Die Einleitung ist ein Plakat, was auch heißt, sie bleibt notwendig plakativ und kann nur für die eigentliche Veranstaltung werben.

Zeichen im Zeichen der Zeit

Zunächst sollen die hier vorgestellten Untersuchungen die kommunikationstheoretisch Interessierten ansprechen. Es gehört zum linguistischen Zuschnitt dieser Arbeit, daß in ihr die technischen Aspekte der Sprachlichkeit menschlicher Kommunikation eine größere Aufmerksamkeit erfahren, als ihnen in der neueren, vor allem systemtheoretisch bestimmten Kommunikationstheorie wie auch in kognitiv-konstruktivistischen Konzeptionen des Ver-

stehens heute gemeinhin zuteil wird. Diskurs-Semantik einerseits und kognitive Prozesse der Konstruktion von Bedeutung andererseits scheinen gegenwärtig den ›mainstream‹ kommunikationstheoretischen Interesses zu dominieren. Beide aber sind nicht eigentlich Gegenstände linguistischer Theoriebildung. Die Wissenschaft von der Sprache und dem sprachlichen Wissen findet sich heute vielfach – wenn sie sich denn überhaupt mit Kommunikation befaßt – im Kielwasser der einen oder anderen dieser beiden Richtungen. Von ›außen‹ an die Sprache und das Sprechen herangetragene ›letzte‹ Größen wie Diskurswelten, kognitive Prozesse und Intentionen/Handlungen führen in diesen Konzeptionen zu einer weithin unbefragten theoretischen Marginalisierung sprachlichen Wissens. Es ist ein Kennzeichen der etablierten soziologischen und kognitionspsychologischen Modelle der Kommunikation, daß in ihnen zwar sehr viel *von* Sprache die Rede ist, kaum jedoch ernsthaft *über* Sprache und sprachliche Kompetenz i. S. eines durch eine bestimmte Kommunikationsgemeinschaft hervorgebrachten Sprachwissens reflektiert wird. Sprachkenntnis als eine eigenständige emergente Strukturebene der Kommunikation wird als theoretisches Problem nicht in Rechnung gestellt. Sprache und sprachliches Wissen erscheinen als Epiphänomene von Kommunikation und Kognition.
Für diesen Umstand gibt es Gründe in der jüngeren Geschichte der Sprachwissenschaft. Es handelt sich dabei um die Spätfolgen eines ›strukturalistischen Rigorismus‹ der Disziplin in den späten 60er und frühen 70er Jahren, den Hans Hörmann bereits 1976 in ›Meinen und Verstehen‹ mit Argumenten der psychologischen Semantik durchaus angemessen bloßgestellt hat, indem er der Linguistik dort sinngemäß pauschal vorhielt, ›Bestände des sprachlichen Wissens zu modellieren, die niemand braucht, und vor allem umgekehrt, die Bestände nicht zu modellieren, die für den Gebrauch eine wichtige Rolle spielen‹ (vgl. ebd. 56). Die Sprachwissenschaft ihrerseits hat – offenbar noch unter dem Eindruck ihres in den späten 60er Jahren so populären ›untergründigen‹ und subjektlosen Kompetenzbegriffs – darauf kaum reagiert. Sie fühlte sich nicht angesprochen und war wahrscheinlich tatsächlich zu befangen, um ihrerseits den Versuch einer positiven linguistischen Interpretation des Hörmannschen Vorwurfs wagen zu wollen

oder zu können. Statt dessen hat die kognitive Psychologie – sieht man einmal von der generativen Grammatik ab – für weite Bereiche das sprachwissenschaftliche Ruder übernommen. Das Resultat ist eine Kognitivierung in den Konzeptionen von Kommunikation und Verstehen, für die sprachliche Zeichenqualitäten nun eben im Ganzen zum Epiphänomen geworden sind. Dies wiederum gilt auch für die generative Grammatik, die ihren eigenen, (rationalistisch-) kognitivistischen Sprachbegriff gegenüber dem Stand Mitte der 70er Jahre noch weiter- und vom Problem der empirisch bestimmten Formung des sprachlichen Wissens in *Lern*prozessen wegbewegt hat.

Wenn es auch institutionell nicht gerade günstig für die Linguistik war, so ist es doch wenigstens im Blick auf ihren Gegenstand sinnvoll gewesen, daß das Zurückdrängen des strukturalistischen Rigorismus in der wissenschaftlichen und auch in der öffentlichen Diskussion wieder Platz schaffen konnte für – nun eben häufig nicht mehr aus der Linguistik kommende – Sprachdefinitionen wie etwa die des Neurobiologen Humberto Maturana, der Sprache als ein ›System des Orientierungsverhaltens‹ (vgl. 1982, S. 73) bestimmt, durch das Sprecher und Hörer sich i. S. konstruktivistischer Prämissen wechselseitig innerhalb ihres kognitiven Bereichs orientieren. Wenn man eine solche, kognitivistisch-konstruktivistisch motivierte Aussage akzeptiert und für sinnvoll hält, dann liegt es nach der in dieser Arbeit zu begründenden Auffassung in der Konsequenz des Bestimmungsversuchs, auch danach zu fragen, *dank welcher Qualitäten* Sprache – und das Wort ›Sprache‹ schließt hier sprachliches Wissen wie auch sprachliche Äußerungseigenschaften ein – als ein solches System der Verhaltensorientierung dienen kann. Entscheidend *dafür* scheinen zunächst nicht universale Eigenschaften der Sprache zu sein, wiewohl sie gemäß dem order-on-order-Prinzip in einem konstitutiven Sinne grundlegend sein mögen.

Entgegen der Zielrichtung universal-pragmatischer und auch universal-grammatischer Ansätze wird ›Orientierung‹ im Kontext dieser Arbeit als ein ökologisch-pragmatisch bestimmtes Faktum aufgefaßt. Ein wichtiger Fragenkomplex, der aus ganz verschiedenen Perspektiven in dieser Arbeit thematisiert werden soll, ist deshalb: Ist Sprachkenntnis sozusagen der grammatisch kreative

Hilfsmechanismus eines im Grunde vorsprachlichen Orientierungsverhaltens, ist sie also rein formal-technisches Hilfsmittel eines ansonsten wesentlich nichtsprachlich bestimmten Meinens und Verstehens? Oder ist sie selbst bereits durch Orientierung orientiert und gerichtet, und konstituiert sie einen Bereich des Orientierungsverhaltens *sui generis*? Falls Sprache ein eigener Orientierungsbereich ist, wodurch können dann Orientierungsdifferenzen, also *Unterschiede* der Orientierung, für Meinen und Verstehen in der Kenntnis kenntlich werden? Im Zentrum des hier vorgestellten Begründungsversuchs steht dabei die folgende These:

Sprache als Mittel von Orientierungsprozessen ist – als sprachliches Wissen von Handelnden – zugleich der Brennpunkt einer Reafferenz von Handlungseffekten in der Kommunikation, die auch die Mittel des Sprechens selbst betrifft. Daraus resultiert eine ›ökologisch-pragmatische *Prägung*‹ des sprachlichen Wissens. Die Selektivität der entsprechenden Strukturbildungsprozesse *zeigt sich* in kommunikationstheoretisch, aber auch linguistisch vernachlässigten *Präferenzen für die Produktion und das Verstehen von Ausdrücken*, wobei diese Präferenzen auf nichts anderes als den Prozeß der Verständigung bzw. konsensuellen Koorientierung selbst rückführbar sind. Genau damit aber werden die – gemäß einer individuellen Kompetenz – *mögliche* Produktion wie auch das *mögliche* Verstehen entsprechend dem systemtheoretischen Begriff von Kommunikation *sozial* begrenzt und bestimmt. D. h. die Kompetenz wird, ohne etwa darin aufzugehen, gleichwohl in den Dienst der kommunikativen Selbstreferenz des sozialen Systems gestellt.

Die Einheiten dieser Sozialität mögen heute zunehmend divergent sein, und die Vorstellung einer Bedeutungskonvergenz auf der ohnehin idealisierten Ebene einer einzelsprachlichen ›Gemeinschaft‹ ist in diesem Sinne als Fiktion und empirisch sicher zu Recht als Irrtum zu kennzeichnen. Solche eher gesellschaftstheoretischen Argumente aber vermögen m.E. das systemtheoretisch zu begründende Konzept des notwendigen Vorrangs einer *sozial* bestimmten Kompetenz bei der produktiven und rezeptiven Konstruktion *kommunikativer Bedeutung* prinzipiell nicht zu beeinträchtigen. Um dieses Konzept in seiner Gültigkeit zu testen, muß man es nicht auf ›Gesellschaft‹ im soziologischen Sinne beziehen. ›Gesellschaft‹ ist – etwa in Luhmanns systemtheoretischer Bestimmung des Begriffs – soziologisch die *äußerste* Grenze von Kommunikation. Die Wirksamkeit einer Common sense-Kompetenz im hier zu erläuternden Sinne zeigt sich aber bereits dort, wo es *überhaupt* Kommunikation i.S. Luhmanns gibt. Der notwendige Bezug auf Kompetenz stellt sich hier allerdings auch als Problem für eine Theorie sozialer Systeme selbst heraus, die meint, ohne den Bezug auf diesen Begriff und das Problem der Genese des Handlungswissens von Individuen auskommen zu können.

Nach dem – oben bereits in seiner Bedeutung für die Linguistik angesprochenen – wissenschaftlichen Niedergang des emphatisch-strukturalistischen Konzepts eines ›Reichs der Zeichen‹ ist heute, gewissermaßen als komplementäre Reaktion darauf, in der Kognitivierung weiter Bereiche der das ›Verstehen‹ modellierenden Kulturwissenschaften methodisch und theoretisch eine ›Flucht in den Kopf‹ zu beobachten. Sie zeigt m.E. primär die aus einer tiefen Verunsicherung über die Qualität von Zeichenhaftigkeit herrührende Angst – vor allem der Philologien – vor der eigenen Zuständigkeit für den Zusammenhang von Kompetenz (also auch Zeichenkenntnis) und Kommunikation. Neurolinguistische und besonders psycholinguistische Forschungsresultate und Modelle sind zur Aufklärung dieses Zusammenhangs außerordentlich hilfreich, und auch in dieser Untersuchung wird an wichtigen Stellen der Argumentation darauf zurückgegriffen. Es scheint aber theoretisch nicht sinnvoll, solche Daten und Modelle zur *notwendigen* Voraussetzung einer kommunikations- und sprachtheoretischen Modellbildung zu machen. Aus systemtheoretischer Perspektive sind Kommunikation und kommunikativ konstituierte sprachliche Kompetenzen als emergente Ordnungsformen pragmatisch motivierter Strukturbildungen *eigener Art* aufzufassen. Wesentlich *sozial* konstituiert, sind sie gerade nicht explanativ auf das *reduzierbar*, was ›im Kopf‹ abläuft. Vielleicht sind ›Kopf‹ und ›Kultur‹, Kognition und Kommunikation theoretisch in ähnlicher Weise modellierbar, keinesfalls aber sind sie im Sinne einer Reduktion von Zusammenhängen des einen auf Zusammenhänge des anderen Bereichs *erklärbar*. Dies gilt u.E. – um es plakativ zu formulieren – für die das Subjekt entmündigende strukturalistische Vision einer ›totalen Kultur‹ ebenso wie für

konstruktivistische Visionen eines kognitiv autonomen Individuums.
Im Unterschied zur Kognition ist Kommunikation als sozialer Prozeß *notwendig* konventions- und damit auch zeichengebunden. Es geht beim Meinen und Verstehen um *Kommunikation* und nicht um *irgendwelche* kognitiven Prozesse. Kommunikation ist im Unterschied zu dem, was in unseren Köpfen alles möglich ist, ein hochselektiver sozialer Prozeß, der sprachliche Ausdrucksstrukturen als bestimmte schafft und sozial festlegt. In diesem Sinne formulierte bereits Morris: »Zeichen unterscheiden sich ... durch den Bestimmtheitsgrad von Erwartungen, die sie erzeugen.« (1938/1988, S. 37) Dabei beschränkt sich Ko-Konstruktivität im Meinen und Verstehen nicht auf sprachlich-textuelle Makrostrukturen, sondern nutzt das gesamte Spektrum sprachlicher Strukturiertheit i. S. des Diktums: »*Jede* Struktur verpflichtet« (Maturana/Varela 1987, S. 253; Herv. H. F.).
Es ist ein Verdienst des kognitiven Konstruktivismus, erneut verdeutlicht zu haben, daß Zeichen oder gar Zeichensystemen *als solchen* keine Bedeutung eignet. Die klassische repräsentationistische Stellvertreter-Konzeption des Zeichens ist *in diesem Sinne* sicher erledigt. Darüber aber sollte das folgende Faktum nicht einfach übersehen werden: Sprachliche Ausdrücke sind im weitesten Sinne ›Zeichen für sprachliche Koordinationen von Handlungen‹ (aaO. 251), d. h., sie bezeichnen immer auch reflexiv bereits vollzogene kommunikative Koordinationen und haben in diesem Sinne als Mittel der Koorientierung *Bedeutung für die Akteure*. Dies heißt aber auch: Daß sie sich überhaupt zur Konstruktion von Bedeutung eignen, *eignet ihnen*! Wenn Hans Hörmann 1976 das erste Kapitel von ›Meinen und Verstehen‹ mit ›Die Problematik des Zeichens als Zeichen der Problematik‹ überschrieben hat, so war dies keinesfalls als Aufforderung gemeint, mit einem psychologisch antiquierten Zeichenbegriff auch die diesbezügliche ›Anstrengung des Begriffs‹ insgesamt über Bord zu werfen. Hörmann selbst hat bereits – wenn auch noch vorsichtig fragend – Vorschläge für die Konstruktion einer alternativen Konzeption von Zeichenhaftigkeit gemacht (vgl. Hörmann 1976, S. 17). Zeichen und Zeichenkenntnis sind Produkte der Kommunikation. Sie werden ständig neu für und durch Kommunikation

›hervorgebracht‹ und *sozial bestimmt*. Bezogen auf das Individuum resultiert dieser Bestimmungsvorgang in der Emergenz einer *idiomatisch ausgezeichneten Kompetenz*. Sie spiegelt die sozial geprägte Selektivität unseres ›natürlichen‹ Meinens und Verstehens. Das ist das Problem dieser Untersuchung. Es sollte am Beispiel der weiter oben diskutierten ›Kindergeschichten‹ wenigstens im Ansatz anschaulich geworden sein.

Common sense und Kompetenz

Manche Linguisten verwenden große Mühe darauf, zu zeigen, daß unsere sprachlichen Fähigkeiten mit nichts anderem als eben unseren sprachlichen Fähigkeiten zusammenhängen. Diese Bemühungen folgen einer ehrwürdigen und ernstzunehmenden Tradition in der Sprachwissenschaft, nämlich dem Versuch, das in alle möglichen Zusammenhänge eingebundene Sprechen auf die Aspekte zu reduzieren, die es kraft einer immanenten Strukturiertheit als einheitlichen Gegenstand einer wissenschaftlichen Disziplin konstituieren können. Dies war das Streben de Saussures und die Intention des Systembegriffs in der Linguistik ebenso wie des Begriffs der grammatischen Kompetenz in der generativen Theorie. Bereits Humboldts Begriff der ›Form‹ der Sprachen macht das in allen Verwendungen von Sprache »Beständige und Gleichförmige« (1963/1988, S. 420) als Gegenstand der Sprachwissenschaft dingfest. Zugleich aber hat Humboldt auch in aller Deutlichkeit darauf hingewiesen, daß die so bestimmte ›Form‹ der Sprachen zwangsläufig ein Produkt ihrer systematischen *Darstellung*, mithin der Methodologie ihrer Beschreibung ist, wenn er schreibt, die Form sei »ein durch die Wissenschaft gebildetes Abstractum« (ebd.). Dies ist, für sich betrachtet, nichts Verwerfliches. Im Gegenteil, jede Wissenschaft muß sich ihren Gegenstand zunächst einmal schaffen, d. h., ihn theoretisch und methodisch konstituieren. Immerhin aber macht uns Humboldts Selbstbescheidung auf die Gefahr aufmerksam, die in einer theoretischen Verdinglichung der Darstellung der Form liegt, wenn der Begriff der Sprache und des sprachlichen Wissens darauf reduziert werden. Humboldt kann sich deshalb den Blick offenhalten für das

Faktum der Bildung der Form aus dem Sprechen und die Tatsache einer Filiation von sprachlicher Strukturkenntnis aus praktischer Spracherfahrung im Wissen der Sprecher. Die *Darstellung* der Form aber muß als eine konsequent durchgeführte abstraktive Reduktion der ›natürlichen‹ Sprache auf das *unter allen Bedingungen* Konstante fast mit Notwendigkeit an den mittelfristig stabilen Erscheinungsformen pragmatisch motivierter Strukturkenntnis vorübergehen.

»Wenn man daher irgendeine gegebene Sprache durchgeht, so findet man Vieles, das man sich, *dem Wesen ihrer Form unbeschadet*, auch wohl anders denken könnte (...)«. (a.a.O. 420; Herv. H. F.)

Man *könnte* sich im Blick auf ›die gegebene Sprache‹ vieles anders denken. Es ist aber *nicht anders, sondern genau so*. Das haben wir oben bereits in den Kindergeschichten gesehen. Wenn wir die Formulierung Humboldts nicht völlig mißverstehen, deutet sich in ihr das Konzept einer solchen, über Formkategorien nicht modellierbaren Ebene der sprachlichen Strukturiertheit bzw. des sprachlichen Wissens an. Die Beispiele dürften bereits verdeutlicht haben, daß diese grob umrissene Strukturebene der Sprache weit über das hinausgeht, was traditionell unter dem Begriff ›Stil‹ gefaßt worden ist. Sie stellt ein Problem für die traditionelle Perspektive auf den Stil-Begriff selbst dar, denn es geht um Selektionen, die zwar unter dem Formaspekt auch anders möglich, individuell jedoch großenteils nicht optional sind und ebensowenig notwendigerweise stilistische Markierung aufweisen müssen. Genau dieser unter Formaspekten scheinbar kontingente Bereich spielt offenbar für den Zusammenhang des sprachlichen Wissens mit der Praxis des Sprechens eine außerordentlich wichtige Rolle. Für ihn vor allem gilt ein Prinzip ›pragmatischer Strukturbildung‹ i. S. der Etablierung von sozial verbindlichen Präferenzen für Meinen und Verstehen. Die hier konstituierten Unterscheidungen sind Unterscheidungen, die aus dem Sprechen stammen und auf das Sprechen als eine sozial bestimmte Tätigkeit in ihrer Leistung bezogen sind. Sie sind es, die die Sprache erst zu einem brauchbaren ›System des Orientierungsverhaltens‹ machen, – was zu zeigen sein wird.

Ebenso wie die SprecherInnen einer Sprache diese nutzen, um

ihre Vorstellungen, Auffassungen und Erfahrungen im weitesten Sinne zu artikulieren, werden umgekehrt auch die Nutzungserfahrungen ihrerseits zum Bestandteil eines sprachlichen Wissens. Der Gebrauch der Sprache orientiert sich sinnvollerweise an solchen Erfahrungen mit Sprache, und in dem Maße, in dem die eigene Spracherfahrung sozial kalkulierbar und in ihrer Wirkung auf den anderen berechenbar wird, wird sie ein intersubjektives Wissen der SprecherInnen und ein zur wechselseitigen Orientierung einsetzbares Steuerungsmittel im Meinen und Verstehen. Der gleich-sinnige Gebrauch der entsprechenden Mittel setzt dabei notwendig ein allgemeines Wissen über deren aus dem Gebrauch erwachsene *Bedeutung für die Kommunikation* voraus. Der Gebrauch der Ausdrucksmittel ist insofern i. S. der Herkunft des Ausdrucks *Sympathie* von ›*sym-pátheia*‹ durch »gleiche Empfindung, Mitleiden und Teilnahme« (vgl. Etymolog. WB 1989) motiviert. Das ist der Sinn auch der wichtigen sprachtheoretischen Bestimmung des Begriffs ›Sympathie‹ durch Philipp Wegener (vgl. 1885/1991, S. 68-71). Es lohnt sich, in dieser Einleitung kurz darauf einzugehen, denn es ist zur Bestimmung des besonderen linguistischen Sinns von ›Sympathie‹ wichtig, mit Wegener zwei qualitativ verschiedene Bedeutungen des Ausdrucks zu unterscheiden, die allerdings eng zusammenhängen. In der ersten Bestimmung versteht Wegener unter Sympathie »(...) die Ausdeutung fremder Zustände nach dem Muster der eigenen (...)« (Wegener 1885/1991, S. 69). Wir werden später sehen, daß genau dies auch die philosophische Wurzel des Konzeptes ›Common sense‹ in der Philosophie ist.
Dieses noch nicht notwendig sozial vermittelte sympathische Verstehen – hier wäre u. E. besser von em-pathisch, einfühlendem Verstehen die Rede – muß u. E. deutlich unterschieden werden von der Folgestufe eines *über Ausdrucksweisen* und durch kommunikative Erfahrung *sozial vermittelten* sympathischen Verstehens. Hier ist das Verstehen vermittelt über den Gebrauch bestimmter sprachlicher *Ausdrucksmittel*, die sozusagen noch ein Verweispotential auf vorgängige Verständigung mit sich bringen. Diese ›Abkürzung‹ des Verständigungsweges setzt ein *zeichenbezogenes* sympathisches Wissen voraus. Dieser Aspekt erscheint in Wegeners zentraler Aussage: »Mittel aber wird Alles das, dessen

Wirksamkeit wir an uns erfahren haben *und eben nur das*; Mittel werden nicht erfunden, sondern entdeckt.« (ebd. 71; Herv. H. F.)

Wird nun in dieser Weise die ›sympathische‹ Praxis des Meinens und Verstehens zur *begrifflich notwendigen* Voraussetzung einer Theorie der sprachlichen Mittel und ihrer Kenntnis erklärt, so rückt gerade der über Präferenzen strukturierte Bereich sprachlichen Wissens ins Zentrum des Interesses. In der Differenz von Bestimmtheit und Kontingenz des Gebrauchs der Ausdrucksmittel liegt hier die ›soziale Form‹ von Meinen und Verstehen begründet. Es stellt sich für eine Theorie der Kompetenz deshalb nun sprachtheoretisch notwendig die Aufgabe, *die* Bereiche unserer sprachlichen Kenntnis zu erhellen, in denen i. S. der zweiten begrifflichen Variante ›sympathische‹ Ko-Konstruktivität *lebendig* ist und die eben deshalb nicht über Formkategorien hinreichend modellierbar sind. Daß sie gleichwohl *strukturiert* sind und ihnen eben dadurch eine besondere kommunikationstheoretische Bedeutung zukommt, wird die Argumentation zu zeigen haben.

Hans Hörmanns konstruktive Kritik an der Linguistik und Philipp Wegeners Sympathie-Konzept begründen hier Ansätze zu einer Perspektive auf sprachliches Wissen, die in der Sprachtheorie zunehmend an Boden gewinnt. Sie stellt eine seit Beginn der 70er Jahre in der Linguistik etablierte Arbeitsteilung in Frage: Der Grundgedanke einer pragmatischen Strukturierung der sprachlichen Kompetenz wurde in den 70er und 80er Jahren vor allem in der Sprechakttheorie im Konzept einer *das Handeln organisierenden* ›kommunikativen Kompetenz‹ gefaßt. Diese wurde weitgehend als komplementärer und unabhängiger Gegenpart zu einer *die Ausdrucksmittel organisierenden* ›grammatischen Kompetenz‹ aufgefaßt. Diese Arbeitsteilung aber funktioniert nur so lange, wie nicht gefragt wird, inwiefern die Organisation der Ausdrucksmittel das Handeln organisiert, und umgekehrt, inwiefern das Handeln mit Ausdrucksmitteln zu einer Prägung ihrer Organisation führt. Genau diese Fragen aber werden zunehmend gestellt. Sie sollen auch die Argumentation in dieser Arbeit bestimmen, wobei die Kernfrage ist, inwiefern die Struktur der Ausdrucksmittel selbst bzw. die Strukturen ihres Gebrauchs, *sympathisch vermittelt, bereits als Zeichen für schematisierte Gebrauchszusammenhänge* wirken und genau dadurch als ein ›System der Verhaltensorientierung‹ dienen können. Die dadurch implizierte ›gestalt‹bezogene Perspektive auf sprachliches Wissen klingt bereits bei Hans Hörmann an, wenn er mit Bezug auf eine Formulierung von Goldman-Eisler schreibt: »Mit dieser Formulierung – *der Satz als Figur vor einem Grund* – haben wir eine Denkmöglichkeit gewonnen, deren Wichtigkeit weit über den Kontext hinausreicht, in welchem diese Formulierung entstanden ist.« (Hörmann 1976, S. 334)

Lesehinweise

Die Untersuchung gliedert sich in zwei Hauptteile sowie ein Resümee am Schluß. Der erste Teil hat die interdisziplinären Bezüge der hier behandelten Problematik zum Gegenstand: Es geht dort um die historischen, epistemologischen und soziologischen Aspekte des Begriffs ›Common sense‹ und deren Bedeutung für das sprach- und kommunikationstheoretische Frageinteresse dieser Untersuchung. Im zweiten Teil wird dann der im ersten Teil bereits im Ansatz begründete Begriff einer sprachlichen Common sense-Kompetenz diskursiv in Auseinandersetzung mit verschiedenen Traditionen sprachtheoretischer Reflexion entwickelt. Dabei geht es neben einer Kennzeichnung von Modellierungsproblemen der kritisch untersuchten Ansätze vor allem auch darum, die argumentativ zu entwickelnden Alternativen jeweils so zu formulieren, daß in dem Entwurf einer anderen Perspektive zugleich erkennbar bleibt, wo sie an die diskutierten Traditionen anschließt und inwiefern sie auf ihren Erträgen aufbaut. Es bleibt zum Inhalt der beiden Teile der Arbeit hier nicht viel mehr zu sagen, da jeder Teil mit einem Kapitel ›Vorbemerkungen‹ beginnt, das die Struktur des Argumentationsgangs vorstellt. Die Untersuchung schließt – nebst einer Perspektive auf die Folgerungen – mit einer Zusammenfassung der wichtigsten Resultate der Argumentation. Eine solche Zusammenfassung hat, verglichen mit den mit veranschaulichenden Beispielen ausgestatteten Ausführungen im Text, naturgemäß relativ abstrakten Charakter. LeserInnen, die sich durch die Lektüre der Zusammenfassung einen inhaltlichen Überblick zur Argumentation verschaffen wollen, seien deshalb vorgewarnt. Für diesen Zweck einer ersten Orientierung zur Sache sei deshalb neben dieser Einleitung auf das Kapitel 2 des zweiten Teils verwiesen. Dort werden anhand der Diskussion eines Beispiels zentrale Argumente der Abhandlung vorgestellt. In ähnlicher Weise sind die beiden Exkurse in Teil I (Zum phraseologischen Topos der ›Weisheit‹ der Formel) und Teil II (Anmerkungen zu Karl Bühlers Unterscheidung zwischen Sprechhandlung und Sprachwerk) geeignet, die die Argumentation in dieser Arbeit bestimmende Problemperspektive zu erschließen.

Zwei kleine Anmerkungen noch zu formulierungstechnischen Problemen: Bei der morphologischen Kennzeichnung des natürlichen Geschlechts stützt sich die Formulierung auf verschiedene Möglichkeiten, die bewußt unsystematisch verwendet werden. Neben der morphologisch einfacheren unmarkierten Form, die für viele LeserInnen eben oft doch semantisch ›männlich markiert‹ ist, wird deshalb, wo es problemlos möglich ist, auch die orthographische Innovation mit dem großen ›I‹ benutzt.

Die Arbeit verweist auf den Verfasser selbst in der ›wir‹-Form. Die Form erscheint heute auch in wissenschaftlichen Texten schon fremd; sie ist also gewöhnungsbedürftig, aber, wie mir scheint, auch gewöhnungs-fähig. Für die Verwendung hier gibt es einen praktischen Grund: Mancher linguistischen Leserin und manchem Leser werden Teile der Arbeit vielleicht zunächst ›esoterisch‹ erscheinen. Hier habe ich es für angebracht gehalten, gegenüber den neutralen ›man‹-Formen und Passiv-Konstruktionen die Autorschaft und Verantwortlichkeit auch grammatisch kenntlich zu machen. Die hier mögliche 1. Person Singular aber rückt für mein Verständnis den Autor als Individuum zu sehr in einen an und für sich problembestimmten Text. Gerade an argumentativ heiklen Stellen hat sie für mein Sprachgefühl eine leicht dogmatische Konnotation, die ich in jedem Fall vermeiden möchte. Deshalb – als kleineres Übel – der ›pluralis modestiae‹, dessen immer noch anklingende Nebenbedeutung als ›majestatis‹ kulturell überholt ist und aus den genannten Gründen in Kauf genommen wird.

I.
Historische, erkenntnistheoretische und soziologische Aspekte des Common sense-Begriffs

1. Vorbemerkungen

1.1 Vorbemerkungen zu den Kapiteln

Die einzelnen Kapitel des folgenden Teils nähern sich dem Thema dieser Untersuchung zunächst von den außerlinguistischen Bestimmungsversuchen des Begriffs ›Common sense‹ her. Das Ziel ist dabei weder eine Begriffsgeschichte noch eine interdisziplinäre ›tour d'horizon‹ zum Begriff, sondern die argumentative Entfaltung dreier möglicher Lesarten des Titels der Arbeit, wobei der linguistische Problemzusammenhang zunehmend in den Vordergrund gerückt wird. Gleichzeitig wird von jeder der gewählten Thematisierungen aus der Zusammenhang mit den linguistischen Aspekten des Common sense aufgezeigt. Die Erörterung der historischen, epistemologischen und soziologischen Aspekte des Common sense-Konzeptes in diesem ersten Teil stellt im Blick auf die linguistische Problematik i. e. S. keine Parallele oder gar fakultative Variante dar. Vielmehr ist sie – im Sinne einer Konzeption aufeinander aufbauender Ordnungsformen – notwendiger Bestandteil einer linguistischen Argumentation, die in diesem Teil bereits mit zentralen Argumenten einsetzt, und im zweiten Teil unter spezielleren Gesichtspunkten fortgeführt wird.
Das Kompositum ›Common sense-Kompetenz‹ verweist in einer ersten möglichen Lesart auf den Common sense als eine bestimmte Art oder auch einen Modus des Weltwissens. Der Common sense wird selbst als eine Kompetenz aufgefaßt, als ein durch eine Theorie des Common sense zu modellierendes Wissen. Dabei ist der Begriff historisch selbst schon als Resultat einer reflexiven Problematisierung menschlichen Wissens aufzufassen. Zunächst werden deshalb die Bedingungen der Entstehung des Begriffs im zweiten Kapitel in einer historischen Perspektive gesellschaftstheoretisch nachgezeichnet. Dabei zeigt sich, daß die Kategorie ein sicheres, ›natürliches‹ Wissen beschreiben soll, das Attribut ›natürlich‹ aber zwei Interpretationen hat. Die eine faßt den Common sense als biologisch-epistemologisches Apriori menschlicher Erkenntnis auf, während die zweite ihn als ein

quasi-natürliches, kulturelles Wissen interpretiert, dessen Sicherheit und Stabilität darauf beruhen, daß es *nicht* wie wissenschaftlich-technisches Wissen Resultat intentionaler, auf Erkenntnis zielender Handlungen ist, sondern *wie von selbst* aus der sozialen Praxis erwachsen und ihr als kulturelles Apriori zugrunde gelegt ist.

Deshalb wird im dritten Kapitel zunächst auf die von der biologischen Erkenntnistheorie inspirierte Variante des Common sense-Begriffes eingegangen, während im vierten und fünften Kapitel dann sehr ausführlich soziologische Modelle zur Erklärung des Common sense als eines kulturellen Wissens herangezogen werden: im vierten Kapitel Niklas Luhmanns Systemtheorie und im fünften das wissenssoziologische Konzept P. L. Bergers und T. Luckmanns. In den soziologischen Konzeptionen wird der Common sense als ein zur Kommunikation und Verständigung befähigendes *semantisches* Wissen beschrieben, wobei Sprache dazu dienen kann, dieses Wissen intersubjektiv verfügbar zu halten. In dieser Auffassung begegnet uns die zweite mögliche Lesart des Titels dieser Arbeit: Common sense-Kompetenz in dieser Lesart faßt das Determinatum des Kompositums, also die Kompetenz, als ein *sprachliches* Wissen auf, und zwar als das sprachliche Wissen, mittels dessen Artikulation und Repräsentation des Common sense kommunikativ und kognitiv erfolgen. Kennzeichnend für diese Position ist allerdings, daß die Autoren ihre Theoreme vor dem Hintergrund weitgehend unreflektierter Sprachbegriffe entwickeln. Unsere Kritik an den linguistischen Prämissen der soziologischen Auffassungen stellt die theoretischen Ansätze selbst nicht in Frage, sondern schlägt eine Erweiterung der soziologischen Fragestellungen auf das Problemfeld ›Sprechen‹ vor. Dabei wird deutlich, daß Sprachlichkeit selbst als ein konstituierendes Prinzip des Common sense zu verstehen ist.

Die Kritik ist hier bereits als Hinführung zur dritten möglichen Lesart des Titels der Arbeit zu verstehen: In dieser Lesart charakterisiert das Kompositum die linguistische Kompetenz selbst als ein Common sense-Wissen. Diese Auffassung sucht die Determinanten der sprachlichen Kompetenz nicht in kognitiven oder spezifisch linguistischen – etwa universalgrammatischen – Vorgaben, die vor aller kommunikativen Erfahrung liegen. Im Gegenteil, die Hypothese, daß sprachliches Wissen selbst zum großen Teil ein Common sense-Wissen ist, impliziert zugleich die Annahme eines nur schwachen phylogenetischen Apriori und legt statt dessen das theoretische Gewicht auf die Begründung des notwendig ›normativen‹ und damit sozialen Charakters des ›common speech‹.[1] Es wird versucht zu zeigen, daß das soziologisch erklärbare Problem der ›Unwahrscheinlichkeit von Verständigung‹ (Luhmann) zu seiner Bewältigung eine Form der linguistischen Kompetenz voraussetzt, die die soziale semantische Selektivität der Kommunikation stützt. Begrifflich wichtig ist es hier, zwischen ›Selektion‹ im strukturalistischen und im systemtheoretischen Sinne zu unterscheiden. ›Selektion‹ im strukturalistischen Sinne ist Selektion aus einer Struktur und im Rahmen einer Struktur. Die Attraktivität des Strukturalismus beruhte wissenschaftsgeschichtlich, vor allem aber auch ideologisch gerade darauf, daß Selektionen als in ihrem Wert strukturell determiniert gedacht wurden. Die Struktur der ›langue‹ legt danach die Möglichkeiten für Selektionen in der ›parole‹ fest. Die aktuelle Selektion selbst liegt dann auf der Ebene der Nachricht, nicht des Codes bzw. auf der Ebene der parole und nicht der langue. Sie ist immer aktuelle Auswahl eines an sich schon virtuell innerhalb eines Paradigmas strukturell vorbestimmten Elements. Demgegenüber ist der systemtheoretische Selektionsbegriff nicht ohne den Begriff der Selbstreferenz und der Rückkopplung denkbar. Eine Selektion ist danach nicht Aktualisierung einer synchron als ›valeur‹ determinierten Information eines Codes in einer Nachricht, sondern eine Selektion ist immer eine Problemlösung bzw. ein Problemlösungsversuch und erzeugt nur so Information. In diesem Sinne kann erst die Selektion strukturbildend wirken. Der Terminus ›Struktur‹ bezeichnet hier nur den Stabilitätsaspekt von Selektionen. Die Bestätigung von Selektionen führt prospektiv zur Selektion von Bestätigungen als den nunmehr sinnvollen Mustern der Problemlösung. Ein Code oder eine ›langue‹ könnte danach nur reflexiv nach Maßgabe der Systematisierbarkeit von Kommunikations*weisen* als Problemlösungsstrategien konstruiert werden.

1 Vgl. zu diesem Ausdruck Mininni (1990).

Mit dieser systemtheoretischen Argumentation wird in diesen Abschnitten bereits die linguistische Problematisierung des Begriffs ›Common sense‹ im zweiten Teil vorbereitet. Weitere zentrale Konzepte, die aus der Diskussion und Kritik der soziologischen Ansätze für die sprachtheoretische Modellierung einer Common sense-Kompetenz gewonnen werden, sind darüber hinaus der Begriff der ›Institutionalisierung‹ in der Konzeption Peter L. Bergers und Thomas Luckmanns sowie George Herbert Meads kommunikationstheoretische Bestimmung der ›Geste‹.

Es ist für eine linguistische Arbeit vergleichsweise ungewöhnlich, wenn ein solcher Bogen geschlagen wird. Der Umweg ist aber kein Abweg, wenn durch den Argumentationsgang theoretische Standpunkte gewonnen werden können, die für die linguistische Modellierung von Meinen und Verstehen *begrifflich notwendig* sind, und die eine verschärfte Problemsicht ermöglichen. Das Konzept der Common sense-Kompetenz ist begrifflich in den interdisziplinären theoretischen Kontext der Modellierung pragmatisch motivierter Strukturbildungen integriert und ist deshalb auch in diesem Zusammenhang zu explizieren.[2]

1.2 Vorbemerkungen zum Begriff

Der Begriff ›Common sense‹ hat seit ungefähr 10 Jahren wieder Konjunktur. Dabei ist interessanterweise festzustellen, daß sich sowohl Vertreter traditionell eher sozial- oder geisteswissenschaftlicher Disziplinen als auch Naturwissenschaftler um eine Theoretisierung des Begriffs bemühen.[3] Es konvergieren durch-

---

[2] Damit thematisiert diese Untersuchung vor allem die interdisziplinär relevanten kommunikations- und sprachtheoretischen Implikationen des Common sense. Konsequenzen für das praktische linguistische Problem einer ›Ordnung des sprachlichen Könnens‹ werden in der Zusammenfassung aufgezeigt und sind Gegenstand einer weiteren Untersuchung (vgl. Feilke i. V.).

[3] Vgl. zu den Erstgenannten beispielsweise die in der Durkheim'schen Tradition stehenden, vor allem sozialpsychologischen Forschungen zu ›social representations‹ (z. B. Farr/Moscovici (eds.) 1984) sowie die von der sogenannten ›kognitiven Linguistik‹ G. Lakoffs und R. Langackers

aus auch sehr verschiedene erkenntnistheoretische Grundauffassungen in ihrem Interesse am Common sense.[4] Die Ursache dafür scheint in einer allen gemeinsamen Grundüberzeugung zu liegen, die man wie folgt umschreiben kann: Wie andere Lebewesen auch leben Menschen in einer kognizierten Realität, d. h. in einer ›Um-Welt‹, die sie über urteilende Wahrnehmung,[5] Kognition, Kom-

---

angeregten Forschungen zu ›cultural models‹ (vgl. Holland/Quinn (eds.) 1987). In gleicher Weise sind hier die sowohl von der kognitiven Psychologie als auch von der Sozialpsychologie inspirierten Untersuchungen zu ›Laientheorien‹ verschiedenster Art anzuführen (vgl. etwa bereits Laucken 1974, die Beiträge in Forgas (ed.) (1981), Kruglanski et al. (1985), aber auch Groeben et al. (1988), Furnham (1988 und 1990). Einen Überblick zu aktuellen Konzepten und Methoden vermitteln hier z. B. die verschiedenen Beiträge des von Gergen, K. J./ Semin, G. R. (1990) herausgegebenen Sammelbandes ›Everyday Understanding‹. London et al..
Als Beleg für naturwissenschaftlich, vor allem biologisch motivierte Theoretisierungen sind in erster Linie die teilweise schon älteren Arbeiten der sogenannten ›Evolutionären Erkenntnistheorie‹ zu nennen (vgl. etwa Lorenz 1973, Mohr 1981, Riedl 1987, 1979/1988, Vollmer 1975); aber auch im biologisch begründeten sogenannten ›radikalen Konstruktivismus‹ Francisco Varelas und Humberto Maturanas entstehen im Rahmen der Auseinandersetzung mit dem Repräsentationsbegriff der ›Artificial Intelligence‹ Versuche einer Reformulierung und Theoretisierung des Common sense-Begriffs (vgl.Varela 1990). Ebenfalls im Kontext der Auseinandersetzung mit Positionen in der AI thematisiert aus philosophischer Perspektive Searle (1986, S. 12) den Begriff.
4 Beispielhaft dafür sind etwa die in der obigen Anmerkung angeführten Arbeiten Riedls und Varelas. Zwar sind beide dem sogenannten konstruktivistischen Paradigma verpflichtet, unterscheiden sich jedoch grundlegend in ihrem Realitätsbegriff und damit in dem Gewicht, das ontologischen Prämissen im Erkenntnisbegriff zukommt (vgl. zu dem Problem: Weizsäcker, C. F.v., 1980, S. 139 ff.).
5 In dieser Auffassung existiert Wahrnehmung immer bereits als Urteil und, weil sie in der Regel zu einem zeitlich und nicht sachlich begründeten Abschluß kommen muß, als *Vor*urteil. C. F. v. Weizsäcker schreibt dazu: »Die Wahrnehmung hat selbst eine prädikative Struktur... Wir nehmen sie (die Sinneseindrücke und Denkergebnisse,

munikation und auch praktische Handlungen *informationell*[6] selbst erzeugen und erhalten. Diese Umwelt, ob im biologischen oder kulturellen Sinne, wird individuell als ein genetisch, somatisch[7] oder symbolisch verfügbares ›Wissen‹ manifest. Sie gilt darüber hinaus allen diesen Positionen als ein phylogenetisch konstituiertes Apriori der ontogenetischen Entwicklungsmöglichkeiten. Jede Umwelt ist danach eine dem Individuum überkommene Realität. Als kognizierte Realität ist sie ein dem Individuum überkommenes Wissen, das deshalb oft auch als ein ›natürliches Wissen‹ apostrophiert wird. Es ist den im Laufe der Enkulturation stattfindenden und vom Individuum gestaltbaren Lernprozessen als quasi-natürliche, d. h. seinen eigenen Gestaltungsmöglichkeiten entzogene Voraussetzung vorgegeben. Als entscheidendes Kriterium der Validität dieses Wissens gilt ausschließlich seine *Viabilität*, d. h. seine hinreichende Tauglichkeit in den Prozessen biologischer und kultureller Selbstorganisation und nicht seine Wahrheit in irgendeinem absoluten, abbildtheoretischen Sinne. »Wir können alles machen, was nicht *gegen* die Welt geht«, so formuliert der Konstruktivist Ernst v. Glasersfeld (1987b, S. 410) dieses Faktum. Die Differenzierung und Entwicklung solcher viabler Strukturen und viablen Wissens erfolgt primär orientiert am Kriterium pragmatischen Erfolgs. Das heißt, die ökologischen Bedingungen oder besser Möglichkeiten der Selbstorganisation entscheiden über die Struktur des Wissens. Jede Art von Common sense-Wissen ist danach ein aus diesen Bedingungen zu erklärendes Wissen.

H. F.) gleichsam spontan als wahr hin; das Wort ›wahrnehmen‹ drückt das in hübscher Weise aus« (1980, S. 151).

6 Das Adverb soll hier die Tatsache hervorheben, daß das Erzeugen zunächst primär die Informationsgewinnung betrifft und u. E. nicht bereits mit der *Produktion eines Milieus* durch den betreffenden Organismus gleichgesetzt werden kann. Gleichwohl ist selbstverständlich auch die in unterschiedlichem Grade entwickelte Fähigkeit von Organismen, Milieubedingungen im weitesten Sinne des Wortes zu akkommodieren, hier zu berücksichtigen.

7 Das Attribut ›somatisch‹ bezieht sich auf die Ebene des individuellen Verhaltenslernens (z. B. Sprachlernen), also das Verhalten, soweit es nicht genetisch dispositionell präformiert ist (wie etwa der Saugreflex) (vgl. zum Begriff Bateson 1972, S. 351 ff.; Riedl 1988, S. 56 ff.).

Diese Charakterisierung legt die Frage nahe, welches Wissen dann *kein* Common sense-Wissen ist. Und in der Tat gilt diese Beschreibung auch für entwickelte wissenschaftliche Erkenntnis. Hier hat Thomas Kuhn (1962/1976) beispielhaft deutlich gemacht, wie sehr wissenschaftliches Wissen ein Common sense-Wissen ist, in dem das jeweils herrschende ›Paradigma‹ einen handlungs- und kognitionsorientierenden Umweltbezug für den Wissenschaftler herstellt. Alltagssprachlich allerdings werden wissenschaftliche Erkenntnis und Common sense gemeinhin als Gegensätze begriffen. Im ›Oxford Advanced Learners Dictionary‹ (Hornby 1988) finden wir folgenden Eintrag:

»Common sense: practical good sense gained by experience of life, not by special study.«

In dieser Definition des Common sense findet die Beschreibung der Bedeutung des Ausdrucks in Abgrenzung zu den Formen wissenschaftlicher Erkenntnis statt, wobei der Hauptunterschied in der Praxis des Erkenntnisgewinns liegt: ›experience of life‹ vs. ›special study‹. Ein zweiter wichtiger Aspekt der Bedeutung des Ausdrucks, hier positiv definiert, liegt in seiner engen Bindung an Werte. Common sense ist ein ›practical good sense‹ oder deutlicher im Französischen ›bon sens‹ und mit der stärksten Konnotation im Deutschen: ›gesunder Menschenverstand‹.

Die Erörterung zeigt: Obwohl sich, wie oben beschrieben, eine Art gemeinsamer Grundposition zur inhaltlichen Bestimmung des Begriffs ›Common sense‹ konstruieren läßt, ist die Geschichte der Entwicklung des Begriffs seit seinem Entstehen im 18. Jahrhundert von einer starken Antinomie gekennzeichnet, wie sie sich auch in der weiter oben charakterisierten Polysemie des Attributes ›natürlich‹ ausdrückt. Diese Antinomie zeigt sich heute in einer stärker biologisch begründeten und einer stärker soziologisch und linguistisch begründeten Variante des Begriffs. Während die eine Variante im Common sense eher ein angeborenes, phylogenetisch entwickeltes unbewußtes Wissen sieht, geht die andere davon aus, daß der Common sense zwar auch weitgehend individuell unbewußt konstituiert ist, aber grundsätzlich als kulturell geschaffenes und normativ stabilisiertes Wissen aufgefaßt werden muß. Genau diese Polarität finden wir auch in den aktuellen Debatten um den Kompetenzbegriff in der Linguistik wieder. Es unterbleibt allerdings jeder Versuch, die Polarität im Zusammenhang mit der Gewißheitsproblematik und dem Begriff des Common sense zu sehen. Eine gewisse Ausnahme stellt hier der Versuch von Coseriu (1988a, S. 205 ff.) dar, der im Rückgriff auf Kategorien Leibnizens das sprachliche Wissen als ein ›sicheres, unbegründetes, nichtanalytisches Wissen‹ charakterisiert. Beides, sowohl die biologische Vorprägung individueller Erkenntnis wie der Prozeß kultureller Prägung des Wissens, sind erst historisch als Komponenten der Gewißheitsproblematik bewußt geworden. Auch um dies nachzuzeichnen, gehen wir zunächst auf einige historische Aspekte der Genese des Begriffs kurz und notgedrungen oberflächlich ein.

2. Historische Aspekte: Traditionen der Thematisierung des Common sense

Wie läßt sich nun die spezielle begriffliche Physiognomik des Common sense-Konzeptes historisch erklären?[1] Die Wurzeln der Genese des Begriffs liegen im 18. Jahrhundert und lassen sich zunächst gewissermaßen in einem philosophiegeschichtlichen ›Dreisatz‹ rekonstruieren.[2] In Abgrenzung von und in Auseinandersetzung mit Descartes' rationalistischem Konzept der ›angeborenen Ideen‹ hatten John Locke, Berkeley und Hume die unter dem Etikett ›Empirismus‹ bekannte Position entwickelt, daß die menschlichen Erkenntnisfähigkeiten aus der Erfahrung gewonnen seien. Dabei wird Erfahrung nicht einfach als Abbildung von Wirklichkeit verstanden, sondern (vor allem bei Locke) als Prozeß der Konstituierung begrifflicher Kategorien durch die Zu-

---

1 Es kann hier nur in einer philosophiegeschichtlichen Skizze die *Herkunft* des Common sense-Konzeptes angesprochen werden. Auf die Terminologisierung und Diskussion des Konzeptes im Rahmen der sogenannten ›ordinary language philosophy‹ können wir hier nicht eingehen (vgl. dazu v.Savigny 1974; Schirn (ed.)1974). Vgl. zum folgenden speziellen historischen Argumentationszusammenhang in der Philosophie die 1986 erschienene und auf die aktuelle Debatte zugeschnittene Dissertation von Erich Lobkowicz ›Common sense und Skeptizismus‹, in der die Positionen Thomas Reids und David Humes einander gegenübergestellt werden. Eingehend befaßt sich ebenfalls bereits Grave (1960/1977) in einer Monographie zur Schottischen Schule mit der Problematik. Zu allgemeinen, popularisierten Darstellungen vgl. Rehmke/Schneider (1983, S. 137-168); Störig (1961, S. 392 ff./445 ff.).
2 Den vorphilosophischen Entstehungskontext des Common sense-Konzepts in England thematisiert die Arbeit von H. Körver: ›Common sense. Die Entwicklung eines englischen Schlüsselwortes und seine Bedeutung für die englische Geistesgeschichte vorwiegend zur Zeit des Klassizismus und der Romantik‹ Diss. Bonn: 1967. Lobkowicz (vgl. 1986, S. 2) weist darauf hin, daß das Konzept in der anglikanischen Theologie zunächst als Legitimations-Substitut für den der anglikanischen Kirche nach ihrer Abspaltung abhanden gekommenen ›consensus catholicus‹ diente.

sammenfassung von Merkmalen, allerdings in einem streng sensualistischen Sinne. Zwischen den Empiristen setzte dann eine kontinuierlich schärfer geführte Debatte über den Umfang und den erkenntnistheoretischen Status dieser synthetisierenden geistigen Aktivität ein. Während noch John Locke zwischen sogenannten ›primären‹ und ›sekundären‹ Qualitäten sensorisch motivierter Vorstellungen unterscheidet und dabei den primären (z. B. Größe, Gestalt, Festigkeit) im Unterschied zu den sekundären (Wärme, Geruch, Farbe etc.) eine Abbildungsfunktion zuerkennt, fällt diese Unterscheidung für Hume flach. Für ihn sind alle diese Qualitäten, aber auch Kategorien wie Raum, Zeit und Substanz *Konstruktionen aus wiederholter Erfahrung*, denen wir selbst lediglich ontologischen Status beimessen.
Entscheidend für die weitere Entwicklung wurde Humes skeptische Analyse des Begriffs der Kausalität (vgl. Lobkowicz 1986, S. 15 ff.). Nach seiner Auffassung bildet sich aus der wiederholten zeitlichen Aufeinanderfolge der Erfahrungen A und B die *Gewohnheit*, B auf A folgen zu sehen. Diese Gewohnheit führt zu der *Meinung*, daß, wenn immer A auftritt, auch B eintritt. Dies aber sei eben eine Meinung und nicht selbst ein Gegenstand der Erfahrung, folgert Hume. Da jegliche Form erfahrungswissenschaftlicher Erkenntnis aber den Ursachenbegriff voraussetzt, folgt daraus, daß *reine* Erkenntnis nicht möglich ist. Erkenntnis besteht praktisch nur als Konvergenz von für den Beschreibungszweck hinreichend gut bestätigten Überzeugungen, wobei – bedingt durch die inhärente Intentionalität der Wahrnehmung – Vorurteil und Irrtum den wahrscheinlichen Fall bilden. Statt aber nun in Agnostizismus zu verfallen, entwickelte und begründete Hume das Konzept des empirischen Probabilismus; dazu zählt erstens der Begriff der probabilistischen Erkenntnis, einer lediglich *wahrscheinlichen* Wahrheit also, und zweitens die Forderung nach einer ständigen Überprüfung aller *Meinungen* durch methodisch kontrollierte Erfahrung bzw. Beobachtung. Nur so ist nach Humes Auffassung eine ungefähre Sicherheit kognitiver Orientierungen zu erreichen.
Als Gegenbewegung zu dieser Position entwickelte sich die sogenannte ›Schottische Schule‹ der Common sense-Philosophie um ihren Hauptvertreter Thomas Reid (1710-1796), die zu einer von

Kant heftig kritisierten[3] Trivialsynthese rationalistischer und empiristischer Positionen führte. Auch Reid setzt – gegen Hume gewendet – beim Begriff der Kausalität an. Lobkowicz (1986, S. 23) faßt Reids Position hierzu in dem Satz zusammen: »Der Mensch interpretiert die Welt in Analogie zu sich selbst.« Selbst-Erfahrung nach dem Muster ›Ich bin der Beweger von X‹ wird nach diesem Konzept unmittelbar zur Selbst-Gewißheit und – analog – zur Gewißheit einer kausal bewegten Welt. Bei Reid selbst heißt es dazu:

»(...) we judge of other things by ourselves, and therefore are disposed to ascribe to them that life and activity that we know to be in ourselves.« (Reid 1895/1983, S. 516)[4]

Beibehalten wird von Reid damit die Komponente der Orientierungssicherheit, die das rationalistische Konzept der ›angebore-

---

3 Vgl. Störig (1961, S. 446)
4 Vgl. dazu unmittelbar Reid 1895/1983, S. 516 die Abschnitte [17] u.[18]. Im Blick auf dieses Argument sei hier eine auf die aktuelle epistemologische Diskussion bezogene Anmerkung eingefügt: Der von Reid explizierte Grundgedanke einer ausschließlich durch *Selbst*erfahrung begründeten *analogen Konstruktion* von Zusammenhängen in der Welt und im Operieren anderer findet Parallelen auch in Positionen mancher Vertreter des sogenannten ›radikalen Konstruktivismus‹. Muster der Selbsterfahrung werden danach der Bewegung anderer Objekte und Lebewesen ›untergeschoben‹ (vgl. etwa v.Glasersfeld 1987b, S. 415 f.). Auf diese Art und Weise konstruiert das Individuum nach dieser Auffassung auch die Sozialwelt. Soziales kommt hier erst sehr spät – und u. E. zu spät – ins Spiel; die Formung der konstruktiven Prozesse durch die konventionalen Strukturen der sozialen Umgebung wird nicht ausreichend berücksichtigt. Im Unterschied zu den meisten sonstigen Umweltbedingungen eines Organismus bilden Konventionen weniger *Grenz*bedingungen für mögliches Verhalten, als sie ein *typisches* Verhalten fordern. Das Individuum erkennt seine *sozial bestimmten Möglichkeiten* im Verhalten anderer und handelt danach. *Nicht umgekehrt!* Es darf und muß gerade nicht alles Mögliche ausprobieren, um ein konventionskonformes Verhalten zu erreichen. Das ›trial und error‹-Prinzip – das auch v.Glasersfeld unterstellt – bewegt sich hier sinnvollerweise bereits im Rahmen der sozio-ökologisch bestimmten Typik des Handelns und Denkens innerhalb eines *sozialen Bereichs* (zu Argumenten in diesem Sinne vgl. etwa Hejl 1987a, S. 318).

nen Ideen‹ geboten hatte. Diese Orientierungssicherheit erwächst nunmehr aber aus dem ›Common sense‹, einem aus der Erfahrung hervorgegangenen Schatz von Basisurteilen (Prinzipien), der nach Reids Auffassung allen Menschen gemeinsam ist und vor allem nicht nur kognitive, sondern auch moralische Orientierung bietet (vgl. Reid 1895/1983, S. 230 ff.; 413 ff.).[5] In spannender Weise deutet das folgende Zitat Reids, mit dem er sein Kapitel über ›Principles taken for granted‹ einleitet, eher unabsichtlich bereits auf Erscheinungsformen eines linguistischen Common sense hin. Leider geht der in diesem Zitat implizite Gesichtspunkt der ›Konventionalität‹ auch sprachlichen Wissens bei der weiteren Argumentation Reids völlig verloren, ja er schlägt gewissermaßen ins Gegenteil um (vgl. etwa ebd., S. 117/118; 513 ff.; besonders 516/517). Gerade aber was diesen Gesichtspunkt angeht, weisen die Grundprämissen der Reid'schen Konzeption und ihre Stellung zwischen Cartesianismus und dem intentionalistischen Empirismus Humes[6] u. E. geradezu verblüffende Parallelen zur paradigmatischen Topologie der gegenwärtigen Linguistik auf.[7]

---

5 Zu den Prinzipien vgl. auch den kommentierenden Überblick bei Lobkowicz (1986, S. 111 ff. und 127 ff.).
6 Der Ausdruck ›intentionalistischer Empirismus‹ ist philosophisch zur Kennzeichnung der Hume'schen Denkweise sicher mehr als unüblich. Manchem wird er auch als in sich widersprüchlich erscheinen. Hier ist damit nur gemeint, daß Humes Analyse von Kausalität zur Entscheidung gegen ›necessary connection‹ und für die *Wahrnehmung einer ›constant conjunction‹* führt. Lobkowicz schreibt, man könne i. S. Humes »(...) nicht mehr von einer Notwendigkeit sprechen, die aus dem Wesen [der Materie] folgt, also eben auch nicht von einer notwendigen Verbindung von Ursache und Wirkung, es sei denn als eine im Geiste des Beobachters *›für ihn‹ subjektiv notwendige* Verbindung« (Lobkowicz 1986, S. 17; Herv. H. F). Diese Wahrnehmung ist intentionalistisch bestimmt nur insofern, als sie aus einem subjektiv bestimmten ›belief‹ an einen Zusammenhang folgt, der sich selbst aber wiederum nicht auf Intentionen, sondern auf die empirische raumzeitliche ›constant conjunction› von Ereignissen stützt.
7 Die Entfaltung dieser Parallelen erfordert eigentlich einen Exkurs, worauf aber aus Gründen der Kohärenz der Argumentation hier verzichtet wird. Knapp formuliert, stellen sich die Ähnlichkeiten so dar:

»*As there are words* common to philosophers and to the vulgar, *which need no explication*, so there are principles common to both, which need no proof, and which do not admit of direct proof.« (Reid 1895/1983, S. 230; Herv. H. F.)

Als Beispiele für solche Prinzipien führen Rehmke/Schneider (1983) die folgenden Sätze an, die sie aus verschiedenen Abschnitten des Reid'schen Opus' zusammenstellen und übersetzen:

»Ich bestehe als denkendes Wesen.« »Jede Wahrnehmung ist ein sicheres Zeichen, daß Wirkliches außer uns existiert.« »Das Wirkliche außer uns besteht so, wie wir es wahrnehmen.« »Alles was entsteht, hat eine Ursa-

So wie Reid im Versuch einer theoretischen Vermittlung von rationalistischer Vorbestimmung und empirisch-intentionaler Strukturierung des Wissens weitgehend auf die *Selbstevidenz körperbezogener Erfahrung* als Grundlage für den Common sense zurückgreift und Denkwie auch Sprachstrukturen darüber zu motivieren versucht, versucht gegenwärtig u. E. die sogenannte ›kognitive Linguistik‹ (Lakoff; Langacker; Johnson u. a.m.), das Unbehagen an der generativen Grammatik einerseits und das Ungenügen empirisch-intentionaler und handlungsbezogener Modelle der Kompetenz andererseits im Rückgriff auf körper- und raumbezogene Motivierungsverhältnisse für Denken und Sprechen theoretisch zu überwinden. »(...) thought fundamentally grows out of embodiment« und »(...) reason is made possible by the body (...)« (Lakoff 1987, S. XV), dies sind die Basisprämissen für Lakoffs und Langackers ›*experiantial realism*‹, und sie sind u. E. in ihrer Entfaltung weitgehend analog zur Argumentation Reids (vgl. auch Mark Johnson, 1987: ›The body in the mind: The bodily basis of meaning, imagination and reason. Chicago). Über die theoretische und empirische Entfaltung des Grundgedankens kommt die Denkrichtung zu spannenden und anregenden Ergebnissen. Kritisch ist u. E. allerdings die Tatsache zu sehen, daß die Grenze zwischen den kognitivkonzeptuellen Motivierungsverhältnissen einerseits und der *konventionellen* Formierung der Kompetenz und des semantischen Wissens *durch das Sprechen* andererseits nicht ausreichend berücksichtigt wird. Die Tatsache einer emergenten Strukturbildung *durch Kommunikation* kommt nicht zu ihrem Recht. D. h. bezogen auf das Ausdruckswissen, daß es in aller Regel zu motivierungslastig analysiert wird: Es werden ›Bilder‹ herauspräpariert, wo der Gebrauch sie längst vergessen hat. Mehr kann zu dieser wissenschaftsgeschichtlich u. E. nicht zufälligen Parallele hier leider nicht gesagt werden.

che.« »Der Mensch ist nur verantwortlich für das, was in seiner Macht steht.« – und schließlich: »Jeder muß den anderen so behandeln, wie er selber behandelt sein will.« (Rehmke/Schneider 1983, S. 168)

Vor allem in der moralischen Komponente des Common sense scheint das eigentliche mentalitätsgeschichtliche Movens für die Ausbreitung des Konzeptes weit über die Zirkel philosophischer Streitigkeiten hinaus und in die Gesellschaft hinein zu bestehen.[8]

Auf die gesellschaftstheoretische Analyse der historischen Ausgangskonstellation, in der dieses Konzept Fuß fassen konnte, sei deshalb im folgenden kurz eingegangen. Für diesen Zweck geeignete gesellschaftstheoretische Konzepte findet man sowohl in Jürgen Habermas' Entwurf einer ›Theorie des kommunikativen Handelns‹ (Habermas 1981a/b) als auch in historisch orientierten systemtheoretischen Analysen Niklas Luhmanns. Sie sind für die Zwecke dieser Darstellung durchaus gut zu verbinden.

Der durch die Aufklärung erheblich beschleunigte Prozeß einer Säkularisierung der Religion und einer ›Rationalisierung der Weltbilder‹, wie Jürgen Habermas den Prozeß bezeichnet, schwächt die ›Autorität der Heiligen‹ (Habermas) und verlangt nach rationalen Formen der Legitimation sowohl von Herrschaftsansprüchen als auch von Wahrheitsbehauptungen und Wissen. Die Problematisierung der ›von Gott‹ gesetzten Ordnung führt im Gegenzug zum kompensatorischen Versuch der Konstruktion von Naturordnungen, der etwa für das Recht im Begriff der ›natürlichen Rechte‹ mündet und der, auf das Wissen bezogen, analog zu dem Versuch führt, dem Menschen ein ›natürliches Wissen‹ zuzusprechen. Niklas Luhmann beschreibt den Prozeß wie folgt:

»Die Entritualisierung der Religion macht Fortschritte und führt in das Problem der Glaubensgewißheit, das nach Kriterien beurteilt werden muß, die dann zur Spaltung der christlichen Religion (bereits in der Reformation H. F.) führen. Dem folgt eine verstärkte Emphase auf Naturwissen; dem Menschen wird... ein natürlicher Zugang, ein natürliches

---

8 Vgl. hierzu speziell auch Reids *Essay V.* ›Of morals‹ in: ders. (1895/1983, S. 637 ff.); vgl. ebenso Lobkowicz (1986, S. 83 ff.)

Verhältnis zur Natur zugesprochen. Gewißheit wird auf individuelles Gewißheitserleben bzw. individuelle Erfahrung gestützt, und Selbstverständlichkeit im Common sense wird als ein besonderer Wahrheitstypus, zeitweise sogar als Wahrheitskriterium schlechthin gesehen.« (Luhmann 1985, S. 616)

Das Zitat läßt deutlich werden, daß die Reaktion Thomas Reids auf Humes Skeptizismus bereits als Reflex auf einen umfassenden gesellschaftlichen Differenzierungsprozeß aufgefaßt werden muß, in dem sich die Wissenschaft als kognitiv spezialisiertes Subsystem der Gesellschaft im Zuge der Rationalisierung der Weltbilder funktional ausdifferenziert und den Bereich des Alltagswissens im Zustand absoluter kognitiver Ungewißheit zurückläßt. Humes empirischer Probabilismus, als *wissenschaftliche* Maxime zwingend, überfordert die kognitiven Orientierungsmöglichkeiten im lebensweltlich rückgebundenen, nicht spezialisierten Handeln. Die gewissermaßen ›trotzige‹ ideologische Reaktion auf diese Krise der kognitiven Orientierung ist die Entwicklung des Konzeptes eines dem Menschen unmittelbar gegebenen und nicht hinterfragbaren Erkenntnisverhältnisses zur Welt, wie es Clifford Geertz im folgenden Zitat sehr schön charakterisiert:

»Die Religion begründet ihre Sache mit der Offenbarung, die Wissenschaft die ihre mit der Methode, die Ideologie mit moralischem Eifer, der Common sense aber damit, daß es sich gar nicht um etwas begründungsbedürftiges handelt, sondern um das Leben *in nuce*. Er beruft sich auf die Welt.« (Geertz 1983, S. 264)[9]

---

9 Bereits an dieser Stelle sei schon einmal angedeutet, was diese Problematik mit linguistischen Fragestellungen im engeren Sinne zu tun hat: Sprachliches Wissen ist essentiell konventionell, normativ und, in einer isolierten vorsozialen Betrachtung, arbiträr. Die wissenschaftliche Explikation dieser Tatsache stößt im Common sense auf Unverständnis; das sprachliche Wissen ist ein sichergeglaubtes, natürliches und nicht weiter problematisierungsbedürftiges Wissen. Exemplarisch verdeutlichen dies z. B. die leidenschaftlich geführten Debatten um die Orthographiereform (vgl. z. B. Zabel 1989; Strunk 1992). Man vergleiche etwa das folgende, sich auf ›natürliche‹ Vernünftigkeit berufende Zitat aus einem Leserbrief zu einem in der FAZ erschienenen Beitrag Gerhard Augsts zur Rechtschreibreform: »Unter den Sprachwissenschaftlern scheint es auch *Spinner* zu geben. Welcher *vernünftige* Mensch

Es geht aber historisch bei der Herausbildung des Common sense-Konzeptes als Ideologem nicht nur um die Kompensation einer Krise der *kognitiven* Orientierung. Im Gegenteil, der Prozeß der Differenzierung der Gesellschaft in funktional differenzierte und relativ autonome Subsysteme, der sich im 18. Jahrhundert mit der Ausdifferenzierung des Marktsystems (Ökonomie), eines Systems der Konstitution und Gewährleistung positiver Rechte (Politik) und eines Systems rational geleiteter Erkenntnisfindung und -kritik (Wissenschaft) erheblich beschleunigt, führt vor allem auch zu Problemen bei der wertbezogenen Integration der Gesellschaft. Damit kommt es zu dem von Durkheim zuerst beschriebenen Problem des Wertverlustes, der *Anomie*. Der Prozeß der »kulturellen Rationalisierung« (vgl. Habermas 1981a, S. 207 ff.), zu dem Habermas, orientiert an Max Weber, neben der Entwicklung moderner Wissenschaft auch die Entstehung einer autonomen Kunst und einer prinzipiengeleiteten Ethik zählt, vollzieht sich als »Entzauberung mythischer Deutungssysteme« (ebd. 238).

Mit dem geschilderten phylogenetischen Prozeß der Differenzierung der Gesellschaft in funktional-kognitiv spezialisierte Subsysteme verändert sich auch die Basis der normativen Integration der Gesellschaft. Der Prozeß der funktionalen Differenzierung in problemorientierter kognitiver Hinsicht entspricht in normativer Hinsicht dem von Parsons so genannten Prozeß der »Wertgeneralisierung« (Parsons, vgl. 1972, S. 26). Das heißt einfach ausgedrückt: Die gleichen Werte müssen mit zunehmender Differenzierung der Gesellschaft zunehmend heterogene Handlungsbedingungen normativ stabilisieren können. Dies geht aber nur, wenn die Werte allgemeiner werden, von der Funktion der Sank-

> käme auf den Einfall, Wörter, die die Buchstaben ›ai‹ enthalten, mit ›ei‹ ersetzen zu wollen?« (Mannheimer Morgen, zit. nach Zabel 1989, S. 125; Herv. H. F.). Dabei wirkt der Common sense im Blick auf sprachliches Wissen durchaus nicht nur defensiv, sondern auch im Sinne einer konservativ bestimmten Konstruktivität. Man vgl. z. B. Ballys (1909/1951) Begriffe des »l'instinct etymologique« und »l'instinct analogique«. Auch hier enthält der Begriff des Instinkts nicht zufällig das Attribut des Natürlichen. Auf diese Aspekte kann allerdings hier noch nicht eingegangen werden.

tionierung konkreter Einzelhandlungen losgelöst und damit unverbindlicher werden. Der »Wertehimmel« wird »entzaubert« (Max Weber). Gleichzeitig werden die Werte rationalisiert.

»Die Entzauberung und Entmächtigung des sakralen Bereichs vollzieht sich auf dem Weg einer Versprachlichung des rituell gesicherten normativen Grundeinverständnisses. [...] die bannende Kraft des Heiligen wird zur bindenden Kraft kritisierbarer Geltungsansprüche.« (Habermas 1981b: 119)

Kommunikationstheoretisch beschreibt Habermas diesen Prozeß als Vorgang einer Rationalisierung der sozialen Durchsetzungsmöglichkeiten von Geltungsansprüchen für Äußerungen und Entscheidungen. Zumindest im Bild der Gesellschaft von sich selbst wird die rational-kommunikative Legitimierbarkeit sozialer Handlungen vorherrschend. Sprechakttheoretisch formuliert, erringen damit konstative Illokutionen, die mit dem Geltungsanspruch intersubjektiver Wahrheit auftreten, gesellschaftlichen Vorrang (vgl. Habermas 1981b, S. 135 ff.). Zum letzten Maßstab der Beurteilung von Äußerungen, sei ihre Illokution regulativ (also normativ) oder repräsentativ (also expressiv und mit dem Anspruch der Wahrhaftigkeit auftretend), wird die *intersubjektive Validierbarkeit* des Aussagegehaltes. Gesellschaftlich vorherrschend wird der Idealtyp rational geleiteter und begründeter Erkenntnis.

Diese soziale Entwicklung spiegelt sich auch in der funktionalen Differenzierung der Sprache. Es bilden sich die auf Kalkülisierung drängende Wissenschaftssprache einerseits und die durch primär lebensweltliche Funktionen charakterisierbare Alltagssprache andererseits aus.[10] Normative und kognitive Orientierungen treten auseinander. Am deutlichsten wird dies in der Kritik am wissenschaftlichen Ethos, das Wert- und Sachfragen trennt. Es zeigt sich, daß das Gute und Wahre nicht unbedingt zusammenfallen. Praxis und Theorie, Handeln und Erkennen treten zugunsten erhöhter kognitiver Leistungsfähigkeit auseinander.

10 Vgl. dazu Bowers (1982), der an dieser Differenzierung sein Schema linguistischer Varianten orientiert; vgl. ebenso Putnams (1979) Konzept der sprachlichen Arbeitsteilung, das Erkenntnisse des Britischen Funktionalismus (vgl. Halliday 1978, S. 33) reflektiert.

Gewißheitskriterien alltäglicher Orientierung, wie sie etwa in der Formel ›Ich glaube nur, was ich sehe‹ zum Ausdruck kommen, verweisen auf einen weiteren kritischen Punkt. Die Ereignisse und Phänomene, die der Einzelne außerhalb seiner professionellen Domäne zu verstehen und zu beurteilen hat, weil sie auch für ihn relevant sind, entziehen sich zunehmend der »Sichtbarkeit« und der Analyse in ein zeitliches Nacheinander einfacher Ursache-Wirkungs-Zusammenhänge. Man kann, um es wiederum mit alltagssprachlichen Wendungen auszudrücken, häufig »seinen Augen nicht mehr trauen«, weil »heute alles möglich ist«. Aus soziologischer Perspektive wird das zugrunde liegende Problem noch einmal im folgenden Zitat besonders deutlich, in dem Luhmann die Folgen der Entfaltung rationaler Wissenschaft für die Lebenswelt darstellt:

»Was lebensweltlich zunächst dinghaft und ereignismäßig kompakt gegeben ist und so diffus Konsens garantiert, wird als Komplex von Relationen rekonstruiert. Diese Auflösung und Rekonstruktion vergrößert das Variationspotential, da man in einem relationalen Gefüge oft einiges ändern und anderes konstant halten kann. Vor allem aber wird die Umwelt unter selektiven Gesichtspunkten komplexer, wenn immer neue Einheiten schließlich sogar Seelen und Atome, unter theoriegeleiteten Gesichtspunkten in Relationen zwischen noch einfacheren Elementen aufgelöst werden.« (Luhmann 1981, S. 128).

Dieser wissenschaftlich bedingten Aufklärung über die Komplexität der *einen* Welt unter kognitiven Gesichtspunkten entspricht unter normativen Gesichtspunkten die Entstehung einer Vielzahl möglicher Welten, im Blick auf die gehandelt werden kann. In einer solchen Welt läßt sich jedoch nicht leben. Es ist keine mögliche Lebenswelt, und daraus folgt für jede mögliche Lebenswelt, daß sie auf einer Auslegung der Welt beruhen muß, die durch ihre Komplexität nicht verunsichert werden kann und die gleichzeitig normative und für die eigene Umwelt hinreichende kognitive Orientierungen vermittelt.

Soziologie, Sozialpsychologie und nicht zuletzt auch die Linguistik konzentrieren sich deshalb in der jüngeren Zeit wieder verstärkt auf den Zusammenhang zwischen sozial-kognitiven Orientierungen, kollektivem Wissen und der Funktion der Sprache bei der Konstitution, Tradierung und Konservierung kollektiver

Deutungsmuster.[11] Ein zentrales Argument vieler Untersuchungen zu diesem Bereich formuliert Serge Moscovici pointiert wie folgt:

»The world of our own experience, our own reality, has split in two, and the rules applying in our daily world have no visible connection with those, that apply in the realm of science. One of the reasons, that there is such a lively interest in the phenomena of language is that language as such is in a state of retreat. While language has lost its link with theory, it has maintained its link with representation, its only remaining stronghold. If its study therefore becomes more and more central for social psychology ...the reason is that the function of language has changed to the point where it is linked exclusively with our everyday, ordinary manner of aquiring and communicating knowledge.« (Moscovici 1981, S. 185)

Ob es empirisch gerechtfertigt ist, der (Alltags-)Sprache eine solch zentrale Stellung zuzuweisen, wie Moscovici dies hier tut, wird genau zu prüfen sein. Sozialphilosophen, Soziologen und auch in dieser Richtung orientierte Psychologen neigen, aus linguistischer Perspektive betrachtet, leicht zu einer Überschätzung der sozial-kognitiven Bedeutung der Sprache als eines *Repräsentations*-Systems für den Common sense. In der Kritik der soziologischen Ansätze werden wir darauf und auf die Gründe dafür noch zu sprechen kommen. Umgekehrt ist jedoch ein linguistisch ›cleaner‹ Sprachbegriff, wie ihn etwa die Generative Grammatik postuliert, im Blick auf die gesellschaftliche Bedeutung der Sprache unergiebig. Eine vermittelnde Position, die ihren Beobachtungspunkt wohl bei den Leistungen des Sprechens einnehmen muß, scheint angemessener zu sein, wenn man Zuverlässiges über den Zusammenhang von Sprache, Kognition und gesellschaftlicher Wirklichkeit aussagen will. Als Sprecher und Hörer legen Menschen im sozialen Verkehr ihre Welt und ihr Handeln selbst vermittels der Sprache aus. Es läßt sich u. E. zeigen, wie sich dieser Prozeß auch in der Struktur ihrer linguistischen Kompetenz selbst spiegelt.

11 Vgl. z. B. Thomssen (1980); Habermas (1981a/b), Forgas (ed.) (1981), Farr/Moscovici (1984), Maas/Brekle (Hg.) (1986), Holland/Quinn (eds.) (1987).

Damit sind die gesellschaftstheoretischen Beschreibungen der Genese des Common sense-Konzeptes umrissen. Notgedrungen knapp haben wir bis hierher zu zeigen versucht, wie der Prozeß sozial-funktionaler Differenzierung nach der Reformation im 18. Jahrhundert erneut in einer Krise kognitiver und moralischer Orientierung kulminiert. In der Gesellschaft bricht im Zuge der kulturellen Rationalisierung in allen Bereichen das Problem der Kontingenz der Interpretation von Erfahrungsdaten auf; *historisch* ist der Common sense-Begriff eine Antwort auf diese Entwicklung.

Die historische Rekonstruktion legt zwei sinnvolle Verwendungen des Begriffs nahe, bzw. sie offenbart eine dem Begriff eigentümliche Doppelstruktur. Zum ersten läßt sich der Begriff sinnvoll auf die erkenntnistheoretische Problematik der prädikativen Struktur der Wahrnehmung und des Überzeugungscharakters unseres Wissens beziehen, wie sie Hume in kritischer Absicht herausgearbeitet hat. Naturerkenntnis besteht als probabilistische Erkenntnis immer auch lediglich aus mehr oder weniger erfolgreichen Vor-Urteilen. In diesem Sinne ist auch Wissenschaft nur als eine Common sense-basierte Praxis möglich. Aber die kulturelle Rationalisierung und die Ausdifferenzierung des Wissenschaftssystems erlegen ihr die Aufgabe auf, ständig an der Überwindung dieser Tatsache zu arbeiten. Zugleich entsteht ihr im Zuge der Reflexivierung von Wissenschaft als kultureller Praxis selbst die Aufgabe, zu erklären, warum sie, obgleich vorurteilsbasiert, als Wissenschaft dennoch möglich ist und warum die erst recht vorurteilsbehaftete nichtwissenschaftliche alltägliche Erkenntnis ein geordnetes und erfolgreiches Handeln ermöglicht. Dafür ist eine Analyse der erfolgreichsten Vorurteile unseres Verstandes notwendig. In diesem Sinne ist der Common sense-Begriff als Apriori unserer alltäglichen Erkenntnisprozesse zu sehen. Dieses Apriori tritt als Gegenargument gegen den empiristischen Standpunkt auf, demzufolge der Geist zu Beginn der Ontogenese eine tabula rasa ist. Philosophiegeschichtlich finden wir diese Variante des Common sense-Begriffes in Kants Kategorie der sogenannten ›synthetischen Urteile a priori‹; damit sind erfolgreiche Erfahrungsurteile gemeint, die vor aller individuellen Erfahrung liegen. Den Versuch der empirischen Rekonstruktion dieser Kategorie hat die sogenannte biologische Erkenntnistheorie unternommen.[12]

Demgegenüber ist die zweite Variante des Common sense-Begriffes diejenige, welche auch die alltagssprachliche Semantik des Ausdrucks bestimmt. Danach ist der Common sense gewissermaßen das kognitive und moralische Sediment unserer alltäglichen Erfahrungsprozesse. Auf die Aufhebung der ›Heilsgewißheit‹ durch die kulturelle Rationalisierung reagiert die Gesellschaft des 18.Jahrhunderts mit einer Abschottung gegenüber der die Wissenschaft bestimmenden Reflexivierungstendenz. Statt dessen versucht sie, die alte, institutionell gesicherte Gewißheit und Einheit kognitiver und normativer Orientierungen in den ›gesunden Menschenverstand‹ hinein zu verlagern.[13] Die Analyse dieser Variante des Common sense mündet im Versuch der Beschreibung und Begründung eines lebensweltlich rückgebundenen Alltagswissens oder einer »Laienepistemologie«.[14]

Selbstverständlich darf die gesellschaftstheoretische Rekonstruktion der *historischen* Entstehungsbedingungen des Konzeptes ›Common sense‹ nicht mit der *theoretischen* Herleitung und Erklärung ebendieses Konzeptes verwechselt werden. Sie kann diese deshalb auch nicht ersetzen. Beiträge zu einer solchen Theorie liefern aber die biologische Erkenntnistheorie und die Soziologie. Dabei wird sich herausstellen, daß die grundlegenden Elemente des Konzeptes in außerordentlich sinnvoller Weise auf linguistische Fragestellungen beziehbar sind und umgekehrt *ohne* linguistische Konzepte eine Theorie des Common sense nicht vollständig sein kann. Die Reihenfolge der Disziplinen Biologie, Soziologie, Linguistik beschreibt dabei Stufen einer zunehmend

12 Vgl. etwa Riedl (1979/1988), der explizit auf die Kant'schen Kategorien zurückgreift.
13 Es läßt sich für das 18.Jh. gewissermaßen ein ›Katalog‹ von ›Gewißheits‹-Konzepten aufstellen, die alle der Abschottung von Reflexivierungstendenzen dienen. Dazu gehören neben dem ›gesunden Menschenverstand‹ etwa auch das ›Sentiment‹-Konzept und das ›Genie‹-Konzept.
14 Vgl. hierzu die bereits weiter oben angeführte Literatur zur Erforschung von Laientheorien.

kulturellen Prägung des Common sense. Auf dieses Kontinuum läßt sich die angedeutete Doppelstruktur des Begriffs abbilden:
Dies wird leicht einsichtig, wenn man dafür auf zwei Konzepte Karl Poppers zurückgreift, die dieser in seiner 3-Welten-Theorie begründet und erläutert hat (vgl. Popper/Eccles 1982/1987, S. 61 ff.). In der ersten Variante kann man den Begriff zu Poppers Welt$_2$ zählen, d. h. zur »(...) Welt psychischer Zustände, einschließlich der Bewußtseinszustände, der psychischen Dispositionen und unbewußten Zustände« (ebd. 63). Diese Welt$_2$ grenzt Popper von der Welt$_1$ ab, die er – erkenntnistheoretisch etwas problematisch – als die Welt der physischen Gegenstände auffaßt. Als ontogenetisch apriori gegebene psychische Disposition, die eine Orientierung in Welt$_1$ ermöglicht, gehört der Common sense zur Welt$_2$. Demgegenüber kann man die zweite Variante des Common sense-Begriffs, die wir auch als soziologische bezeichnet haben, zu Poppers Welt$_3$ zählen. Diese umschreibt er als »(...) die Welt der Inhalte des Denkens und der Erzeugnisse des menschlichen Geistes (...)« (ebd. 63). Diese Welt$_3$ umfaßt die technisch und kulturell geschaffene und reproduzierte Wirklichkeit. Dazu zählen Institutionen und Theorien, aber auch die Sprache. Mit einem Terminus Durkheims könnte man sagen: Poppers Welt$_3$ umfaßt neben technisch geschaffenen Gegenständen vor allem die *sozialen Tatsachen*. In diesem Sinne faßt die zweite Variante des Common sense-Begriffs den Common sense als ein ›fait social‹ auf; dies spiegelt auch seine übereinstimmende Charakterisierung als ›institutionell‹ und ›normativ‹ (vgl. z. B. Geertz 1983; Berger/Luckmann 1980).
Poppers Drei-Welten-Theorie bringt einen für die Klärung des Verhältnisses der beiden Varianten des Begriffs wichtigen Aspekt ins Spiel. Popper betont die Autonomie der Tatsachen der Welt$_3$ gegenüber den Welten 1 und 2.

»Als Gegenstände der Welt$_3$ können sie Menschen dazu veranlassen, andere Dinge der Welt$_3$ zu schaffen und dadurch auf Welt$_1$ einzuwirken (...)« (ebd. 64). Sie beginnen »(...) ein Eigenleben zu führen ... Sie schaffen unvorhergesehene Konsequenzen, sie schaffen *neue Probleme*.« (ebd. 65, Herv. H. F.)

Obwohl Popper diese Feststellungen hauptsächlich auf wissenschaftliche Theorien bezieht, lassen sie sich auch im Sinne Poppers auf den Bereich sozialer Tatsachen insgesamt erweitern. Es ist danach nicht möglich, den kulturellen Common sense (zur Welt$_3$ gehörig) einfach als eine Art Interpolation oder Ausdehnung des biologischen (zur Welt$_2$ gehörig) aufzufassen. Der Common sense muß auch als eigenständiges kulturelles Phänomen begriffen und ernstgenommen werden, denn er ist als Phänomen der Welt$_3$ kein ›Epiphänomen‹ – wie Popper sagen würde – der Welten 1 oder 2. Die hier geführte Diskussion ist direkt auf Diskussionen über den Sprachbegriff übertragbar und hängt aufs engste damit zusammen. Man vergleiche etwa die Position Chomskys, der die Sprache als Kompetenz zur Welt$_2$ zählt,[15] wohingegen in der Tradition de Saussures die Sprache eindeutig zur Welt$_3$ gehört (vgl. sehr schön dazu: Keller 1990, S. 164 ff.). Für Chomsky ist die Sprache, soweit sie zur Welt$_3$ gehört, ein Epiphänomen der zur Welt$_2$ gehörigen linguistischen Kompetenz.

Befassen wir uns nun zunächst mit dem Versuch der biologischen Rekonstruktion des Common sense, d. h. mit dem Common sense, soweit er zur Welt$_2$ im Sinne Poppers gehört. Diesen Versuch zu einer Epistemologie des Common sense hat vor allem die biologische Erkenntnistheorie unternommen.

---

[15] Vgl. z. B. Chomsky (1975/1977, S. 148), wo er lakonisch schreibt: »Untersuchungen der Sprache gehören ganz natürlich zur Humanbiologie.«

3. Common sense
als erkenntnistheoretische Kategorie

3.1 Zum Kontext der biologischen Erkenntnistheorie

Die biologische Erkenntnistheorie hat eine Reihe unterschiedlicher theoretischer Schattierungen; allen Ansätzen aber ist gemeinsam, daß sie die Auflösung der erkenntnistheoretischen Antinomie von »aprioristischem Rationalismus und sensualistischem Empirismus« (vgl. Oeser 1976, S. 27) anstreben, indem sie ausgehend von einer evolutionsorientierten Sichtweise zu zeigen versuchen, daß Leben selbst als Prozeß der ›Organisation und Verkörperung von Wirklichkeit‹ verstanden werden kann, oder mit Rupert Riedl (nach Konrad Lorenz), daß »(...) Leben selbst ein erkenntnisgewinnender Prozeß« (vgl. Riedl 1979/1988, S. 10) ist. Dies gilt für die Morphogenese wie für die Entwicklung der Wahrnehmungs- und Denkfähigkeiten. Im Verlaufe dieses Prozesses werden phylogenetisch Lernergebnisse festgehalten und der Ontogenese genetisch vorgegeben. Diese Lernergebnisse erklären das erstaunliche Faktum, »(...) daß aller Erfahrung nach Erkenntnisgewinnung möglich ist, ohne daß man explizit zu wissen braucht, wie Erkenntnisgewinnung funktioniert« (Mohr 1986, S. 1/2). Die dafür erforderlichen Grundkategorien sind dem einzelnen Menschen nach Auffassung der evolutionären Erkenntnistheorie angeboren und machen den Kern des biologischen Common sense-Konzeptes aus.

»(...) unter dem »gesunden Hausverstand« (oder gesunden Menschenverstand) pflegen wir jene Leistungen zu subsumieren, die ohne bewußtes und absichtsvolles Eingreifen, ohne Reflexion, gewissermaßen von selbst zur Lösung und Entscheidung über unser Verhalten gelangen.« (Riedl 1987, S. 86)

Dieses Zitat verdeutlicht zugleich, daß es sich bei dem biologischen Common sense-Konzept um ein Set von Urteils*strategien* handelt, weniger um ein festgefügtes epistemisches Wissen über die Welt. An späterer Stelle werden wir auf einzelne dieser Urteilsstrategien zu sprechen kommen. Rupert Riedl (1979/1988) macht den Vorschlag, sie unter vier Hypothesen zusammenzufassen, die sich evolutionär nacheinander ausgebildet haben:[1]

1) »(...) *die Hypothese vom anscheinend Wahren* enthält die Erwartung, daß sich manche gemachte Erfahrung unter entsprechenden Bedingungen wahrscheinlich prognostizieren, also durch Wiedereintreten bestätigen lassen werde« (Riedl 1979/1988, S. 66). Die Bedeutung der Wahrscheinlichkeitsprognose wird weiter unten ausführlicher diskutiert.

2) »*Die Hypothese vom Vergleichbaren* enthält die Erwartung, daß das Ungleiche in der Wahrnehmung der Dinge ausgeglichen werden dürfe und daß sich ähnliche Sachen, obwohl sie offenbar nicht dasselbe sind, auch in manchen noch nicht wahrgenommenen Eigenschaften als vergleichbar erweisen würden« (Riedl 1979/1988, S. 121). Für Riedl ist dies die Grundlage für die bereits einfachen Lebewesen gegebene Möglichkeit der Abstraktion von Erfahrungen.

3) Die *Hypothese von den Ursachen* enthält neben der aus der Wahrscheinlichkeitsprognose resultierenden Grunderwartung, daß die wiederholte Koinzidenz der Ereignisse A und B als Ursache-Folge-Relation erfolgreich interpretierbar ist, »(...) die Erwartung, daß ähnliche Ereignisse oder Zustände dieselbe Ursache haben und dieselbe Wirkung tun werden« (ebd. 170). Die Hypothese bringt uns dazu, von Merkmalskoinzidenzen auf Merkmalssukzessionen zu schließen (vgl. ebd. 167). Auch auf diesen Punkt werden wir zurückkommen.

4) Die *Hypothese vom Zweckvollen* enthält gewissermaßen als »Spiegelbild zur Ursachenhypothese« (ebd. 193) die Erwartung, »(...) daß gleiche Strukturen demselben Zweck entsprechen oder genügen werden« (ebd. 208).

---

[1] Wir können diese Hypothesen hier nur anführen und zitierend kurz erläutern. Eine ausführliche und anschauliche Darstellung und Illustration liefert Riedl (1979/1988). Eine Kurzfassung der Hypothesen findet sich in Riedl (1984, S. 55 ff.).

Solche Urteilsstrategien des Common sense bestimmen unsere Wahrnehmung bereits auf der elementarsten Ebene der Verarbeitung von Umweltdaten. So zeigt z. B. Erich Oeser (1976, S. 24 ff.) in einer kurzen Beschreibung von neurophysiologischen Untersuchungen zum Sehen, wie sehr unsere eigene Laienauffassung des Sehvorgangs auf einem der klassischen Reflextheorie entsprechenden ›Ursache-Wirkungs-Modell‹ (vgl. die Hypothese 3 Riedls) beruht, nach dem Sehen als relativ passiver Prozeß der Aufnahme von Umweltdaten, d. h. als innere Abbildung einer äußeren Welt interpretiert wird, während faktisch der Sehvorgang und das Ergebnis dieses Prozesses ein vom Individuum aktiv erzeugtes Ereignis bzw. Ereignisresultat ist, in dem die Eigenbewegung des wahrnehmenden Individuums selbst eine zentrale Rolle spielt, da erst sie es ermöglicht, z. B. Objektkonstanz in der Wahrnehmung zu erzeugen.[2] Das Wahrnehmungsurteil erscheint somit erst als Resultat der Bestätigung der eigenen Wahrnehmungspraxis.[3]

[2] Elementar ist deshalb z. B. für das menschliche Sehen das sogenannte Augenflimmern, d. h. die ständige Eigenbewegung des Auges, die bei etwa 50 Hz liegt. Legt man einem Menschen ein bekanntes Wort zum Lesen vor und injiziert dann in seine Augenmuskulatur das diese kurzzeitig lähmende Novocain, so ›verschwindet‹ der Seheindruck buchstäblich, obwohl der *optische* Apparat wie auch die *Sensorik* voll funktionsfähig sind. D. h. ein gleichbleibender Zustand *für sich genommen* wird nicht wahrgenommen. Wahrnehmung geschieht vermittelt durch die Eigenbewegung des Organismus (und deren Wahrnehmung) *uno actu* als Konstruktion von Figur und Hintergrund. Die Sensorik muß kontinuierlich *Differenzen* bereitstellen, aus denen das Gehirn Muster abstrahieren/synthetisieren und wiedererkennen kann. Die basale Differenz ist dabei die zwischen (relativer) Eigenbewegung und Fremdbewegung. (vgl. Dithfurt, H.v., Der Geist fiel nicht vom Himmel. Die Evolution unseres Bewußtseins. München 1980, S. 130)

[3] Zu dieser, unter dem Stichwort ›Reafferenzprinzip‹ bekannten und von E.v. Holst und H. Mittelstaedt zuerst genau analysierten erkenntnistheoretischen Problematik vgl. auch v. Weizsäcker (1980, S. 155 ff.), ebenso Maturana/Varela (1987, S. 177 ff.). Lerntheoretisch führt das Reafferenzprinzip zu der Erkenntnis, daß die Form/das Medium der Informationsverarbeitung oder Aneignung des Wissens, indem es die Eigenbewegung des wahrnehmenden Subjekts determiniert, zugleich

Das laienepistemologische Modell zur Erklärung der Wahrnehmungsprozesse, das Maturana/Varela (1987, S. 177; vgl. auch ebd. 145) als »repräsentationistischen Ansatz« charakterisieren und das Riedl (1979/1988, S. 187) unter der Überschrift »Der Hang zur einfachen Lösung« beschreibt, ist ein gutes Beispiel für das Funktionieren des ›gesunden Menschenverstandes‹ als Informations›erzeugungsapparat‹. Jede Form der »(...) Rückwirkung der Wirkung auf ihre Ursache scheint in unserer vorbewußten Erwartung nicht zur Verrechnung vorgesehen«, schreibt Rupert Riedl (1979/1988, S. 187). Der Grund dafür ist, daß es offenbar im Laufe der Evolution sinnvoll war, ›Sukzedankoinzidenzen‹, wie Riedl sagt, d. h. wiederholte Aufeinanderfolgen der Ereignisse A und B als Ursache-Wirkungs-Beziehung zu interpretieren und bei wiederholten Simultankoinzidenzen (z. B. Homologien), d. h. gleichzeitig gegebenen Merkmalen, eine gleichbleibende Ursache anzunehmen (vgl. Riedl 1984, S. 195 ff.; 1979/1988, S. 73/74). Je höher der Koinzidenzgrad von Ereignissen oder Merkmalen ist, desto sicherer kann mit diesen Koinzidenzen gerechnet werden. Als Ereignismuster und Typen werden sie abstrahiert und bilden ein kognitives Sediment erfolgreichen Orientierungsverhaltens (vgl. Riedl 1979/1988, S. 110-112). Für Riedl zentral ist dabei die Grundauffassung, daß der Aufbau solcher kognitiver Ordnungen, aber auch der Ordnung einfacher organismischer Formen des Lebens, zwar ein *Selbst*-aufbau ist, der aber nur orientiert an einer äußeren Ordnung stattfinden kann, im Blick auf die Anpassungen zwar kontingent, aber nicht beliebig sind.

»Was man von dieser Welt lernen kann, das ist ihre Ordnung. Unordnung kann man wohl, ja muß man, wie wir wissen ... erzeugen; aber zu lernen ist vom Chaos nichts. Und das grundsätzlichste aller Ordnung ist die Koinzidenz von Zuständen oder auch Ereignissen« (ebd. 108).

auch die Struktur des Wissens bzw. die Art und Weise, in der wir etwas wissen oder lernen können, determiniert (vgl. dazu Bruner/Olson 1978; ebenso sehr gut dazu Aebli 1980/81). Die Afferenz, also das ›herankommende‹ Sinnesdatum, *und* die Reafferenz, d. h. die Aktion, in der es aufgenommen und wahrgenommen wird, bilden eine Einheit der Wahrnehmung. Lernen geht nicht als Aufnahme von Information, sondern als Ausbildung einer Praxis des Lernens vor sich.

Lernen geschieht als *Extraktion* solcher Koinzidenzen in Urteilen und Urteilsstrategien. Dabei geht es nicht um ›Abbildung‹ einer Wirklichkeit, sondern lediglich um eine den ›realen‹ Bedingungen genügende Tauglichkeit der aufgebauten Ordnung, deren Entwicklung Riedl phylogenetisch als »asymptotischen Prozeß der Optimierung« (vgl. ebd. 50) von Anpassungsleistungen beschreibt. Das sogenannte Ursachen-Vorurteil ist dabei nur *ein* Beispiel für die Hypothese, daß die kognitive Grundausstattung des Menschen auf einen sogenannten »Mesokosmos« (vgl. Mohr 1986, S. 5) zugeschnitten sei, in dem er zu überleben gezwungen war. In diesem Mesokosmos, dieser Welt mittlerer Dimensionen und Geschwindigkeiten im Vergleich zum makrokosmischen und mikrokosmischen Bereich hat offenbar das Kausalitätsprinzip in der Mehrzahl der Fälle im Laufe der phylogenetischen Entwicklung für Menschen ausreichend erfolgreiche Beschreibungen ermöglicht[4] und hat dadurch eine fortwährende Bestätigung erfahren.

Dabei stellt der Mesokosmos als Orientierungsbereich des Menschen wiederum nur einen kleinen Ausschnitt aus dem Mesokosmos autopoietischer biologischer Systeme dar, wie er etwa durch

---

4 Aus diesem Grund kommt es auch überall dort zu kognitiven und in der Folge sozialen, ökonomischen und politischen Problemen, wo einlinige Kausalanalysen zu einfach sind, z. B. wenn einfache physikalische Sachverhalte wie die Gravitation nicht als Ursachenkopplung analysiert werden (vgl. Riedl 1979/88, S. 187). Auch die wechselseitige Steuerung und Interdependenz im Bereich autopoietischer Systeme – von Maturana/Varela (1987, S. 85) als ›strukturelle Kopplung‹ bezeichnet – wird in der Regel ›zu einfach‹ analysiert. Im sozialen Bereich findet man hier oft eine *handlungs*logische Auslegung des Kausalitätsprinzips nach dem Schema ›Ursache→Folge; Intention→Handlung; Zweck→Mittel‹. Beispiele dafür analysieren etwa für die Politik Luhmann mit seiner Kritik an Max Webers zweckrationalem Bürokratiebegriff und für den Bereich menschlicher Kommunikation z. B. Watzlawick et al. (1980) mit ihrer Darstellung der Interpunktion von Ereignisfolgen. Das Adverb ›zu einfach‹ kann in diesen Fällen nur heißen ›für den Beobachter‹ zu einfach, da sich die betroffenen Systeme ja genau durch die vereinfachenden Selbstbeschreibungen erzeugen und erhalten.

die weiter unten abgebildete Graphik aus Maturana/Varela (1987, S. 160) sehr schön illustriert wird. Das gleiche Bild zeigt auch die Eingeschränktheit unserer sensorischen Fähigkeiten:

»Die Sinneszellen reagieren fast nur auf solche Umweltreize, die für das menschliche Leben Bedeutung haben, also z. B. auf elektromagnetische Schwingungen nur in dem engen Bereich zwischen 436-760nm mit Sehempfindungen, auf Schallwellen von etwa 16-18000 Hertz mit Lautwahrnehmungen.« (Rensch 1978, S. 51)

Dies ist – mit einem Ausdruck Maturanas – der ›kognitive Bereich‹, in dem wir uns orientieren und in dem der ›gesunde

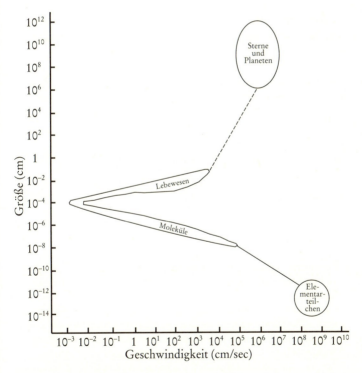

Relationen zwischen Größe und Bewegungsgeschwindigkeit von Einheiten in der Natur. (Maturana/Varela 1987, S. 160)

Menschenverstand< mit seinen >ratiomorphen< (Brunswik), d. h. vernunft*artigen*, aber eben vorbewußten Hypothesen arbeitet. Um mit einer Computermetapher zu sprechen: Dieser ratiomorphe >Weltbildapparat< (Riedl) ist – in der Sicht der evolutionären Erkenntnistheorie – gewissermaßen das biologisch verankerte >Betriebssystem< aller Prozesse des Lernens, der Enkulturation usw.[5]

3.2 Assimilation in einem realen Kosmos – oder Akkommodation eines >oikos<?

Eine mit den diskutierten Problemen direkt verbundene und über rein erkenntnistheoretische Aspekte hinausreichende wichtige Frage, die auch die evolutionäre Erkenntnistheorie deutlich in zwei Richtungen zu spalten scheint, könnte man so formulieren: Ist dieser Meso*kosmos* nicht vielleicht besser zu charakterisieren als ein >oikos<, d. h. als ein auch mittels des Common sense weitgehend selbst erzeugter und stabilisierter Lebensbereich, in dem alle Anpassungs- und Lernleistungen, aber auch alle Formen der Kreativität in diesen Prozessen primär dem Kriterium einer systemrelativen ökologischen Viabilität genügen müssen? Dabei kann dieser >oikos< nach unterschiedlichen Ebenen der Selbstorganisation differenziert aufgefaßt werden (z. B. biologisch, sozial, kulturell-symbolisch, sprachlich etc.).[6] Das Konzept erlaubt es, verschiedene, voneinander relativ unabhängige Niveaus systemischer Selbstorganisation zu postulieren, deren jeweilige ökolo-

---

[5] Der >ratiomorphe Apparat< dient insofern auch der Strukturierung kulturellen Wissens. Hierzu sei auf die Untersuchung von Simone Andersen (1985) »Sprachliche Verständlichkeit und Wahrscheinlichkeit« hingewiesen, die auf der Grundlage von Riedls Hypothese Nr.1 versucht, Wahrscheinlichkeitsstrukturen im sprachlichen Wissen zu rekonstruieren und auf das Problem der Verständlichkeit von Texten zu beziehen.

[6] Vgl. zu einem solchen Schichtenmodell unterschiedlicher Ebenen der Selbstorganisation Maturana/Varela (1987, S.194); vgl. ebenso Riedl (1988, S.234)

gische Bedingungen nicht auf universale reduzierbar sind.[7] Ein solches Konzept ermöglicht es eher, den jeweiligen Eigenbeitrag eines Niveaus der Selbstorganisation zur Entwicklung nicht-deterministisch zu fassen. Das Konzept des Mesokosmos dagegen, wie es etwa Hans Mohr vorstellt, betont sehr stark den Aspekt der *Einpassung* sowohl von morphologischen Formen als auch von Verhaltensweisen und kognitiven Strukturen in Bedingungen einer vorgängig strukturierten Welt:

»Weil wir uns im Zuge der Evolution kognitiv an die Struktur der Welt angepaßt haben, können wir im Einvernehmen mit den Strukturen der realen Welt richtig denken. ... Falsches Denken war ein gravierender Mangel an Fitness, richtiges Denken, d. h. Denken in Übereinstimmung mit der Realstruktur erhöhte die (inklusive) Fitness. ... Die Vorgänge in der für uns relevanten Natur *sind* kausal. Die *Erwartung* kausaler Zusammenhänge ist deshalb ein hoher Selektionsvorteil.« (Mohr 1986, S. 4)

Dieser sehr stark von Konrad Lorenz (1973) inspirierten Sichtweise, nach der die von ihm so genannten »angeborenen Lehrmeister« Strukturen der realen Welt spiegeln, hat C. F. v. Weizsäcker (1980, S. 139 ff.) in einer Kritik der epistemologischen Prämissen Lorenzens[8] die Auffassung entgegengestellt, daß das Konzept einer außerhalb des erkennenden Subjekts liegenden Realität

---

7 Bezogen auf das linguistische Frageinteresse dieser Untersuchung findet sich der hier formulierte Gegensatz ›Kosmos‹ vs. ›oikos‹ in analoger Weise in einer Unterscheidung, die Grace (1987) in seinem anregenden umfangreichen Essay ›The linguistic construction of reality‹ trifft. Er grenzt dort zwei Auffassungen der Sprache und sprachlicher Kompetenz voneinander ab, die er als ›universal encoder theory‹ und ›cultural encoder theory‹ bezeichnet (vgl. ebd. 3 ff.). Grace' Ansatz zielt auf eine psychologisch und linguistisch aufgeklärte Fassung des Konzepts ›sprachlicher Relativität‹, wobei er allerdings im Gegensatz zu der hier zu explizierenden Auffassung idiomatische Prägung semantisch auf die motivierenden Wurzel- oder Basismetaphern zurückführt (vgl. vor allem ebd. 92 ff. und 98/99), wie es etwa auch im Kontext der sogenannten ›kognitiven Linguistik‹ üblich ist (z. B. Lakoff 1987). Wir halten solche ›motiv(ierungs)lastigen‹ Positionen für verfehlt (vgl. hierzu vor allem Teil II der vorliegenden Untersuchung und ebenso Feilke i. V.).
8 Vgl. v. Weizsäcker, Zur Biologie des Subjekts, in: ders. (1980, S. 125-187)

»sinnlos« (ebd. 142) sei, und damit weitreichende Folgerungen verbunden, die wir im folgenden diskutieren wollen. Er schreibt:

»Sprechen wir sinnvoll von Realität, so sprechen *wir* von Realität; spricht niemand von Realität, so ist von Realität nicht die Rede.« (Weizsäcker 1980, S. 142)

Die Tendenz, um diese »scheinbaren Trivialitäten« (ebd.) herumzureden, ist Weizsäcker ein Zeichen dafür, »(...) daß hinter ihnen ungeklärte nichttriviale Strukturen auf ihre Aufhellung warten« (ebd.). Die Kategorie ›Realität‹ ist für ihn das Produkt eines notwendig subjektbezogenen Erkenntnisverhältnisses zur Welt, dessen Inhalt sich auch historisch mit den Beschreibungsstrategien, die es hervorbringen, ständig gewandelt hat. Das bedeutet logischerweise auch, daß die *Kenntnis* der Kategorie zur jeweiligen *Erkenntnis* nichts beigetragen hat, oder, wie Weizsäcker sagt,

»(...) deren vollständige Elimination ...an allen positiven Erkenntnissen der Naturwissenschaft überhaupt nichts ändert.« (ebd.)

Diese Kritik an einem subjektlosen Realitätsbegriff bedeutet jedoch keinesfalls, wie oft eingewendet wird, daß die Interpretation, etwa von Sinnesdaten, beliebig sei und was Realität sei, einzig von unserer Vorstellung abhänge.[9] Die subjektive Wahrnehmung hat, wie auch Weizsäcker schreibt, durchaus einen »objektiven Sinn« (ebd. 151), der in ihrem Erfolg und Selektionswert besteht. Entscheidend ist dabei aber der folgende Punkt (und dies weist uns wieder auf die Bedeutung der verschiedenen Niveaus der Selbstorganisation hin):

»Was so objektiv überprüft wird, ist ... nicht die einzelne Organmeldung, *sondern die Handlungseinheit*, zu der sie als eines vieler Kettenglieder gehört.« [und] »Ein *pragmatischer Wahrheitsbegriff* kann die Prädikate »richtig« oder »falsch« nur ganzen Handlungsweisen zuschreiben.« (Weizsäcker 1980, S. 152; Herv. H. F.)

Es soll hier betont werden, wie wichtig dieser Gesichtspunkt für eine Theorie des Common sense ist und wie weitreichend die theoretischen Konsequenzen dieser auf den ersten Blick relativ

---

9 Vgl. dazu auch Varela (1990, S. 102 ff.)

unspektakulären Feststellung auch für den Begriff sprachlichen Wissens und den Begriff sprachlicher Bedeutung sind. Darauf wird später noch genauer einzugehen sein. Analogien bzw. theoretische Isomorphien zu linguistischen Konzepten fallen jedoch bereits bei diesem Zitat ins Auge: Nicht der substantielle Wert des Sinnesdatums für sich genommen, aber auch nicht die Wertdifferenz innerhalb eines Paradigmas möglicher alternativer Daten wird von Weizsäcker für entscheidend gehalten, sondern der Gesichtspunkt der (syntagmatischen) Interpretation von Wahrnehmungen durch einen Handlungszusammenhang rückt in den Vordergrund.[10]

Bleiben wir aber zunächst bei dem Weizsäcker-Zitat und versuchen, den Zusammenhang mit der weiter oben bereits diskutierten Alternative (Meso)›kosmos‹ oder ›oikos‹ noch deutlicher herauszuarbeiten. Darauf bezogen bedeutet die Aussage v. Weizsäckers: Nicht die einer, wie auch immer gearteten, ›Realstruktur‹ (Mohr) adäquate und in diesem Sinne optimale Abbildung oder Widerspiegelung ist die Voraussetzung erfolgreichen Handelns, sondern umgekehrt ist die ökologisch sinnvolle bzw. mögliche Handlung der Maßstab für den erforderlichen kognitiven Aufwand. Während das Konzept des Mesokosmos den Begriff der *notwendigen* Anpassung in den Vordergrund stellt, rückt das Konzept des ›oikos‹ das Kriterium der *möglichen* Handlung ins Vorfeld.

Der Gedanke sei an einem sehr einfachen Beispiel veranschaulicht: Nehmen wir z. B. das Handlungsschema des ›Sich-setzens‹. An Kleinkindern kann man beobachten, daß die Fähigkeit, sich zu setzen, erst in einem mühsamen Prozeß ausgebildet wird, an dessen Ende die motorischen Routinen stehen, die wir mit dem Verb bezeichnen. Sicherlich sind theoretisch sehr viele Arten und Weisen zu sitzen denkbar; d. h. sowohl von den physikalischen Bedingungen als auch der Anatomie und der Physiologie des Körpers her gibt es praktisch kaum determinierende Festlegun-

---

10 Brisante Bezugspunkte in der linguistischen Diskussion, die hier jeweils zugeordnet werden können, sind die ›*Substanz*‹ des Bezeichneten, die ›*Differenz*‹ im System und der ›*Kontext*‹ des Meinens und Verstehens.

gen. Gleichwohl ist das Sitzen in verschiedenen Varianten konventionell festgelegt und ökologisch geprägt. Verschiedene Kulturen haben verschiedene Arten und Weisen des Sitzens, etwa auf dem Gesäß, auf den Knien, auf den Füßen, und hier gibt es wieder verschiedene Varianten, je nachdem, ob man auf dem Boden sitzt – etwa im Schneidersitz – oder technische Hilfsmittel (z. B. Stühle) benutzt. In jedem Falle stellen die etablierten Arten und Weisen des Sitzens gegenüber den möglichen eine Selektion dar, und entsprechend dieser Selektion sind beim sozialisierten, seines eigenen Körpers mächtigen Menschen spezifische ökologisch geprägte Handlungsprogramme ausgebildet, die perzeptive, apperzeptive und motorische Kompetenzen zusammenfassen, etwa die motorische Fähigkeit, sich ohne Zuhilfenahme der Hände in den Schneidersitz zu setzen, oder die Fähigkeit der Apperzeption von Lage und Höhe des Sitzplatzes, die es erst ermöglicht, sich ›ohne hinzusehen‹ zu setzen. Dazu gehört auch das Wissen um die normativen Aspekte, also die Frage, wann man wo wie sitzen darf bzw. nicht darf.

Gleichwohl ist uns das Sitzen gemeinhin unproblematisch. Daß die automatisierte Verhaltensabfolge, die wir so bezeichnen, nicht einfach als Anpassungsleistung funktional deduzierbar ist, sondern eine eigene ökologische Prägung hat, ist uns kaum bewußt. Die Handlung ist weder notwendig so, wie sie ist, noch ist sie zufällig so, wie sie ist. Sie ist ›natürlich‹ im Sinne der Natürlichkeitsdebatte (vgl. z. B. Holenstein 1980, S. 68 ff.), d. h. sie ist durch den Prozeß ihrer Konstituierung *geprägt*.

Dieses sicherlich sehr einfache, noch primär auf eine rein motorische Problematik und nicht etwa komplexe Wahrnehmungshandlungen bezogene Beispiel zeigt aber schon, daß im Blick auf den Versuch der Erklärung einer faktischen Form des Sitzens die Berücksichtigung des ökologischen Spielraumes viel wichtiger ist als die universellen, d. h. in diesem Falle die physikalischen und anatomischen Randbedingungen. Erst nach Maßgabe der ökologisch motivierten Selektionen treten die vermeintlich die Anpassung diktierenden physikalischen, anatomischen und physiologischen Randbedingungen in den Funktionszusammenhang der Handlung ein. Die Selektion der (Handlungs-)Komponenten ist im Blick auf die Handlungsfunktion zugleich weitgehend kontin-

gent/arbiträr und konventionell. Indem die Handlungsstruktur in diesem Sinne erst ökologisch – im oikos des Handelns – festgelegt wird, ist die auf diese Art und Weise erworbene individuelle Kompetenz *erst als Folge einer möglichen Performanz feststellbar*. Jede rein funktional orientierte Analyse, die etwa von einem Set a priori gesetzter Funktionen, die zu erfüllen sind, ausgeht, steht in der Gefahr, die herausragende Bedeutung dieser pragmatischen Selektivität für den Begriff der Kompetenz zu verfehlen.[11]
Kehren wir noch einmal zu unserem Weizsäcker-Zitat zurück. Wenn die Qualität der Reizverarbeitung nicht absolut – etwa im Sinne einer Abbildrelation – bestimmbar ist, sondern ihren Maßstab allein in der *pragmatischen Validität*[12] einer Handlung/Verhaltensweise findet, dann entscheiden primär die systemrelativ-ökologischen und nicht generalisierbare ›kosmologische‹ Kriterien über den Sinn bzw. die Möglichkeit einer Handlung.

11 In der Linguistik sind z. B. universalistische Ansätze in der Semantik ein Paradebeispiel dafür. Das Telos der Merkmalsanalyse, die Aufstellung eines universellen Inventars semantischer ›features‹ kann analytisch durchaus ein sinnvolles Projekt sein; zur Beschreibung der semantischen Kompetenz eines Sprechers aber kann sie kaum einen Beitrag leisten, weil ihr die synthetisierenden Selektions- und Kombinationsinformationen fehlen. Der Hinweis darauf, daß jede Theorie gegenüber den Daten, die sie zu erklären beansprucht, unterbestimmt ist (vgl. z. B. Chomsky 1975/1977 gegenüber Quine), ist zwar einerseits richtig, darf aber nicht dazu führen, daß die natürliche, durch einen bestimmten oikos und im Blick auf diesen konstituierte Kompetenz gar nicht mehr als erklärungsbedürftig angesehen wird. Jeder Versuch der Rekonstruktion einer Handlungskompetenz muß dort ansetzen (vgl. auch Teil II Kap. 4.1).
12 C. F. v. Weizsäcker spricht von einem »pragmatischen Wahrheitsbegriff« (ebd. 152). Ein solcher Begriff ist weder korrespondenztheoretisch – etwa im Sinne Karl Poppers – zu fassen, da das Wahrheitskriterium Handlungen bzw. Verhaltensweisen zukommt und nicht einzelnen Sätzen, noch ist er im Sinne Habermas' konsenstheoretisch, da die Konsenstheorie logisch die Möglichkeit eines infiniten Regresses (zur Herstellung des Konsenses) impliziert und damit ein stärkeres Kriterium behauptet als das der Viabilität. Am ehesten könnte man den Begriff vielleicht als evolutionär-systemtheoretisch bezeichnen (vgl. zu einer solchen Perspektive E. Oeser 1976).

Das heißt auch: Information *entsteht* nur im ›oikos‹ und für die, die dazu gehören, denn sie entsteht ja zuerst als Bestätigung bzw. Nicht-Bestätigung einer Handlung/Verhaltensweise, die nur dort vorkommt. Erst zu diesem Zeitpunkt wird die Handlung/Verhaltensweise, die bis dahin lediglich eine mögliche war, gewissermaßen empirisch interpretiert und bekommt so einen ökologischen Sinn. Sie hat die Chance, aus dem ›oikos‹ heraus zu einer interpretierten Handlungsgestalt, einem »Handlungsschema« (Weizsäcker 1980, S. 152) zu werden. Popper spricht von einer »tentativen Probeinstruktion« (zit. nach Weizsäcker ebd. 147). Für die Linguistik bestimmt in der Tradition Humboldts und in Abgrenzung zu Chomsky etwa Coseriu (1988a, S. 202) gleichfalls in diesem Sinne den Begriff sprachlicher Kreativität als ein konstruktives, ›*primäres Faktum*‹, das nicht auf eine universelle Kompetenz reduzierbar ist, sondern seinen Ursprungsort im Sprechen hat.

»Auch im Falle der Sprache geht der Mensch stets über die Erfahrung hinaus und schafft sozusagen Projekte des Möglichen.« (Coseriu 1988a, S. 202)

Die linguistische Relevanz dieser Überlegungen werden wir im zweiten Teil der Arbeit am Begriff der ›idiomatischen Prägung‹ zu verdeutlichen versuchen.
Was ist nun durch die hier angestrebte Verschiebung in der Perspektive vom Mesokosmos zum ›oikos‹ für die Klärung des Common sense-Begriffs erreicht? Vor allem eines sollte verdeutlicht werden: Es führt in die Irre, wenn man versucht, den Begriff des Common sense als adäquate kognitive Anpassung an einen bestimmten Realitätsausschnitt zu verstehen, da sich, was als Realitätsausschnitt gelten kann, jeweils nur systemrelativ, d. h. relativ zu möglichen Handlungen oder Verhaltensweisen in einem System bestimmen läßt. Die Logik, der ein Individuum als Teil eines sozialen Systems gehorcht, kann beispielsweise eine ganz andere sein, als die, der es als biologisches System folgen müßte, z. B. dann, wenn die Anpassung des Individuums innerhalb des Sozialsystems Vorrang hat. Die auftauchenden und zu lösenden kognitiven Probleme lassen sich nicht aus ›extern‹ determinierten Anforderungen der adäquaten kognitiven *Repräsentation* einer

Außenwelt a priori bestimmen, sondern nur im Blick auf die Handlungs-*Weise*[13], der gefolgt wird.

Zu einem ganz ähnlichen Ergebnis wie C. F. v. Weizsäcker, auf den wir uns hier in der Hauptsache berufen haben, kommt auch Francisco J. Varela (1990) in einem jüngst veröffentlichten Essay zur Kognitionswissenschaft. Er sei deshalb hier abschließend zitiert:

»Gerade unsere alltäglichen Erkenntnisprozesse zeigen ..., daß die größte Leistung der kognitiven Prozesse von Lebewesen darin besteht, innerhalb weit gezogener Grenzen die entscheidenden Probleme zu erfassen, die in jedem Augenblick des Lebens bewältigt werden müssen. Diese Probleme *sind nicht vorgegeben, sondern sie werden handelnd erzeugt* ..., aus einem (Hinter-/Unter-) Grund hervorgebracht. *Was wichtig ist, wird vom gesunden Menschenverstand mit Bezug auf den Handlungszusammenhang bestimmt.*« (Varela 1990, S. 90; Herv. H. F.)

Das Zitat erlaubt eine Ergänzung, die auch für den Gegenstand dieser Arbeit von Bedeutung ist: Nicht nur, was wichtig ist, wird vom Common sense mit Bezug auf den Handlungszusammenhang bestimmt, sondern vor allem auch, was *richtig* ist. Die Normativität ist ein zentrales Charakteristikum des Common sense-Wissens. Im Rahmen der soziologischen Thematisierung des Common sense werden wir darauf zurückkommen.

In der bisherigen Argumentation haben wir zunächst das historische Aufkommen des Common sense-Konzeptes beschrieben, um dann in einem zweiten Schritt zu zeigen, daß in der historisch beschriebenen Orientierungskrise, die zur Entstehung des Konzeptes führte, lediglich ein Grundproblem des menschlichen Erkenntnisverhältnisses zur Welt aufbricht. Die bis hierher erst ansatzweise entwickelte und im einzelnen weiter zu begründende Hypothese lautet: Der Tatsache der Kontingenz[14] bei der Inter-

---

13 Die Betonung der Handlungs*weise* gegenüber der (Einzel)Handlung soll anzeigen, daß der Einzelhandlung nur als pragmatisch bestätigter Handlung und d. h. bereits als Handlungsschema ein ökologischer Sinn zukommt. Im Hintergrund jeder Einzelhandlung steht das sie ermöglichende Handlungsschema (vgl. Weizsäcker ebd.).

14 Vgl. zu diesem systemtheoretischen Kernbegriff z. B. Luhmann (1985, S. 47): »Dieses ›auch anders möglich sein‹ bezeichnen wir mit dem traditionsreichen Terminus Kontingenz.«

pretation von Erfahrungsdaten – ob bei der einfachen Sinneswahrnehmung oder der Wahrnehmung z. B. von Sprache in kommunikativen Prozessen – korrespondiert der Typus des Common sense-Wissens als Mittel der Vereindeutigung und Sicherung des Wissens als pragmatisch relevanter Information. Der Common sense ist ein auf die ökologischen Bedingungen menschlichen Handelns bezogenes und durch diese Bedingungen pragmatisch konstituiertes und stabilisiertes intuitives Wissen.

4. Common sense als soziologische Kategorie in der Systemtheorie: Darstellung und linguistische Kritik

4.1 Vorbemerkungen zu den soziologischen Ansätzen

Bis hierher haben wir zu zeigen versucht, daß die Entwicklung von Common sense-Wissen als eine von ökologischen Anforderungen bestimmte natürliche ›Reaktion' auf die Tatsache der Kontingenz von Erfahrung verstanden werden kann. Der Common sense, etwa in der Form der Ursachen-Hypothese Riedls oder der ›Hypothese vom Wahrscheinlichen' (vgl. Kap.3) ist dabei ein Verfahren der Selektion und Bewertung von Ereigniszusammenhängen und der Überführung kontingenter Information in ein bestimmtes und sicher geglaubtes Wissen. Zugleich ist der Common sense das Sediment dieser Orientierungsleistungen, der Fundus der alltäglichen Prozesse kognitiver und kommunikativer Koorientierung im Handeln. Dieser Doppelheit von Verfahren und Fundus begegnen wir bei verschiedenen Formen des Common sense-Wissens immer wieder.[1] Als Grundmuster wird sie auch in der folgenden Erörterung wieder auftauchen, in der wir nunmehr versuchen wollen, das Konzept des Common sense *soziologisch* zu begründen. Das heißt, die Begründung erfolgt ausgehend von einer Theorie sozialen Handelns und sozialer Handlungsbedingungen, welche faktisch die Rahmenbedingungen der

---

[1] Ein Beispiel dafür aus einem ganz anderen Bereich, nämlich der Rhetorik, ist der Begriff des Topos. Der Topos gilt in der aristotelischen Bestimmung des Begriffs einmal als »Suchort« für Argumente, und Topik in diesem Sinne ist eine planvolle Strategie des Findens von Argumenten. Zugleich aber bezeichnet der Ausdruck die auf diese Art und Weise gewonnenen konkreten Argumente auch als Topoi; sie bilden gewissermaßen einen Fundus argumentativer Habitate (vgl. hierzu auch in Feilke i. V. den Abschnitt ›Topik-strukturierende Prägungen‹; vgl. ebenso z. B. Bornscheuer 1976; Seibert 1980; Hess-Lüttich 1982; Kienpointer 1983).

Entstehung, Bestätigung und Entwicklung jeglicher Art von Common sense-Wissen bilden. Dabei gehen wir von der Prämisse aus, daß ›Wirklichkeit‹ – verstanden als gesellschaftliches Produkt – kommunikativ erst aufgebaut wird (vgl. Berger/Luckmann 1966/1980). Die Bedingungen der Kommunikation – im Sinne des vorigen Kapitels, der ›oikos‹ des sozialen Handelns – bilden zugleich den Möglichkeitshorizont und den Selektionsraum für die Inhalte der Kommunikation und die Formen ihres Ausdrucks. Insofern Inhalte und Formen der Kommunikation ein Produkt dieser Verhältnisse sind,[2] ist auch das sprachliche Wissen, die Kompetenz, wesentlich pragmatisch. Das gleiche gilt auch für das Weltwissen, soweit es gesellschaftliches Produkt ist.

Zunächst geht es im folgenden um die allgemeinen sozialen Bedingungen von Kommunikation und sozialem Handeln. Es sollen daraus dann Aussagen über Struktur und Funktion des Common sense abgeleitet werden. Dies kann hier nur auf der Ebene einer sehr weitgehenden theoretischen Verallgemeinerung geschehen, und in diesem Bereich verbleiben notwendig auch noch die Aussagen, die über Sprache und Sprechen in diesem Zusammenhang bereits gemacht werden. In den kritischen Kapiteln wird jedoch bereits ausführlich auf linguistische Konzepte zurückgegriffen.

Für die Darstellung im folgenden möchten wir wiederum zwei Konzepte verbinden, die in der soziologischen Diskussion in der Regel als konträr gekennzeichnet werden, indem man sie mit den als unvereinbar geltenden Etiketten ›systemtheoretisch‹ und ›handlungstheoretisch‹ belegt. Es handelt sich erstens um Niklas Luhmanns systemtheoretische Konzeption ›einfacher Sozialsysteme‹ oder ›Interaktionssysteme‹ und zweitens um den von Peter Berger und Thomas Luckmann (1966) zuerst formulierten, von Luckmann (1986) zu einem Konzept ausgearbeiteten und von Alfred Schütz inspirierten Begriff des ›kommunikativen Haushalts‹

---

2 Es wird hier schon eine Prämisse eingeführt, über die gestritten wird und die von Vertretern nativistischer Positionen nicht vollständig geteilt werden dürfte. Zumindest die syntaktischen Grundkategorien der sprachlichen Form gelten ihnen als angeboren. Gleichwohl halten wir die Prämisse auch mit einer nativistischen Position für vereinbar.

einer Gesellschaft. Die Möglichkeit zu einer fruchtbaren Verbindung dieser beiden Konzepte liegt in der Tatsache begründet, daß Luhmann den Begriff der Kommunikation von seinen Grenzen her bestimmt: Dabei geht er systemtheoretisch argumentierend von den Bestandserfordernissen sozialer Systeme aus, die ab einem bestimmten Punkt der Systementwicklung Kommunikation und später auch sprachliche Kommunikation erzwingen, ohne daß dies bereits Verstehen oder Verständigung im Sinne einer Kopplung von Intentionen einschließt. Im Gegenteil, für Luhmann wird die Unwahrscheinlichkeit von Verständigung zum Ausgangspunkt der Analyse des normalen Funktionierens und seiner Voraussetzungen (vgl. Luhmann 1985, S. 207 ff. u. 216 ff.). Gewissermaßen komplementär dazu ist der Ansatz von Berger/Luckmann (1966/1980) handlungstheoretisch-instrumentell bestimmt. Sie fragen nach den notwendigen Mitteln der Formung und Artikulation des sozial relevanten Wissens. Der Ansatz steht dabei stellvertretend für das ethnomethodologische Programm der Rekonstruktion des Alltagswissens oder auch des Common sense in der Tradition Alfred Schütz' (vgl. Arbeitsgruppe Bielefelder Soziologen (Hg.) 1973; Cicourel 1975). Während Luhmann also bei den Kommunikationsproblemen ansetzt, ohne zu entfalteten Hypothesen über Mittel der Kommunikation kommen zu wollen,[3] gehen Berger/Luckmann von den Mitteln als präformierten Instrumenten der Ordnung von Kommunikation und Kognition aus. Genau daraus erklärt sich die Möglichkeit einer Vermittlung beider Positionen. Die Diskussion von Luhmanns systemtheoretischem Ansatz in diesem Kapitel wie auch die Diskussion des Ansatzes von Berger/Luckmann im fünften Kapitel schließen mit einer Kritik des Sprachbegriffs der beiden soziologischen Zugänge. Beide Ansätze liefern eine plausible theoretische Modellierung der Genese von Common sense-Wissen; beide weisen in diesem Zusammenhang dem Aspekt der *sprachlichen* Verfügbarkeit des Common sense eine wichtige Rolle zu; aber beide Ansätze beziehen die eigene Begrifflichkeit *nicht* auf Sprache selbst und *nicht* auf die linguistischen Randbe-

---

3 Vgl. Luhmann (1985, S. 197), wo es heißt: »Auf die technischen Probleme einer solchen Codierung gehen wir nicht näher ein.«

dingungen des Sprechens, *obwohl* diese Gegenstand eines sozial bestimmten Prozesses der Strukturbildung sind, in dem linguistisches Wissen als ein linguistischer Common sense aufgebaut wird. Unter kommunikationstheoretischen Gesichtspunkten, ja aus der Perspektive der diskutierten soziologischen Ansätze selbst, erscheint dieser linguistische Common sense als *eine* notwendige Voraussetzung der Stabilisierung jeder anderen Form von Common sense.

Im Anschluß an diese Erörterungen gehen wir abschließend in einem Exkurs auf das Verhältnis des hier zu begründenden Modells einer Common sense-Kompetenz zur Konzeption des ›Einverständnishandelns‹ bei Jürgen Habermas ein. Der Exkurs bezieht sich kritisch auf den Versuch der *sprachtheoretischen* Herleitung eines ethisch motivierten Begriffs der Verständigung, der die Bedeutung der ›sozialen Form‹ des Einverständnishandelns für die Kommunikation gegenüber substantiellen Kategorien wie ›Motiven‹ und ›Intentionen‹ vernachlässigt. Konsens und Common sense sind verschieden; Common sense resultiert aus der primären Selektivität der Kommunikation und stützt seinerseits die kommunikative Erzeugung koordinierter Selektivität. Konsens dagegen scheint zumindest sprachtheoretisch als zu starke Prämisse für eine Theorie der Kommunikation.

4.2 Reichweite und Grenzen der systemtheoretischen Frageweise

Luhmanns (1985) zugleich evolutionstheoretisch basierter Ansatz zur Erklärung sozialer Systeme begründet einen Hypothesenzusammenhang, der sehr plausibel zeigen kann, wie sich aus einer Vielfalt unterschiedlicher Entwicklungsmöglichkeiten (Kontingenz) soziale Strukturen als *bestimmte* entwickeln können. Dabei verwandelt sich die soziologische Ausgangsfrage nach der Möglichkeit und Entstehung sozialer Ordnung sehr schnell in die Frage nach den evolutionstheoretischen Voraussetzungen und den Konstituenten des Faktums der Geordnetheit von *Kommunikation* und tritt damit ein in den Bereich der Semantik. Die sich daraus zwangsläufig ergebende Frage nach den Bedingungen der

Geordnetheit einer Semantik betrifft in Luhmanns Terminologie das Verhältnis von sozialen und psychischen Systemen, also Individuen und ihrem Wissen. An dieser Stelle kommt notwendig, aber systemtheoretisch eigentlich unerwünscht, der Begriff der kognitiven, linguistischen etc. *Kompetenz eines Individuums* ins Spiel (vgl. etwa Luhmann 1985, S. 224/225). Wie muß die Kompetenz eines Individuums aufgebaut sein, damit Kommunikation z. B. sprachlich stattfinden kann? Diese Frage ist nicht mehr Gegenstand von Luhmanns Interesse, und sie ist innerhalb seiner Theorie auch nicht mehr sinnvoll stellbar. D. h. eine Theorie, die zum Ziel hat, Strukturen des Alltagswissens oder auch des sprachlichen Wissens zu modellieren, kann sich eigentlich nicht auf die soziologische Systemtheorie stützen. Zwischen der systemtheoretischen Konstruktion der Bedingungen von Kommunikation einerseits und der Tatsache der subjektiv-individuellen Bedingtheit von Kommunikation andererseits liegt ein theoretischer Bruch; die systemischen Bedingungen der Kommunikation sind zwar auch Randbedingungen der Ausbildung einer Kompetenz, aber sie determinieren den Prozeß nicht. Der Grund dafür liegt in der allgemeinen systemtheoretischen Tatsache, daß jedes System (also auch jedes soziale System) einerseits durch seine Strukturen die Bedingungen der Entwicklungsmöglichkeiten in seinem Bereich als Milieu bestimmt, daß aber andererseits das Milieu nicht deterministisch ist und die Evolution im Milieu einen kreativen ›Spiel‹raum hat.[4] Die Entwicklung neuer Strukturen wie etwa der Sprache oder später auch einer bestimmten Sprache ist deshalb immer auch bestimmt von Randbedingungen, die von den systemischen Bedingungen der Kommunikation her nicht determiniert sind. Oft wird dieser wichtige Punkt in evolutionstheoretischen Konzepten mit dem Begriffspaar »Da-Sein« und »So-Sein« gefaßt.[5] Das *Da-Sein* einer Struktur wie etwa der Spra-

---

4 Popper spricht in Popper/Eccles (1987, S. 50 ff.) von einem Wahrscheinlichkeits- oder Propensitätsfeld für das Auftreten neuer Strukturen.
5 Vgl. im Blick auf die evolutionstheoretische Begründung des Konzepts und seinen Sinn in der Biologie Küppers (1986; 1987, S. 44); im Blick auf Sprache z. B. Keller (1990, S. 154 ff.)

che und auch abstrakte Eigenschaften einer solchen Struktur, wie etwa Symbolizität, Reflexivität u. a., ist systemtheoretisch begründbar, ihr *So-Sein* aber wird von den Randbedingungen des Sprechens bestimmt, d. h. von den faktisch beteiligten Subjekten, ihren Zielen, ihrem Wissen und Nicht-Wissen; diese Randbedingungen sind weder kommunikationstheoretisch ›von oben‹, noch – im Sinne eines rationalistischen Kompetenzbegriffs, der die sprachliche Kompetenz als Produkt (phylo)genetischen Lernens auffaßt – ›von unten‹ hinreichend spezifizierbar.

Solche Grenzen der systemtheoretischen Frageweise sind aber für das soziologische Frageinteresse Luhmanns weniger ein Problem als für das linguistische Fragen nach der Kompetenz. Die systemtheoretische Konstruktion der Bedingungen von Kommunikation kann, mit einem Terminus Poppers ausgedrückt (vgl. Popper/Eccles 1987, S. 50 ff.), »Verwirklichungstendenzen« für bestimmte Formen und Formate des Weltwissens und Sprachwissens aufzeigen; sie kann also sagen, das Auftreten welcher Strukturen begünstigt ist. Die faktisch emergenten Strukturen aber lassen sich nicht bestimmen, da sie auch von den *individuellen Verwirklichungsbedingungen* abhängig sind.[6] Für das soziologische Frageinteresse ist dies allerdings hinreichend. Dies heißt: Die soziologische Theorie braucht nicht notwendig eine Theorie der Kompetenz, sie kann auch keine liefern; aber eine Theorie der Kompetenz braucht eine von ihr unabhängige Theorie der Kommunikationsbedingungen, da das Kompetenzmodell ökologisch sinnvoll sein muß.

Nun jedoch zu Luhmanns Modell. Aus der systemtheoretischen Konstruktion der Kommunikation und ihrer Bedingungen läßt es Schlüsse auf die formale Qualität der Inhalte und der Aufbaumerkmale des Common sense ebenso zu wie Hypothesen über notwendige Leistungen der Sprache in diesem Zusammenhang.

---

6 Eine soziologische Kritik an Luhmanns Ansatz aus dieser Perspektive hat z. B. Peter M. Hejl versucht (vgl. ders. 1987, »Zum Begriff des Individuums. Bemerkungen zum ungeklärten Verhältnis von Psychologie und Soziologie.« In: Schiepek, G. (Hg.), Systeme erkennen Systeme. München: S. 115-154).

4.3 Kommunikation als Systemeigenschaft, sozialer Sinn und Selbstreferenz

Im Unterschied zu anderen Theoretikern, die einfach vom Faktum der Kommunikation zwischen Menschen ausgehen und dann versuchen, sie funktional durch den Bezug auf Handlungserfordernisse (Kooperation, Koordination etc.) zu begründen und zu erklären, läßt Luhmann alle Fragen nach dem möglichen Handlungssinn von Kommunikation für ihre begriffliche Bestimmung erst einmal außer acht. Da Kommunikation, systemtheoretisch gefaßt, den Zustand oder die Eigenschaften eines Systems beschreibt und nicht Zustände seiner Elemente, muß sie außerdem erklärt werden unter Rückgriff auf Bestandserfordernisse des sozialen Systems und nicht unter Rückgriff auf etwaige Handlungsdispositionen seiner Elemente, wie sie etwa die Kategorien ›Bedürfnis‹, ›Mitteilungsabsicht‹, ›Motivation‹ etc. zum Ausdruck bringen. Diese Position ist Resultat der allgemeinen systemtheoretischen Grundauffassung, daß Systemeigenschaften *emergent*, d.h. eine Folge systemrelativer Selektionen sind und nicht auf außersystemische Einflüße reduzierbar sind. D.h., auch eine handlungstheoretische Reduktion sozialer Tatbestände ist unzureichend.[7] Die Radikalität der Frageweise Luhmanns wird eigentlich erst deutlich in der Tatsache, daß es für ihn in keiner Weise ausgemacht ist, daß handelnde Individuen die Elemente eines sozialen Systems sind. Ein soziales System erzeugt seine Elemente selbst nach seinen eigenen Bestandserfordernissen. D.h. z.B.: Ein Individuum kann zugleich Bestandteil mehrerer Elemente eines sozialen Systems sein oder Elementen verschiedener sozialer

---

7 Obwohl Luhmann sich mit Vehemenz von der Sozialpsychologie abgrenzt, findet man z.B. in G. H. Meads Bestimmung des Gegenstandes der Sozialpsychologie eine in gleicher Weise radikale Betonung der Eigensinnigkeit des Sozialen. Im Unterschied zu Max Webers Begriff des ›sozialen Handelns‹, der das Individuum tatsächlich zum Ausgangspunkt von Gesellschaftlichkeit macht (Stichwort: methodologischer Individualismus), sieht Meads Begriff des ›gesellschaftlichen Handelns‹ sowohl im Blick auf die Ursache wie im Blick auf die Zwecke das Individuum lediglich als Instanz eines ansonsten sozial *geformten* Prozesses (vgl. Mead 1973, S. 45 u. Anmerkung 7 dort).

Systeme angehören (diese Tatsache hat in der traditionellen Soziologie der Rollenbegriff gefaßt). Umgekehrt kann auch ein Element eines sozialen Systems aus mehreren Individuen bestehen, ohne daß dies für das System von Belang sein muß. Auch Kommunikation ist deshalb im strengen Sinn eine Systemeigenschaft und keine Relation, die auf Beziehungen zwischen Individuen reduzierbar wäre.[8]

Hier liegen die Folgen für linguistische Fragestellungen auf der Hand: Wenn bzw. soweit Sprache selbst eine emergente Struktur sozialer Systeme ist,[9] darf sie nicht einfach (sprech-)handlungstheoretisch als *Mittel* der Realisierung von Intentionen beschrieben werden; auch wenn sie dies *auch* ist. In einer solchen Sicht wäre das Mittel kontingent gegenüber den bestimmenden Intentionen.[10] Beispiel für eine solche Sicht ist etwa der Stil-Begriff, sofern er auf der zu Recht vielfach kritisierten Prämisse der ›Wahl‹ beruht, was eine tatsächlich lediglich handlungstheoretisch notwendige Idealisierung darstellt. Statt dessen ist aus systemtheoretischer Sicht folgende Perspektive einzunehmen: Jede mögliche Sprechhandlung muß sich erst als Teil einer sozial möglichen Kommunikation qualifizieren. Die (Sprech-)Handlung kann also nur nach Maßgabe ihrer sozialen Form Teil von Kommunikation sein. Wird Stil in diesem Sinne als sozialer Habitus wie etwa bei Pierre Bourdieu (1974) gefaßt, so ist der Begriff von der handlungstheoretischen Ebene bereits abgelöst; der Wahlaspekt steht im Hintergrund gegenüber dem Faktum der sozialen Form, die dem individuellen Handeln erteilt wird. Dies schließt die *Möglichkeit* der Wahl nicht aus, sondern nur ihre theoretische *Notwendigkeit*. Im gleichen Sinne faßt etwa auch Gerd Antos (1986, S. 65) Stil als »konventionalisierte Invarianzen der Vollzugsorganisation« auf, während für Sandig (1986, S. 23) ›Stil‹ an Katego-

---

8 Zur Kritik einer solchen Position vgl. auch hier Hejl (1987).
9 Diesen Grundgedanken faßt bereits Durkheims Begriff des ›fait social‹, den Saussure dann auch auf die Sprache bezieht (vgl. dazu auch Kap. 4.4).
10 Vgl. zu diesem Punkt im einzelnen auch Teil II, Kapitel 4.2.1 ›Zur idiomatischen Insensibilität handlungsorientierter Kompetenzbegriffe‹.

rien wie ›Handlung‹, ›Intention‹ usw. gebunden bleibt, wenn sie ihn als die »sozial relevante ... Art der Handlungsdurchführung« bestimmt. In der traditionellen Terminologie der Soziologie wird das Problem auch in handlungstheoretisch bestimmten Konzeptionen häufig unter dem Stichwort »Sprache und soziale Kontrolle« verhandelt (vgl. z. B. Schneider 1978).[11] ›Indexikalische Vokabularien‹ und ›Normalformen‹ im Sinne Cicourels (1975) vermitteln hier individuelles Sprechen und Kommunikation. Der Kommunikation kann Handeln nur über seine Oberfläche zugeordnet werden,[12] der gegenüber Intentionen lediglich different, nicht aber autonom sein können. Die *Form* der Handlung hat einen *sozialen Sinn*, der sie einem bestimmten System und seinen Umweltbezügen zuordnet. Dabei geht die Handlung nicht in ihrer Totalität und allen möglichen Sinnbezügen in das System ein, sondern nur in den für das System möglichen und relevanten.[13] Kommunikation ist also eine systembestimmte Selektion, die auch für das Individuum einen sozialen Sinn festlegt und in Handlungsformen, respektive Ausdrucksformen objektiviert. Kontingent erscheinen hier eher die Intentionen gegenüber dem ›fait social‹ des sprachlichen Ausdrucks. Für die Kommunikation relevant ist, was *gesagt* wird, nicht primär, was *gemeint* ist. Das Problem faßt sehr gut auch George W. Grace (1987) in seiner Abhandlung über ›The linguistic construction of reality‹, in der er zu Beginn feststellt:

11 Das Problemfeld ›Sprache und soziale Kontrolle‹ ist in den 70er Jahren primär durch Bernsteins Konzeption bestimmt worden. Vgl. hierzu den von Bernstein herausgegebenen Sammelband zur Problematik (Bernstein 1975).
12 Vgl. zu dem Stichwort ›Oberfläche‹ Antos (1989, S. 43).
13 Ein Beispiel dafür sind Stigmatisierungsprozesse, die nicht nur Personen, sondern auch Äußerungen betreffen können: Z. B. G. Augsts »K(ei)ser«-Beispiel in einem Aufsatz zur Orthographiereform, das, in der FAZ publiziert, in einer Art Selbstentzündung einen Flächenbrand wütender Kommentare auslöste, die es sich großenteils erlauben konnten, den sinngebenden argumentativen Kontext des Beispiels schlicht zu ignorieren. Das Gleiche ist der in einem Leserbrief getätigten Äußerung des Mainzer Arztes Aust »Soldaten sind potentielle Mörder« widerfahren. Wert und Differenziertheit des Arguments stehen zurück hinter dem Signalwert des Äußerungsausdrucks.

»(...) except to someone concerned with the state of our psyche, it does not so much matter what we actually believe about a thing; what matters is what we talk *as if* we believed.« (Grace 1987, S. 20)

Die Tatsache der Kontingenz des Gemeinten gegenüber dem Gesagten oder anders ausgedrückt der Formierung möglicher Handlungen durch das soziale System (die Kommunikation) hat Wittgenstein in den ›Philosophischen Untersuchungen‹ aphoristisch prägnant gefaßt:

»Wenn man aber sagt: ›Wie soll ich wissen, was er meint, ich sehe ja nur seine Zeichen‹, so sage ich: ›Wie soll *er* wissen, was er meint, er hat ja auch nur seine Zeichen.« (Wittgenstein 1967, S. 171, = PU 504)[14]

Was der Aphorismus nachdrücklich vor Augen führt, ist die Tatsache, daß individuell Gemeintes im Blick auf den Zeichenausdruck einerseits kontingent und nicht festlegbar ist, andererseits aber der Zeichenausdruck die einzige Form ist, in der sozialer Sinn vergegenwärtigt und die vom System vollzogenen Selektionen verfügbar gehalten werden können. Deshalb kann uns bei einem Ausdruck wie ›Wir sind das Volk‹ sofort etwas einfallen, ohne daß wir es selbst gemeint haben müssen. Die bei Wittgenstein angedeutete zirkelhaft ausweglose Situation[15] liegt darin begründet, daß versucht wird, einen Fixpunkt für die Kommunikation *außerhalb* der Kommunikation, nämlich im ›eigentlich Gemeinten‹, zu verorten. Zeichenhaftigkeit erscheint in dieser Sicht als Mangel und als unvermeidlicher Ballast einer Kommunikation, die ›eigentlich‹ um die Dinge und das, was die Sprecher davon sagen wollen, geht. Die Zeichen stehen immer im Verdacht, den Blick auf diese Ordnung sogar für den Sprecher selbst zu verstellen. Im Hintergrund steht dabei wiederum die Vorstellung eines *Individuums*, das sprachlich auf einen außerhalb von Kom-

---

14 Bei Wittgenstein- wie auch bei Lichtenberg-Zitaten wird im folgenden neben dem Zitatnachweis immer auch die jeweilige Bemerkungsnummer in der Numerierung der Autoren mit angegeben, bei Lichtenberg zusätzlich immer auch der jeweilige Buchstabe des ›Sudelheftes‹. ›PU‹ bei Wittgenstein steht dabei immer für ›Philosophische Untersuchungen‹.
15 Sie wird sehr schön auch herausgearbeitet bei Winograd/Flores (1989 Kap. 5 und S. 109).

munikation befindlichen Weltaspekt referiert und *auf diese Weise* kommuniziert. Erfolgreiche Kommunikation verdankt sich in dieser Sicht der Ordnung der Dinge, auch wenn man sie so nicht mehr nennen mag und statt dessen vom Weltwissen spricht. Sprachliche Zeichenhaftigkeit dient hier im besten Falle als technisches Hilfsmittel der Bewerkstelligung von Referenzidentität für Sprecher und Hörer. Wo sich aber eine ›intersubjektive‹ Ordnung der Sachverhalte nicht ohne weiteres zeigt, wird die Unmöglichkeit, *genau zu sprechen*, unvermittelt zum Symptom für Täuschung und Selbsttäuschung. Dabei gerät diesem Modell ein für Kommunikation zentraler Aspekt aus dem Blickfeld: Kommunikation braucht den Bezug auf eine ›wirkliche‹ Ordnung der Dinge nicht, um selbst Ordnung stiften zu können. Die einzig geforderte Bestätigung ist vielfach lediglich die Möglichkeit einer Handlungsweise (respektive des Zeichengebrauchs) im Sprechen. Externe Optimalitätskriterien für das Gesagte sind keine notwendige Bedingung für eine erfolgreiche Kommunikation von Sprechern und Hörern.

Der systemtheoretische Kommunikationsbegriff durchbricht den Zirkel – wie ihn in der Tendenz auch Wittgenstein mit dem Begriff des ›Sprachspiels‹ in seinem Spätwerk bereits durchbrochen hat –, indem die Verankerung nicht außerhalb der Kommunikation gesucht wird, sondern im Rückbezug von Kommunikation auf Kommunikation. Die Kontingenz des möglicherweise Gemeinten für den Hörer und auch für den Sprecher selbst wird erst durch Kommunikation in eine semantische Ordnung verwandelt, wobei der Bezugspunkt für den Prozeß der Verständigung nicht Referenzidentität, sondern gleichförmiger Zeichengebrauch ist. Wittgenstein stark verkürzend, könnte die systemtheoretische Auffassung mit traditionellen Begriffen auch so formuliert werden: Die Bedeutung ist der Gebrauch von Zeichen, und ihr Gebrauch ist ein auf Brauchbarkeit gründender Brauch. Nur dadurch, daß sich Kommunikation als Zeichenpraxis auf bereits stattgehabte, brauchbare kommunikative Koorientierungen zurückbezieht und diese über *Wiederholungen* als Selektions- bzw. Sinnmuster etabliert, können sich soziale Systeme stabilisieren. In diesem Sinne argumentiert noch vor einem handlungstheoretischen Hintergrund bereits Max Weber, der in einem sprachtheoretisch bemerkenswerten Abschnitt seines berühmten Aufsatzes »Über einige Kategorien der verstehenden Soziologie« feststellt:

»Das Bestehen einer ›Sprachgemeinschaft‹ bedeutet für uns nicht, daß massenbedingte Gleichartigkeit bei der Hervorbringung bestimmter Lautkomplexe existiere (das ist gar nicht erforderlich), auch nicht nur, daß der eine ›nachahmt‹, was andere tun, sondern vielmehr *ein Verhalten bei ›Äußerungen‹, welches an* bestimmten, innerhalb eines Menschenkreises durchschnittlich bestehenden *Chancen, sich ›verständlich‹ zu machen, sinnhaft orientiert ist* und daher diesen Effekt im Durchschnitt auch erwarten ›darf‹.« (Weber 1913/1973, S. 129; Herv. H. F.)

Max Weber hat zwar in seiner Theorie des sozialen Handelns ein oft beklagtes Ausarbeitungsdefizit im Blick auf den Problembereich des kommunikativen Handelns; dafür ist aber dieser Versuch, Sprache soziologisch zu bestimmen, auch für die linguistische Frage nach dem Gehalt der sprachlichen Kompetenz außerordentlich hilfreich. Weber legt den Akzent auf das »Verhalten *bei* Äußerungen«, d. h. auf das Äußerungsverhalten und nicht auf die Äußerungsbedeutung. Ausschlaggebend für kommunikativen Erfolg ist danach eine rückbezügliche Orientierung des Äußerungs*verhaltens* an *sozialen Wahrscheinlichkeiten* für Verständigung. Im Unterschied zur ›Handlung‹ verweist das Konzept ›Verhalten bei Äußerungen‹ auf den kommunikativen Wert der ›Oberfläche‹ von Äußerungen. Für Max Weber ist Sprechen auf dieser Grundlage definierbar als ein »Einverständnishandeln« (vgl. ebd. 130 ff.), was gerade nicht heißt, daß im Sprechen über das Handeln ein substantielles Einverständnis erst hergestellt wird, sondern im Gegenteil bedeutet, daß ein an der Verhaltensform orientierter Rückbezug auf vorgängige Kommunikation Einverständnis *der Form nach* sicherstellt. Dabei bestimmt Max Weber die Kategorie ›Einverständnis‹ wie folgt:

»Unter ›Einverständnis‹ .. wollen wir den Tatbestand verstehen, daß ein an Erwartungen des *Verhaltens* Anderer orientiertes Handeln um deswillen eine empirisch ›geltende‹ Chance hat, diese Erwartungen erfüllt zu sehen, weil die Wahrscheinlichkeit objektiv besteht, daß diese Anderen jene Erwartungen trotz des Fehlens einer Vereinbarung als sinnhaft ›gültig‹ für ihr Verhalten praktisch behandeln werden.« (ebd. 130; Herv. H. F.)

Das ›eigentlich‹ Gemeinte spielt für das Erreichen eines Einverständnisses i. S. Webers keine Rolle, denn »begrifflich gleichgültig sind die Motive, aus welchen dieses Verhalten der Anderen erwartet werden darf« (ebd. 130). Entscheidend ist allein die das Anschlußverhalten bestimmende selektive Wirkung der Äußerungsform. U. E. durchaus im Sinne dieses Weber-Zitats ist in systemtheoretischer Formulierung das zentrale Kommunikationsproblem also die Bewerkstelligung des Rückbezuges (die Verweisung) von Kommunikation auf Kommunikation,[16] denn nur darüber erhält und reproduziert sich das System. In Luhmanns Terminologie:

»Ein System kann man als selbstreferentiell bezeichnen, wenn es die Elemente, aus denen es besteht, als Funktionseinheiten selbst konstituiert und in allen Beziehungen zwischen diesen Elementen *eine Verweisung auf diese Selbstkonstitution* mitlaufen läßt, auf diese Art und Weise die Selbstkonstitution also laufend reproduziert. In diesem Sinne operieren selbstreferentielle Systeme notwendigerweise im Selbstkontakt, und sie haben keine andere Form für Umweltkontakt als Selbstkontakt.« (Luhmann 1985, S. 59; Herv. H. F.)

Die spannende und an dieser Stelle noch nicht zu beantwortende Frage heißt nun: Wie wird dieser, die Anschließbarkeit von Kommunikation an Kommunikation gewährleistende Selbstkontakt *technisch* bewerkstelligt? Wir werden sehen (vgl. Kap. 4.5), daß Luhmanns eigene Konzeption in dieser Hinsicht unzureichend ist. Welche Funktionen Zeichen in der Kommunikation auch immer haben mögen, aus systemtheoretischer Sicht entscheidend ist, daß sie (zugleich) als *Anzeichen* für die kommunikativen Selektionen des Systems dienen können und so den geforderten internen Verweisungszusammenhang organisieren, der das System zusammenhält. Für das soziale System entscheidend ist also der reflexive Aspekt der Zeichenpraxis; er gewährleistet die Anschließbarkeit von Kommunikation an Kommunikation. Dafür ist in der seman-

---

16 Obwohl Luhmann, wie wir weiter oben berichtet haben, sich nicht damit befassen mag, ist die *technische* Bewältigung dieses Problems soziologisch durchaus nicht nebensächlich (vgl. dazu die Kritik in Kap. 4.5).

tischen Diskussion der Terminus ›Konnotation‹ reserviert.[17] Die Bedeutung dieses Konzepts für eine linguistisch im Detail ausformulierte Theorie idiomatischer Prägung wird in einer eigenen Untersuchung thematisiert (vgl. Feilke i. V.).

Nun haben wir den Begriff der Kommunikation gewissermaßen als Definiens für ›soziales System‹ eingeführt und zu zeigen versucht, daß die Erhaltung des sozialen Systems die Anschließbarkeit von Kommunikation an Kommunikation voraussetzt. Dafür ist eine Form der Codierung erforderlich, die dies in optimaler Weise sicherstellt.[18] Auch eine theoretische Modellierung der Kompetenz hat dieses Kriterium der Anschließbarkeit (an Common speech und Common sense) zu berücksichtigen.[19]

17 Im gleichen Sinne argumentieren auf systemtheoretischer Grundlage auch Schmidt (1983) und Winograd/Flores (1989). Im Prinzip ganz ähnlich, wenn auch nicht auf systemtheoretischer Grundlage, argumentiert Maas (1985).
18 Die Art der Codierung ist dabei abhängig von der Art des sozialen Systems. Primär sprachlich wird diese Anschließbarkeit in modernen, funktional differenzierten Gesellschaften nur noch im Bereich der ›lebensweltlichen‹ Kommunikation erzeugt, bei der es sich um funktional nicht zugeordnete Kommunikation handelt. Die »gesellschaftlich folgenreiche« Kommunikation, wie Luhmann (1986, S. 75) sagt, d. h. die Kommunikation in funktional spezialisierten Subsystemen, erzeugt spezifischere Codes, die die Möglichkeiten der Anschließbarkeit unmittelbar auf die Anforderungen des Systems zuschneiden. Kennzeichnend dafür ist nach Luhmann die Zuspitzung der Anschlußmöglichkeiten auf binäre Entscheidungen: z. B. für das Recht +legal/−legal; für die Ökonomie +Eigentum/−Eigentum; für die Politik progressiv/konservativ etc. Auch hier spielt die sprachliche Codierung eine wichtige Rolle, aber nur, soweit sie dem Systemcode unmittelbar zugeordnet werden kann.
19 Entsprechend ist in der linguistischen Texttheorie – bereits bei S. J. Schmidt (1969, S. 99 ff., 136 ff.; vgl. auch Schmidt 1973) – der Begriff der ›Anschließbarkeit‹ als linguistisches Konstrukt bestimmt worden. In diesem für die Entwicklung der Texttheorie grundlegenden Konzept wird ›Anschließbarkeit‹ primär als *semantisches* Pro-

4.4 Bedingungen und Formen kommunikativer Strukturbildung

Versuchen wir zunächst zu rekonstruieren, wie es überhaupt zu Kommunikation kommt und wie die von Luhmann behauptete außerordentliche Selektivität sozialer Systeme entsteht. Luhmann sucht nach der Beschreibung eines Systemzustandes, der »Noch-Nicht-Kommunikation« ist, der aber im bereits umrissenen evolutionstheoretischen Sinne ein Wahrscheinlichkeitsfeld für die Entstehung von Kommunikation eröffnet. Systemtheoretisch wird Ordnung – so auch Kommunikation – als Resultat einer Selektion verstanden, die die Außenkomplexität eines Systems (Umweltkomplexität) reduziert, gleichzeitig seine Binnenkomplexität über den Aufbau von Ordnung (Struktur) steigert und so den Bestand sichert. Dieser Prozeß kommt nie zu einem Stillstand, da jede neu entwickelte Ordnung auch neue Möglichkeiten und Bestandsgefährdungen mit sich bringt, sofern das System *offen* ist, d. h. nicht (wie etwa ein mechanisches System) geschlossen und gegenüber seiner Umwelt abgeschottet ist (vgl. v.Weizsäcker 1974, Luhmann 1985, S. 15 ff. u. 30 ff.).

Wie also kommt es zu den Selektionen, aus denen Kommunikation hervorgeht? An den Anfangspunkt dieser Entwicklung stellt Luhmann sein Konzept einfacher Sozialsysteme oder Interaktionssysteme (vgl. Luhmann 1975a/b u. 1985, S. 551 ff.). Im Unterschied zu den sogenannten Organisationssystemen, die über formelle *Mitgliedschaft* ihren Bestand und Zusammenhalt bewerkstelligen und zur Gesellschaft, deren Einheit für Luhmann durch das Kriterium der Möglichkeit von *Kommunikation* festgelegt wird, bestimmt Luhmann das einfache Sozialsystem durch das Kriterium der *Anwesenheit* verschiedener Individuen, die sich wechselseitig wahrnehmen können.

blem im Rahmen von Wittgensteins Konzept der ›Familienähnlichkeiten‹ und Greimas' Konzept der ›Isotopie‹ (vgl. ebd.) behandelt. Dieser Akzent auf (Text-) Semantik steht – wie noch zu begründen sein wird – u. E. immer in der Gefahr, den Gesichtspunkt der idiomatischen Oberflächen und des ›Verhaltens bei Äußerungen‹ im Sinne Webers zu vernachlässigen.

»(...) mit Anwesenheit ist gemeint, daß ein Beisammensein von Personen die Selektion der Wahrnehmungen steuert und Aussichten auf soziale Relevanz markiert.« (Luhmann 1985, S. 564)

Dies ist für ihn der Ausgangspunkt für jede Art sozialer Strukturbildung und damit auch für das Entstehen von Kommunikation. Informationell beruhen einfache Sozialsysteme zunächst primär auf Wahrnehmung. Jeder kann den oder die anderen beobachten und so Information gewinnen.

*Doppelte Kontingenz
und kommunikative Strukturbildung*

Die einfache Wahrnehmung verbindet, so Luhmann, eine relativ hohe Geschwindigkeit bei der Aufnahme von Information mit mangelnder Strukturiertheit dieser Information. Die Wahrnehmung ist, wir haben es bereits thematisiert, kontingent, denn sie läßt sehr viele Interpretationsmöglichkeiten zu. Deshalb wird sie immer bezogen auf ein Handlungsschema bzw. Wahrnehmungsmuster interpretiert.[20] In der Situation wechselseitiger Wahrnehmung »verdoppelt« sich diese Problematik gewissermaßen: Jeder Anwesende nimmt den/die Anderen wahr und gleichzeitig sich als von dem/den Anderen wahrgenommen. Luhmann spricht deshalb auch von »doppelter« Kontingenz als Ausgangspunkt sozialer Strukturbildung:

»Soziale Systeme entstehen ... dadurch, daß beide Partner doppelte Kontingenz erfahren und daß die Unbestimmbarkeit einer solchen Situation für beide Partner jeder Aktivität, die dann stattfindet, strukturbildende Bedeutung gibt.«[21] (Luhmann 1985, S. 154)

20 Hier sei an die Ausführungen von C. F. v. Weizsäcker zum Zusammenhang von Wahrnehmung und Handlungsschema (vgl. Kap. 3) erinnert.
21 In diesem Zitat wird genau die systemtheoretische, nicht-strukturalistische Bestimmung von Struktur deutlich, die pragmatisch problemorientiert ist und die auch für die Linguistik ein theoretischer Gewinn sein kann.

Das System wechselt damit von der einfachen Wahrnehmung zur Kommunikation; aus dieser Situation heraus wird Verhalten komplexitätsreduzierend als Handlung interpretiert. »Das Verhalten wird im Freiheitsraum anderer Bestimmungsmöglichkeiten zur Handlung.« (ebd. 169) Die Wahrnehmung wird sozial selektiv; aus bloßer Information, wie sie die Wahrnehmung vermittelt, wird »Mitteilung« (vgl. ebd. 156 u. 198). Dies faßt bereits Watzlawicks bekanntes Axiom Nr. 1 »Man kann nicht nicht kommunizieren.« Im systemtheoretischen Sinne entsteht damit bereits eine soziale Struktur, denn Struktur besteht »(...) was immer sie sonst sein mag, in der Einschränkung der im System zugelassenen Relationen.« (ebd. 384)[22] Entscheidend aber ist die prospektive Wirkung dieses Vorgangs, denn

»Die Selektion von Einschränkungen wirkt ... als Einschränkung von (zukünftigen, H. F.) Selektionen, *und das festigt die Struktur*« (ebd. 385, Herv. H. F.).

Und weiter: »Der Strukturbegriff präzisiert mit anderen Worten die Relationierung der Elemente über Zeitdistanzen hinweg.« (ebd. 383) Das heißt, die Selektion als Reduktion von Komplexität schafft eine Wahrscheinlichkeitsstruktur, die den Prozessen kommunikativer Selbstorganisation in Zukunft zur Verfügung steht:

»Als selektive Einschränkung der Relationierungsmöglichkeiten hebt Strukturbildung die Gleichwahrscheinlichkeit jedes Zusammenhangs einzelner Elemente (Entropie) auf.« (ebd. 386)

Aus vorsozialen Möglichkeiten werden auf diese Weise soziale Notwendigkeiten. Aus Kommunikation entsteht eine sozial geprägte Kompetenz. Dieser Prozeß läuft auf mehreren Stufen der Ausdifferenzierung komplexitätsreduzierender Strukturen ab. Auf der ersten Stufe, so Luhmann, wird Verhalten als Handeln

---

22 Das Zitat hat im übertragenen Sinne eine außerordentlich sinnvolle linguistische Lesart. Einen Strukturbegriff genau in diesem Sinne hat J. R. Firth entwickelt und damit die Grundlage für die Entwicklung des britischen Kontextualismus geliefert (vgl. Steiner 1983, S. 85 ff.). Auf diesen Begriff wird in Teil II, Kapitel 4.2.1 noch genauer eingegangen.

interpretiert. Dies reicht aber nicht aus, um ein System zu stabilisieren, da jedes Verhalten mehrere Interpretationsmöglichkeiten zuläßt und so gesehen auch die Mitteilungen noch kontingent sind. Ein Fortbestehen des Systems setzt deshalb voraus, daß diese Mitteilungen vereindeutigt und für das System festgelegt werden. Luhmann hat dafür den Begriff ›Thematisierung‹ geprägt.

Thematisierung und die Vorteile der Sprache

Aus der durch den reflexiven Wahrnehmungszusammenhang gesteigerten Komplexität entsteht, so Luhmann, ein Zwang zur Selektion situativ relevanter Themen. Die Komplexität wird reduziert durch thematische Konzentration des Systems in *sprachlicher* Kommunikation. Luhmann faßt die besondere Leistung der Sprache in diesem Zusammenhang in folgender These zusammen:

»Erst durch die Ausdifferenzierung von Kommunikationsprozessen kann es zur Ausdifferenzierung sozialer Systeme kommen. Diese bestehen keineswegs nur aus sprachlicher Kommunikation; aber daß sie auf Grund sprachlicher Kommunikation ausdifferenziert sind, prägt alles, was an sozialem Handeln, ja an sozialen Wahrnehmungen sonst noch vorkommt.« (Luhmann 1985, S. 210)

Die Ausdifferenzierung thematischer Strukturen schafft für das soziale System »(...) geordnete interne Nichtbeliebigkeiten (...)« (ebd. 213). So kann es »(...) situative Verständnisvoraussetzungen abstreifen und aus sich selbst heraus verständliche Kommunikation ermöglichen« (ebd.). Es kann »(...) Abstimmung suchen und finden im Blick auf Weltsachverhalte, die kontingent, also auch anders möglich sind« (ebd. 217). Genau dies hatten wir in den ersten beiden Kapiteln als eines der kennzeichnenden Merkmale des Common sense herausgearbeitet.
Die Kommunikation des sozialen Systems wird durch Themen relativ kontextunabhängig und ermöglicht so trotz zeitlicher Diskontinuität in sachlicher Hinsicht Kontinuität des Systems. *Themata* eröffnen Anschlußmöglichkeiten für Kommunikation, und

zwar durch *Beiträge*, die sich zu unterschiedlichen Zeitpunkten und in unterschiedlichen Kontexten auf sie beziehen. »Themen überdauern Beiträge, sie fassen verschiedene Beiträge zu einem länger dauernden, kurzfristigen oder auch langfristigen Sinnzusammenhang zusammen.«[23] (ebd. 213) D.h. im Zusammenhang mit den vorherigen Ausführungen, daß sich im sozialen System auch thematische Wahrscheinlichkeitsstrukturen ausbilden, die für die Kommunikation Anschlußmöglichkeiten, aber auch Anschlußzwänge schaffen (vgl. ebd. 214 ff. u. 553 f.). Die durch Sprache eröffnete Vielfalt potentieller Thematisierungsmöglichkeiten wird durch das Faktum der Selektion von Themen ökologisch eingeschränkt – Stichwort »thematische Tabus« – und durch die Möglichkeiten des Systems sozial strukturiert. Deshalb sind Themen für Luhmann »(...) Reduktionen der durch Sprache eröffneten Komplexität« (ebd. 216). In formaler Hinsicht spiegeln Themen die kommunikativen Bedingungen ihrer Genese. Themen müssen, wie Luhmann es formuliert, um als »(...) sprachlich geformte Vorstellungen an der Autopoiesis des Bewußtseins mitwirken (...)« (ebd. 369) zu können, den »(...) Test der kommunikativen Handhabbarkeit (...)« (ebd. 367) bestehen. Dies bestimmt ihre Form, denn mit der Möglichkeit der Thematisierung ist gleichzeitig die Möglichkeit der Ablehnung von Themen und Beiträgen gegeben (vgl. ebd. 216/217).

---

23 Dieses Zitat verweist auf Diskurse als die Einheiten der kommunikativen Selbstorganisation sozialer Systeme. Semantik ist für Luhmann dementsprechend Diskurssemantik. Wir werden dieses Konzept weiter unten (Kapitel 4.5) als Versuch einer Abkopplung der Semantik von individueller Kompetenz und den linguistischen Bedingungen des Sprechens kritisieren.

Sachliche, zeitliche
und soziale Themenselektion

Worüber wir sprechen können, ist also immer bereits Resultat einer Anpassung an die sachlichen, zeitlichen und sozialen Selektionsrestriktionen, wie sie in der Kommunikation vorliegen. Unter *sachlichem* Aspekt muß die Kommunikation an das Vorwissen der Teilnehmer anschließbar sein, und zugleich muß das Thema in dieser Hinsicht den situativen Relevanzkriterien genügen. Unter gleichbleibenden Voraussetzungen optimal ist deshalb aus systemtheoretischer Sicht in sachlicher Hinsicht ein möglichst weitgehendes Vorverständigtsein über Themen, das es erlaubt, die Kommunikation auf das notwendige Minimum zu reduzieren. Wichtig dafür wiederum ist eine möglichst weitgehende Schematisierung von Themen; eine solche Schematisierung liefert Kriterien für die Selektion möglicher Beiträge und erlaubt es, Beiträge sachlich und zeitlich unaufwendig zu halten. Für jedes neu selektierte Thema entwickeln sich deshalb gleichzeitig notwendig Schematismen: z. B. zum Thema ›Wiedervereinigung‹ Schemata wie ›Anschluß oder Beitritt‹, ›Großmachtstreben oder Europäische Integration‹ etc. Typisch für Schematismen ist ihre binäre Struktur, die komplexe Probleme als Bewertungs- und Entscheidungsalternativen modelliert. Sie erlaubt es so, Beiträge zu einem Thema sofort zuzuordnen (vgl. Luhmann 1986, S. 75 ff.). In der Argumentationstheorie, auf die wir hier noch nicht näher eingehen können, werden solche Strukturbildungen unter dem Begriff der Topik subsumiert[24], für die etwa Klaus Gloy (1985) analog zu Luhmann und gestützt auf eine Untersuchung zu Schematismen universitärer Kommunikation feststellt:

»Komplexe Sachverhalte werden auf leicht handhabbare Entscheidungsstrukturen reduziert: praxisrelevant–abgehoben; lernnotwendig–überflüssig; Lust–Frust. Es hat den Anschein, daß ein Drittes, das gedacht werden kann oder auszuprobieren wäre, umgangen wird.« (Gloy 1985, S. 63) [Auch unter *zeitlichem* Aspekt sind Themen bereits Resultat einer Selektion.]
»Diejenigen Themen werden bevorzugt, zu denen man schnell etwas bei-

24 Vgl. hierzu Feilke (i. V.)

tragen kann. Selektionsketten, die rascher operieren können, verdrängen solche, bei denen man erst lange überlegen muß, auf was man sich einläßt. Darin ist eingeschlossen, daß derjenige, dem zuerst etwas Operationalisierbares einfällt, im Vorteil ist.« (Luhmann 1985, S. 169)

Für Luhmann gleichrangig, für andere Theoretiker dominierend[25] sind die *sozialen* Selektionsrestriktionen, also die Kriterien sozialer Relevanz für Themen (vgl. Luhmann 1985, S. 563). Nicht alles, was in sachlicher Hinsicht anschließbar wäre, ist es auch in sozialer Hinsicht. Für Thematisierungen entscheidend ist hier der Bezug auf den Wertaspekt möglicher Gegenstände der Kommunikation. Auch im Blick auf die soziale Problemdimension wird die Bearbeitung von Themen über axiologisch gerichtete Schematismen organisiert. Gerade das mögliche Zusammenfallen axiologischer und kognitiver Aspekte in Schematismen scheint für die Kommunikation eine herausragende Rolle zu spielen.[26] Es haben deshalb solche Themen Vorteile in der Kommunikation, die in sozialer Hinsicht unproblematisch sind, weil sie nicht umstritten sind (z. B. das Wetter, die allgemeine Befindlichkeit der Teilnehmer und andere Arten exklusiven Wissens wie die Privatangelegenheiten anderer, Neuigkeiten etc.). Dies gilt vor allem für die einfachen Sozialsysteme. Wo dagegen, wie in den Organisationssystemen (etwa Bürokratie, Kirche, Verein etc.), die Kommunikation nicht über Teilnehmer, sondern über Mitglieder verläuft, können Thematisierungen gleichzeitig zur Abgrenzung von Mitgliedern und Nicht-Mitgliedern dienen. Beispiele dafür wären etwa Eidesformeln, das gemeinsame Gebet und andere Formen

25 Vgl. z. B. Watzlawick et al. (1980), die dem sogenannten ›Beziehungsaspekt‹ gegenüber dem Inhalt der Kommunikation Vorrang einräumen. Luhmanns Konzeption ist demgegenüber offen für die Möglichkeit funktionaler Differenzierung. So kann ein System dem Sachaspekt Vorrang einräumen und damit zeitliche und soziale Aspekte in ihrer Bedeutung relativieren, wie auch umgekehrt – etwa in einer therapeutischen Situation – der soziale Aspekt dominierend sein kann. Interessanterweise wählen die angeführten Autoren selbst ein Therapiekonzept, das die Sach- und Sozialdimension der Kommunikation dem Zeitaspekt unterordnet.
26 Vgl. dazu z. B. die Untersuchung von Götz Großklaus (1981) »Konnotative Typen alltäglicher Wertverständigung«.

ritueller Themen. Diese dienen hier gewissermaßen als soziales Selektionsinstrument der Trennung von Dazugehörigen und Nicht-Dazugehörigen. Eine hier anschließbare wichtige Tatsache, die Luhmann allerdings nicht berücksichtigt, ist, daß auch einfache Sozialsysteme, deren Eingebettetheit in gesellschaftliche Sinnzusammenhänge Luhmann immer wieder betont, sich genau dadurch als gesellschaftliche Teilsysteme konstituieren, daß sie ebenfalls quasi-rituelle, also formal festgelegte sprachliche Thematisierungs-*Weisen* als Selektionsinstrument nutzen[27] (vgl. etwa Gumperz 1982). Der Bruch zwischen einfachen Sozialsystemen und Organisationssystemen ist hier nicht so scharf, wie ihn die theoretisch sinnvolle Typisierung erscheinen läßt. Die Kritik an Luhmann wird jedoch zeigen, daß er die komplexitätsreduzierende und die die soziale und thematische Selektivität erhöhende Funktion linguistischer Ausdrucksform nicht genügend würdigt.

Den sprachlich verfügbaren[28] Fundus des Themenwissens können wir als ›Common sense‹ bezeichnen. Im Unterschied zu einem rein kognitiv bestimmten Begriff des Weltwissens steht bei dem systemtheoretisch begründeten Begriff des sprachlich organisierten Themenwissens, oder wie Luhmann sagt, der »Semantik«[29] die Tatsache der durch das soziale System selbst organisier-

---

27 Auf diese Zusammenhänge wird in Teil II, Kapitel 4.2.2 noch genauer eingegangen.
28 Der Begriff der sprachlichen Verfügbarkeit muß hier noch unerläutert bleiben. Das Verhältnis von Sprachlichkeit und Themenwissen ist gut charakterisierbar durch den Begriff der Kodierbarkeit (codability). Auch über nicht selektierte und sedimentierte Themen kann gesprochen werden; da das Sprechen darüber jedoch *noch* nicht kodiert ist, da noch keine Semantik des neuen Themas entwickelt ist, ist die Verständigung schwierig. Es handelt sich um Themen mit geringer Codierbarkeit. Der empirisch operational definierte Begriff stammt aus der Forschung zu Farbbezeichnungen und wurde von Roger Brown (1958) für dieses Feld geprägt (vgl. Chafe 1976, S. 76 ff.).
29 »Wir nennen diesen Themenvorrat Kultur und, wenn er eigens für Kommunikationszwecke aufbewahrt wird, Semantik.« (Luhmann 1985, S. 224).

ten sozialen ›Paßform‹ dieses Wissens und seine notwendige Selektivität im Vordergrund. Dieses Konzept kann u.E. ohne große Probleme an andere sozialgenetische Begriffe des Common sense angeschlossen werden, die hier nur erwähnt werden können; so z.B. an Durkheims Begriff des Kollektivbewußtseins oder an Max Webers Begriff des Deutungsschemas oder Deutungsmusters (vgl. Thomssen 1980) wie auch an Alfred Schütz' Konzept der sozialen Typik und des sedimentierten Wissensvorrates einer Gesellschaft (vgl. Schütz/Luckmann (1979) und Berger/Luckmann (1966/1980)). Leicht läßt sich auch der Anschluß an diskurssemantische Fragestellungen herstellen (vgl. Busse 1987, S. 251 ff.), die in Versuche einer Rekonstruktion diskursweltspezifischer Topikkataloge münden können (vgl. Huth 1985, S. 153). Allen diesen Konzepten ist gemeinsam, daß sie versuchen, aus den Bedingungen von Kommunikation die Genese von Wissen und die Generalisierung dieses Wissens in Modellen zu erklären.

Am Beispiel einer funktionalen Definition des Topik-Begriffs, wie sie der Psychologe Adolf Vukovich im folgenden Zitat gibt, wird zugleich deutlich, daß das kommunikativ konstituierte Common sense-Wissen als ein Wissen über Themen und Strategien der Schematisierung von Themen für kommunikative Zwecke ausschließlich dem Kriterium systemrelativ pragmatischer Validität folgt:

»Topiken dienen der Bewältigung einer Wirklichkeit, der mehr Komplexität zugestanden wird, als in einer Sammlung praxisnaher Verfahrensvorschriften einzufangen ist. Anwendungsfelder für Topiken sind Bereiche, für die zwar streng determinierte Gegenstandsbeziehungen gelten mögen, deren Gesetzmäßigkeiten jedoch entweder nur unvollständig bekannt sind, oder die in anderer Weise, selbst wenn sie bekannt wären, gar nicht zu nutzen sind.« (Vukovich 1977, S. 164)

Im Unterschied zu Vukovichs Zitat, das *kognitive* Aspekte der Gegenstandsbeschreibung in den Vordergrund stellt, liegt in der systemtheoretischen Behandlung des Problems der Akzent jedoch eindeutig auf der Feststellung, daß Themen primär Mittel der Selbstorganisation des *sozialen* Systems sind und nicht in erster Linie Folge der Bemühungen um eine ›wahrheitsgemäße‹ Beschreibung apriori feststehender ›Gegenstandsbeziehungen‹.

4.5 Das Problem der Sprachlichkeit des Themenwissens – Eine Kritik

Die Argumentation bis zu diesem Punkt verdeutlicht: Aus systemtheoretischer Sicht findet eine systemrelative, ökologisch bestimmte Selektion von Themen statt. Interaktionen als »(...) Episoden des Gesellschaftsvollzugs (...)« (Luhmann 1985, S. 553) können sich auf das Sediment[30] dieses Prozesses als Fundus der Kommunikation zurückbeziehen (vgl. ebd.). Dieser Fundus selbst kann nun auch die Wahrnehmung sozial regulieren, indem die Wahrnehmungen auf mögliche Thematisierungen bezogen und im Blick darauf interpretiert werden. Themata stellen als kommunikativ konstituierte Ankerpunkte der Wahrnehmung zugleich Schemata der Interpretation bereit, die sich, wenn sich die Interpretationen kommunikativ bewähren, zu – an soziale Systeme rückgebundenen – Wirklichkeitsmodellen[31] verdichten können. Die Themata werden damit zu *virtuellen Hintergründen* möglicher Kommunikation. Gegenüber jeder *aktuellen* Kommunikation sind Themata deshalb kontingent. Es stellt sich damit aber das Problem der Selektion eines Themas als Problem der Selektion aktuell möglicher Beiträge (durch die das Thema erst selektiert werden kann). Anders formuliert heißt dies: Das grundsätzliche systemtheoretische Problem der Kontingenz bricht auf der Ebene der Selektion möglicher Beiträge zu einem Thema erneut auf. Der Frage: ›Was ist ein möglicher Beitrag zu diesem Thema?‹ muß danach notwendigerweise noch die Frage vorgeordnet sein ›Welches Thema selektiert dieser Beitrag?‹ oder ›Wie muß der Beitrag gestaltet sein, damit er als Beitrag zu einem bestimmten Thema erkennbar ist?‹ Dieses Problem sieht Luhmann nicht mit ausreichender Klarheit. Auf diese Problematik werden wir ausführlich zurückkommen. Sie kennzeichnet unsere im Verlauf dieser Untersuchung zu entfaltende und zu begründende

---

30 Die von Luhmann benutzte Ablagerungsmetapher geht über Alfred Schütz auf Husserl zurück und hat in der Wissenssoziologie eine eigene Denktradition begründet (vgl. auch Berger/Luckmann 1980, S. 72 ff.).

31 Vgl. etwa das Konzept der ›cultural models‹ bei Holland/Quinn (1987).

Hypothese, daß es nicht möglich ist, über die Prozesse der Konstitution/Selektion und Sedimentation von Themata und Schemata des Common sense sinnvoll zu sprechen, ohne gleichzeitig über die linguistisch zu explizierende Selektivität von Beiträgen zu sprechen. Wenn wir unter Rückgriff auf die systemtheoretische Begrifflichkeit Luhmanns versucht haben, den Common sense soziologisch als den sprachlich verfügbaren Themenvorrat zu bestimmen, den ein soziales System aufbaut und über den es sich zugleich in den kontingenten Umweltbeziehungen stabilisiert, so ist damit noch nichts darüber ausgesagt, was ›sprachlich verfügbar‹ in diesem Zusammenhang heißt und welche Bedeutung das Faktum der Sprachlichkeit für diesen Prozeß hat. Luhmann spricht zwar sehr viel *von* Sprache, kaum jedoch im Detail *über* Sprache. Wir sehen hier in seiner Konzeption theoretische Schwächen, oder genauer formuliert, ein Ausarbeitungsdefizit, das darin besteht, daß Luhmann seinen eigenen Ansatz nicht auf das Sprechen bezieht. Bereits weiter oben hatten wir festgestellt, daß in Luhmanns eigener Konzeption offenbar eine Argumentationslücke besteht: Es ist einerseits so, daß er die Einführung und Festlegung von Themen als notwendige Reduktion von Komplexität auffaßt und dies gleichzeitig dadurch begründet, daß Themen mögliche Beiträge organisieren können. Auf diese Art und Weise schaffen sie semantische Wahrscheinlichkeit und damit zugleich eine kontinuierliche Strukturebene sozialer Systeme. Andererseits aber läßt Luhmann offen, wie dies geschehen kann, wenn gleichzeitig offensichtlich ist, daß Themen selbst erst über Beiträge aufgebaut werden müssen und nur über die wiederholte ›koordinierte Selektivität‹ von Beiträgen ein Thema identifizierbar wird. Dies gilt auch für das Wiederaufgreifen eines bereits etablierten Themas; auch dies muß über Beiträge bewerkstelligt werden. Der Beitrag selbst muß das Thema indizieren können, wenn das Thema seine organisierende Kraft entfalten können soll.[32] Zwar gibt es Situationen, in denen

---

32 In der hier behandelten Differenz von Thema und Beitrag kehrt auf der soziologischen Ebene das in der Kognitionspsychologie formulierte Problem des Verhältnisses ›absteigender‹ (top down) und ›aufsteigender‹ (bottom up) Prozesse der Informationsverarbeitung wie-

nur ein Thema naheliegt, aber auch hier ist es so, daß das Thema sich nicht selbst einführt, sondern erst über die Form von Beiträgen *als ein bestimmtes* feststellbar wird. So mag es im Wetterbericht und im Small talk um dasselbe Wetter gehen, im Blick auf die soziologischen Aspekte der Koordination von Selektivität aber handelt es sich als Themata um zwei verschiedene ›Wetter‹, und schon Stichworte zu Beiträgen wie etwa die Attribute ›niederschlagsfrei‹ oder ›gut‹ in Verbindung mit Wetter ordnen die entsprechenden Beiträge indexikalisch einem der beiden Themen zu bzw. konstituieren im Zusammenhang mit anderen indexikalischen Elementen erst den thematischen Rahmen. In dieser Hinsicht ist Luhmanns Feststellung abzulehnen, daß Themen »(...) ihre Beiträge ... selbst organisieren« (Luhmann 1985, S. 224). Das gilt nur unter der Voraussetzung, daß das Thema für die Beteiligten über deren Beiträge bereits identifiziert ist, also eine gewisse Vorverständigung bereits hergestellt ist.

Dazu kommt ein weiterer wichtiger Punkt: Was Luhmann den ›Test der kommunikativen Handhabbarkeit‹ nennt und auf Themen bezogen hat, gilt primär für die Beiträge, erst sekundär für die Themen. Wer mag entscheiden, ob ein Thema wie Abtreibung, Wiedervereinigung oder Arbeitslosigkeit den Test der kommunikativen Handhabbarkeit bestanden hat oder bestehen kann. Entscheidend ist, daß die einem Thema zuzuordnenden Beiträge und diese wiederum primär unter dem Gesichtspunkt ihrer Form diesen Test bestehen. Denn diese und nichts anderes sind der empirische Ankerpunkt für die Prozesse koordinierter Selektivität, durch die Luhmann den Begriff der Kommunikation definiert. Dies ist u. E. ein sehr ernstzunehmender Gesichtspunkt. Max Weber hat diesen Aspekt im Unterschied zu Luhmann offenbar in seiner Bedeutung erkannt, wenn er im weiter oben bereits angeführten Zitat von einem (sprachlichen) ›Verhalten *bei* Äußerungen‹ spricht. Luhmann dagegen macht als Soziologe, wie der normale Sprecher auch, den zweiten Schritt vor dem ersten: Er ist

> der. Die sprachliche Struktur von Beiträgen selektiert u. E. vermittelt über eine linguistische Common sense-Kompetenz indexikalisch als ›lokales‹ Datum ein ›globales‹ diskursives, thematisches oder Rollenschema, das dann wieder mögliche Beiträge zusammenzieht.

sofort bei den *Inhalten* der Kommunikation. Für den Alltagssprecher ist dies sinnvoll, soziologisch aber halten wir das Vorgehen – obgleich in der Soziologie nicht unüblich – für einen theoretischen Kurzschluß.
Zwar formuliert Luhmann das Problem richtig, daß es eine zwischen den Anforderungen der Interaktion und den (unbegrenzten) Möglichkeiten der Sprache (als System, H. F.) vermittelnde Strukturebene geben müsse, aber diese besteht u. E. nicht, wie er annimmt, im Themenvorrat an sich (vgl. ebd. 224). Luhmanns Problem wird an zwei Textstellen sehr schön deutlich, in denen er generelle Annahmen über die Rolle der Sprache formuliert:

»Die bloße Sprachrichtigkeit der Formulierung besagt nicht genug. Erst an Hand von Themen kann man die Richtigkeit eigenen und fremden kommunikativen Verhaltens im Sinne eines Zum-Thema-Passens kontrollieren. Insofern sind die Themen gleichsam die Handlungsprogramme der Sprache.« (ebd. 216) [An anderer Stelle schreibt er:]
»(...) die Sprache behandelt alle Worte gleich und disponiert noch nicht über die Themafähigkeit in kommunikativen Prozessen.« (ebd. 224)

Diskutieren wir die beiden Zitate etwas ausführlicher, um deutlich zu machen, worauf es uns in der Kritik an Luhmanns Position ankommt. Luhmann geht aus vom Grundproblem der Anschließbarkeit von Kommunikation an Kommunikation, d.h von der Ausgangsfrage, wie Selektionen eines Systems für die weitere Kommunikation verfügbar gehalten werden können. Der letzte Satz des ersten Zitats zeigt, daß Luhmann weiß, daß es deshalb eine Vermittlung geben muß zwischen sozialem System und seinen Selektionen einerseits und den psychischen Systemen von Individuen andererseits. Die Kompetenz des Individuums muß durch und auf Kommunikation ausgerichtet sein, denn auf der Ebene psychischer Systeme stellt sich ebenfalls das Problem der Kontingenz beim Aufbau der Struktur einer Kompetenz. Zwar ist jede Kompetenz notwendig eine Individualkompetenz, aber der existierende ontogenetische Spielraum wird durch Kommunikation eingeschränkt und auf Kommunikation ausgerichtet.[33] Diese

33 Dabei scheint es zunächst einmal nebensächlich, ob man den Vorgang als Sozialisationsprozeß, als kognitiven Lernprozeß oder als einen

Tatsache formuliert Luhmann in der Annahme, daß es von der Kommunikation her bestimmte »(...) Handlungsprogramme der Sprache (...)« (ebd. 216) geben müsse, die als »(...) Reduktionen der durch Sprache eröffneten Komplexität (...)« (ebd. 215) dem Handlungsvollzug dienen. Diese Annahme ist nicht neu, und sie ist ausgesprochen sinnvoll. Dabei legt er den Akzent – durchaus in Übereinstimmung mit einem weitverbreiteten soziologischen Vorurteil über Sprache[34] – auf die semantischen Resultate des sozialen Prozesses, auf das Sediment bzw. den Themenvorrat. Die Annahme, daß Themen für sich genommen die Handlungsprogramme der Sprache seien, begründet er mit einem offensichtlich zirkulären Argument, daß nämlich erst »(...) an Hand von Themen ... die Richtigkeit eigenen und fremden kommunikativen Verhaltens im Sinne eines Zum-Thema-Passens (...)« (ebd.) kontrolliert werden könne. Der Zwang, in dieser Art und Weise zirkulär zu argumentieren, ergibt sich, wie man bei genauer Lektüre des Passus feststellt, offensichtlich aus zwei linguistischen Prämissen, von denen Luhmann ausgeht, ohne allerdings die Prämissen selbst zu prüfen. Beide Prämissen legen einen eigentümlichen und u. E. gänzlich unsoziologischen Schnitt zwischen das Problem der Koordination von Selektivität in der Kommunikation einerseits und sprachliche Strukturen andererseits, dergestalt, daß für Luhmann die außerordentlich hohe Selektivität von Sprache und Sprechen bei der Konstitution sozialer Systeme gar nicht ins Blickfeld kommt. Die Prämissen sind zu unscharf formuliert, um zum Gegenstand echter linguistischer Vorhaltungen werden zu können. Der argumentative Stellenwert zwingt jedoch zu einer Kritik:
Luhmanns Prämisse 1 lautet: Die »(...) bloße Sprachrichtigkeit

> rein auf positive Evidenz gestützten Prozeß einer einzelsprachlichen Festlegung universalgrammatischer Parameter versteht.
> 34 Dieses Vorurteil könnte man so formulieren: Sprache ist eine Form der Festlegung und Etikettierung von Inhalten zum Zweck des Sprechens über diese Inhalte und zum Zweck der Tradierung der Inhalte. Wir finden eine frühe Form dieser Auffassung bereits bei Ferdinand de Saussure, dessen semiologisches Diktum »Sprache ist ein System von Zeichen, die Ideen ausdrücken« (1967, S. 19) in der Soziologie starken Widerhall gefunden hat.

der Formulierungen (...)« (ebd. 216) – womit er wohl grammatische Normgemäßheit/Korrektheit meint – ist in semantischer Hinsicht nicht selektiv. Prämisse 2 lautet: »(...) die Sprache behandelt alle Worte gleich (...)« (ebd. 224), womit offenbar gemeint ist, daß die lexikologisch-semantischen Ordnungsstrukturen der sprachlichen Kompetenz sprachimmanenten Gesetzmäßigkeiten folgen und nicht durch pragmatische Komponenten der Verwendung bereits ›gewichtet‹ und ›gerichtet‹ sind. Ohne daß im Rahmen der an dieser Stelle noch primär soziologisch bestimmten Argumentation eine eingehende Erörterung dieser Prämissen möglich wäre, kann doch vorgreifend schon festgestellt werden, daß beide Annahmen aus linguistischer Sicht ausgesprochen problematisch, wenn nicht einfach falsch sind. So erscheint es beispielsweise sehr erstaunlich und auch systemtheoretisch inkonsequent, daß Luhmann als Soziologe die Sprache zu einer gegenüber dem Sprechen autonomen Struktur zu hypostasieren scheint. Sein Konzept der doppelten Kontingenz würde es erlauben, »Sprachrichtigkeit« als Resultat einer an Normen orientierten ›koordinierten Selektivität‹ zu verstehen. Sprachrichtigkeit ist nicht außerkommunikativ, vielmehr ist sie im Sinne von »Konventionskonformität« (vgl. Keller 1990) ein die Form der Äußerung regulierendes Nebenprodukt der Kommunikation selbst, das durch Kommunikation erzeugt und verändert wird. Zudem ist sprachliche Richtigkeit i. S. von Konventionskonformität nicht meßbar an einem homogenen grammatischen System. Vielmehr sind grammatische Strukturen zum großen Teil in der Regel nur relativ zu *Varianten* des Systems als Normgefügen konventionskonform (vgl. z. B. Nabrings 1981, S. 240 ff.). Sie spiegeln in dieser Inhomogenität Verschiedenheiten der Selbstorganisation (von Sprachnormen) durch verschiedene soziale Teilsysteme wider. Als Systemtheoretiker dürfte Luhmann nicht nach unmittelbaren semantischen Effekten von Sprachrichtigkeit fragen, wenn er koordinierte Selektivität erklären will, denn so gestellt fördert die Frage zwangsläufig eine negative Antwort zutage. Statt dessen muß der Gesichtspunkt der *Unwahrscheinlichkeit* von Konventionskonformität und komplementär, im Falle von Sprachrichtigkeit und Konventionskonformität, die Wahrscheinlichkeit der Erwartung einer *auch semantisch* koordinierten Selektivität betont werden. Nur so ist es möglich, zu erklären, daß, wenn ein Individuum in der Lage ist, sich tatsächlich konventionskonform zu artikulieren, wir *gleichzeitig* auch sein Vertrautsein mit gewissen semantischen Selektionen des jeweiligen Systems voraussetzen können. In der systemtheoretischen Evolutionstheorie wird dieser aus der Morphologie gewonnene Gesichtspunkt von Rupert Riedl als ›Form-in-Form-Prinzip‹ bezeichnet (vgl. Riedl 1979/1988, S. 127 u. 194).[35] So wie ein Archäologe ausgehend von einer gefundenen Scherbe einer Vase bei Kenntnis der erwartbaren Kulturen in der Region eine große Zahl sinnvoller Hypothesen aufstellen kann, weil er dem Form-in-Form-Prinzip folgt, vertraut auch jeder Hörer gegenüber der Virtualität und Unbegrenztheit möglicher Thematisierungen und Inhalte der Kommunikation auf die semantische Selektivität einer konventionskonformen Form der Artikulation. Spricht mich etwa ein Student an und sagt: »Kann ich Sie nachher einmal sprechen?«, so verbinden sich damit unmittelbar thematische Erwartungen: Ich nehme an, daß der Student Probleme mit seinem Studium im weitesten Sinne hat und eine Beratung braucht. Die Form der Situation als typische Situation schränkt von sich aus schon die Zahl möglicher Themata ein; die sehr stark konventionalisierte Frageform als ›Form in dieser Form‹ rechtfertigt die Erwartung eines *bestimmten* Themas. Die Form ist semantisch selektiv. Der hier natürlich zu erwartende Einwand, daß die gleiche Frage etwa an einen Arzt, einen Pfarrer oder andere Personen in anderen Kontexten gerichtet, auch *andere* thematische Erwartungen wecke und deshalb der Kontext und nicht die linguistische Form der Artikulation semantisch selektiv sei, berücksichtigt wiederum das Form-in-Form-Prinzip nicht. Die linguistische Ausdrucksform ist *notwendig*, *aber alleine nicht hinreichend* für die Begründung der Erwartung eines Themas. Vor einer Überbewertung des Kontextes muß gewarnt werden, denn dieser wird selbst durch die linguistische

---

35 Es handelt sich dabei um Riedls Interpretation des Schrödinger'schen Prinzips ›order on order‹ (vgl. etwa Riedl ebd. 12). Eine theoretische Parallele dazu in der Linguistik finden wir in den Grundannahmen des britischen Kontextualismus (vgl. Steiner 1983).

Ausdrucksform initialisiert.[36] Dafür muß man sich nur, bezogen auf die gleiche Situation, die Wirkung einer Äußerung wie »Wir sprechen uns noch!« vor Augen führen. Die beiden Sequenzen wirken in der gleichen Situation auf völlig unterschiedliche Weise kontextualisierend. Wie dies möglich ist, wird zu zeigen sein.[37] Es sollte aber klar geworden sein, daß Luhmann die Bedeutung der Konventionskonformität des Ausdrucks für die Koordinierung selektiver Prozesse falsch einschätzt.

Die Kritik an Luhmanns erster Prämisse trifft zum Teil auch auf die zweite, eher lexikologische Prämisse zu, in der Luhmann behauptet, *die Sprache* behandele alle Wörter gleich. Auch hier begegnet uns wieder eine Überhöhung der Sprache zum Subjekt. Denn nicht die Sprache ›behandelt Wörter‹, sondern Sprecher kennen Wörter, die sie gelernt haben und die einen Teil ihrer sprachlichen Kompetenz ausmachen. Wenn also von einer Behandlung der Wörter die Rede ist, dann kann entweder nur vom Handeln der Sprecher die Rede sein[38] oder von einer ›hinter dem Rücken der Sprecher‹ ablaufenden Konstitution und Selektion lexikalischer Strukturen *im* sozialen System.[39] Sofern wir aber von Konstitution und Behandlung lexikalischer Strukturen durch Sprecher oder soziale Systeme sprechen können, muß die Annahme gelten, daß diese auf pragmatische Anforderungen des Sprechens in kognitiver und kommunikativer Hinsicht zugeschnitten sind bzw. werden. Damit sind genau die Konzepte lexikalisch verfügbar, die in Thematisierungen gebraucht werden. Genau dies besagt Luhmanns Idee eines sprachlich organisierten Themenvorrates selbst. Es läßt sich hier das gleiche Argument

36 Der Terminus, unter dem diese Leistung in der jüngeren linguistischen Diskussion abgehandelt wird, ist der der ›Kontextualisierung‹ (vgl. Gumperz 1982; Auer 1986; vgl. ebenso Teil II, Kap. 4.2).

37 Vgl. Teil II, Kap. 2 und 4.3.3; vgl. ebenso dazu im Kontext einer linguistischen Theorie idiomatischer Prägung die Untersuchungen in Feilke (i. V.).

38 In einem weiten Sinne des Handlungsbegriffs, der auch psychische Operationen mit einschließt (vgl. etwa Aebli 1980/81).

39 Vgl. dazu etwa die Beispiele Rudi Kellers zur Erklärung der erstaunlichen Dynamik des Wandels in der Anrede für Frauen in Gesellschaften mit höfischer Tradition (Vgl. Keller 1990, S. 103 ff.).

anführen, das bereits im Blick auf die erste Prämisse angeführt wurde: Ein sprachlich organisierter Themenvorrat ist Resultat einer Kette koordinierter Selektionen, einer fortwährenden Reduktion von Kontingenz durch den Aufbau von Struktur. Insofern ist er ein unwahrscheinlicher Zustand, der aber als Form entwickelter Ordnung Wahrscheinlichkeiten und Wahrscheinlichkeitserwartungen begründet. Wäre dies nicht so, dann hätte Luhmanns eigene Rede von der Selektivität keinen Sinn. ›Selektivität‹ wäre gleichbedeutend mit Zufall, denn ›Zufall‹ beschreibt ein Ereignis, das, bezogen auf die Wahrscheinlichkeitserwartungen innerhalb eines Systems, unwahrscheinlich ist.[40] D. h., die stattgehabten thematisch-semantischen Selektionen eines Systems begründen auch Erwartungen über den Gebrauch von Wörtern und schaffen damit *auch linguistisch* eine »(...) geordnete interne Nichtbeliebigkeit (...)« (Luhmann 1985, S. 213). Ohne daß wir an dieser Stelle näher darauf eingehen können, muß festgestellt werden: Jedes Wort führt, wenn auch in sehr unterschiedlichem Umfang, Informationen über seine möglichen und wahrscheinlichen Kontexte mit sich (vgl. z. B. Andersen 1985) und ist insofern bereits pragmatisch markiert. Diese Feststellung kann linguistisch empirisch begründet werden, sie folgt aber bereits deduktiv aus dem von Luhmann übernommenen Konzept der Selbstreferenz, wonach ein System alle Funktionseinheiten selbst konstituiert und in allen Beziehungen zwischen diesen Funktionseinheiten »(...) eine Verweisung auf diese Selbstkonstitution mitlaufen läßt (...)« (Luhmann 1985, S. 59). Das heißt, über eine Rückkopplung wird die Gebrauchsinformation als Information über den ökologischen Wert (die Brauchbarkeit) einer Funktionseinheit ständig mitkonstituiert und geht in die Selbststeuerung ein, indem eine Bestätigung oder Anpassung und Modifizierung der Funktionseinheit stattfindet. Lexikalische Funktionseinheiten, bei denen es sich aus pragmatischer Sicht in der Regel um grammatisch strukturierte *Sequenzen* von Wörtern handelt, sind Gegenstand pragmatischer Selektion und erhöhen, wenn sie erst einmal den ›Test der kommunikativen Handhabbarkeit‹ bestanden haben, potentiell die thematische Selektivität in künftiger Kommunikation.

---

40 Vgl. Luhmann (1985, S. 170).

Eine aus dem Blickwinkel der Systemtheorie wichtige Frage an die Linguistik ist deshalb z. B., wie ›gebrauchstüchtige‹ Sequenzen der Rede für künftige Kommunikation verfügbar gehalten werden können. Dies ist jedoch hier noch nicht unser Thema.
Mit einem linguistischen Terminus ausgedrückt, geht es in Luhmanns Prämisse 2 um das Problem der ›Distribution‹ lexikalischer Einheiten in der Rede und die die Distribution bestimmenden Faktoren. Nach strukturalistischer Grundauffassung ist die Distribution Resultat eines Prozesses, in dem grammatische Regeln über einem Set lexikalischer Einheiten operieren, deren strukturelles Format und deren Semantik primär durch Oppositionsbeziehungen im System der Sprache begrenzt und festgelegt sind.[41] Bekanntlich liegt der Schwerpunkt bei dieser Art von Betrachtung auf den paradigmatischen Beziehungen in der lexikologischen Struktur. Hier ist das Wort bzw. das Morphem die Einheit der Analyse, dem, *sofern es durch diese Beziehung bestimmt wird*, Themafähigkeit im Sinne der Luhmann'schen Prämisse tatsächlich nicht zukommt. Diese Sicht scheint auch Luhmann implizit seiner Einschätzung der Bedeutung von Sprache zugrunde zu legen. Die Distribution eines Wortes wird als Folge seiner durch das System festgelegten semantischen Eigenschaften gesehen (vgl. auch Lyons 1980). Dieses strukturalistische semantische ›Wert‹-Konzept konkurriert mit dem aus systemtheoretischer Sicht anzusetzenden Vorrang des ›Gebrauchs‹-Wertes lexikalischer Funktionseinheiten. Der ökologisch mögliche Gebrauch legt als Reduktion semantischer Kontingenz durch koordinierte Selektivität gleichzeitig Bedingungen der Verwendung eines Ausdrucks für die Zukunft fest. Distribution erscheint in dieser Sicht als strukturelle Widerspiegelung erfolgreicher Gebrauchsweisen eines Ausdrucks oder Wortes im Blick auf einen durch den Gebrauch selektierten und festgelegten typischen Hintergrund.
Mit dieser Kritik an den sprachtheoretischen Prämissen Luhmanns haben wir das bereits im vorigen Abschnitt skizzierte Problem der Anschließbarkeit von Kommunikation an Kommunikation wieder aufgegriffen. Luhmann sieht die Strukturen

---

41 Vgl. z. B. Geckeler (1971).

sprachlichen Wissens als weitgehend unabhängig von diesen Problemen; im Unterschied und in Abgrenzung dazu hatten wir – gleichfalls systemtheoretisch argumentierend – bereits die Auffassung formuliert, daß der Zeichenausdruck u. E. die einzige Form ist, in der sozialer Sinn vergegenwärtigt und die vom System vollzogenen Selektionen verfügbar gehalten werden können. Die aus systemtheoretischer Sicht entscheidende Leistung von Sprache ist es, die in sozialen Systemen stattfindende Reduktion von Komplexität in sachlicher, zeitlicher und sozialer Hinsicht als Selektionen verfügbar zu halten und *wiedererkennbar* zu machen. Im Blick auf das Problem des Anschlußes von Kommunikation an Kommunikation ist deshalb ein Selektionen *konservierendes Prinzip* bei der Konstruktion sprachlicher Funktionseinheiten zu unterstellen. Es erscheint – jedenfalls auf den ersten Blick – weitaus wichtiger als der von der Linguistik sehr stark betonte Aspekt der ›Kreativität‹ der sprachlichen Kompetenz (vgl. Imhasly 1974; Trampe 1990). Nicht die Fähigkeit – frei nach Chomskys nicht ganz korrekter Humboldt-Interpretation – ›von endlichen Mitteln unendlichen Gebrauch‹ zu machen, ist aus dieser Sicht entscheidend, sondern die Fähigkeit, von diesen Mitteln *einen solchen* Gebrauch zu machen, der an einen bisherigen Gebrauch anschließbar ist.

Das – wie Luhmann es nennt – Problem der Unwahrscheinlichkeit von Verständigung (vgl. ebd. 207 ff. u. 216 ff.) läßt sich formulieren als Problem der Wahrscheinlichkeit einer Kopplung auch linguistischer Ausdrucksformen an typisiertes Themenwissen oder weiter gefaßt an typisierte Kontexte. »Das Problem ...«, so schreiben Winograd/Flores (1989, S. 113) in ihrer durch die Schwierigkeiten bei der Simulation sprachlichen Verstehens angeregten Untersuchung, »... ist immer das Aufspüren des geeigneten Bereiches von Wiederholung«. Über die Wiederholung eines selbst selektiven Musters wird die Kopplung der Selektionen der Teilnehmer hergestellt, und Ressourcen des ›Schon-verständigt-seins‹ werden mobilisiert.

»Soziologisch liegt im Bestand (bzw. der Unterstellbarkeit) solchen ›Schon-verständigt-seins‹ ein Garant für entlastetes und dauerhaftes soziales Handeln, das sich seiner Voraussetzungen nicht ständig neu versichern muß. Die Gesprächsanalyse müßte sich darum kümmern, wie die Ressourcen des ›Schon-verständigt-seins‹ im Gespräch von den Teilnehmern verfügbar gemacht werden.« (Knobloch 1988d, S. 77)

Hier könnte man ergänzen: Nicht nur die Gesprächsanalyse, sondern auch die Linguistik müßte sich darum kümmern, denn in unserer Sprachkenntnis sind uns Verständigungs-Bestände des kommunikativen Händels verfügbar, insofern jede Ausdrucksform den Verweis auf vorgängige Verständigung mitenthält. Dies folgt systemtheoretisch aus dem Begriff der Selbstreferenz; linguistisch läßt sich aus diesen soziologischen Feststellungen ableiten, daß Ausdrucksstrukturen als den wiedererkennbaren Oberflächen der Koordination semantischer Selektionen in der Kommunikation besondere Bedeutung zukommt. Zu dieser Feststellung paßt der von Gerd Antos (1989, S. 13 u. 43) konstatierte Trend zu einer »Rehabilitierung der sprachlichen Oberfläche« in der Linguistik. Nicht von ungefähr macht Antos diese Feststellung in einem Sammelband zur *Textproduktion*, denn im Unterschied zu rein strukturlinguistisch bestimmten Analysen ist bei der Untersuchung von Prozessen der Produktion und Rezeption von Texten die Kenntnis der vorgängigen linguistischen Selektionen durch die Kommunikation als eine zentrale Komponente der Kompetenz in Anschlag zu bringen.

Zusammenfassung der Diskussion

Fassen wir den Beitrag der systemtheoretischen soziologischen Diskussion zur Klärung des Begriffs der Common sense-Kompetenz zusammen, so läßt sich folgendes festhalten:

1. Die Systemtheorie kann die Genese des Common sense als eines Typus des Weltwissens aus den Bedingungen von Kommunikation herleiten. Dabei besteht die besondere Leistung darin, daß die Selektivität des Common sense nicht einfach als eine durch subjektive Wahrnehmung bedingte Reduktion von Komplexität (wie in der evolutionären Erkenntnistheorie) begründet wird. Statt dessen kann der Begriff des Common sense als kom-

munikativ konstruiertes soziales Wissen erklärt werden, das sowohl in seinen Inhalten wie in seiner Struktur die sachlichen, zeitlichen und sozialen Randbedingungen für das Zustandekommen koordinierter Selektivität spiegelt.

2. Da systemtheoretisch das zentrale Problem sozialer Systeme in der Anschließbarkeit von Kommunikation an Kommunikation besteht, wird leichte Anschließbarkeit an ein Thema und Wiedererkennbarkeit zum Hauptkriterium der Selektion von Beiträgen in der Kommunikation. D. h. gleichzeitig, der semantische Wert von Beiträgen bemißt sich primär an der Anschließbarkeit des Beitrags an vorgängige Kommunikation und nicht an seinen denotativen Funktionen.[42] Der auf diese Art und Weise entstehende Common sense wird als Sediment der Kommunikation gleichzeitig zum Fundament künftiger Selbststeuerung.[43]

3. Luhmanns Konzeption erlaubt es, die Genese der Common sense-Kompetenz als kommunikativ konstituiertes Wissen nachzuzeichnen. Es ensteht – neben anderem – unter den Bedingungen wechselseitiger Wahrnehmung als Resultat der Reduktion sozialer Kontingenz. Auf dieses Resultat wird in der Kommunikation sprachlich zugegriffen. Zwar würdigt Luhmann durchaus evolutionäre Vorteile und Folgen der Sprache für soziale Systeme (vgl. 1985, S. 207 ff., 220 ff., 367 ff., 580 ff.); er sieht allerdings nicht, daß das Problem der Kontingenz auf der linguistischen Ebene des Zeichenausdrucks bei der Organisation von Beiträgen erneut aufbricht (Wittgensteins Problem in PU 504), und zwar sowohl für den Sprecher (Kontingenz der Formulierung) als auch für den Hörer (Kontingenz der Interpretation). Zwar deutet Luhmann das Problem unter dem Stichwort »Differenz von Mitteilungsverhalten und Information« (vgl. ebd. 220) kurz an und gibt an, daß man die Bedeutung »gleichsinnigen Zeichengebrauchs«

---

42 In diesem Sinne argumentiert auch Schmidt (1983). In die gleiche Richtung geht die Argumentation von Maas (1985 u. 1988).

43 Das Überleben sozialer Systeme hängt primär ab vom Funktionieren ihrer Kommunikation. D. h. aber auch, daß nicht anschließbare Umweltinformation zur Selbststeuerung nicht genutzt werden kann und soziale Systeme bei einer intakten Ökologie der Kommunikation durchaus gleichzeitig selbst ökologisch blind sein können.

(ebd.) kaum überschätzen könne, läßt das Thema aber im übrigen unbearbeitet und wendet sich gleich *anderen Medien* der Kommunikation zu.
Wir haben dargestellt, daß unseres Erachtens Luhmanns Rekurs auf (Diskurs-)Semantik, also Themenkenntnis, hier einen theoretischen Kurzschluß enthält. Aus systemtheoretischer Sicht ist deshalb die Hypothese aufzustellen, daß den verfügbaren semantischen Ressourcen sozialer Systeme auf der Ebene der sprachlichen Kompetenz eine weitere emergente Strukturebene als Resultat koordinierter *linguistischer Selektivität* vorgeordnet ist: ein die semantischen Selektionen koordinierender *linguistischer Common sense*, in dem die Kontingenz grammatisch und semantisch *möglichen* Zeichenausdrucks zu einer sozial bestimmten, d. h. *individuell nicht optionalen*[44] Ausdruckstypik verdichtet ist, über die die semantische Koorientierung u. a. bewerkstelligt wird. Auch für diesen Common sense gilt, daß nicht die denotative Repräsentations- oder Widerspiegelungsfunktion seiner Elemente den Wert bestimmt. Die primäre Norm der Zeichenverwendung und des Zeichenausdrucks ist die Anschließbarkeit an einen semiotischen Habitus. Darüber hinaus ist aus systemtheoretischer Sicht zu erwarten, daß infolge des Faktums der Kontingenz des Zeichenausdrucks ein linguistischer Common sense gerade auch im Blick auf solche linguistischen Ausdrucksparameter besteht, die ersichtlich *keine* unmittelbaren semantischen Effekte haben (z. B. vor allem phonetische Realisierung, aber auch die Silbenzahl pro Wort, die morphologische Komplexität von Komposita, die Zahl von Unterordnungen in Sätzen etc.). Gleichwohl dienen diese Merkmale im Sinne des ›Form-in-Form‹-Prinzips der Anschließbarkeit und damit der Koordination von Selektivität.

Im folgenden Kapitel soll nun, die soziologische Argumentation abschließend, noch ein Ansatz referiert werden, der der sprachlichen Vermitteltheit von Verständigung im Common sense größere Bedeutung beimißt und dessen theoretische Grundpositionen implizit auch in der Linguistik – insbesondere der

---

44 Das ist das Differenzkriterium zum traditionellen Stilbegriff.

Phraseologie – deutliche Parallelen haben. Auch dieser Ansatz allerdings wird sich als unzureichend im Blick auf das skizzierte Problem der Kontingenz des sprachlichen Ausdrucks erweisen, seinerseits aber – wie auch der systemtheoretische Ansatz – Perspektiven für eine fruchtbare Behandlung des Problems eröffnen.

5. Die wissenssoziologische Konzeption des Common sense: Darstellung und linguistische Kritik

Während Luhmann zwar ein Modell zur Herleitung eines sprachlich organisierten Common sense-Wissens entwickelt, sich aber mit der Frage des Verhältnisses von Sprachlichkeit und Common sense kaum befaßt, gehen Peter Berger und Thomas Luckmann (1966/1980) und Thomas Luckmann (1986), in der Theorietradition Alfred Schütz' stehend (vgl. auch Schütz/Luckmann 1979), davon aus, daß der gesellschaftliche Wissensvorrat sprachlich ›gespeichert‹ sei, und machen dies zum Gegenstand umfangreicher theoretischer Erörterungen. Grundgedanken dieser Konzeption wollen wir im folgenden zunächst vorstellen. Dabei zeigen sich deutliche Parallelen zur Thematisierung des Verhältnisses von Sprache und Wissen in Teilbereichen der Phraseologie. Auf diese Parallelen gehen wir im Anschluß an Kapitel 5.2 in einem Exkurs ein. In einem weiteren Schritt soll dann die Kritik an der Speicher- und Ablagerungsmetaphorik verbunden werden mit dem Versuch, die Verfügbarkeit des Common sense als Resultat einer Institutionalisierung der sprachlichen Formen seiner Artikulation im Sprechen darzustellen. Abgeschlossen wird das Kapitel mit einer Diskussion des Verhältnisses von ›Natürlichkeit‹ und ›Institutionalität‹ von Common sense und idiomatischem Sprachwissen.

5.1 Die Etappen der Entstehung des sozialen Wissens

In einem explizit auf Probleme sprachlicher Typik bezogenen Kapitel von Alfred Schütz' ›Strukturen der Lebenswelt‹ finden wir folgenden Abschnitt:

»Die Sprache ist ein *System typisierender Erfahrungsschemata*, das auf Idealisierungen und Anonymisierungen der unmittelbaren subjektiven Erfahrung beruht. Diese von der Subjektivität abgelösten Erfahrungstypisierungen sind sozial objektiviert, wodurch sie zu einem Bestandteil des dem Subjekt vorgegebenen *gesellschaftlichen Apriori* werden. Für den normalen erwachsenen Menschen in der natürlichen Einstellung ist deshalb Typisierung aufs engste mit der Sprache verschränkt. ... Der wechselseitige Bezug von Sprache und Typisierung ist ein wichtiger Faktor in der Ausbildung gewohnheitsmäßigen Denkens und Verhaltens.« (Schütz/Luckmann 1979, S. 282/283)

Das Zitat beschreibt den Prozeß der Objektivierung gesellschaftlichen Wissens. Er umfaßt mehrere Etappen:
- Typisierung
- Schematisierung
- Habitualisierung
- soziale Objektivierung (d. h. Institutionalisierung)
- Sedimentation (als soziales Apriori).

Wir wollen versuchen, diesen Prozeß, wie er am deutlichsten von Peter Berger und Thomas Luckmann in »Die gesellschaftliche Konstruktion der Wirklichkeit« (1966/1980) herausgearbeitet wurde, kurz nachzuzeichnen. Entscheidend ist dabei der Umschlag von primär individuell zusammengesetzten und so bestimmten Beschreibungen und Handlungen zu sozial verbindlichen Schemata und Akten, die nunmehr abgelöst von ihrer Genese und ursprünglichen Intentionalität zum Fundament möglicher Verständigung und Koorientierung im Handeln werden. Im Unterschied zu Niklas Luhmann, der sofort auf der Ebene der notwendigen Bedingung sozialer Systeme, der Anwesenheit mehrerer Personen und deren wechselseitiger Wahrnehmung, mit seiner Analyse ansetzt, beginnen Berger/Luckmann beim Individuum und seiner Wahrnehmung. Vom Individuum ausgehend wird der Prozeß der sozialen Konstruktion der Wirklichkeit schrittweise aufgebaut. Wie bei Luhmann aber steht bei Berger/Luckmann am Anfang der Deduktion das *Problem* einer für den sozialen Akteur offenen und unbestimmten Situation.[1] Luh-

---

1 Der Grundgedanke scheint dabei bei beiden Konzeptionen auf die gleiche Wurzel zurückzugehen, nämlich auf den Ansatz der sogenannten ›biologischen Anthropologie‹ vor allem Arnold Gehlens (^{12}1978), die das Problem der ›Weltoffenheit‹ des Menschen als theoretischen Aus-

mann hatte das Problem mit dem allgemeinen systemtheoretischen Begriff der Kontingenz formuliert. Berger/Luckmann sehen in direkter Anknüpfung an Konzepte Helmuth Plessners und Arnold Gehlens die Umweltbeziehung des Menschen durch das Merkmal der ›Weltoffenheit‹ bestimmt. Er ist nicht auf eine bestimmte biologische Umwelt festgelegt, und dem entspricht die »Bildbarkeit seines Instinktapparates« (Berger/Luckmann 1980, S. 49 ff.) oder, anders formuliert, die Notwendigkeit zur Konstruktion einer sozialen Umwelt. Aus den Prämissen folgt, daß es eine »(...) Vielfalt an Möglichkeiten der Menschwerdung (...)« (ebd. 51) gibt; jede Kultur stellt eine Selektion dieser Möglichkeiten dar; für die Mitglieder der Gesellschaft wird sie aber dadurch zu einer verbindlichen, quasi-natürlichen Umwelt.

»Man kann geradezu sagen, daß die ursprüngliche biologische Weltoffenheit der menschlichen Existenz durch die Gesellschaftsordnung immer in eine relative Weltgeschlossenheit umtransponiert wird, ja, werden muß.« (ebd. 55)

Diesem Prozeß entsprechen auf einer ersten – psychologischen – Ebene die individuelle *Typisierung* von Wahrnehmungen und die Ausbildung von *Erfahrungsschemata* sowie die *Habitualisierung* von Handlungen, d. h. die Ausbildung von Routinen.

Typisierung

Typisierung findet statt als Abstraktion aus wiederholter Erfahrung, die rekurrente Wahrnehmungen zu Typen verdichtet (vgl. oben Kap. 3; Riedls Hypothese vom Vergleichbaren). Wichtig ist jedoch bereits hier, daß dieser Prozeß nicht rein kognitiv erklärt werden kann. Vor allem Schütz/Luckmann (1979) weisen darauf hin, daß Typisierungen vom Beginn der Sozialentwicklung eines Menschen an in sozialen Beziehungen gründen.

»Von den frühesten Wir-Beziehungen an wird das Kind in einen wechselseitigen Motivationszusammenhang einbezogen, dessen Relevanzstruk-

gangspunkt für die Modellierung der Prozesse individueller und sozialer Strukturbildung benutzt.

turen (Einstellungen, Ziele, Mittel) gesellschaftlich beschränkt, als selbstverständlich vorgezeichnet und gebilligt sind.« (Schütz/Luckmann 1979, S. 296)

Die faktisch ausgebildeten Typisierungen gründen also primär in der *sozialen Bedeutung*, die sie für das Individuum haben; sie haben für das Individuum einen durch den Kommunikationszusammenhang, in dem es steht, begründeten Sinn. Dies heißt jedoch noch nicht, daß es sich dabei auch schon um eine intersubjektive, sozial bestimmte Typik als Bestandteil des ›gesellschaftlichen Wissensvorrates‹ handeln muß. Die Bedingungen dafür sind komplexer, und wir werden darauf noch zu sprechen kommen.

Schematisierung

Nach dem gleichen Prinzip kommt es auch zur Ausbildung von Erfahrungsschemata oder Deutungsschemata. Dabei handelt es sich wieder um einen Prozeß der Typisierung, und zwar um die abstrahierende schematische Fassung von Relationen zwischen Typen.[2] Das Erfahrungsschema bezeichnet den Zusammenhang, in dem Typen typischerweise stehen. Selbstverständlich kann ein solches Schema nach außen hin auch wieder Element (Typ) weiterer Schemata sein. So könnte man etwa ›Lehrer‹, ›Schüler‹, ›Direktor‹ als Typen des Schemas ›Schule‹ auffassen. Während Typen als Resultat von Typisierungen primär die Identifikation ermöglichen, sind Erfahrungsschemata nach Auffassung Luckmanns (1986) vor allem Instrumente der – auch heuristischen – Konstruktion von Sinnzusammenhängen:

»Automatisch appräsentierte Typen verleihen den im Erlebnisstrom auftauchenden Erfahrungen eine Gestalt, die reflexive Einordnung in ein Erfahrungsschema verleiht ihnen einen Sinn.« (Luckmann 1986, S. 198)

---

[2] Das Modell ist in dieser Zweigliederung von Wissenselementen den verschiedenen Formen von Schematheorien in der kognitiven Psychologie, die etwa auf Prototypen und die schematischen Relationen zwischen Prototypen abstellen, durchaus verwandt (vgl. z. B. Aebli 1980/81; Klix 1987a; Rumelhart 1980).

Beide Prozesse, Typisierung und Schematisierung, beruhen jedoch auf den gleichen abstrahierenden Bewußtseinsleistungen, die die »(...) Symptomfülle aktueller Ereignisverläufe (...)« (ebd. 198) für den einzelnen reduzieren und so entlastend wirken. Bis zu diesem Punkt ist die Argumentation der Autoren primär psychologisch bestimmt; Begriffe wie ›Erfahrung‹, ›Schema‹, ›Abstraktion‹ und ›Entlastung‹ kennzeichnen den von der biologischen Anthropologie bestimmten psychologischen Hintergrund, aus dem heraus das Kontingenzproblem angegangen wird.

Habitualisierung

Deutlich wird dies auch im Begriff der *Habitualisierung*, durch den Berger/Luckmann das Phänomen der Prägung von Handlungen zu fassen versuchen. Wie die Wahrnehmung ist auch das Handeln zunächst prinzipiell kontingent:

»Jede Handlung, die man häufig wiederholt, verfestigt sich zu einem Modell, welches unter Einsparung von Kraft reproduziert werden kann und dabei vom Handelnden *als* Modell aufgefaßt wird. ... Gewöhnung bringt den psychologisch wichtigen Gewinn der begrenzten Auswahl. In der Theorie mag es hundert Möglichkeiten, ein Boot aus Streichhölzern zu basteln, geben. Gewöhnung verringert sie bis hinunter zu einer einzigen.« (Berger/Luckmann 1980, S. 56/57)

Auf eine theoretisch wichtige Problematik, die hier bereits in der Argumentation der Autoren deutlich wird, möchten wir hinweisen. Sie wird uns später – im Zusammenhang der Erklärung von Idiomatisierungsprozessen – wieder beschäftigen. In dem angeführten Zitat überlagern sich zwei Argumente, die zur Erklärung der Habitualisierung herangezogen werden: das eher mechanistische Argument der ›Kraft‹-Ersparnis und das eher informationstheoretische Argument der ›begrenzten Auswahl‹ oder – wie es wohl besser formuliert wäre – der Selektivität. Denn faktisch kommen die Optionen subjektiv ja gar nicht mehr in Betracht, können also auch nicht mehr ›gewählt‹ werden. Beide Argumente für sich genommen sind richtig. Die Verbindung jedoch, die Berger/Luckmann zwischen ihnen herstellen, erscheint uns problematisch, wenn festgestellt wird, *Gewöhnung* bringe den psychologisch wichtigen Gewinn der begrenzten Auswahl. Nicht, *weil* eine Handlung habitualisiert worden ist, gibt es eine begrenzte Auswahl, sondern, *weil* die Handlung notwendig selektiv ist, gibt es die Möglichkeit ihrer Habitualisierung beim Vorliegen bestimmter Randbedingungen. Daß dann aus der Gewöhnung wiederum Entlastung resultiert und Habitualisierung – auch über motorische Programmierung (vgl. etwa Leontjew 1975, S. 253 f.) – auf die Selektion zurückwirken kann, ist selbstverständlich. Worauf es aber ankommt, ist, Gewöhnung nicht als *primäres* Faktum anzusehen. Es führt in die Irre, wenn man versucht, offenkundig verfestigte Handlungen und Handlungskomponenten (z. B. sprachlicher Art) durch die Häufigkeit ihrer Wiederholung und in diesem Sinne durch Habitualisierung zu erklären. ›Verfügbarkeit‹ beruht auf Kenntnis, nicht auf Gewöhnung![3]

Vielleicht haben Berger/Luckmann dies auch gemeint; die Unterscheidung der Ebenen ist aber wichtiger, als sie sie offenbar einschätzen. Denn in der Tradition der biologischen Anthropologie stehend, legt das Gewöhnungsargument für Berger/Luckmann immer wieder eine psychologisch-mechanistische *Erklärung* für reduzierte Kontingenz im Handeln nahe. Wir werden dies später auch bei der Erklärung sozialer Phänomene und der

---

3 Hier ist m. E. dem entsprechenden argumentativen Topos der generativen Grammatik gegen psychologisch mechanistische Konzepte – jedenfalls vom Resultat her – beizupflichten (vgl. in diesem Sinne auch die Argumentation von Günther 1989). Äußerst interessant im Blick auf den gleichen Sachverhalt ist auch die Diskussion in der Linguistik zum Begriff der ›Kollokation‹, der etwa von Bergenholtz (1985) und Mugdan (1985) an die ›Häufigkeit‹ von Kombinationen rückgebunden wird, während Hausmann (1985) i. S. unserer Argumentation für das ›intelligible‹ Kriterium der ›Verfügbarkeit‹ plädiert. Über Ausdrücke wie etwa ›die Unterschrift leisten‹ oder ›die Schraube anziehen‹ verfügen wir nicht, weil wir sie häufig gebrauchen, sondern, weil wir sie *kennen*. Das heißt, im Vordergrund steht hier – semasiologisch betrachtet – das Kriterium relativer ausdrucksseitiger Eindeutigkeit oder Prägnanz (vgl. auch Teil II, Kap. 4.3.3 und in Feilke i. V.: ›Kleiner Exkurs zur Verfügbarkeitsproblematik‹).

Erklärung sprachlicher Idiomatizität sehen. Insofern ist ihre Theorie sehr stark psychischen Dispositionen von Individuen verpflichtet.
In systemtheoretischer Sicht geht es dagegen – gleich in welcher Art von System – um die strukturbildenden Wirkungen von Selektionen. Aus der Perspektive der Systemtheorie enthält der Begriff ›offener Systeme‹ bereits das Problem von Kontingenz, Selektivität und Strukturerhaltung; es gilt für biologische Systeme, psychische Systeme und soziale Systeme in gleicher Weise. In der – auf soziale Systeme bezogenen – Terminologie von Niklas Luhmann liegt in jeder Selektion bereits ›Sinn‹. Der ›Sinn‹ einer Selektion wird zum Movens ihrer Wiederholung. Ist die Selektion ökologisch möglich, so gilt sie als bestätigt, und dieser ›Sinn‹ wird zur Selbststeuerung eingesetzt. Damit *kann* im Bereich des Handelns Gewöhnung, Habitualisierung, Routinisierung einhergehen, aber sie *erklärt* nicht die verfestigte Struktur der Handlung. Diese geht vielmehr – bezogen auf Berger/Luckmanns Beispiel des Bauens eines Bootes aus Streichhölzern – offenbar darauf zurück, daß die gewählte Art und Weise, dieses Boot zu bauen, möglich und sinnvoll war. Daß sie dann *auch* habitualisiert werden und als Handlungsprogramm psychisch manifest werden kann, ist keine Frage. Die Bedeutung des Unterschieds wird besonders klar, wenn wir auf die Ebene der Kommunikation bzw. des sozialen Handelns wechseln. So sage ich beispielsweise nicht »Guten Tag!«, *weil* ich mir diese Begrüßungshandlung so angewöhnt habe, sondern, *weil* es eine *sozial selektierte* und bestätigte Handlungsweise in bestimmten Situationen ist und ich sie als solche kenne.

Institutionalisierung

Damit sind wir aber bereits beim nächsten und wichtigsten Schritt in der Argumentation der Autoren angelangt, dem Schritt zur *Institutionalisierung* von Handlungen und Handlungsweisen. Erst ab dieser (sozialen) Stufe können wir von der Genese eines Common sense sprechen. Institutionalisierung findet statt, wenn es unter den Bedingungen wechselseitiger Wahrnehmung zu einer reziproken Typisierung von Handlungen kommt.[4] Besondere Aufmerksamkeit verdient das folgende Zitat – eine Kernstelle des Buches – deren einzelne Aussagen wir im folgenden kurz rekapitulieren.

»Institutionalisierung findet statt, sobald habitualisierte Handlungen durch Typen von Handelnden reziprok typisiert werden. Jede Typisierung, die auf diese Weise vorgenommen wird, ist eine Institution. Für ihr Zustandekommen wichtig sind die Reziprozität der Typisierung und die Typik nicht nur der Akte, sondern auch der Akteure. Wenn habitualisierte Handlungen Institutionen begründen, so sind die entsprechenden Typisierungen Allgemeingut.« (Berger/Luckmann 1980, S. 58)

Das Zitat macht klar, daß die soziale Situation schlagartig völlig veränderte Bedingungen für Typisierungen schafft. In der Vis-à-vis-Situation kommt es zu wechselseitigen Typisierungen, *deren Sinn vermittelt über eine Typik/Typisierung der Akte selbst intersubjektiv zugänglich wird.* D. h. unter den Bedingungen wechselseitiger Wahrnehmung wird jede Handlung in dreifacher Hinsicht typisiert:
– im Blick auf die Beweggründe bzw. bei kommunikativen Handlungen das möglicherweise Gemeinte,
– im Blick auf den Akteur und
– im Blick auf die Form der Handlung, die Akte selbst.

Die Typisierungen, die A und B als Handelnde vornehmen, lassen sich so nach drei Kategorien unterscheiden: inhaltliche Typisierungen des Gemeinten [= semantische Typik], Typisierungen der Performanz [= Akt-Typik] und Typisierungen der Handelnden [= Rollen-Typik] (Stereotypisierung, Rollentypen etc.). Dies versucht die unten folgende Graphik zu veranschaulichen, wobei gleichzeitig der Zusammenhang der drei Arten von Typisierungen im Prozeß der Institutionalisierung verdeutlicht werden soll. Dabei wird die Typisierung der Handlungsform B's, d. h. der

---

4 In einer Anmerkung (vgl. Berger/Luckmann 1980, S. 58) versuchen die Autoren zu rechtfertigen, daß sie den Begriff der ›Institution‹ weiter fassen als in der soziologischen Diskussion üblich. Wir halten dies für ein großes Verdienst, werden aber an ihrem Sprachbegriff zu zeigen versuchen, daß sie das Konzept nicht konsequent genug anwenden.

Handlungstyp, so wie ihn A versteht, zum Modell einer Übernahme von B's Handlungen in A's Repertoire. Umgekehrt gilt für B das Gleiche (vgl. ebd. 59/60). Auf diese Art und Weise steuert dann die *erwartete* Typisierung der eigenen Handlungs*weise* durch den jeweils anderen das eigene Handeln. Die Handlung fällt – sofern sie an solchen Erwartungen orientiert ist – unter einen intersubjektiven, einen sozialen Typ. Sie ist bereits institutionalisiert. Insofern ist sie ein intersubjektives Fundament der wechselseitigen Verhaltensorientierung von A und B, auf das auch in künftigen Situationen zurückgegriffen werden kann, denn

»Institutionalisierung steht am Anfang jeder gesellschaftlichen Situation, die ihren eigenen Ursprung überdauert« (ebd. 59).

Beobachtbar ist dieser Prozeß in seiner Grundstruktur bereits bei relativ einfachen Vorgängen wie etwa dem Entstehen von Begrüßungskonventionen im kommunikativen Handeln (vgl. z. B. Coulmas 1981a). Institutionen wie Familie, Gesetz, religiöser Glaube sind Resultate eines langen und fortwährenden Prozesses

Modell des Institutionalisierungsprozesses nach Berger/Luckmann:

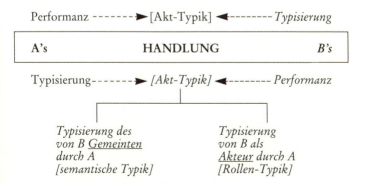

der Institutionalisierung, der bereits zu ausgeprägten institutionenspezifischen Akteursrollen (z. B. Priester), Themen und Typisierungen (z. B. eheliche Treue) und Handlungsweisen (Rituale) geführt hat. An diesen Institutionen im klassischen Sinne ist jedoch die Grundstruktur des von Berger/Luckmann beschriebenen *Prozesses* kaum noch ablesbar. Dafür wird an ihnen der »Kontrollcharakter« (ebd. 58) der Institutionalisierung um so deutlicher. Die weiter oben bereits zitierten ›vielfältigen Möglichkeiten der Menschwerdung‹ sind auf bestimmte festgelegt und der Beliebigkeit individuellen Handelns entzogen. Damit verbunden ist eine zweite wichtige Eigenschaft von Institutionen; da sie als historisch emergente Selektionszusammenhänge zugleich arbiträr und konventionell sind, haben sie einen erheblichen Legitimationsbedarf.[5] Dieser wird sozial primär gedeckt durch Prozesse einer »sekundären Objektivation von Sinn« (vgl. ebd. 98). Als Beispiele dafür können z. B. Laientheorien gelten, die in die institutionalisierten Strukturen Ursachen hineindeuten und sie auf diese Weise auch subjektiv sinnvoll machen. Sprachlich haben wir ein schönes Beispiel für solche Prozesse z. B. in der sogenannten Volksetymologie. Der Legitimierungsdruck oder besser Sinn-Bedarf sichert mit den entsprechenden ›sekundären‹ Interpretationsprozessen sozial und sprachlich wichtige Kompetenzen (vgl. hierzu Bally 1951; Augst 1975; Ballmer 1984; Antos 1992). Der prinzipiellen Undurchsichtigkeit der Genese von Institutionen entspricht deshalb ihre enge Bindung an institutionenspezifische Werte, deren Übernahme in Prozessen primärer und sekundärer Sozialisation die soziale Integration der Gesellschaft sicherstellt (vgl. Berger/Luckmann 1980, S. 139 ff.).

---

5 Vgl. hierzu die ausführliche Argumentation bei Berger/Luckmann (1980, S. 98 ff.).

5.2 Common sense als Institutionenwissen: Sprache als Sediment und Speicher

Mit dem Begriff der Institution kennzeichnen Berger/Luckmann soziale Strukturen sui generis, die abgelöst von den Intentionen der Individuen als gemeinsames intersubjektives Produkt der Kommunikation soziale Vorgaben für Kommunikation und Handeln liefern. Das zu sozialem und institutionellem Handeln erforderliche Wissen ist ein Common sense-Wissen. Wie beim Alltagsbegriff des Common sense (vgl. Kap. 2) heben Berger/Luckmann bei ihrem Begriff des ›Alltagswissens‹, wie sie den Common sense nennen, das Merkmal der Unreflektiertheit und des vortheoretischen Charakters hervor.

»Nur die wenigsten Gespräche drehen sich mit vielen Worten um das Wesen der Welt. Unsere Wirklichkeitsbestimmung vollzieht sich vielmehr vor dem Hintergrund einer Welt, die schweigend für gewiß gehalten wird.« (Berger/Luckmann 1980, S. 163)

Obwohl dieses Zitat den Eindruck vermitteln könnte, sprachliches Wissen spiele im Blick auf das Problem der Erhaltung und Festlegung einer Wirklichkeit eine eher untergeordnete oder hintergründige Rolle, messen Berger/Luckmann im Gegenteil der Sprache für die Funktion der Erhaltung des Common sense eine außerordentlich große Bedeutung bei. Untersuchen wir diesen Zusammenhang etwas näher. Wie bereits bei Luhmann finden wir auch bei Berger/Luckmann die in der Soziologie so beliebte ›Ablagerungs‹-Metapher. Unter der Überschrift »Sedimentbildung und Tradition« gehen die Autoren auf den Zusammenhang von Sprache und institutionalisiertem Erfahrungswissen ein (vgl. ebd. 72 ff.).[6] Sprache wird hier direkt als *Speicher* des Erfahrungswissens gesehen, und zwar in einem recht kruden technischen Sinne der Metapher, die die Autoren ganz wörtlich nehmen. Die im

---

6 Wieder können wir hier das Vorwiegen einer psychologisch-mechanischen Argumentation beobachten. Das Kriterium der sozial bestimmten Selektivität des Wissens steht im Hintergrund. »Das Bewußtsein behält nur einen geringen Teil der Totalität menschlicher Erfahrung. Was es behält, wird als Sediment abgelagert, das heißt, die Erfahrung erstarrt zur Erinnerung.« (ebd. 72)

Verlauf von Institutionalisierungsprozessen konstituierten sozialen Typisierungen bilden ein institutionenspezifisches Themenwissen, das in den Prozessen der Legitimation der Institution eingesetzt wird und auf diese Art und Weise die Institution reproduziert. So gibt es beispielsweise in bezug auf die Institution Familie »intersubjektive Erfahrungsablagerungen« (ebd. 72), die Typisierungen der Kinderrollen, der Elternrollen, der Funktion von Erziehung etc. umfassen. Als solche sind sie Elemente eines nicht hinterfragten Common sense, der auch abstraktere Schemata wie etwa patriarchale Entscheidungsfindung und Konfliktlösung umfassen kann. Die Funktion der Sprache in diesem Zusammenhang engen die Autoren auf das Überlieferungs- und Tradierungsproblem des Common sense ein. Der Common sense muß von einer Generation auf die nächste »übertragen« (ebd. 72) werden, und deshalb müssen die institutionenspezifischen Typisierungen mit Hilfe eines Zeichensystems objektiviert werden. Zwar könnte nach Auffassung der Autoren »theoretisch ... gemeinsames Handeln auch ohne ein Zeichensystem die Grundlage für Überlieferung bilden« (ebd. 72), aber durch Sprache als »(...) objektiv zugängliches Zeichensystem (...)« (ebd.) wird dies erheblich erleichtert.

»Sprache vergegenständlicht gemeinsame Erfahrung und macht sie allen zugänglich, die einer Sprachgemeinschaft angehören. Sie wird so zugleich Fundament und Instrument eines kollektiven Wissensbestandes.« (ebd. 72/73)

Die Sprache dient als Mittel dazu, das sedimentierte Alltagswissen festzuhalten:

»Das Primärwissen über die institutionale Ordnung ist .. vortheoretisch. Es ist das summum totum all dessen, ›was jedermann weiß‹, ein Sammelsurium von Maximen, Moral, Sprichwortweisheit, Werten, Glauben, Mythen und so weiter (...)« (ebd. 70)

Mit Hilfe einer begrifflichen Unterscheidung, die Alfred Schütz von Edmund Husserl übernommen hat und deren sich auch Berger/Luckmann bedienen, sei der Zusammenhang noch etwas genauer gefaßt. Alfred Schütz unterscheidet zwischen polythetischem und monothetischem Wissen (vgl. Schütz 1971, S. 115 ff.). Die Begriffe bezeichnen

– erstens die Etappe der Entstehung eines Wissens in verschiedenen Erfahrungsschritten bzw. Herleitungs- und Begründungsschritten.
– Zweitens beschreiben sie seinen Übergang in ein ›Sediment‹-Format, das vom Kriterium der Verfügbarkeit, leichten Lernbarkeit und Handhabbarkeit bestimmt ist.

Für die erste Phase reserviert Schütz den Begriff des polythetischen, für die zweite den des monothetischen Wissens. Er erläutert den Zusammenhang am Beispiel des pythagoräischen Lehrsatzes: Dieser ist »(...) Schritt für Schritt aus Euklidischen Axiomen und Lehrsätzen abzuleiten.« (Schütz 1971, S. 117) Diese Beweisführung bzw. Deduktion aus Axiomen in verschiedenen Schritten ist es, die den Sinn der Formel $a^2+b^2=c^2$ begründet. Die Kenntnis der Schritte, die zur Konstitution der Formel führten, ist *polythetisch*; das Operieren mit der Formel dagegen setzt die Kenntnis der Schritte nicht mehr voraus. In der Formel ist die gesamte Beweisführung in einem pragmatisch handhabbaren, instrumentellen Format verdichtet und *monothetisch* gefaßt. Während das polythetische Wissen die Rekonstruktion der Bedingungen eines Wissens erlaubt und damit auch individuelle Transformierbarkeit des Wissens ermöglicht, führt die Monothetisierung gerade zum Gegenteil: Das Wissen ist der individuellen Rekonstruktion entzogen, es ist, wie Schütz sagt, ein »sozial bestimmter, habitueller Wissensbesitz« (ebd.) und damit unbefragter Untergrund alltäglicher Problemlösungsprozesse.
Das gleiche gilt auch für den von Berger/Luckmann beschriebenen kollektiven Wissensbestand. Auch Schütz bezieht seine Begriffe darauf:

»Dieses sozial von anderen erworbene Wissen, das ich in den verschiedenen Plausibilitätsgraden angenommen habe, wird mein eigener habitueller Besitz von bekannten Dingen. Oft übernehme ich ihn ohne Frage. Das heißt, er wird von mir monothetisch erfaßt, ohne daß ich die polythetische Rekonstruktion der Schritte versuche, die zum monothetisch erfaßten Sinn führten.« (Schütz 1971, S. 122)

Die primäre Funktion der Sprache ist für Berger/Luckmann, das monothetisch gefaßte Wissen verfügbar zu halten und den Zugriff darauf zu erleichtern. Daß die Sprache ein zentrales Moment der

Konstituierung und Rekonstitutierung dieses Wissens im Sprechen selbst sein könnte, steht für Berger/Luckmann in diesem Argumentationszusammenhang völlig im Hintergrund. Sie beziehen die linguistischen Bedingungen der Konstituierung des Common sense nicht in ihre Reflexion ein. Das folgende Zitat führt dies, den Argumentationsgang abschließend, noch einmal nachdrücklich vor Augen:

»Sprache wird zum Depot einer gigantischen Häufung gemeinsamer Sedimente, die monothetisch erfaßt werden können, das heißt als in sich verbundene Einheiten, deren Entstehungsprozeß nicht rekonstruiert werden muß.« (Berger/Luckmann 1980, S. 73/74)

Das folgende Modell kann den Zusammenhang zwischen Sprache und Common sense, wie ihn Berger/Luckmann sehen, noch einmal veranschaulichen:

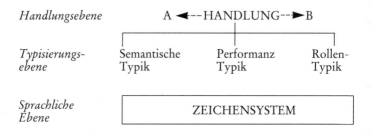

Erster Exkurs: Die ›Weisheit‹ der Formel als phraseologischer Topos

Die Vorstellung, die Sprache sei ein ›Speicher‹ kollektiven Wissens, ist außerordentlich populär. Im Blick auf diese Position wollen wir im folgenden von einem *Repräsentations-Modell* des Sprachwissens sprechen. Für die Soziologie sei in Ergänzung der referierten Position von Berger/Luckmann hier nur zusätzlich an das im 1. Kapitel dieses Teils bereits angeführte Zitat von Serge Moscovici erinnert, in dem er die Sprache als ›only remaining stronghold‹, als Bollwerk und Festung lebensweltlichen Wissens charakterisiert. Vor allem die verschiedenen Erscheinungsformen sprachlicher Formelhaftigkeit[7] und hier vor allem Sprichwort und sprichwörtliche Redensart, aber auch Epitheta, feststehende Metaphern, Metonymien und andere Formen komplexer semantischer Konzepte werden unter dem kognitiven Aspekt des Aufbewahrens kulturellen Erfahrungswissens hochgeschätzt. Im folgenden sollen zunächst einige Zitat-Belege und Argumente für diese Auffassung aus verschiedenen philologischen Forschungsrichtungen referiert und diskutiert werden.
In einem zweiten Schritt sollen dann Argumente für eine Position vorgetragen werden, die sowohl sprachliche Formelhaftigkeit als auch das Problem der Organisation und Verfügbarkeit von Wissensbeständen – statt unter dem Gesichtspunkt der sprachlichen Repräsentation von Welt-Erfahrung – primär unter operationalen Gesichtspunkten der Organisation des Anschlusses von Kommunikation an Kommunikation und der dafür geforderten Verweisungen sieht. Der Repräsentationsgesichtspunkt kann auch hier

7 Für die folgende Erörterung wird ein weiter Begriff der Formel angesetzt, der – im Unterschied etwa zur Bestimmung des Begriffs ›formula‹ bei Otto Jespersen (1924, S. 18 ff.) – auch semantisch kompositionelle, aber textuell stereotype Formen mit einbezieht (vgl. etwa auch im Zusammenhang der linguistischen Bestimmung des Konzeptes im Rahmen der sogenannten oral-poetry-Forschung dazu: Kiparsky 1976).

eine Rolle spielen; wichtiger aber ist demgegenüber die *Erzeugung* von Common sense und das dafür erforderliche idiomatische Wissen. Im Blick auf diesen zweiten Funktionszusammenhang wollen wir von einem *Operations-Modell* des idiomatischen Wissens sprechen.[8]

Wie bei Berger/Luckmann und anderen soziologischen Vertretern existiert auch in verschiedenen philologischen Forschungsrichtungen in der einen oder anderen Variante der phraseologische Topos von der ›Weisheit‹ der Formel. Belege dafür finden wir unter anderem in der Volkskunde, in der sogenannten Literalitätsforschung, aber auch in der linguistischen Phraseologie und sogar in neueren, von der sogenannten ›kognitiven Anthropologie‹ inspirierten Forschungen. Die Formel wird hier als unmittelbarer, im semiotischen Sinne *symbolischer* Ausdruck eines Common sense-Wissens gesehen, das *selbst in der Formel ›gefaßt‹* ist. Weil nun dieses Wissen ein kulturell wichtiges Wissen ist und die Sprache dazu dient, dieses Wissen verfügbar zu halten, werden die Fixiertheit, die sprachliche Ökonomie und ausdrucksseitige Prägnanz formelhafter Sprache *im Dienste der kognitiven Repräsentation* gesehen. Solche Merkmale sichern individualpsychologisch die Memorierbarkeit und damit die Übertragbarkeit des hochgeschätzten Erfahrungs-Wissens von einer Generation auf die nächste. Für das Individuum stellen sie eine Form der kognitiven Entlastung von der Komplexität einer ›Außen‹welt dar. In diesem Sinne formuliert z. B. André Jolles (1930/1972) in seinem Kapitel über den Spruch als ›einfache Form‹:

»Wenn wir die Welt begreifen als eine Mannigfaltigkeit von Einzelwahrnehmungen und Einzelerlebnissen, ergeben zwar diese Wahrnehmungen und Erlebnisse, reihenweise erfaßt und zusammengefaßt, jeweilig *die Erfahrung*, aber auch die Summe dieser Erfahrungen bleibt eine Mannigfaltigkeit von Einzelheiten. ...
Spruch heißt ... die ... Form, die eine Erfahrung abschließt, ohne daß diese damit aufhört, Einzelheit in der Welt des Gesonderten zu sein. Sie

8 Zur Begrifflichkeit der Unterscheidung zwischen ›operational, explanatory und representational models‹ vgl. Holland/Quinn (1987, S. 6-10)

bindet diese Welt in sich, ohne sie durch ihre Bündigkeit der Empirie zu
entheben.« (Jolles 1930/72, S. 155/156)

Nach André Jolles' Auffassung kann zwar der formelhafte Spruch
oder das Sprichwort als eine Form konzeptueller Reduktion
wahrnehmungsmäßiger Komplexität die Heterogenität der empirischen Erfahrung des Individuums nicht beseitigen, aber er kann
die Erfahrung gewissermaßen vorläufig feststellen und auf diese
Weise kognitiv abschließen.

Die sprachlichen Repräsentationsweisen der so abgelagerten Erfahrung können in einem Inventar konzeptueller Muster resultieren, das – strukturalistisch betrachtet – auch als generative
Grammatik der Formel analysiert werden kann (vgl. etwa Grzybek 1984a; Permjakov 1984; Krikmann 1984).[9] Die kognitive
Potenz des Sprichworts wird dabei vor allem in seiner ›modellbildenden‹ Funktion gesehen (vgl. etwa Seitel 1972; Permjakov
1984; White 1987), d. h. in dem Faktum, daß das Sprichwort eine
Problemsituation und ihre Bewertung abstrakt modelliert und typisiert. Dieser gewissermaßen ›kontemplative‹ kognitive Gehalt
gilt dabei als weitgehend selbstevident. Er setzt einen Verweis auf
eine Praxis der Rede nicht voraus. Das Wissen darüber, was es
z. B. bedeutet, daß man ›das Eisen schmieden muß, solange es
warm ist‹, steckt danach im metaphorischen Modell selbst. Eine
Pragmatik des Sprichworts wird zur Bestimmung seiner kognitiven Wertigkeit nicht gebraucht; in der Konsequenz sind pragmatisch bestimmte Untersuchungen zum Sprichwort deshalb auch
ein Desiderat der Forschung.

Die skizzierte Auffassung kann mißlingende Verwendungen
kaum theoretisch begründen. Auf die Frage, warum man das erwähnte Sprichwort z. B. nicht ohne weiteres oder aber bestenfalls
scherzhaft verwenden kann, wenn jemand gerade den Bus verpasst hat oder jemand zu spät zu seiner eigenen Trauung kommt,

---

9 Vgl. etwa Permjakovs ›Grammatik der Sprichwörterweisheit‹ (z. B.
1984), in der versucht wird, Strukturmodelle der Zuordnung thematischer und logisch-syntaktischer Gruppen in allen Sprichwörtern der
Welt zu einer generativen Grammatik der ›Sprichwörterweisheit‹ zu
generalisieren.

muß der Ansatz eine Antwort schuldig bleiben.[10] Die Differenz zwischen der im Sprichwort modellierten Situation und der pragmatisch modellierbaren Situation wird theoretisch nicht zum Problem.[11] Im Vordergrund steht bei den skizzierten Positionen demgegenüber die Auffassung, daß die individuelle Erfahrung in ein allgemeines Format der kognitiven Handhabbarkeit transformiert wird und so der Überlieferung zur Verfügung steht.

Dieser Zusammenhang von kognitiver Handhabbarkeit und Überlieferung ist bei der Erörterung des Phänomens formelhafter Sprache vor allem von der sogenannten Literalitäts-Forschung in der Vordergrund gerückt worden. Während in der Neuzeit die Schrift und schriftliche Texte zum kollektiven Gedächtnis der Gesellschaft avanciert sind – viele Forscher sehen in der Tradierungsproblematik die Ursache für das Entstehen der Schrift –, waren vorliterale Kulturen auf andere Formen der Konservierung des Wissens angewiesen. In diesem Kontext befassen sich eine ganze Reihe von Forschungen mit der ›Formel‹.[12] Stellvertretend dafür wollen wir einige Argumente von Ong (1987) referieren, der aus dieser Perspektive eine rein mnemotechnisch begründete Argu-

---

10 Es ist interessant, daß z. B. in Theaterstücken, die den ›falschen‹ Gebrauch von Formeln als dramatisches Element benutzen, wie etwa viele Stücke F. X. Kroetzs, das Verfahren offenbar nicht zur Kennzeichnung etwa der ›Dummheit‹ der Handelnden, sondern viel eher als Kennzeichen ihrer sozialen Entfremdung und Fremdbestimmtheit benutzt wird (vgl. auch Burger/Matt 1974).

11 Vgl. für eine Position, die genau diesen Aspekt des Sprichwortgebrauchs theoretisch modelliert, die Arbeiten von Grzybek (1984 a,b). Vgl. auch die entsprechenden Kapitel in Feilke (i. V.).

12 Wir verweisen hier nur stellvertretend für die gesamte Diskussion auf den von Stolz/Shannon (1976) herausgegebenen Sammelband ›Oral literature and the formula‹; ebenso auf Walter J. Ongs (1982/1985) ›Oralität und Literalität‹. Für den Bereich der Germanistik vgl. den – allerdings bereits sehr alten – Überblick von Lutz (1974); sowohl im Blick auf die Semantik der Formel als auch im Blick auf die kommunikationssoziologischen und rezeptionsästhetischen Hintergründe ihrer Wirksamkeit in der ›oral poetry‹ ist die Untersuchung von Rainer Warning (1979) ›Lyrisches Ich und Öffentlichkeit bei den Trobadors‹ sehr aufschlußreich. Vgl. ebenso Cook-Gumperz/Gumperz (1981) und Jarrett (1982).

mentation zur Formelhaftigkeit vorlegt, wie sie sein folgendes Gedankenexperiment zeigt:

»Stellen sie sich einen Menschen in einer oralen Kultur vor, der ein besonders komplexes Problem überdenkt und schließlich eine Lösung formuliert, die ziemlich komplex ist und sich z.B. aus einigen hundert Wörtern zusammensetzt. Wie kann er oder sie die mühsam gefundene Verbalisation für eine spätere Wiederholung aufbewahren? ... Die einzige Antwort hierauf lautet: Man muß memorierbare Gedanken denken. Um in einer primär oralen Kultur das Problem der Konservierung genau formulierter Gedanken effektiv zu lösen, muß sich das Denken in mnemonischen Mustern vollziehen, die auf unmittelbare orale Darbietung zugeschnitten sind.« [Diese Muster liegen vor z.B.] »(...) in Gestalt von Sprichwörtern, die jeder kennt und deswegen rasch erinnert (...). Sie prägen die Substanz des Gedachten selbst. Komplexes Denken funktioniert nicht ohne sie.« (Ong 1987, S. 39/40)

Die mnemotechnischen Notwendigkeiten diktieren dabei sowohl die ausdrucksseitige Gestaltung durch Reim und Rythmus, syntaktische Symmetrien und Wiederholungen, phonetische Assonanzen und Alliterationen als auch die inhaltsseitige Prägung der Figuren vor allem durch Epitheta, wie wir sie auch noch im Märchen finden, wenn dort vom ›bösen Wolf‹, der ›guten Fee‹ u.a.m. die Rede ist (vgl. ebd. 40 u. 73 ff.).

»Orale Zeitgenossen bevorzugen, insbesondere im formalisierten Diskurs, den tapferen Soldaten im Vergleich zum Soldaten, die schöne Prinzessin im Vergleich zur Prinzessin, die knorrige Eiche im Vergleich zur Eiche.« (ebd. 43)

Dabei geht Ong in der Projektion seines Theorems in die Moderne noch sehr weit, wenn er etwa auch den ›glorreichen vierten Juli‹ in den USA ebenso wie die ›glorreiche Oktoberrevolution‹ in der Sowjetunion als ›Standardformeln restbeständiger Oralität‹ gewertet haben möchte (vgl. ebd. 44). Der Grund für die Prägungen ist dabei – für Ong – immer ökonomischer Natur, denn:

»In einer oralen Kultur wäre es Zeitverschwendung, wenn man etwas in nicht-formularischen, nicht mnemonischen Begriffen durchdenken würde. Denn diese Überlegungen könnten niemals so effektiv wiederholt werden, wie dies mit Hilfe der Schrift möglich ist. Sie wären, wie komplex auch immer, kein bleibendes Wissen, sondern flüchtig-einmalige Gedanken.« (ebd. 41)

Bevor wir zu einer Kritik dieser Positionen kommen, sei nun noch kurz auf den Reflex repräsentationistischer Modelle des Formelhaften in der linguistischen Argumentation eingegangen. Das dort gleichfalls auf fruchtbaren Boden fallende Hauptargument ist das einer ›Einsparung‹ von sogenannten Erzeugungsprozessen, also wiederum ein ökonomischer Gesichtspunkt, der als Explanans für das idiomatische Sprachwissen angeführt wird. Idiomatizität erscheint hier unmittelbar als Folge kognitiver Ökonomie bei der Speicherung semantischer Konzepte. Dabei steht im Hintergrund das kognitionspsychologische Konzept des sogenannten ›chunking‹, also des Zusammenfassens von mehreren Informationseinheiten zu einer Einheit, einem ›chunk‹, das keine prozedurale Form der Erzeugung mehr verlangt (vgl. etwa Hoffmann 1983; Arbinger 1984). In der Linguistik der 70er Jahre wurde im Zuge der Auseinandersetzung mit Positionen der generativen Linguistik u. a. versucht, Faktoren der gedächtnismäßigen Speicherung des Sprachwissens sprachtheoretisch zu interpretieren. Während Chomsky bekanntlich die Begrenzungen des menschlichen Gedächtnisses für die Konzeption der Kompetenz des ›ideal speaker/hearer‹ als ›theoretisch nicht von Belang‹ charakterisiert hatte, wurde von Kritikern der generativen Sprachauffassung mehrfach versucht, das bei Chomsky theoretisch randständige Phänomen der sprachlichen Idiomatizität unter Hinweis auf Möglichkeiten der Entlastung von generativen Produktions- und Verstehensprozessen durch gedächtnismäßige Speicherung *komplementär* zum Prinzip der Grammatikalität zu etablieren. Man sah darin eine Möglichkeit, im Kernbereich der Linguistik, der Grammatiktheorie, gegen die Idealisierungen der Universalgrammatik zu argumentieren.[13] Bereits bei Dwight Bolinger (1976) heißt es deshalb – unter Anspielung auf Chomskys Kreativitätsbegriff –

---

13 Coulmas (1981a, 1981b, 1982, 1985a, 1985b) greift in seinen Argumentationen auf dieser Grundlage etwa das Homogenitätspostulat, das Postulat eines redundanzfreien Lexikons und das Kompositionalitätsprinzip oder Frege-Prinzip der Bedeutungskonstitution an, die zentrale Elemente der Chomsky'schen Theorie darstellen (vgl. hierzu auch Teil II, Kap. 4.3).

»I would say, that the human mind is less remarkable for its creativity than for the fact that it remembers everything. ... Speakers do at least as much remembering as they do putting together« (Bolinger 1976, S. 2) [und auch Florian Coulmas schlägt Anfang der 80er Jahre noch in die gleiche Kerbe, wenn er feststellt:] »Bei allen Einheiten, die als ganze gespeichert sind, erübrigt sich die kompositionelle Bedeutungszuordnung« (Coulmas 1982, S. 31).

Für John Haiman (1983) ist – in einer an Zipfs ›principle of least effort‹ anschließenden Argumentation – Idiomatizität ein ökonomisch motivierter Index der Vertrautheit mit kulturell zentralen semantischen Konzepten. Demgegenüber signalisiert jede Form phonetisch aufwendiger Konstruktionen und syntaktischer Distanz zwischen Konzepten ›Fremdheit‹ der entsprechenden Konzeptualisierung. Er schreibt: »The formal opposition *transparent vs. opaque* will thus correspond to the pragmatic opposition *unusual vs. familiar*« (Haiman 1983, S. 802). Der Grund dafür scheint einfach: »One does not specify what is already known or what is unimportant.« (ebd.) Wie auch bei Berger/Luckmann und bereits bei Durkheim gilt deshalb das *Lexikon* als Speicher des kulturell relevanten Wissens:

»(...) the lexical structure of all languages will reflect those semantic domains with which their speakers are most familiar: in those domains, words will tend to be short and semantically opaque. In less familiar domains words will tend to be semantically transparent (...)« (ebd. 802)

Idiomatizität als sprachliche Struktureigenschaft i. S. nicht-kompositioneller Bedeutung gilt hier – verkürzt gesagt – als der kulturellen ›Weisheit‹ letzter Schluß. Weil man dem jeweils anderen und sich selbst nicht zuviel zumuten möchte, wird eingespart, was an phonetischem und syntaktischem Aufwand eingespart werden kann, und selbst dort, wo offenkundig ästhetische Formung am Werk ist, wie etwa beim Sprichwort, dient dies nur einer möglichst effizienten Konservierung des kulturellen Wissens. Diese Position klingt deutlich auch in folgenden beiden Zitaten an, die einem Sammelband zur Theorie der sogenannten ›kognitiven Anthropologie‹ entnommen sind:

»It is no doubt true, that some knowledge is more habitually, hence more readily put into words than other knowledge; that some knowledge and

not other knowledge is tidily ›packaged‹ in memory, hence easily retrieved for telling.« [Im Blick auf das Sprichwort heißt es dann an der gleichen Stelle:] »Proverbs promote enactment of the dictums they contain, *because* their formulaic and linguistically *economical construction* signals *cultural wisdom*.« (Holland/Quinn 1987, S. 8; Herv. H. F.)
[Im gleichen Band schreibt Geoffrey M. White in einer Untersuchung zu Sprichwörtern als ›cultural models‹:]
»As complex expressions of *important cultural knowledge* proverbs combine a cognitive economy of reasoning with pragmatic force at influencing other people.« (White 1987, S. 152; Herv. H. F.)

Diese Belege für ein repräsentationistisch begründetes Konzept des idiomatischen Sprachwissens auch in den unterschiedlichen Richtungen philologischer Phraseologie sollen zunächst zur Illustrierung dieser Position genügen. Unter Rückgriff auf einen oben bereits erörterten Terminus können wir sagen, daß alle diskutierten Konzepte in der einen oder anderen Form von einem ›Habitualisierungs-Konzept‹ für die Aneignung kollektiven Wissens ausgehen. Damit wird für das idiomatische Sprachwissen eine im Grunde individualpsychologische, auf dem Entlastungsmechanismus beruhende Erklärung gegeben. Die Wichtigkeit und gleichzeitige Komplexität des Wissens einerseits sowie die beschränkten Verarbeitungsmöglichkeiten des menschlichen Gedächtnisses andererseits bilden den fast ausschließlichen Erklärungszusammenhang. Andere mögliche Erklärungen werden kaum thematisiert. So kommen etwa die sozialen Bedingungen der Kommunikation und der Erzeugung koordinierter Selektivität kaum ins Blickfeld. Wo sie doch angesprochen werden, wie etwa im letzten Zitat, in dem von der ›pragmatic force‹ des Sprichworts die Rede ist, dient diese dazu, das kognitiv ›wichtige‹ und ›zentrale‹ Wissenselement zu vermitteln, das als im entsprechenden Ausdruck *repräsentiert* vorgestellt wird.
Um nicht mißverstanden zu werden: Die *Resultate* der vorstehend referierten Untersuchungen halten wir nicht notwendig für falsch. So kann der Gebrauch einer Formel durchaus i. S. Jolles' kognitiv entlastend sein und eine Wahrnehmungssituation strukturieren, und es ist empirisch relativ gut belegt, daß z. B. Sprichwörter besser zu erinnern sind als entsprechende ›literale‹ Umschreibungen des gleichen Inhalts (vgl. z. B. Honeck/Hoffmann

(eds.) 1980; Gibbs et al. 1989). Ebenso können sie relativ schnell abgerufen werden, wenn das zugrunde liegende gedankliche Schema vorgegeben wird oder aber einfach ein Segment des Sprichworts als ›cue‹ gegeben wird (vgl. etwa Kemper 1981; Grzybek 1984a). In gleicher Weise sicher ist auch, daß der Gebrauch von Idiomen eine regelorientierte grammatische Kompetenz nicht *notwendig* voraussetzt und insofern das Gedächtnis i. S. Bolingers über eine ›faktische Speicherung‹ (vgl. Hoffmann 1983, S. 88 ff.) durchaus Aufgaben übernehmen kann, die sonst u.U. ›prozedural‹ (vgl. ebd.) zu erbringen wären (vgl. z. B. Gibbs/Gonzales 1985). Die Beschreibung ist also nicht notwendig falsch; problematisch erscheint lediglich die zugrunde liegende Hypothese, nach der

– erstens die Erscheinungsformen sprachlicher Idiomatizität finalistisch als Resultate der ermittelten *kognitiven* Funktionen erklärt werden

– und zweitens die kognitive Funktion *über das Ökonomieargument* an Idiomatizität gebunden wird.

Im Blick auf diese Punkte gehen wir im Unterschied zu den referierten Positionen davon aus, daß Idiomatizität eher eine soziale als eine kognitive Bedeutung hat bzw. die kognitive Funktion nur vermittelt über die soziale Bedeutung zustande kommt. ›Formel‹ heißt auch in der Algebra und Geometrie die Kurzform für die Lösung eines komplexeren Problems. Will man von ihr profitieren, so reicht es aber nicht, die Formel zu kennen, denn das *Wissen* steckt nicht in der Formel, sondern in der Kenntnis der Formel *und* in der Kenntnis ihres Anwendungsbereiches, auf den die Formel zugleich indexikalisch verweist. Sie setzt ein vollziehendes Verstehen, ein konventionelles operatives Wissen voraus. Die soziale Bedeutung einer sprachlichen Formel wird u. E. operationalisiert in der Interpretations*weise* bzw. konventionalisierten Produktions*weise* beim Verstehen bzw. der Äußerung von Common sense-Wissen. Entscheidend ist hier der *indexikalische* Verweis auf eine Praxis der Rede, durch die eine sozial geprägte *Art der Problembehandlung* angezeigt wird. Die Aneignung dieser interpretativen oder produktiven Verweiskompetenz ist ein Sozialisationsprodukt. Sie wird am besten dort offenbar, wo idiomatisches Sprechen gerade nicht mehr – vordergründig – mit Kognition und irgendwelchen wichtigen kulturellen Inhalten des Wissens über die Welt in Zusammenhang gebracht werden kann: im Ritual und im quasi-rituellen Sprechen. Nicht zufällig finden wir deshalb bereits in den kritisierten Positionen deutliche, aber in ihrer Bedeutung offenbar nicht erkannte Hinweise auf diesen Zusammenhang.

So heißt es etwa im oben angeführten Zitat von Ong zu den Epitheta, daß diese vor allem im ›formalisierten Diskurs‹ auftreten. Das gleiche dürfen wir auch von der angeführten ›glorreichen Oktoberrevolution‹ vermuten. In einem Kapitel über orales Memorieren befaßt sich Ong dann mit den Randbedingungen für das sogenannte ›wortwörtliche Wiederholen‹. Auch hier stößt er wieder auf den formalisierten Diskurs. So stellt er das Streben nach wortwörtlicher Wiederholung vor allem in wichtigen rituellen Kontexten fest (vgl. etwa 61 ff.). Rituelle Kontexte zeichnen sich aber nun gerade dadurch aus, daß die *Semantik der Handlungen in einem sozialen Sinne über ihre Form vermittelt* ist. Bedeutsam ist hier eigentlich die *Form* der Performanz; diese rituell *kon*form praktizieren zu können, weist den Sprecher als sozialisiertes Mitglied einer Wertegemeinschaft aus, das nicht nur abstrakt die geteilten Werte kennt und anerkennt, sondern in der Lage ist, sie auch in konkreten normierten Handlungen zu operationalisieren. Die ›Gretchenfrage‹ muß hier gar nicht erst explizit gestellt werden; sie wird über die rituelle Praxis bereits als so oder so beantwortet festgestellt. Wer den ›Regentanz‹ nicht beherrscht, kann nicht nur keinen Regen beschwören, er kennt die Form offenbar nicht, über die die betreffende Gemeinschaft ihre Beziehung zum Regen interpretiert; d. h. er hat an dem kollektiven Wissen über den Regen gar nicht teil. Dieses kommt erst in den rituellen Gesten und der Fähigkeit, sie hervorzubringen und zu interpretieren, zum Ausdruck. In seiner Untersuchung über den evangelischen Gottesdienst als kommunikatives Ritual bezeichnet Ingwer Paul (1990) den entsprechenden Kommunikationstyp als ›symbolische Kommunikation‹, die er wie folgt charakterisiert:

»Symbolische Kommunikation weicht in einem entscheidenden Punkt vom Normalfall verständigungsorientierter Kommunikation ab. Die Beteiligten *haben* sich bereits verständigt. Was im Ritual geschieht, ist die kollektive Bestätigung dessen, worin sich alle einig wissen.« (Paul 1990, S. 46)

Paul charakterisiert das Ritual des evangelischen Gottesdienstes als eine Praxis, die in der Spannung zwischen ›ausschließlichem Vollzug‹ und ›verstehendem Vollzug‹ steht. Ein Modell für den ›ausschließlichen Vollzug‹ wäre etwa die lateinische Messe in der katholischen Kirche; der Beitrag des Einzelnen zur rituellen Praxis und zur Reproduktion der Wertegemeinschaft ist hier gleich Null. Absolutes Einverständnis wird vorausgesetzt. Im Unterschied dazu kennzeichnet der ›verstehende Vollzug‹ eine rituelle Praxis, die den Einzelnen über das Mitvollziehen von inhaltsbezogenen Operationen[14] in die Reproduktion der Wertegemeinschaft mit einbezieht, allerdings auch, ohne ihn aus dem Zwang zum Vollzug zu entlassen. Paul zeigt sehr schön, daß der Anspruch auf verstehenden Vollzug eine Wertegemeinschaft im Umbruch charakterisiert. Für ihn ist die evangelische Kirche mit ihren vielfältigen Formen ›verstehenden Vollzugs‹ dafür exemplarisch.[15]

Hier kehren wir wieder zu Ongs ›oral poetry‹ zurück: Genau das Gleiche geschieht nämlich in der bis dahin weitgehend stereotypen höfischen Lyrik zum Ende der höfischen Wertegemeinschaft hin: Die Stereotype höfischer Lyrik werden von den Sängern *individuell* aufgeladen; ihre konnotative Bedeutung als Index ›ausschließlichen Vollzugs‹ der höfischen Rituale wird zunehmend gebrochen. Das eigene Verstehen wird von den Sängern nunmehr in ihrem neuen säkularen Selbstverständnis *als Autoren* dagegengestellt. Es setzt ein Spiel mit der Konnotation ein, das sich der rekurrenten Thematisierungsformen höfisch-christlicher Ritualität bedient, sie aber gleichzeitig ›konnotativ ausbeutet‹.[16] Diese

---

14 Solche rituellen Praxen sind z. B.: Textlektüre, stilles Gebet, Rollenspiel oder gar Diskussion.
15 Für weitere linguistische Thematisierungen des Ritual-Konzepts vgl. auch Werlen (1979, 1983, 1984) und Lüger (1980 und 1983), der die Problematik unter primär systematischen Aspekten im Kontext der Phraseologie verortet.
16 Ein solches Spiel mit dem konnotativen ›Verständigungs‹-Wert der

Deutbarkeit funktioniert sozial als Deutungsforderung, als Einforderung eines ›verstehenden Vollzugs‹. Die sich erst aus dem sozialen Handlungszusammenhang konstituierende Anspielungsbedeutung wird zur eigentlichen Bedeutung.[17] So schreibt etwa Rainer Warning in einer für die Problematik einschlägigen Abhandlung:

»Die dominanten Isotopien höfischer Lyrik sind rekurrente Konnotatoren. Als solche aber sind sie immer schon Manifestationen eines gesellschaftlich vermittelten Sprachgebrauchs, und sie müssen folglich auch als solche in den Blick gebracht werden. Einzusetzen hat die semantische Analyse daher nicht erst bei den Rekurrenzen als solchen, sondern bereits auf der pragmatischen Ebene der Handlungsrollen von Sprecher und Angesprochener.« (Warning 1979, S. 138)

Dies zeigt, nicht der denotative Gehalt der Formel gibt ihr ihren Wert; dieser liegt vielmehr – gleich ob im ausschließlichen oder im verstehenden Vollzug – in ihrer konnotativen Bedeutung für die Reproduktion des Common sense. Für die Kommunikation bedeutet dieser am Extremfall ritueller Kommunikation entwickelte Gesichtspunkt: Das Verstehen stellt sich erst *im Vollzug* einer bestimmten Praxis her. Der Vollzug verweist über ein kommunikatives Erfahrungswissen *indexikalisch* auf einen schematischen Komplex von Handlungen, Einstellungen und Wissen, über den sich die Gemeinschaft in ihrem ›Einverständnishandeln‹ (Max Weber) als Wertegemeinschaft reproduziert.[18]

Formel finden wir etwa auch in der Werbesprache, die auf diesen Fundus gerne zurückgreift.
17 Zur Diskussion des Anspielungsbegriffs im Kontext der jüngeren Diskussion vgl. Svensson (1977, 1984).
18 Hier ist eine gewisse Rehabilitierung von André Jolles angebracht, den wir oben in unserer Argumentation als Negativ-Beispiel angeführt haben. Er würdigt zwar auf der einen Seite u. E. die durch ›soziale Selektivität‹ erfolgende Reduktion von Komplexität gegenüber den Faktoren psychologisch individueller Entlastung nicht genügend, aber den hier angeführten *indexikalischen* Verweiszusammenhang und seine Bedeutung für die soziale Kognition hat er u. E. deutlich erkannt. Dies wird in seiner am Beispiel der Legende exemplarisch vorgeführten begrifflichen Unterscheidung zwischen ›Geistes-

Es scheint also – bezogen auf die angeführten Argumente kognitiver Ökonomie – weniger auf genaues Memorieren anzukommen als auf Formtreue bzw. auf das Memorieren der Form um der konnotativen Bedeutung der Form willen und nicht der denotierten Inhalte wegen. Die sogenannte ›Weisheit‹ der Formel besteht danach primär in einer sozialen Obligation zur Teilung von Werten, Einstellungen und Wissen, die sich in der Fähigkeit zum Gebrauch und zur konformen Interpretation der Form(el) zeigt.

Ongs ›tapferer Soldat‹ indiziert in diesem Sinne ein kommunikatives Bewertungsschema für ein kriegerisches Verhalten, zu dem dann selbstverständlich auch das *Wissen* darüber gehört, was den ›tapferen Soldaten‹ als prototypisches soziales Konzept auszeichnet. Zunächst aber ist es ein Rede-Konzept, das in den Erzählungen über kriegerische Vorkommnisse aufgebaut worden ist und den Anschluß an die so etablierte Rede-Weise und das damit verbundene Common sense-Wissen in der Kommunikation erlaubt. Dies gilt in gleicher Weise für wesentlich weniger prominente Beispiele, für das ›gemütliche Beisammensein‹ und die ›gepflegte Gastlichkeit‹ ebenso wie für die ›schlechten Manieren‹ und die ›sichere Existenz‹. Diese Ausdrücke sind konventionell und arbiträr; sie ›enthalten‹ nichts, aber sie stellen den indexikalischen – d.h. über ein kommunikatives Erfahrungswissen vermittelten – Verweis auf ein Diskurs-Schema dar. Die semantische Verweisung ist der Form nicht zu entnehmen; sie fordert einen ›verstehenden Vollzug‹.

Anders als etwa beim ›ausschließlichen Vollzug‹ des Großen Zapfenstreichs oder der lateinischen Messe ›coram publico‹, die ein Verstehen nicht mehr fordern und verlangen und damit eine Form exklusiver formularischer Kompetenz etablieren, setzen Formeln im hier diskutierten Sinne einen ›verstehenden Vollzug‹ voraus. Sie setzen gerade nicht auf die völlige Entlastung des Hörers, sondern sie verlangen ein *kompetentes Verstehen*, die aktive Herstellung des Bezugs auf einen im Common sense etablierten Anwendungsbereich und Hintergrund. Die Fähigkeit, diesen Bezug

beschäftigung‹ und ›Sprachgebärde‹ deutlich (vgl. Jolles 1930/1972, S. 23 ff.).

herzustellen, kann dabei als Vollzug gewertet werden.[19] Der Hörer weist nach, daß er im intertextuellen Rede-Kontext eines bestimmten Diskurses steht. Gerade im Spannungsfeld zwischen völliger Idiomatizität bzw. Zeichenhaftigkeit einerseits und völlig ungebundener Textinterpretation andererseits entfaltet Formelhaftigkeit ihre Wirkung, indem die Fähigkeit zur *sozial relevanten* Art des Vollzugs überprüft und bestätigt werden kann. Sowohl in der Artikulation wie im Verstehen weisen Sprecher und Hörer sich so wechselseitig nach, daß sie ›auf der gleichen Wellenlänge‹ sind. In diesem Sinne trifft die Bestimmung des kommunikationssemantischen Stellenwertes der Formel durch Hermann Bausinger, wie sie im folgenden Zitat vorgenommen wird, die Problematik genau:

»Die Formel ... deckt einen gewissen Sinnbezirk, aber sie kann subjektiv sehr verschieden aufgeladen werden – sie kann sozusagen *nur* Formel sein, sie kann aber auch mit individuellen Gefühlen gesteigert werden, ohne daß sich ihre äußere Form verändert. ... Die Formel steht also zwischen der ausführenden Rede und dem bloßen Zeichen; sie ist nicht die letzte Abbreviatur, aber *sie signalisiert etwas in der Rede, ist verdichtete Rede.*« (Bausinger 1968, S. 66; Herv. H. F.)

Ganz anders als in der sehr vordergründig ökonomischen Argumentation Haimans ist nach dieser Argumentation phonetische und syntaktische Knappheit offenbar gerade nicht die linguistische ultima ratio der Verständigung. Wer verstanden werden will, muß im wahrsten Sinne des Wortes ›etwas zu verstehen geben‹.

Hat man diesen Standpunkt erst einmal gewonnen, so ist es auch kein Problem mehr, einige empirische Erscheinungen zu verstehen, die zur vorgeblichen Bedeutung des phraseologischen Wissensschatzes als eines Depots wertvollen Weltwissens gar nicht zu passen scheinen. So hat eine frühere, nicht veröffentlichte Untersuchung (vgl. Feilke 1986) die Merkmale der *Heterogenität, Diffusität, Normativität und Inflexibilität* für das in Formeln gefaßte und stereotype Wissen herausgearbeitet. Diese Merkmale lassen sich zwar kognitiv begründen, was auch in der angeführten Arbeit

19 Ebenso hat sprecherseitig die ›passende‹ Implementation der Formel im Handlungszusammenhang bereits Vollzugscharakter.

geschieht; sie scheinen aber gerade nicht aus einer kontemplativ reflektierenden Weltenschau zu resultieren, wie sie das zu Beginn dieses Exkurses angeführte erste Zitat von Ong vorstellt. Eher spiegeln sie die Bedingungen der kommunikativen Organisation von Kognition in der Rede als sozialem Prozeß und deren soziale, sachliche und zeitliche Zwänge wieder. Dabei hat die Ermöglichung von Kommunikation als sozialem Prozeß in jedem Fall Vorrang gegenüber den Anforderungen der sprachlichen *Repräsentation* von Wissen. Nicht die vorsoziale, rein kognitive Dimension kontemplativ ermittelter Wissens-Gehalte ist es, die der Formelhaftigkeit ihren kommunikativen Sinn gibt, sondern ihr auf die semantische Selektivität sozialer Systeme bezogener konnotativer Wert. Sie passen in die soziale Situation der Rede, die Luhmann wie folgt charakterisiert hat:

»(...) man tastet das Wahrnehmbare im Hinblick darauf ab, was möglicherweise Eingang in die laufende Kommunikation finden oder doch für deren Verlauf bedeutsam werden könnte. Man benutzt anders gesagt vor allem die Sozialdimension des wahrnehmbaren Sinnes als Selektor (...).« (Luhmann 1985, S. 563)

Genau aus diesem Grund ist auch ein erheblicher Teil des formelhaften Materials einer Sprache inhaltlich extrem arm, sozial aber gerade deshalb wichtig.
Diesen Exkurs abschließend, sei noch eine kurze Bemerkung zum Verhältnis von Formelhaftigkeit und der sogenannten Weisheit des Common sense einerseits und wissenschaftlichem Wissen andererseits angefügt.
Lenkt man den Blick, wie es die hier kritisierten Positionen tun, sofort auf Inhalte, so ist die Versuchung groß, den Common sense für weite Bereiche gewissermaßen als alltagsweltlich konstituierte Basisstruktur für die Entwicklung wissenschaftlicher Theorien zu sehen (vgl. z. B. Furnham 1990). Wo es heute entwickelte wissenschaftliche Theorien gibt, die auf Daten zurückgreifen können, die der Alltagserfahrung nicht zugänglich sind, ist der Common sense auch inhaltlich obsolet geworden. Die Meteorologie ersetzt die Bauernregel, die Medizin die Gesundheitsregel. Wo aber auch der Alltagserfahrung eine reichhaltige Datenbasis zugrunde liegt, und vor allem, wo es um sozial bedeutsame Problemfelder geht,

die durch ›nicht streng determinierte Gegenstandsbeziehungen‹ (Vukovich) gekennzeichnet sind, können Common sense-Konzepte durchaus als lebensweltlich angepaßte Vorläufer wissenschaftlicher Theorien verstanden werden; so etwa im Blick auf Problembereiche wie Persönlichkeitseinschätzung, Erziehungsstrategien u.ä. (vgl. z. B. Laucken 1974; Forgas 1981; Furnham 1987, 1988, 1990). In diesem Sinne stellt etwa Rock (1979) für den Bereich der Kriminologie fest:

»Common sense can neither be wholly incorporated nor wholly abandoned. Rather it is typically subjected to a double form of exploitation. ... Ideas of anomie, differential association, relative deprivation, functional interdependence, conflict, and labelling theory may all be found in folk wisdom, early tracts, and conventional explanation.« (Rock 1979, S. 78; zit. nach Furnham 1990, S. 179)

Auch für diese Bereiche gilt selbstverständlich, daß wissenschaftliche Theorien mit ihrem Akzent auf Systematizität und Kohärenz der Erkenntnis gegenüber dem Common sense eine höhere Allgemeinheit und Prüfbarkeit der Beschreibung erreichen, wenngleich dies, verglichen mit dem heterogenen, diffusen, normativen und kontrafaktisch stabilen Common sense (vgl. Feilke 1986) u.U. auch durch einen pragmatischen Informationsverlust erkauft wird.[20]

Es sollen aber diese ›inhaltlichen‹ Teilkoinzidenzen von Common sense und wissenschaftlichen Theorien nicht den Blick auf unsere eigentliche Problematik verstellen, die Frage nämlich: Was hat dies mit sprachlichem Wissen, und was hat dies mit Kommunikation zu tun? Hier sind wir nun entschieden dafür, den kognitiven Gehalt der Formel gegenüber der kommunikativen Funktion ›tie-

---

20 Deshalb argumentiert der konservative Soziologe Walther Bühl wie folgt: »In den Bereichen, – etwa in den Zonen sozialer Unsicherheit und existentieller Gefährdung [z. B. Erziehung, H. F.] –, in denen niemand über ein öffentlich anerkanntes »höheres« Wissen verfügt, ist eine Unterscheidung zwischen Reflexion und Sedimentation ... so gut wie unmöglich. Die Sedimentation muß in sozialer Hinsicht also zunächst und generell – solange wir nicht über zureichende kognitive Kriterien verfügen – als kognitiv äquivalent der Reflexion angesehen werden.« (Bühl 1984, S. 61)

fer zu hängen‹. D.h., die soziale Form der Artikulation hat u.E. für die Verständigung absoluten Vorrang gegenüber der inhaltlichen Komponente. Formuliert man dies so, dann muß dies heißen, daß dieser Vorrang auch für wissenschaftliche Kommunikation im Prinzip gilt.

Die Formel steht nach dem, was wir bisher diskutiert haben, gewissermaßen im Spannungsfeld zweier extrem konträrer Konzepte, nämlich zwischen der kognitiv bestimmten wissenschaftlichen Theorie einerseits und dem sozial bestimmten Ritual andererseits. Zugleich aber muß u.E. der durch das Ritual vertretene Gesichtspunkt ›soziale Form der Praxis als Bedeutungsträger‹ auch für die Wissenschaft gelten. D.h. in der wissenschaftlichen Kommunikation muß *sprachlich* gleichfalls die Ritualität der Form eine wichtige Rolle spielen, und zwar nicht nur dort, wo sich Wissenschaft qua Ritual als Institution reproduziert – etwa beim Habilitationsvortrag (vgl. Schmitz 1987) –, sondern auch in ihrem Kernbereich. So ist etwa dort, wo es um die Einführung und Begründung von Gegenständen der Untersuchung geht, das Definitionsritual verlangt, z.B.: »A ist ein B genau dann, wenn C« (vgl. etwa Schmidt 1980, S. 318 ff.). Unbeschadet der sicher zentralen begrifflichen Leistung der Definition für die wissenschaftliche Arbeit, hat sie *kommunikativ* die Funktion der Formel. Der ›Subtext‹ Definition ordnet über seine Formmerkmale den Gesamttext dem wissenschaftlichen Diskurs zu. Er signalisiert, daß im Sinne ›rationaler Legitimation‹ (Max Weber) bestimmte Werte der wissenschaftlichen Gemeinschaft geteilt werden:
– Explizitheit (der begrifflichen Merkmale),
– Operationalität (der Kategorien) und
– Methodizität (des Vorgehens)
Der Grad ritueller Formtreue oder *Kon*formität signalisiert dabei zugleich den Rang des entsprechenden Wertkonzeptes für die eigenen Handlungen und damit den Grad der Kompetenz eines Individuums *in der entsprechenden Gemeinschaft* (vgl. auch Galtung 1983; Fillmore, L.W. 1985).

5.3 Die Institutionalisierung des Sprechens und die Verfügbarkeit des Wissens – Eine Kritik

5.3.1 Common sense als ein konstruktiv-rekonstruktives Interpretationswissen

Die Argumentation von Berger/Luckmann bis zum vorstehenden Exkurs und auch die im Exkurs dargestellten und bereits ansatzweise kritisierten Positionen lassen Sprache als ein zur Bezeichnung der Common sense-Typisierungen dienendes und diesen so objektivierendes Zeichensystem erscheinen. Der verfestigte Charakter sowohl der Wortzeichen als auch komplexerer Zeichen wie Formeln u.ä. dient nach dieser Auffassung der leichteren ›Memorierbarkeit‹ und der leichteren ›Übertragbarkeit‹ der Common sense-Typisierungen, wie sie als Folge der Institutionalisierung sedimentiert worden sind. Die oben bereits diskutierte mechanistisch-funktionalistische psychologische Argumentation finden wir hier wieder.

In dieser Argumentation wird eine große Nähe zum Konzept des ›Kollektivbewußtseins‹ deutlich, wie es von Emile Durkheim in seiner soziologischen Theorie der Institution entwickelt worden ist (vgl. Durkheim 1970 u. 1981). Durkheim, der das Kollektivbewußtsein als Form des sozialen Institutionenwissens auffaßt, die das Einzelbewußtsein einer moralischen und kognitiven Obligation unterwirft, sieht in den Wörterbucheinträgen der Umgangssprache den sprachlichen Speicher dieser Bewußtseinsform (vgl. hierzu im einzelnen Schütze 1987, S. 417 ff.). Ferdinand de Saussure hat, inspiriert durch den gleichen Ideenzusammenhang, den Grundgedanken in seinem Diktum »Die Sprache ist ein System von Zeichen, die Ideen ausdrücken« (de Saussure 1967, S. 19) bekanntlich wieder aufgegriffen und für die Linguistik expliziert. Berger/Luckmann stehen unter anderem in dieser Tradition. Auch von ihnen wird Sprache primär unter ihrem lexikalischen Aspekt, also als System idiomatischer Zeichen aufgefaßt, allerdings ohne daß für sie der Prozeß der Konstituierung solcher Zeichen, also die Lexikalisierung oder die Idiomatisierung[21] selbst

---

[21] Einen weiten Begriff des Idiomatischen in diesem Sinne stellt der Be-

zum theoretischen Problem wird. Wie schon bei Luhmann stoßen wir an dieser Stelle auf unreflektierte linguistische Prämissen in der soziologischen Argumentation. Die Funktionen/Leistungen, die der Sprache zugeschrieben werden, werden gewissermaßen tautologisch mit ihrem Zeichencharakter begründet, mit dem Vorhandensein idiomatisierter sprachlicher Strukturen; aber was heißt dies? Diese Frage lassen die Autoren unbeantwortet, obwohl sie sich, wie bei Luhmann auch, im Rahmen ihrer Theorie durchaus sinnvoll stellen ließe. Dies bildet den Anknüpfungspunkt für unsere Kritik, in der wir Berger/Luckmanns eigenen Ansatz auch auf Sprache und Sprechen beziehen werden.

Die bisherige Argumentation Berger/Luckmanns, in der Sprache unabhängig vom Prozeß der sozialen Wissenskonstituierung lediglich als Speichermedium[22] gesehen wird, steht in eigentümlichem Kontrast zu einer zweiten Argumentfolge, auf die Luckmann (1986) wieder verstärkt die Aufmerksamkeit lenkt. Zwar spielt sie auch bei Berger/Luckmann eine wichtige Rolle, tritt aber u. E. infolge einer inkonsequenten Anwendung des Institutionalisierungskonzeptes, das nicht auf das Sprechen selbst bezogen wird, hinter den oben erwähnten Argumentationsstrang immer wieder zurück: Gemeint ist der Zusammenhang zwischen den sprachlichen Formen der Artikulation des Common sense und Prozessen einer abstrahierenden sozialen Interpretation individueller Erfahrungen. Diese abstraktive Leistung scheint uns nicht zu der Depot- und Speichermetaphorik zu passen, die Ber-

---

stimmungsversuch Hocketts vor, der jede Form grammatisch nicht analysierbarer, aber Bedeutung tragender Sprachzeichen unter den Begriff zählt (vgl. dazu Pilz 1978, S. 195 ff.). In der weiteren Diskussion wird aber deutlich werden, daß die bei Hockett vorgenommene scharfe Trennung von Idiomatizität und Grammatikalität empirisch nicht durchzuhalten und sprachtheoretisch problematisch ist.

22 In diesem Konzept trifft sich die Argumentation Berger/Luckmanns – wie dargestellt – mit der Sprachauffassung der sogenannten orality-Forschung (vgl. Ong 1987) und weiter Teile der Phraseologie, die ebenfalls Memorierbarkeit sozialen Wissens als Hauptfunktion der Sprache auffassen bzw. als eine Ursache für Idiomatizität ansehen (vgl. z. B. Bolinger 1976).

ger/Luckmann breit entfalten. Man kann ›Abstraktion‹ als individualpsychologische Kategorie der Begriffsbildung auffassen, durch die eine Fülle individueller Wahrnehmungen abstrakt gefaßt und so kognitiv verfügbar gemacht wird. Dies ist aber bei dem im folgenden zu Erläuternden nicht primär gemeint. Vielmehr geht es darum, daß in Prozessen der Typisierung und Schematisierung durch die wechselseitige Orientierung der Akteure an Sprache und sprachlicher Form eine sozial geformte Verallgemeinerung individueller Wahrnehmungen stattfindet. Die sprachliche Ausdrucksform orientiert individuelle Wahrnehmungen in Richtung auf *soziale* Verallgemeinerungen. Winograd/Flores (1989, S. 102) formulieren: »Interpretation wird durch Sprachform aktiviert.«

Abstraktion als Typisierung und Schematisierung ist deshalb nicht rein kognitiv zu beschreiben; sie ist zugleich die Form sozialer Integration individueller Erfahrung, vermittelt durch das ›fait social‹ Sprache im Sprechen.
Versuchen wir, dies etwas genauer zu beschreiben. Bereits bei Berger/Luckmann (1980, S. 72) heißt es, daß Sprache »(...) der abgelagerten Erfahrung den Ausgangsstatus wachsender Anonymität (...)« verleihen könne, indem sie »(...) sie von ihrem ursprünglichen Zusammenhang der konkreten Einzelexistenzen (...)« (ebd.) löse und allgemein zugänglich mache. Wichtiger noch als dieser Prozeß des *Aufbaus* von Abstraktionen aus individueller Erfahrung wird von Luckmann (1986) im Blick auf die Funktionen der Sprache der Prozeß der an Sprache orientierten *Re-Konstruktion* des Sinnes individueller Erfahrungen und Wahrnehmungen eingeschätzt. Die Sprache spielt nach Luckmanns Auffassung vor allem in den rekonstruktiven Prozessen eine herausragende Rolle.
Während der Aufbau von Typisierungen nicht notwendig an Sprache und Sprechen gebunden ist, »(...) bestehen alle Rekonstruktionen gesellschaftlicher Wirklichkeiten aus kommunikativem Handeln« (Luckmann 1986, S. 200). Gemeint sind damit die Prozesse der Interpretation von Erfahrung durch die sprachliche Beschreibung von Erfahrungen. Diese Beschreibungen – der Begriff bleibt bei Luckmann zunächst unexpliziert – wirken »(...)

als wirklichkeitsfeststellende Formulierungen ... entweder offenkundig oder zumindest unterschwellig als Wirklichkeitsfestlegungen« (ebd.). Diese ›Festlegung‹ der Erfahrung veranlaßt Luckmann dazu, von einem »(...) grundlegend normative(n) Charakter rekonstruktiver kommunikativer Vorgänge (...)« (ebd.) zu sprechen. Als Versuch einer Veranschaulichung kann vielleicht die folgende Episode dienen, die in Feilke (1989, S. 137/138) als Beispiel herangezogen wird:

»Vor einem Haushaltswarengeschäft in einer Fußgängerzone stehen zwei ältere Damen und betrachten schweigend bzw. mit wenigen Zwischenbemerkungen kommentierend die im Schaufenster ausgestellten Gegenstände. Es handelt sich um Haushaltswaren (Küchengeräte, ein Herd, Töpfe etc.), die jedoch allesamt Nachfertigungen aus der Zeit der ›vorelektrischen Küche‹ der Jahrhundertwende sind. Unvermittelt sagt da die ältere der beiden Damen, sich zur jüngeren hinwendend: *›Ja, Ja. Es kommt alles wieder!‹*«

Dies könnte ein Beispiel einer Rekonstruktion gesellschaftlicher Wirklichkeit i. S. Luckmanns sein. Das individuell Wahrgenommene wird, in diesem Fall unter Rückgriff auf eine Formel, als Common sense rekonstruiert, die Wahrnehmung auf diese Art und Weise in ein sozial sinnhaftes Schema integriert und so als bestimmte auch für den Anderen festgelegt.

Es ist nachzufragen, warum hier nach Luckmanns Angaben plötzlich ›Normativität‹ ins Spiel kommt. Normativität ist die Folge *sozial* bestimmter Selektivität; eine Norm läßt sich nur dadurch begründen, daß auch andere sich an ihr orientieren. Zu ihrer Erklärung tragen die individualpsychologischen (Trägheit) und kognitionspsychologischen (Memorierbarkeit) Argumente des weiter oben kritisch referierten Argumentationsstranges wenig bei. Die Tatsache der Festgelegtheit des in den rekonstruktiven Beschreibungen individueller Erfahrungen artikulierten Common sense läßt sich nicht mehr auf Begriffe wie Habitualisierung und Gewöhnung zurückführen. Sie ist eine Folge sozial normierter Selektionen, die individuell nicht mehr zur Disposition stehen. *Die Selektionen sind selbst institutionalisiert*. Auch in der angeführten Episode geschieht die Interpretation des individuell Wahrgenommenen unter Bezug auf eine etablierte Norm der Auslegung von Geschichte.[23] Daß ›alles wiederkommt‹, daß ›die Geschichte wiederholen muß, wer nicht aus ihr lernt‹, daß ›es auch mal wieder besser wird‹ und auch daß ›alles vergänglich ist‹, die ›Zeit nicht stillsteht‹ und ›sich die Zeiten ändern‹ sind Beispiele für sozial verankerte und normativ stabilisierte Schemata des Common sense. In diesem Falle werden durch die Schemata Kulturphänomene und historische Zeit zueinander in Beziehung gesetzt.

Die Norm besteht dabei in der sozial bestimmten Selektivität, die Anschlußmöglichkeiten für weitere Kommunikation i. S. Luhmanns festlegt und so gewissermaßen eine ›Himmelsrichtung‹[24] für die weiteren Prozesse koordinierter Selektivität in der Kommunikation vorgibt. Das Common sense-Schema ist *sozial* monothetisiert. Anders als im Falle des von Schütz angeführten Pythagoräischen Lehrsatzes, wo aus Axiomen schrittweise der Formelausdruck – als Folge der inhärenten Logik des Ableitungszusammenhangs – herleitbar ist, beruht der monothetische Charakter eines Common sense-Wissens darauf, daß die Schritte der Konstituierung dieses Wissens nicht mehr nachvollziehbar sind, weil die soziale Logik seiner Konstituierung nicht in der Logik individuellen Handelns aufgeht. Vielmehr ist sie Resultat einer Kette von Kommunikationen, deren Produkt nicht als logische Quintessenz oder Summe der individuellen Handlungen oder Beiträge begriffen werden kann. Dies hängt auch, aber nicht notwendig mit der *Historizität* dieses Prozesses zusammen,[25] die die Genese des monothetisch Übernommenen für das Individuum

---

23 In Luhmanns Termini könnten wir von einem Schematismus für ein Thema sprechen, der es erlaubt, im Blick auf die Fülle von Wahrnehmungen und *möglichen* Interpretationen koordinierte Selektivität zu erzeugen.

24 Die Metapher von der ›Himmelsrichtung‹ stammt von André Jolles (1930/1972), der sie im Begriff der sogenannten ›Geistesbeschäftigung‹ als bestimmende Kraft für die Genese »Einfache(r) Formen« wie Witz, Rätsel, Spruch etc. angesehen hat.

25 Berger/Luckmann messen diesem Aspekt sehr große Bedeutung zu (vgl. ebd. 58 ff.), ebenso wie er z. B. auch in der Theorie des Bedeutungswandels z. B. bei Paul (1898, S. 77 ff.) eine zentrale Rolle für die Erklärung der Institutionalisierung von Bedeutungen (d. h. den Über-

aus zeitlichen Gründen nicht mehr überschaubar macht. Vor allem geht die Undurchsichtigkeit aber darauf zurück, daß unter den Bedingungen von Reziprozität – oder in Luhmanns Termini – von ›Kommunikation‹ jede Kommunikation *unintendierte strukturbildende Nebeneffekte* hat, die für die Akteure verbindlich werden können.[26] Dies kommt dadurch, daß die (nicht determinierbare) Reaktion des jeweils Anderen Verbindlichkeiten für den Fortgang der Kommunikation schafft und soziale Systeme so, von ihrer eigenen Dynamik angetrieben, ständig ihre Selektivität steigern. Bezogen auf das Sprechen formuliert Knobloch (1988b, S. 122):

»Ungeplante Handlungsfolgen sind beim Sprechen wesentlich, nicht akzidentiell. Sie sind nicht bloß Überschüsse oder Seiteneffekte..., sondern Grundbedingung des Sprechens als einer Sozial- oder Gemeinschaftshandlung (...)«.

Dies gilt auch für die Genese von Common sense-Wissen und zeigt, daß dafür primär soziale Gründe verantwortlich sind, denen in nachgeordneter Funktion dann auch individualpsychologische Faktoren zuweisbar sein können. Dieser Gesichtspunkt ist wichtig und sei deshalb noch einmal zusammenfassend formuliert:

> Jedes Verhalten A's unter den Bedingungen wechselseitiger Wahrnehmung ist, wenn auch eine eindeutige Intention zugrunde liegen mag, *sozial* mehrdeutig. Es bietet immer mehrere Möglichkeiten der Interpretation gleichzeitig; daß die von B vollzogene Interpretation mit der von A intendierten übereinstimmt, ist unwahrscheinlich. Das gleiche gilt dann auch für B's Reaktion. Die Effekte der Kommunikation verändern die Bedingungen für Intentionen. Über die wechselseitige Orientierung an Effekten *kann dabei Mehrdeutigkeit in dem Maße reduziert werden*, bzw. kommt es in dem Maße zu einer Engführung

gang von der sogenannten occasionellen zur usuellen Bedeutung) spielt.
26 Diese Grundgedanken akzentuiert vor allem Keller (1990), auf dessen Konzept wir im nächsten Unterkapitel noch näher eingehen werden.

> der Orientierungen von A und B, *wie sie auf Resultate ihrer Kommunikation als voraussetzbares intersubjektives Wissen zurückgreifen können.* So bildet sich ein Common sense. Gleichzeitig erlangt dieses Wissen über die Verständigungsbasis einen erhöhten Grad von sozialer Verbindlichkeit, denn es ist – mit Luhmann gesprochen – die Voraussetzung für die Anschließbarkeit von Kommunikation an Kommunikation: Es ist konventionalisiert.

Insofern die Intentionen den als Rückwirkung erfahrenen Effekten nachwachsen (vgl. Knobloch 1988b, S. 124), orientiert sich jeder Versuch, den Hörer zu orientieren, bereits an einer ›sozialen Tatsache‹, ja, die Intention wird gegenüber diesen sozial bindenden Effekten der Kommunikation sekundär, denn nur diese haben eine Chance, langfristig als Strukturgewinn des Systems intersubjektiv manifest zu werden (vgl. auch oben Kap. 4.3). Bezogen auf die Seite der Mittel des Sprechens, die Sprache also, hat dies bereits de Saussure formuliert:

»Derjenige, welcher eine Sprache schafft, hat sie in der Hand, solange sie noch nicht im Umlauf ist; aber von dem Augenblick an, wo sie ihrer Aufgabe dient und in allgemeinen Gebrauch kommt, entzieht sie sich der Kontrolle.« (de Saussure 1967, S. 90)

Kehren wir zur Verdeutlichung dieses Faktums noch einmal zu unserer oben als Beispiel angeführten Episode zurück: Hier baut offenbar die aktuelle Interpretation der Situation durch die ältere der beiden Damen in der Artikulation eines rekonstruktiven Common sense-Schemas bereits auf einem solchen langfristigen Struktureffekt von Kommunikation auf. Die beiden Damen müssen dieses Schema selbst nicht mehr erzeugen. Sie haben es in ihrer eigenen Kommunikationsgeschichte erworben, in der es sozial entwickelt und mit Legitimität ausgestattet worden ist. Die aktuelle Interpretation bekräftigt seine Verbindlichkeit, ist aber zugleich – im Sinne Luhmanns – auch ein erneuter Test seiner ›kommunikativen Handhabbarkeit‹.

5.3.2 Verfügbarkeit und Sprachlichkeit des Common sense

Common sense-Kompetenz als Resultat einer Prägung des Sprechens

Nun könnte man der Meinung sein, die Beschreibung der Entwicklung und Stabilisierung von Common sense-Wissen bis zu diesem Punkt sei schlüssig und einigermaßen vollständig. Das ist sie aber nicht. Es fehlt u. E. ein zentraler Gesichtspunkt, auf den wir nun die Aufmerksamkeit lenken wollen. Die Argumentation soll dabei die Notwendigkeit der oben bereits angesprochenen dritten Lesart von ›Common sense-Kompetenz‹ begründen: Es ist danach nicht möglich, von Common sense als einem sprachlichen Wissen zu sprechen, ohne zugleich das sprachliche Wissen selbst als Common sense-Wissen zu charakterisieren.

Um dies zu begründen, kehren wir noch einmal zu unserem Ausgangsbeispiel zurück: Der verpflichtende, normative Charakter der Common sense-Interpretation für die Wahrnehmung der beiden Damen in der angeführten Episode hat u. E. eine weitere Ebene des Common sense-Wissens zur notwendigen Voraussetzung: ein Common sense-Wissen über die Verwendung, respektive Interpretation des *sprachlichen Ausdrucks* »Ja, Ja. Es kommt alles wieder!« Dieses muß als ein linguistisches Wissen thematisiert werden, denn *der Ausdruck selbst ist* als linguistische Form *typisiert*. An diese Feststellung schließen wir die Hypothese an, daß die Typisierung der Handlungs-/Artikulationsform *notwendige* Voraussetzung der Stabilisierung aller anderen Arten intersubjektiver Typisierungen ist, die Berger/Luckmann anführen.[27] Um dies zu verdeutlichen, werden wir in einem ersten Schritt das angeführte Beispiel selbst noch einmal untersuchen, um dann un-

---

[27] Dies soll nicht heißen, daß die Typisierung der Handlungs- und Artikulationsform notwendig die Typisierung einer *sprachlichen* Praxis sein muß, obwohl dies natürlich für menschliche Gesellschaften die zentrale Ebene der Kommunikation ist. Es heißt aber in jedem Falle, daß jede Art sprachlicher Kommunikation notwendig die Typisierung sprachlicher Praxis voraussetzt.

ter Rückgriff auf Berger/Luckmanns Konzept der ›Institutionalisierung‹ und Meads Begriff der ›Geste‹ diese Behauptung zu begründen. Untersuchen wir also unser Beispiel etwas genauer.

Man kann der – linguistisch gängigen – Auffassung sein, die grammatisch normgerecht konstruierte und referentiell semantisch etwas unscharfe Äußerung beziehe sich unmittelbar auf die ›Gegenstände‹ der Wahrnehmung der beiden Damen in der Situation und sage über diese aus, daß sie einer wiederkehrenden Mode zuzurechnen seien. Da die Situation selbst für den Hörer sehr viel Information liefere, könne der pragmatisch kompetente Sprecher, orientiert an gewissen Konversationsmaximen, sich ohne weiteres eine etwas unpräzise Formulierung erlauben. Ja, die unpräzise Formulierung sei sogar pragmatisch gefordert, weil – etwa nach Grice' Maxime der Quantität – der Beitrag nicht informativer als notwendig sein soll. Der Hörer seinerseits könne, gestützt auf seine linguistische grammatische und semantische Kompetenz und gestützt auf die eigene Wahrnehmung des Kontextes, der Äußerung eine Interpretation im Sinne des Sprechers zuweisen. Der Linguist könnte sich, dieser Auffassung entsprechend, auf die Analyse der grammatischen Konstruktionsregeln und lexikalischen Einheiten sowie der pragmatischen Maximen, denen die Akteure folgen, beschränken. In einer solchen Sicht erscheint die Annahme, der Ausdruck selbst habe eine linguistische Typik und ihm sei eine typisierte Interpretation zugeordnet, nicht notwendig bzw. sogar wissenschaftlich fragwürdig, da eine ›einfachere‹, stärker reduktionistische Beschreibung möglich ist.

Demgegenüber halten wir an der Hypothese fest, daß die Äußerung ein treffendes Beispiel der Existenz eines linguistischen Common sense-Wissens ist. Der Ausdruck hat eine konventionelle Ausdrucks- und Inhaltstypik, deren Kenntnis für eine normgerechte Verwendung vorausgesetzt werden muß und die nicht auf grammatisches Wissen und die Kenntnis lexikalischer Einträge reduzierbar ist. Er ist u. E. *idiomatisiert*, ohne i. e. S. der Phraseologie idiomatisch zu sein. Betrachten wir zunächst die Inhaltsseite. Hier gibt es offenbar eine semantische Verwendungskonvention für den Ausdruck; der Ausdruck hat – ähnlich wie lexikalische Einträge auch – unabhängig von der Situation seiner aktuellen Verwendung offenbar eine konventionelle Interpretation, die ihn einem konventionalisierten Schema der Interpretation von Geschichte zuordnet. Dies wird deutlich, wenn man versucht, die Bezeichnungsrelation zu variieren: Es wäre unkonventionell, den Ausdruck etwa mit Blick auf die Wiederkehr einer Jahreszeit zu äußern, etwa angesichts der ersten Weidenkätzchen, die im Frühjahr aufblühen, ebenso wie es unkonventionell wäre, den Ausdruck angesichts der Tatsache zu äußern, daß jemand schon zum zweiten Mal innerhalb eines Jahres einen Verkehrsunfall verursacht hat. Wenn uns diese Verwendungsbeispiele abstrus erscheinen, so zeigt dies, daß wir als Sprecher offenbar über einen Common sense zumindest bezüglich nicht-konventioneller Verwendungen des Ausdrucks verfügen.[28] Die Semantik des Verbs ›wiederkommen‹ bzw. des Ausdrucks ›X kommt wieder‹ scheint in dieser Konstruktion auf einen spezifischen Typ sich wiederholender Phänomene konventionell zugeschnitten zu sein. Von diesem Typ aus sind zwar wieder produktive Verwendungen des Verbs konstruierbar, etwa ›Lange Röcke kommen wieder‹, gleichzeitig fällt aber auf, daß die Möglichkeiten der Paraphrasierung des Verbs arbiträr und konventionell erheblich eingeschränkt sind. Damit kann man von einer idiomatischen Kopplung des Ausdrucks an ein bestimmtes Schema sprechen; es ist das Schema der Interpretation von Geschichte als einer Abfolge wiederkehrender Moden, wobei der Begriff der Mode hier sehr weit gefaßt werden kann.

Der linguistischen Inhaltstypik des Ausdrucks, wie sie in der semantischen Spezialisierung des Verbs deutlich wird, korrespondiert eine Konventionalität des Ausdrucks. Kommutationen können dies leicht veranschaulichen. Mit Blick auf die Wahrnehmungssituation, in der die beiden Damen stehen, müßte es z. B. ohne weiteres möglich sein, statt ›*Alles* kommt wieder‹ zu sagen: ›*Alle* kommen wieder‹, wobei sich das Pronomen beispielsweise

---

28 Wir möchten, ohne allerdings bereits jetzt darauf näher einzugehen, darauf hinweisen, daß es sich u. E. hier um Ausdrucks*bedeutungen* handelt, die konventionalisiert worden sind, und nicht um ein in die Texttheorie oder Sprechakttheorie abzuschiebendes Problem des Handlungs*sinnes* (vgl. hierzu auch Teil II. Kap. 4.1).

auf die Haushaltsgeräte beziehen könnte. Ebenso müßte der Verbalkomplex substituierbar sein, etwa durch ›Alles *geschieht mehrfach*‹ oder ›Alles *tritt wiederholt auf*‹, oder ›Alles *ereignet sich mehrmals*‹. Bewußt haben wir hier Substitutionen gewählt, die sich noch unmittelbar an der Formel und ihrer Inhaltstypik orientieren. Aber bereits diese Substitutionen führen dazu, daß die konventionelle Ausdruckstypik von ›Alles kommt wieder‹ verlorengeht. Gleichwohl sind auch die Paraphrasen vor dem Hintergrund des Wahrnehmungszusammenhangs und auf der Grundlage grammatischen und lexikalischen Wissens i. e. S. versteh*bar* und interpretier*bar*; sie sind aber nicht in dem Maße selbst kontextualisierend und schemaspezifisch wie die originale Formel.

An dieser Stelle kann selbstverständlich noch nicht der gesamte linguistische Begründungszusammenhang für diese Auffassung dargestellt werden. Die Erörterung soll aber bereits drei u. E. wichtige Punkte verdeutlichen:

1. Abgehoben vom unmittelbaren Wahrnehmungszusammenhang[29] der Situation wird über den Ausdruck als *Vordergrund* bzw. im gestalttheoretischen Sinne als *Figur* ein konventionelles semantisches Schema *indiziert*. Es bildet den *Hintergrund* für die intersubjektive Strukturierung der Wahrnehmung in der Situation, indem es – mit Luhmanns Termini gesprochen – ›koordinierte Selektivität‹ ermöglicht.

2. Dazu muß die Zuordnung des Vordergrund-Ausdrucks und des Hintergrund-Schemas in der Kommunikationsgeschichte konventionalisiert worden sein. Die sich über den Gebrauch bestimmende Extension oder Referenz des Ausdrucks ist dabei nicht ein auf Ja/Nein-Entscheidungen reduzierbares Wissen; vielmehr ist es ein an prototypischen Verwendungen orientiertes linguistisches Common sense-Wissen, das es erlaubt, prototypische, weniger typische und untypische oder gar falsche Verwendungen zu unterscheiden.

3. Dieses semantische und pragmatische Wissen ist rückgebunden an die Ausdruckstypik, also das signifiant eines – meist kom-

---

[29] Hier bestätigt sich erneut die im dritten Kapitel erörterte These v. Weizsäckers, daß Wahrnehmungsdaten – und sei es auch die Wahrnehmung eines Kontextes – uns nur interpretiert zugänglich sind.

plexen – Rede-Zeichens. Im Unterschied zu lediglich phonotaktisch und nicht grammatisch strukturierten Simplizia sowie synchron nicht mehr durchsichtigen Wortbildungen aber ist die prinzipielle Permutierbarkeit und Substituierbarkeit von Ausdruckskomponenten hier erhalten geblieben. Allerdings ist das grammatisch und semantisch damit *mögliche* Spektrum kommunikativer Paraphrasen konventionell bis auf einige wenige Möglichkeiten eingeschränkt, und oft ist nur eine Form der Realisierung konventionell. Auch im Blick auf diese Ausdruckstypik als Form reduzierter linguistischer Kontingenz sprechen wir deshalb von einem Common sense-Wissen.

Die Argumentation zeigt, daß wir offenbar über eine auf linguistische Ausdrucksformen bezogene Common sense-Kompetenz verfügen, die die Chancen, in der Kommunikation eine koordinierte Selektivität zu erreichen, verbessert. Sie erscheint als eine Form sozialer Prägung kommunikativer Koorientierung, ohne allerdings letztere in einem sozialdeterministischen Sinne festzulegen.[30] In Schütz' Termini können wir auch von einer sozial geprägten und aus der Rede hervorgehenden Monothetisierung der linguistischen Kompetenz selbst sprechen und – positiv ausgedrückt – von einer Emergenz redeorientierter linguistischer Ausdrucksgestalten oberhalb *der* Kompetenzebene, die durch eine gebildeorientierte Linguistik zu modellieren ist.
Dieses idiomatische Sprachwissen wird nach unserer Auffassung im Prozeß der Institutionalisierung als *institutionalisiertes semiotisches Wissen* selbst miterzeugt. Die Erklärung dafür finden wir in Berger/Luckmanns Begriff der Institutionalisierung selbst. Rufen wir uns die zentrale Textstelle dafür noch einmal in Erinnerung:

30 Theoretisch ist diese Differenz wichtig. Das Prinzip der sogenannten »Ausdrück*bar*keit« (Searle) wird durch unsere Annahmen nicht verletzt, sondern bestätigt; ihm wird komplementär das Prinzip der ›codability‹ zur Seite gestellt (vgl. z.B. Chafe 1976, S. 82 ff.), das nichts anderes besagt, als daß Wahrnehmungs- und Konzeptualisierungsbereiche in unterschiedlichen Graden idiomatisch codiert sind, wofür die Lexikalisierung von Farbausdrücken das bekannteste Beispiel ist.

»Institutionalisierung findet statt, sobald habitualisierte Handlungen durch Typen von Handelnden reziprok typisiert werden. Jede Typisierung, die auf diese Weise vorgenommen wird, ist eine Institution. Für ihr Zustandekommen wichtig sind die Reziprozität der Typisierung und die Typik nicht nur der Akte, sondern auch der Akteure. Wenn habitualisierte Handlungen Institutionen begründen, so sind die entsprechenden Typisierungen Allgemeingut.« (Berger/Luckmann 1980, S. 58)

Obwohl Berger/Luckmann, wie sie selbst schreiben, ihrer Argumentation bewußt einen sehr weit gefaßten Institutionenbegriff zugrunde legen, zeigen die Beispiele, die sie anführen, daß sie ihr Programm offenbar in erster Linie als erweiterte theoretische Basis für die soziologische Erklärung von Institutionen im herkömmlichen Sinne verstehen. D. h., sie legen zwar eine erweiterte theoretische Basis zugrunde, erweitern aber praktisch kaum den Gegenstandsbereich. Die Beispiele, die sie anführen, beziehen sich auf Bereiche wie Familie, Religion/Mythos, Sexualität etc. Worauf es ihnen dabei ankommt, ist, zu zeigen, wie diese Institutionen konstruiert und erhalten werden. In erster Linie widmen sie ihre Aufmerksamkeit deshalb dem ersten und dem dritten Aspekt des Institutionalisierungsprozesses, wie er im obigen Zitat beschrieben wird. D. h., sie konzentrieren sich vor allem erstens auf das institutionenspezifische *semantische* Wissen und die zentralen legitimatorischen Typisierungen, wie sie für die christliche Ehe z. B. Heterosexualität, Monogamie und sexuelle Treue, Fürsorge und lebenslange Bindung darstellen; man könnte im Blick darauf auch von weltanschaulichen Typisierungen sprechen. Und zum zweiten interessieren sie sich für die akteurbezogenen Typisierungen, also die institutionenspezifischen Handlungsrollen, wie etwa Priester, Mutter, Frau (als Geschlechtsrolle).

Es ist bereits weiter oben darauf hingewiesen worden, daß die Autoren der Auffassung sind, diese Typisierungen würden sprachlich in Begriffen, Maximen, Rezepten, Sprichwörtern etc. ›gespeichert‹ und dies sei auch die Hauptfunktion der Sprache. Das Institutionalisierungs-Theorem, wie Berger/Luckmann es entwickeln, kann uns nun aber zeigen, daß auch das Sprechen selbst institutionalisiert wird, und zwar nicht als ein von außen gewissermaßen fakultativ hinzutretendes verobjektiviertes Zeichensystem für einen Common sense, sondern aus einer inneren

Notwendigkeit des Institutionalisierungsprozesses heraus. Die Grundlage für diese Behauptung ist die zweite Kategorie von Typisierungen, die im Institutionalisierungsprozeß nach Berger/Luckmanns Auffassung entsteht: die Typik der Aktform reziprok typisierter Handlungen selbst. Berger/Luckmann scheinen hier in erster Linie die Typik institutioneller Handlungen im Blick zu haben, wie sie etwa in Ritualen zum Ausdruck kommt. Ihr theoretischer Ansatz aber greift weiter:

»Im Prinzip kann jedes Gebiet allgemein relevanten Verhaltens institutionalisiert werden.« (ebd. 67)

und wir können paraphrasierend fortsetzen: ... reziprok typisiert, normativ stabilisiert, ›verfestigt‹ und objektiviert werden. Dies gilt selbstverständlich nicht nur für das verbale Verhalten. Für jedes unter den Bedingungen wechselseitiger Wahrnehmung stattfindende und reziprok typisierte Verhalten gilt, daß es eine sozial bedingte Festlegung erfährt,[31] so z. B. die in verschiedenen Kulturen variierende Körperdistanz bei der face-to-face Kommunikation oder der gesamte Bereich körpersprachlich-gestischer Kommunikation.

Danach würde das weiter oben dargestellte Schema von Berger/Luckmann bezogen auf die Funktion der Sprache in folgender Art abzuwandeln sein:

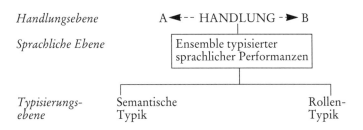

[31] Erst dadurch ergibt sich aus systemtheoretischer Sicht die Möglichkeit, es dann auch mit guten Gründen als ›Handeln‹ zurechnen zu können. Erst unter der Voraussetzung z. B., daß es zur Typik einer face-to-face Kommunikation gehört, tatsächlich auch face-to-face zu stehen, kann ein Wegblicken auch als Handlung zugerechnet werden (vgl. Erb-Sommer/Schmitz 1989).

*Kurzer Exkurs zur semiotischen Bedeutung
des Institutionalisierungsschemas*

Betrachtet man das oben dargestellte Schema des Institutionalisierungsprozesses genauer, so läßt sich daraus eine semiotische Hypothese ableiten, die gerade für die linguistische Erörterung von nicht zu unterschätzender Bedeutung ist. Die Resultate des Prozesses sind oben dargestellt wie auch im folgenden Schema. Für die folgende knappe Argumentation verbinden wir sie mit den in Karl Bühlers Organon-Modell schematisierten Zeichenfunktionen:

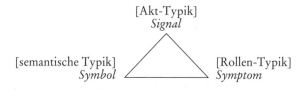

Die Akt-Typik ist der vermittelnde Faktor im Blick auf die anderen Resultate des Prozesses. Diese Rolle aber kann sie im Fortgang der Kommunikation nur pars pro toto und im semiotischen Sinne als Signal spielen. Dessen Wirkung geht damit im Sinne von Peirce' Index-Begriff auf ein *Erfahrungs*wissen über Performanzen und ihre sozialen Effekte zurück.

Von kommunikativer Relevanz ist danach nicht die innere subjektive Befindlichkeit eines Handelnden, sondern deren *soziale* Symptomatik, die sich in seinem Handeln zeigt und es erlaubt, ihn einem Rollentyp oder personalen Stereotyp zuzuordnen. Ebenso sind die symbolischen Funktionen des Handelns und damit auch des Sprechens danach primär indexikalisch durch die Handlungsform und nicht über das Symbolisierte oder gar ›Dargestellte‹ vermittelt. Die reflexive Dimension des Zeichengebrauchs wäre nach dieser Interpretation das soziale organisierende Moment im Beziehungsgefüge zwischen – frei nach Bühler – ›dem Einen, dem Anderen und den Dingen‹. Der soziale ›Gegenwert‹ des sprachlichen Zeichens ist sein etablierter Gebrauch, nicht primär seine

Referenz[32] und primär auch nicht – darauf werden wir noch zu sprechen kommen – seine *Differenz*. Die Konzentration auf die symbolische, die Darstellungsfunktion der Sprache hat dazu geführt, daß die Formung des idiomatischen Sprachwissens durch die basale indexikalische Funktion häufig gar nicht mehr erkannt wird. Referenz ist danach immer zuerst *Selbstreferenz*, d. h. Rückbezug von Kommunikation auf Kommunikation, ein Umstand, der im folgenden Zitat von Philipp Wegener klar formuliert ist:

»Damit ergibt sich, dass es ursprünglich in der Sprache kein Lautmittel gibt, eine Substanz zu bezeichnen, sondern dass alle Sprachmittel Prädicate, d. h. Erinnerungsmittel sind, durch die bekannte Situationen *angedeutet* werden (...).« [In anderem Kontext stellt er zu der dem Prädikat hier korrespondierenden ›impliziten‹ Exposition fest:] »(...) die unausgesprochenen Expositionselemente kann man auch *die Vorurteile der Zeit* nennen.« (Wegener 1885/1991, S. 100 u. ebd. 25)

Wegeners Umgang mit dem Substanz-Begriff, von dem er das sprachliche Wissen hier abgrenzt, erinnert – in der Abgrenzung – an Saussure. In der Bestimmung der Alternative aber kommt er im Unterschied zu Saussure zu einer an Kommunikation orientierten Definition des Sprachwissens. Er stellt der Substanz hier nicht den ›Wert‹, sondern den ›Gebrauchswert‹ gegenüber, wobei die Zeichenrelation primär in der Rekurrenz auf vorgängige Verständigung besteht und insofern das kommunikative Verhalten auf die kommunikativen Anschlußmöglichkeiten festlegt. Genau dieser Bezug auf vorgängige Verständigung ist es auch, der für Philipp Wegener die Sym-pathie i. S. von ›mit-leiden‹, ›mit-erfahren‹ und ›mit-wahrnehmen‹ zu einem zentralen Element sprachlichen Meinens und Verstehens macht.

---

32 Hier gibt es deutliche Parallelen zum Konflikt zwischen physiokratischen und marktorientierten Geld- und Preistheorien in der Ökonomie des 19. Jahrhunderts.

5.4 ›Gestisches Prinzip‹ und Common sense

Im Begriff der ›Geste‹ drückt sich eine solche soziale Festgelegtheit/Interpretiertheit des Verhaltens aus. George Herbert Mead hat diesen Gesichtspunkt zum Ausgangspunkt seiner Bestimmung von Sprache gemacht. Auf einige Elemente dieser Bestimmung wollen wir deshalb kurz eingehen. Mead schreibt in seinem Hauptwerk:

»Die Sprache muß also unter dem Gesichtspunkt eines gestischen Verhaltens untersucht werden, in dem sie existierte, ohne als solche schon eine definitive Sprache zu sein.« (Mead 1934/1973, S. 55/56)

Meads *Gesten* sind im Sinne Berger/Luckmanns institutionalisierte Typisierungen der Akt*form*. Sie konstituieren den notwendigen Rahmen für die Fortführung von Kommunikation als *gesellschaftlicher* Kommunikation. Deshalb heißt es bei Berger/Luckmann: »Institutionalisierung steht am Anfang jeder gesellschaftlichen Situation, die ihren eigenen Ursprung überdauert.« (Berger/Luckmann 1980, S. 59)

Institutionalisierung kann dieses bei Luhmann unter dem Stichwort ›Anschließbarkeit‹ abgehandelte Problem lösen, weil durch sie *Verhaltensoptionen in ein System obligatorischer Handlungsalternativen verwandelt werden*. Positiv ausgedrückt bedeutet dies: Institutionalisierung schafft ein Vorverständigtsein, das sich für die Handelnden in den Gesten zeigt und auf das sie gestisch verweisen.

Für Mead steht am Anfang jeder Ausbildung von Sozialität deshalb ein ›gestisches Kommunikationsprinzip‹. Es trifft genau das hier Gemeinte:

»Was ist nun der grundlegende Mechanismus, durch den der gesellschaftliche Prozeß angetrieben wird? Es ist der Mechanismus der Geste, der die passenden Reaktionen auf das Verhalten der verschiedenen individuellen Organismen ermöglicht, die in einen solchen Prozeß eingeschaltet sind. Innerhalb jeder gesellschaftlichen Handlung wird durch Gesten eine Anpassung der Handlungen eines Organismus an die Tätigkeit anderer Organismen verursacht. Gesten sind Bewegungen des ersten Organismus, die als spezifische Reize auf den zweiten Organismus wirken und die (gesellschaftlich) angemessenen Reaktionen auslösen.« (Mead 1973, S. 52)

Im Begriff der Geste, so wie ihn Mead hier bestimmt, erhalten wir gleichzeitig auch einen Hinweis darauf, wie die Typik der Akte zur semantischen Typik und zur Typik der Akteure steht: Als (spezifizierte und konventionelle) Form einer gemeinsamen historischen Praxis steht sie *pars pro toto* für die im Verlauf einer Kommunikationsgeschichte aufgebauten Koorientierungen bezüglich der typisierten Bedeutungen und Handlungsmuster (Rollen), die *in toto* aktuell in einer gegebenen Situation selbst gar nicht faßbar sind. Nur über die Typik der Akte ist es möglich, sie als Erwartungsmuster oder Themata in einer gegebenen Situation verbindlich zu machen bzw. den Anschluß von Kommunikation an Kommunikation zu bewerkstelligen. Die konventionelle Figur erzeugt einen sozial strukturierten Hintergrund des Common sense. Nicht *weil* es also Common sense-Typisierungen, institutionelle Bedeutungen und Handlungsrollen gibt, wird Sprache als objektivierendes Zeichensystem wichtig, sondern nur vermöge einer Typik der Performanz als konventionelle Einschränkung möglicher Performanzen können erstere sich in einem Prozeß wiederholter Koorientierungen ausbilden. Erst so können sie auch für das Subjekt sozial manifest und potentiell *handlungssteuernd* werden.

Weil dieser Zusammenhang von (sprachlicher) Performanztypik, Common sense-Typisierungen und dem Handeln des Subjekts u. E. von Berger/Luckmann – und nicht nur von ihnen – nicht richtig gesehen wird, kommen sie zu einer vorschnellen Festlegung der Sprache auf symbolisch-denotative Funktionen, also die Funktion der *Re*-Präsentation einer vorgängig konstruierten Wirklichkeit. Es sei deshalb im folgenden noch einmal eine längere Passage aus G. H. Meads Hauptwerk zitiert, in der er genau diesen theoretischen Kurzschluß – wir haben ihn weiter oben schon einmal als soziologisches Sprachvorurteil bezeichnet – kritisiert:

»Wie wir sehen werden, entwickelte sich die Sprache aus einem solchen [gestischen, H. F.] Prozeß. *Nur zu oft nähern wir uns jedoch der Sprache in der Art des Philologen, im Hinblick auf das verwendete Symbol.* Wir analysieren dieses Symbol und versuchen herauszufinden, was der, der es gebraucht, beabsichtigt. Weiter wollen wir wissen, ob das Symbol beim anderen seinen Zweck erfüllt. Wir nehmen an, daß es im Denken der

Menschen gewisse Ideengruppen gibt und daß sie gewisse willkürliche Symbole verwenden, die den gehegten Absichten entsprechen. Nehmen wir aber den Begriff der Sprache in dem von mir erwähnten weiteren Sinn ... dann sehen wir, daß die sogenannte Absicht, *unsere Idee, von den von uns verwendeten Gesten oder Haltungen beeinflußt wird.*« (Mead 1973, S. 53; Herv. H. F.)[33]

Meads Zitat, das für die von uns zu behandelnde Problematik eine Schlüsselstellung hat, schlägt die Brücke zwischen Common sense und sprachlicher Kompetenz, dergestalt, daß es zeigt, daß der Common sense sprachlich/gestisch *hervorgebracht* wird. Was Mead hier sehr klar zum Ausdruck bringt, ist das Faktum der *Reafferenz der kommunikativen Praxis*, die als gestische Kompetenz bzw., für Mead synonym, sprachliche Kompetenz individuell manifest wird.

Ein weiterer wichtiger Aspekt, der durch Meads Begriff der *Geste* oder, wie er auch oft sagt, der *Haltung* ausgedrückt wird, ist der folgende: *Als Handlung* ist die Geste individuell *motiviert*. Sie hat eine intentionale und in diesem Sinne begründbare und polythetische Struktur. Aber wie auch immer sie individuell motiviert sein mag, entscheidend wird ihre soziale Festlegung, denn diese steuert das Anschlußverhalten.[34] Diese Festlegung aber kann nicht den Inhalt oder die Motivation eines Verhaltens an sich betreffen; sie betrifft immer die *Form* eines Verhaltens, dem eine Semantik dann zugeschrieben wird.[35] Dieses Faktum schafft eine

33 Zur Anregung und weiteren Illustration sei verwiesen auf ein Fragment von Bertolt Brecht »Das Operieren mit bestimmten Gesten« (edition suhrkamp; Ges. Gedichte Bd. 1, S. 377); Brechts Begriff der *Haltung* ist als theoretisches Konzept dem Meads sehr verwandt.

34 Auch hier sei wieder an das Max Weber-Zitat zum Einverständnishandeln erinnert, das wir bereits in der Kritik an Luhmann angeführt haben und in dem es hieß: »Begrifflich gleichgültig sind die Motive (...)« (1913/1973, S. 130). Vgl. auch den unten folgenden Exkurs zu Habermas' Kommunikationstheorie.

35 Dies erscheint uns als bisher nicht ausreichend berücksichtigter Gesichtspunkt in der kommunikationstheoretischen Grundposition des sogenannten ›radikalen Konstruktivismus‹. Wenn etwa Maturana/Varela (1987, S. 251) der Position Meads durchaus entsprechend feststellen, »Wörter sind ... Zeichen für sprachliche Koordinationen von

soziale Signifikanz des Sprechens; es konstituiert einen semiotischen Habitus. Das entscheidende theoretische Merkmal dieses Habitus ist, daß sein indexikalisches Funktionieren auf die bereits angedeutet *doppelte Selektivität* von Inhalts- und Ausdrucksebene des Zeicheninventars zurückgeht. Dies verdeutlicht zugleich die Relevanz linguistischer Fragestellungen für das Problem. Daraus resultiert die zentrale zeichentheoretische These dieser Arbeit:

> *An die Stelle der einfachen semiotischen Formel ›aliquid stat pro aliquo‹ tritt eine doppelte Differenz: auf der Ausdrucksebene oder performativen Ebene die Differenz von ›möglich‹ vs. ›typisch/konventionell‹ und auf der semantischen Ebene die Differenz von ›pars‹ und ›totum‹ oder Figur und Hintergrund der Kommunikation!*

Diese Sicht des Zeichenbegriffs stellt gegenüber der eingangs referierten Position, die Berger/Luckmann im Anschluß an Durkheim und de Saussure vertreten, eine wichtige Modifikation dar. Zwar spielt nach wie vor – wie im primär auf das Wortzeichen bezogenen bilateralen Modell Saussures – die konventionelle Zuordnung eines Zeichenausdrucks zu einer ›einfachen‹ Zeichenbedeutung eine wichtige Rolle. Aber diese semiotische Relation von signifiant und signifié verliert ihre theoretische Prominenz, und zwar aus zwei Gründen, die in der bisherigen Argumentation deutlich geworden sein sollten:

1. Der Aufbau von Ordnung auf der Ebene des Zeichenausdrucks ergibt sich durch den konventionalisierten Ausschluß anderer *Möglichkeiten*, die aber prinzipiell auch gegeben wären. Es reicht deshalb nicht, den Ausdruck als konventionell und arbiträr im

Handlungen«, so ist es ungemein wichtig festzuhalten, daß sie dies nur Kraft ihrer konventionalen Ausdrucksstruktur sein können. Gestische Kommunikation i. S. Meads führt über die konventionale Selektion und Einschränkung ausdrucksseitiger konstruktiver Möglichkeiten zu einer Parallelisierung von semantischen Konstruktionen bzw. zu einem Abbau konstruktiver Kontingenz für die sozialen Akteure im Prozeß kommunikativer Vergesellschaftung.

Verhältnis zum Bezeichneten zu bestimmen. Erst die Differenz von möglichem Ausdruck und konventioneller Selektion der Ausdruckskomponenten auf der syntagmatischen Achse weist dem Ausdruck einen Gebrauchswert zu. Diese Zuweisung eines Gebrauchswertes geschieht nach dem Muster der Institutionalisierung einer Akttypik bzw. nach Mead als Erzeugung einer eigens für das betroffene Kommunikationssystem und durch dieses selbst festgelegten *idiomatischen Geste*.[36] Dieses idiomatische Ausdruckswissen ist ein Common sense-Wissen.

2. Der beschriebenen Differenz auf der Ausdrucksebene korrespondiert eine ähnlich gelagerte auf der semantischen Ebene. Hier wirkt in gleicher Weise das Verhältnis von Kontingenz und Selektion strukturbildend. Es ist ein Topos, daß nahezu jede Äußerung *auch anders* interpretiert werden kann.[37] Anders ausgedrückt: Die Intension eines Ausdrucks legt die Extension der Verwendung nicht fest. Allerdings gibt es Common sense-Interpretationen im Blick auf typische Verwendungen. Wir haben dies weiter oben diskutiert. Dies zeigt aber, daß konventionelle Ausdrücke pragmatisch selektiv und konventionell auf typische Hintergründe bezogen werden und daß es zur Kompetenz eines Sprechers gehört, dies tun zu können.[38] Auch dieses semantische Wissen ist ein Common sense-Wissen.

---

36 Diese Geste mag nun nach außen hin paradigmatisch wiederum von anderen Gesten abgrenzbar sein; dieser paradigmatische *Wert* aber baut u. E. erst auf den durch die Akttypik festgelegten Gebrauchswerten auf, bzw. kann nur nach Maßgabe der Differenzierung von Akttypen beschrieben werden. Die strukturalistische Analyse versucht hier oft über die Beschreibung paradigmatischer Differenzen zu erklären, was leichter im Vergleich syntagmatischer Leistungseinheiten und unter Rekurs auf Bedingungen des Sprechens zu erklären wäre (vgl. dazu Neubert 1966).
37 Wir werden auf dieses Problem noch ausführlich zu sprechen kommen.
38 Dies ist auch der Ansatz der sogenannten ›scenes and frames‹-Semantik von Charles Fillmore.

Diese beiden Strukturebenen des idiomatischen Common sense-Wissens, die wir als unmittelbar zusammenhängend auffassen, entsprechen zwei prototypischen Formen linguistisch idiomatischer Konstruktionen, die in der linguistischen Idiomatik als ›idioms of encoding‹ und ›idioms of decoding‹ unterschieden werden, wobei die Terminologie auf Makkai (1972) zurückgeht. ›Idioms of encoding‹ sind solche, die nicht primär unter dem Gesichtspunkt ihres Verstehens idiomatisch sind, sondern unter dem Gesichtspunkt einer institutionalisierten Ausdrucksstruktur primär Probleme für die Produktion aufwerfen: So ist beispielsweise der Verbalausdruck ›zu Fuß gehen‹ ohne weiteres auch für einen Nicht-native speaker *verstehbar*, wenn er die Bedeutung von ›Fuß‹ und ›gehen‹ kennt. Es reicht aber diese Kenntnis nicht aus, um den institutionalisierten Ausdruck zu produzieren, denn in gleicher Weise *möglich* wären auch ›mit den Füßen gehen‹ oder ›auf Füßen gehen‹ oder auch einfach ›gehen‹. Bekannter ist die zweite Gruppe der ›idioms of decoding‹, die großenteils metaphorisch oder metonymisch motivierte Wendungen umfaßt, die entweder archaisch sind oder deren Motivationsbedeutung und konventionalisierte Funktionsbedeutung auseinanderfallen und die deshalb für Nicht-native speaker schwer oder nicht verstehbar sind.

Diese Problematik soll hier noch nicht weiter vertieft werden, aber wir weisen bereits darauf hin, daß diese von der Linguistik eher als randständig behandelten und in die Teildisziplinen Phraseologie und Idiomatik abgeschobenen Probleme u. E. auch den Kernbereich der Konstitution einer idiomatischen Kompetenz betreffen. Solche linguistischen Kategorien spiegeln, dies hoffen wir durch die soziologische Argumentation deutlich gemacht zu haben, als Kompetenzbeschreibungen das Faktum der grundlegend sozialen Prägung unseres Sprachwissens wieder. Um zu verstehen, was es z. B. heißt, ›etwas mitgemacht zu haben‹, muß man erneut den Prozeß der Prägung dieses Ausdrucks ›mitmachen‹ denn, wie bereits Philipp Wegener in seinen ›Grundfragen des Sprachlebens‹ feststellt,

»Die Sprache ist Verkehr der Menschen unter einander, und nur die sprachlichen Vorgänge, welche wir als Hörende verstanden haben, können uns beim Sprechen als Sprachmittel dienen.« (Wegener 1885/1991, S. 182)[39]

Die Auseinandersetzung mit den diskutierten soziologischen Theoremen kann dabei zweierlei verdeutlichen: Im Blick auf den Common sense als Gegenstand der Soziologie gilt, daß diese den sprachlichen Bedingungen der Entwicklung eines kommunikativ konstituierten und reproduzierten Common sense offenbar nur eine ungenügende Aufmerksamkeit widmet. Erstaunlich ist dabei vor allem, daß in den hier diskutierten prominenten Fällen jeweils die Reichweite des eigenen soziologischen Ansatzes im Blick auf den Problemzusammenhang von ›Common sense und Common speech‹ gar nicht erst getestet wurde. Wir hoffen, in unserer Argumentation gezeigt zu haben, daß sowohl der systemtheoretische Ansatz Luhmanns wie das Institutionalisierungskonzept Berger/Luckmanns gewinnbringend auf diesen Zusammenhang bezogen werden können.

Obwohl die linguistische Kompetenz in diesem Kapitel eigentlich noch nicht unser zentrales Thema ist, ist in der Kritik an den referierten soziologischen Ansätzen doch schon deutlich geworden, daß auch sie – jedenfalls auf einer redebezogenen Ebene ihrer Modellierung – als eine Common sense-Kompetenz zu beschreiben ist.

5.5 Zur ›Natürlichkeit‹ der institutionalisierten Kompetenz

Bevor die in den vorangegangenen Kapiteln aus soziologischer Perspektive behandelte Problematik im folgenden i. e. S. linguistisch thematisiert wird, wollen wir abschließend noch einmal zusammenfassend die theoretischen Analogien im Verhältnis von Sprache und Institution behandeln:
– ökologische, nichtdeterministische Prägung,
– Selektivität/ Präferenzcharakter/ (Proto-)Typikalität,
– Normativität,
– monothetische Festigkeit und
– Vorgegebenheit im Sinne eines sozialen Apriori,

---

39 Vgl. dazu auch den Beitrag von Johann G. Juchem (1984)

wobei im Blick auf den letzten Punkt eine eingehendere Erörterung den folgenden Kapiteln vorbehalten bleibt. Wir behandeln die Analogien ausgehend von einem in diesem Zusammenhang oft verwendeten und etwas schillernden Attribut, dem der scheinbaren »Natürlichkeit« institutionalisierten Wissens. Im Versuch der begrifflichen Aufhellung dieses Attributes soll vor dem Hintergrund der in den vorigen Kapiteln geführten wissenssoziologischen Diskussion noch einmal gezeigt werden, warum das sprachliche Wissen selbst als ein Common sense-Wissen aufgefaßt werden kann. Wo es sinnvoll erscheint, werden wir auch auf die in der systemtheoretischen Erörterung behandelte Begrifflichkeit zurückgreifen. Bereits im Vorgriff auf die linguistische Problemstellung wird versucht, bei den verschiedenen Argumenten den Zusammenhang mit theoretischen Positionen in der Linguistik herauszustellen.

Unter dem Aspekt der Genese sind sowohl institutionelles Wissen im Sinne Berger/Luckmanns als auch das konventionskonforme sprachliche Wissen als ein »natürliches« Wissen[40] zu charakterisieren. Dies gilt zunächst in einem sehr oberflächlichen Sinne: In ihrem Versuch einer Charakterisierung der »(...) Einstellung des gesunden Menschenverstandes (...)« (1979, S. 25) heben Alfred Schütz und Thomas Luckmann die Tatsache hervor,

»(...) daß eine gegliederte Sozial-und Kulturwelt als Bezugsrahmen für mich und meinen Mitmenschen historisch vorgegeben ist, und zwar in einer ebenso fraglosen Weise wie die ›Naturwelt‹.« (Schütz/Luckmann 1979, S. 27).

Dieses Kriterium ist es auch, das Ferdinand de Saussure bereits dazu veranlaßte, im Anschluß an Withney und Durkheim von der Sprache als einer Institution zu sprechen.[41]

40 Das Attribut »natürlich« ist im Zusammenhang der Versuche einer Erklärung der Genese von Phänomenen kultureller Realität heute zu einem terminus technicus geworden, der eine eigene Denkrichtung charakterisiert (vgl. Keller 1990, S. 77 ff. und die dort angegebene Literatur).
41 Vgl. auch Scheerer (1980, S. 131 ff. u. 147 ff.), ebenso Bierbach (1978,

»Die Sprache ist von allen sozialen Einrichtungen diejenige, welche am wenigsten zur Initiative Gelegenheit gibt.« (Saussure 1967, S. 86). Sie ist wie die Natur ein Apriori unserer gesellschaftlichen Existenz. Wir haben bereits darauf hingewiesen und werden darauf im nächsten Kapitel auch noch einmal zurückkommen, daß Saussures Konzeption des Zeichens, die seinen Begriff der *langue* unmittelbar mitbegründet, die theoretische Problematik u. E. verkürzt, insofern der Zeichenprozeß als kommunikatives Problem nicht in den Begriff des Zeichens eingeht. Die Semiose ist – jedenfalls im Cours – kaum Gegenstand seiner Theorie.[42] Es steckt deshalb eine gewisse Unstimmigkeit in der Forderung Saussures, man solle die *langue* »(...) als die Norm aller andern Äußerungen der menschlichen Rede gelten lassen«[43] (Saussure 1967, S. 11). Denn gleichzeitig erscheint es als ›natürlich‹ und selbstverständlich, daß, wenn man vom Konzept einer *langue* ausgeht, diese unter genetischem Aspekt nur als Resultat des kontinuierlichen Prozesses einer Normierung der Rede aufgefaßt werden kann.[44] Dieses Resultat steht immer am Ende eines Prozesses, und es sind vor allem dessen Merkmale heute ausschlaggebend dafür, daß man in diesem Zusammenhang von einem ›natürlichen‹ Wissen spricht. Übergreifend formuliert kann als zentrales Merkmal dieses Wissens gelten: Es entsteht nach einem natürlichen Muster der Entwicklung von Struktur, in dem das Zusammenspiel von Kon-

---

S. 31 ff. u.75 ff.). Auf die Debatte in der Saussure-Exegese, ob Historizität, Systematizität oder Arbitrarität/Konventionalität der Sprache für Saussures Analogisierung von Sprache und Institution ausschlaggebend waren, kann hier nicht eingegangen werden (vgl. dazu vor allem Bierbach ebd.).

42 Jäger (1976) hat darauf hingewiesen, daß hier auch eine andere Interpretation Saussures möglich ist, als sie die Herausgeber des Cours nahelegen.

43 Scheerer (1980, S. 81) weist darauf hin, daß der Vorrang der ›langue‹, und namentlich die sich in diesem Zitat zeigende Gewichtung eindeutig auf Sechehaye und Bally (der einen anderen ›langue‹-Begriff als Saussure hat) zurückgeht, während Saussure noch bis 1907 überhaupt nicht scharf zwischen ›langue‹ und ›parole‹ getrennt habe.

44 Genau diese Feststellung wird bekanntlich zur Grundlage in Ballys (1909/1951) vom Sprechen ausgehendem Sprachbegriff.

tingenz und Emergenz Vorrang hat gegenüber den Formen des Determinismus einschließlich des Zweckdeterminismus, der Intentionalität. Darauf wird noch gesondert einzugehen sein. Weiter oben haben wir bereits das Phänomen diskutiert, daß sowohl bei der Entstehung von Institutionen wie bei der sozialen Konstitution eines semiotischen Habitus eine durch wechselseitige Wahrnehmung bedingte Einschränkung von Möglichkeiten stattfindet, die strukturbildend wirkt. Die dabei entstehende Struktur ist nicht beliebig. Sie reflektiert ökologische Bedingungen ihres Konstitutionsprozesses, ohne aber auf diese Bedingungen in einem deterministischen Sinne zurückgeführt werden zu können; prospektiv kann sie nun ihrerseits zu einer Bedingung im Fortgang des sozialen Prozesses werden.[45] In einer Auflistung der zentralen Prämissen des sogenannten ›Natürlichkeitsansatzes‹ in der Linguistik formuliert Dressler (1989, S. 1) den Bezug auf die ökologischen Bedingungen so:

»It is assumed that both linguistic universals and all language systems have the teleology of overcoming substantial difficulties of language performances (incl. storage/ memorization, retrieval, evaluation) for the purpose of the two basic functions of language: the communicative and the cognitive function.« (Dressler 1989, S. 1)

---

[45] Stichwortartig sei zur Erinnerung als Beispiel noch einmal auf den Zusammenhang von Fortpflanzungsfunktion, Heterosexualität und christlicher Ehe hingewiesen. Die heterosexuelle christliche Ehe institutionalisiert die Fortpflanzung, ist aber als Institution nicht durch die biologische Notwendigkeit determiniert, sondern schafft ihrerseits neue ökologische Bedingungen für die Fortpflanzung, z. B. indem die biologische Funktion in der Neuzeit institutionell an Intimisierung gebunden wird. Jede institutionalisierte Struktur emanzipiert sich strukturell und funktionell von dem Motivationszusammenhang, durch den sie ursprünglich hervorgebracht wurde (vgl. Berger/Luckmann 1980, S. 66 ff.). »Der ursprüngliche Sinn der Institutionen ist ihrer eigenen Erinnerung unzugänglich.« (ebd. 66) In einer sinnvollen Übertragung linguistischer Begriffe kann man sagen, daß für das faktische Funktionieren, für die Funktionsbedeutung von Institutionen in einer Sozialwelt also, ihre Motivationsbedeutung sekundär ist, ja häufig gar nicht mehr zu ermitteln ist. Im Blick auf ihre ›Motivationsbedeutung‹ sind die meisten Institutionen semantisch intransparent.

Neben den von Dressler hier in Klammern in den Vordergrund gerückten eher kognitiven ökologischen Bedingungen spielen, wie wir in den vorangehenden Abschnitten erläutert haben, die sozialen eine herausragende Rolle; uns erscheinen sie sogar primär, denn die soziale Kommunikationsumwelt, wie sie etwa Luhmann konzipiert, ist selbst eine formbestimmende Randbedingung kognitiver Prozesse. Wichtig, ja zentral für unsere weitere Erörterung ist nun: Da die Randbedingungen sich nicht deterministisch auswirken, müssen die resultierenden (Wissens-)Strukturen als *Präferenzen* beschrieben werden.[46] Der Begriff der Präferenz artikuliert genau die Differenz von ›möglich‹ vs. ›natürlich bzw. konventionell‹, wie wir sie in den vorangehenden Kapiteln versucht haben herauszuarbeiten. Kennzeichnend für Präferenzen ist, daß sie Abstufungen und Abweichungen prinzipiell erlauben; die Kategorie der Präferenz enthält also die Eigenschaft der Graduierbarkeit und damit gleichzeitig die der (Proto-)Typikalität einer Ausdrucksstruktur und der Verwendung eines Ausdrucks. Darauf werden wir später zurückkommen.

Im Rückgriff auf Kategorien Leibnizens thematisiert Holenstein (1980) den Begriff des Natürlichen.[47] Für Leibniz

»(...) ist *le naturel* ein vermittelnder dritter Begriff zwischen den beiden

---

46 Linguistisch entscheidend am Begriff der Präferenz ist, daß er dem der Regel im Blick auf die Kompetenz vorgeordnet ist (vgl. z. B. Dressler a. a. O.; Fillmore et al. 1988; Grace 1987; Kambartel/Stekeler-Weithofer 1988; Nagata 1988; Pawley/Syder 1983; Pawley 1986). Nicht ein ›alles mögliche‹ erzeugender Algorithmus, sondern die Kenntnis einer ›passenden‹, präferenten Struktur weist den Sprecher ›pragmatisch als kompetent‹ aus. Dies ist sorgfältig zu unterscheiden von ›pragmatisch kompetent‹ im Sinne der GTG (etwa Grewendorf et al. 1987, S. 374 ff.).

47 Holenstein schließt sich sehr stark an Eleanor Roschs Schlußfolgerungen zu sogenannten »natürlichen Kategorien« oder Prototypen an, die als phylogenetisch erworbene und der Natur ›angepaßte‹ Begriffe verstanden werden. Im Blick auf Sprache ist dies erkenntnistheoretisch problematisch. Hilary Putnams (1979) philosophische Begründung der Stereotypensemantik stellt demgegenüber die prämissenabhängige kulturspezifische Bedingtheit von Stereotypen in den Vordergrund (vgl. ebd. 37 ff.).

überkommenen, einander kontradiktorisch entgegengesetzten Begriffen *l'essentiel* und *l'accidentel*. Das Natürliche ist weder absolut notwendig noch grundlos zufällig. ... Besonders deutlich wird dies im Fall von Verhaltensweisen, die alle logisch möglich sind. Bestimmte Verhaltensweisen sind von einer bestimmten Entität in einer bestimmten Situation leichter zu realisieren als andere, eine von ihnen vielleicht am leichtesten. Sie ist die natürliche.« (Holenstein 1980, S. 68/69)

Bezogen auf den Bereich sozialen Verhaltens leuchtet sofort ein, was das Natürliche ist. Es ist das Normale, also das, was *als natürlich* in natürlicher Kommunikation, d. h. unter den Bedingungen von Kommunikation, an Verhaltensweisen festgelegt worden ist. Hier sei eine Randbemerkung zum Ikonismuskonzept in der Linguistik eingefügt:

Der in der Natürlichkeitsdebatte so oft ins Spiel gebrachte vorgebliche *Ikonismus* linguistischer Strukturen ist u. E. *lediglich eine Erscheinungsform, nicht aber die Ursache ihrer relativen Konvenienz*. Diese darf u. E. nicht in einer Abbildrelation gesucht werden, sondern besteht für die Kommunikation im Faktum der Existenz einer Normalform, der gegenüber ihre mögliche ikonische Motiviertheit sekundär ist. Viel wichtiger als ein möglicher Ikonismus erscheint uns deshalb die indexikalische Leistung von Normalformen, denn diese ist es, die koordinierte Selektivität erst ermöglicht und ihre Herbeiführung ›erleichtert‹. Das Konzept des Ikonismus wird deshalb u. E. in der gegenwärtigen Linguistik theoretisch überstrapaziert. Die – für die Ausdrucks*bildung* unbestritten wichtigen – Motivierungsverhältnisse werden voreilig auch als Motive des Wissens verstanden. Aspekte der sozialen Formung und Bewertung des Ausdruckswissens drohen darüber aus dem Blick zu geraten. Bei dieser Überdehnung des Konzepts verwundert es nicht, wenn etwa John Ross (1980) unter der Überschrift ›Ikonismus in der Phraseologie‹ zum großen Teil idiomatisch geprägte Formen und strukturelle Analogien anführt, deren konventionelle Struktur auch beim besten Willen nichts mehr mit Ikonismus zu tun hat. Dies gilt u. E. etwa für die bekannte Tatsache, daß bei ›binominals‹ fast immer das silbisch kürzere vor dem längeren Wort steht (z. B. ›Geld oder Leben‹).[48] Ebenso gilt es für

---

48 Vgl. dazu auch die Diskussion des sogenannten ›Gesetzes der wachsenden Glieder‹ bei Claude Hagège (1985/1987, S. 190 ff.).

den Umstand, daß (bei einsilbigen Elementen) das Wort mit dem helleren fast immer vor dem Wort mit dem dunkleren Vokal steht (z. B. ›Berg und Tal‹, ›Tür und Tor‹, ›Plisch und Plum‹). Daß es *auch* offensichtlich ikonisch *motivierte* Präferenzen gibt,[49] wie etwa ›soziale Rangstufung‹ (z. B. ›Mann und Frau‹) oder ›oben vor unten‹ (z. B. ›Hand und Fuß‹) darf nicht den Blick auf die Tatsache verstellen, daß es sich dabei in erster Linie um idiomatisch kreative Formungspräferenzen handelt, die vor allem die Anschließbarkeit an eine auch ästhetisch bestimmte soziale Praxis der Ausdrucksbildung erlauben. Eine Ästhetik idiomatischer Kreativität liegt noch nicht vor und ist noch zu schreiben.[50] Sie könnte zeigen, daß es sich bei dem Ikonismusargument – zumindest was den hier zu behandelnden Gegenstand angeht – vielfach um ein vordergründiges funktionalistisches Mißverständnis der Theorie handelt.[51]

Bezogen auf das Zitat können wir deshalb auch sagen: Die natürliche Ausdrucksform ist die *sozial* am leichtesten zu realisierende Weise der Kommunikation, diejenige also, die sich der institutionalisierten Selektionen bedient. Im rein produktionstechnischen Sinne können diese Selektionen dabei durchaus, z. B. phonetisch, aufwendig sein. Ihre, gemäß der Definition Holensteins, *natürliche* Ökonomie liegt begründet in ihrem sozialen Wert.[52] Daß

49 Vgl. zu dieser Argumentation bereits Salomon (1919) sowie Malkiel (1959), aber auch Plank (1979).
50 Ein vielversprechendes Konzept dafür liefert aber z. B. Wills (1989) mit seiner Untersuchung zur Anspielungskreativität. Vgl. außerdem Januschek (1986); Tannen (1987); Hasan (1988);
51 Vgl. hierzu auch in Feilke (i. V.) das Kapitel ›Idiomatische Kreativität‹.
52 Hier trifft man in der Linguistik oft auf eigentümliche Argumente der Art, wie wir sie weiter oben auch bei Berger/Luckmann kritisiert haben. Sie rekurrieren unreflektiert im Zusammenhang mit sprachlichen Strukturen auf Kriterien rein kognitiver Ökonomie . Ein solches Argument ist z. B. die Annahme, Idiome seien Resultat einer ›Einsparung‹ von Erzeugungsprozessen und dienten der leichteren Erinnerbarkeit (vgl. z. B. Bolinger 1976). Selbst wenn Idiome leicht erinnerbar sind, was ein relativ gut bestätigtes Ergebnis psycholinguistischer Untersuchungen ist (vgl. z. B. Gibbs 1984; Gibbs/Gonzales 1985), so *dienen* sie doch nicht der Erinnerung besonders wichtiger Inhalte.

Natürlichkeit, bezogen auf Bedingungen der Kommunikation, immer primär als *normatives* Kriterium verstanden werden muß, zeigen auch Kategorien der Wertung nichtsprachlichen kommunikativen Verhaltens wie etwa die Opposition von ›natürlich‹ und ›affektiert‹.

Keller (1990) weist darauf hin, daß die scheinbare Naturhaftigkeit sowohl von Institutionen als auch der Sprache darauf zurückgeht, daß diese Formen nicht durch die zweckdeterministische Kategorie der Intentionalität erklärt werden können. Dieses Problem ist bereits diskutiert worden. Dennoch seien einige wichtige Punkte aus Kellers Darstellung kurz referiert: Für ihn sind Sprachen wie auch Institutionen sogenannte ›Phänomene der dritten Art‹ (vgl. ebd. 83 ff.). So bezeichnet Keller »(...) Dinge, die Ergebnisse menschlicher Handlungen, nicht aber Ziel ihrer Intentionen sind (...)« (ebd. 81) oder, an anderer Stelle, ›die nicht intendierten kollektiven Folgen intentionaler Handlungen von Individuen‹ (vgl. ebd. 76). Die Bezeichnung ›Phänomen der dritten Art‹ ergibt sich dadurch, daß von den Phänomenen, die völlig unabhängig von unserem Zutun entstehen (Naturphänomene), und denen, die direkte Produkte intentionaler Handlungen sind (Artefakte), solche abzugrenzen sind, die wie die zuerst genannten *nicht Ziel menschlicher Intentionen* und zugleich wie die zweite Gruppe *Ergebnisse menschlicher Handlungen* sind (vgl. ebd. 81). Als Beispiele führt Keller Inflation, Institutionen, ›gewachsene‹ Städte und ›natürliche‹ Sprachen an. Die begriffliche Unterscheidung zeigt nach Kellers Auffassung, »(...) daß wir umgangssprachlich das Adjektiv ›natürlich‹ zweideutig verwenden« (ebd. 85). Den Grund dafür sieht er in der Tatsache, daß die dritte Gruppe sowohl Züge von Artefakten als auch Züge von Naturphänomenen trägt. Kellers Konzept der Sprache als eines quasi-natürlichen Phänomens der dritten Art hebt sich von einer anderen in der

---

Dagegen spricht schon die Tatsache, daß es für die am stärksten idiomatisierten Syntagmen in aller Regel phonetisch noch einfachere Synonyme gibt. Als ausschlaggebend muß deshalb primär der soziale Zusammenhang gelten, der der Form einen besonderen Status zuweist.

Linguistik sehr verbreiteten Metapher, der ›Technik‹-Metapher ab. Diese Metapher stellt die Artefakt-Züge stärker in den Vordergrund. Für Coseriu (1988a) beispielsweise ist sprachliches Wissen ein technisches Wissen, das sich in einem, wenn auch intuitiv geleiteten, »Tunkönnen« (vgl. ebd. 211) zeigt. Der *technische* Charakter wird dabei für Coseriu augenscheinlich in der Tatsache, daß sprachliches Wissen ein *kreatives* Wissen ist bzw. daß die Kompetenz *neue* Anwendungen *desselben* Wissens ermöglicht. Man könnte auch sagen, die *Potentialität* des sprachlichen Wissens ist hier das entscheidende Kriterium. Darin steckt der Grundgedanke, daß auf diachroner Ebene Wandel ein Erfüllen von technischen Möglichkeiten ist, der ›Norm‹-Bereich also als *Realisierung* der Technik aufzufassen ist (vgl. ebd. 225). Während Coseriu mit dem Begriff ›Technik‹ primär den linguistischen Aspekt der ›Norm‹ thematisiert – allerdings ohne den *Inhalt* der ›Norm‹ von dort aus hinreichend bestimmen zu können –[53] thematisiert Keller, wie wir sehen werden, mit seiner Metapher die Prägung der ›Norm‹ durch die genuinen Bedingungen des Sprechens als eines *sozialen* Prozesses (was Coseriu gar nicht will; vgl. ebd. 23). Da allerdings auch Coseriu der Auffassung ist, die technische Ebene des ›Systems‹ determiniere nicht die mögliche Kreativität (vgl. ebd. 200 ff.) und sei selbst ein historisches Produkt der Kreativität des Sprechens (vgl. ebd. 57 ff.), relativiert sich u. E. hier die Diskrepanz zwischen den Metaphern. Ein Hauptunterschied bleibt allerdings: Kreativität ist für Coseriu der *Grund des Wandels* von Kompetenz und Sprache; und Kreativität ist bei ihm eine Kategorie, die *von einem sprachlichen Wissen* abhängt und auf ein Individuum zurückgeht. Die Kreativität ist hier ein Merkmal der Kompetenz. Bei Keller dagegen entsteht das Neue, der Wandel, die ›Norm‹ i. S. Coserius primär in Abhängigkeit von den sozialen, unintendierten Randbedingungen individueller Praxis (vgl. auch Keller 1986, S. 4ff.). Coseriu versteht die ›Norm‹ als

---

53 Coseriu hat, wie er selbst sagt (vgl. 1988a, S. 57), das Problem, den Begriff der ›Norm‹ *positiv* zu bestimmen. Der Begriff ist negativ als Einschränkung bzw. als Abweichung vom ›System‹ bestimmt; den prägenden Einfluß des Sprechens aber vermag er nicht zu modellieren.

Technik vom ›System‹ her, Keller dagegen als Phänomen der dritten Art von den sozialen Bedingungen des Sprechens her. Kellers *Theorie* zur Erklärung dieser Gruppe von Phänomenen können wir an dieser Stelle nicht im einzelnen erläutern (vgl. ebd. 94 ff., 105 ff., 121 ff.). Statt dessen soll gefragt werden, welche Art von Wissen bzw. Kompetenz das von Keller auf Sprache bezogene Konzept umschreibt; u. E. charakterisiert sein Begriff eine linguistische Common sense-Kompetenz in dem von uns angedeuteten Sinne, wobei der Begriff der Regel von Keller in direkter Abhängigkeit von pragmatischer Bestätigung gesehen wird. Ausdrücklich hebt Keller bei den quasi-natürlichen Phänomenen der dritten Art die Institutionen hervor, wenn er schreibt:

»Wenn ich einen deutschen Satz korrekt bilde oder den Verzehr von Hundefleisch verabscheue oder lieber Hosen statt Röcke trage oder es vorziehe, auf einem Stuhl statt auf dem Fußboden sitzend zu essen, folge ich damit meiner Vernunft oder meinem Instinkt? Keinem von beiden! Ich folge Traditionen, die sich hierzulande herausgebildet haben; ich folge sozialen Regeln« (ebd. 60).

Keller, der hier die Dichotomie von ›Instinkt‹ als einer Form genetisch verankerter natürlicher Determination (= Naturphänomen) und ›Vernunft‹ als einer Form intentionaler Determination (= Artefakt) des Handelns kritisiert, faßt die Formen institutioneller Kompetenz, zwischen Instinkt und Vernunft stehend, als ein *Brauch*-Wissen auf. So kommt er verständlicherweise auch zu dem Ergebnis: »Eine Sprache ist ein Brauch; ein (mittlerweile) gigantischer Brauch, um bestimmte Dinge zu bewirken« (ebd. 65). Ein Brauch ist charakterisierbar als ein pragmatisch geordneter Zusammenhang sozialer Regeln, wobei der Begriff der Regel nicht im Sinne eines Erzeugungsalgorithmus für multiple Verhaltensweisen oder Ausdrücke zu verstehen ist, sondern auf der sozialen Ebene als ökologisch geregelte Verwendung, als *Präferenz* für ein bestimmtes bereits geformtes Verhalten. Deshalb spricht Keller auch von einem »(...) regelgeleiteten Verhaltens*repertoire* (...)« (ebd. 64). Der inhaltliche Gleichklang mit dem weiter oben diskutierten Holenstein-Zitat ist hier offenkundig. Die diesem Repertoire entsprechende Kompetenz, das weil brauchförmige auch brauchbare Sprachwissen also, ist

»(...) sozusagen von mittlerer Flexibilität bei mittlerer Zuverlässigkeit. Es verbindet Stereotypie des Handelns mit relativ hohem Bewährungsgrad« (ebd.).

Individuell muß es *erlernt* werden, und es kann zugleich nur *individuell* erlernt, d. h. angeeignet werden. Dabei vollzieht sich dieser Prozeß, ohne daß dafür in irgendeiner Form explizite Instruktion vorausgesetzt werden müßte, als eine zunehmende Engführung auf Konventionen hin.[54] Bezogen auf Sprache stellt der Prozeß sowohl ausdrucksseitig wie inhaltsseitig eine sozial balancierte und angleichende Selektion aus einem Möglichkeitsraum dar, wie wir sie bereits weiter oben charakterisiert haben. Jede Kommunikation, darauf weist Keller (1986; 1990, S. 78 ff. u. 185 ff.) hin, hat in diesem Sinne zunächst Experimentalcharakter und baut auf einer Hypothese über die Kompetenz des jeweils anderen auf, die entweder bestätigt oder abgelehnt wird und so Teil der eigenen Kompetenz wird.[55] Wie bei anderen Arten des Common sense-Wissens spielt dabei der Zusammenhang von Bestätigung und Wiederholung einer Selektion eine zentrale Rolle. Dies sei abschließend an einem längeren Zitat verdeutlicht:

54 Zur Spracherwerbsproblematik und zur Rolle von Musterbildung und pragmatisch bestimmter Selektivität im Prozeß der ›Aneignung‹ des ›natürlichen‹ sprachlichen Könnens liegen zahlreiche Einzeluntersuchungen und Überblicke vor, deren Resultate auf je verschiedene Weise die hier vertretene Position in zentralen Punkten stützen. Dabei sind allerdings die für den L1- und L2-Erwerb jeweils unterschiedlichen Bedingungen in Rechnung zu stellen. Vgl. etwa Krashen/Scarcella (1978); Peters (1977; 1983); Vihman (1982); Pawley/Syder (1983); Fillmore, L. W. (1979; 1985); Coulmas (1985a); Reuter (1985); Edmondson (1989); Hickey (1993); Wegener (1993: 8 ff., 369 f., 541 f.).
55 Im Unterschied zu Hermann Paul, mit dessen Argumentation Kellers Auffassung im Blick auf das Sprachwissen viel gemeinsam hat, lehnt Keller das Konzept eines »Usus« (vgl. Paul 1898, S. 27 f.) oder eines Durchschnitts der Individualkompetenzen ab (vgl. Keller 1986, S. 8). »Kollektivistische Begriffe müssen reduzierbar sein auf individualistische Begriffe, sonst sind sie ohne Erklärungswert« (Keller 1990, S. 117). *In dieser Form* halten wir diese Auffassung für falsch und mit Kellers eigener Theorie nicht für verträglich, denn selbstverständlich liegt der Sinn eines kollektiven Begriffs, wie etwa Gesellschaft oder

»Meine Kompetenz von heute ist das Ergebnis all der Kommunikationsversuche, die ich zeit meines Lebens durchgeführt habe oder miterlebt habe. Meine Kompetenz von heute ist in keinem Fall identisch mit meiner Kompetenz von gestern, wenn ich in der Zwischenzeit kommunikative Erfahrungen gemacht habe. Wenn es keine Modifikationen gab, so gab es Bestätigungen. Es ist wie mit dem Kurs einer Aktie; solange sie gehandelt wird, tut sich etwas. Wenn sie sich im Kurs nicht geändert hat, so hat sie sich gehalten. Dann ist es das, was sich getan hat. Evolutionäre Stabilität ist Bestandteil der Entwicklung. Die Kompetenz eines Individuums ist von Erfolg wie von Mißerfolg gleichermaßen geprägt.« (Keller 1986, S. 7)

Die letzten beiden zusammenfassenden Sätze sind theoretisch besonders wichtig: Im Unterschied zu Auffassungen, wie sie etwa in der Generativen Transformationsgrammatik vertreten werden, wird die ›Natürlichkeit‹ des sprachlichen Wissens nicht im genetisch verankerten phylogenetischen Erbe aufgesucht (vgl. etwa Chomsky 1975/1977, S. 11-24), sondern in der Angepaßtheit an die aktuellen Selektionsbedingungen, die auch für dieses Erbe gelten. Die faktische Ausbildung einer Kompetenz ist damit in gleicher Weise bestimmt von negativer wie auch von positiver Evidenz, eine Tatsache, die von den Generativisten nachdrücklich immer wieder in Zweifel gezogen wird (vgl. etwa Fanselow/Felix 1987, S. 112 ff.). Auch wenn man eine genetisch auf Dauer gestellte Teilkompetenz unterstellt, es könnte eine solche Kompetenz bei fortdauernder negativer Evidenz in der Kommunikation keinen Bestand haben. Diese Feststellung muß jedem Anhänger der generativen Grammatik ›sinnlos‹ erscheinen und den Verdacht nähren, daß die Konzeption nicht verstanden worden ist. Deshalb sei zum Streit um die Begriffe ›negative‹ und ›positive‹ Evidenz eine Ergänzung angeführt.

Die angeborenen Parametrisierungsoptionen der Universalgrammatik, durch die – nach Vorstellung der GT – die *möglichen* Einzelgrammatiken determiniert werden, sind *logischerweise* selbst nur durch positive Evidenz jeweils im Rahmen eines onto-

---

Konvention oder Sprache darin, daß er gerade *nicht* auf individuelle Begriffe *reduzierbar* ist.

genetischen Erwerbsprozesses festlegbar. Dieser Gesichtspunkt alleine aber greift aus evolutionstheoretischer Perspektive u. E. aus mehreren Gründen zu kurz:

1. Auch wenn es logischerweise im Blick auf die genetisch determinierten Optionen der UG nur positive Evidenz in der Konfrontation mit den einzelsprachlichen Daten *in der Ontogenese der Kompetenz* geben kann, so wirkt sich das – ja immerhin empirisch *mögliche* – Ausbleiben positiver Evidenz, etwa in der Folge der Vernichtung einer Kultur, der politischen Reglementierung von Sprechweisen etc. zwangsläufig *phylogenetisch* als negative Evidenz aus. Man muß kein Lamarckist sein, um in diesem Sinne das Entstehen kognitiver oder universalgrammatischer Rudimente[56] als langfristige Folge einer Rückwirkung ökologischer Bedingungen auf die UG im Sinne negativer Evidenz verstehen zu können. Viel wichtiger aber ist der folgende Punkt.

2. Kompetenzen eines Organismus müssen den jeweiligen Umweltbedingungen notwendig anpaßbar sein. Dies geschieht in der gesamten Zoologie durch eine Kopplung von auf Dauer gestellten, genetisch determinierten, angeborenen Strukturen mit einem mehr oder weniger plastischen Prozeß des Verhaltenslernens und der Ausbildung von Verhaltenskompetenzen. In diesem Prozeß spielen dann negative Evidenz *und* positive Evidenz eine zentrale Rolle, nun aber nicht im Blick auf die UG, sondern im Blick auf das Sprach-Verhalten, so etwa im Blick auf die grundlegenden linguistischen Operationen der Selektion und Kombination (vgl. hierzu Teil II, Kap. 4.3).

3. Hier scheint es uns zudem oft ein Mißverständnis des generativen Begriffs der ›positiven Evidenz‹ zu geben, wenn das Nichtvorkommen negativer Evidenz als *empirisches Faktum* gedeutet wird, etwa unter Hinweis auf die Beobachtung, daß Eltern ihre Kinder während des Spracherwerbs kaum korrigieren (vgl. z. B. Klein 1989, S. 9). Was die generative Grammatik angeht, ist hier daran zu erinnern, daß diese auf einem *rationalistischen Kompetenzbegriff* aufbaut, für den es – im Sinne eines analytischen

---

56 Solche grammatischen Rudimente müßten nach der ja biologisch bestimmten Argumentation Chomskys nachweisbar sein. Untersuchungen dazu sind mir allerdings nicht bekannt.

Urteils – *logisch-zwingend aus den Prämissen* folgt, daß es nur positive Evidenz geben kann, bzw. daß Lerner auf negative Evidenz nicht angewiesen sind. Mit Empirie hat dies zunächst nichts zu tun. Abgesehen davon gilt, daß Kinder, was ihr Sprachverhalten angeht,
a) auch ohne korrigiert zu werden, durchaus negative Evidenz bezüglich ihrer Hypothesen *erfahren* können (z. B. bei der Beugung der starken Verben) und
b) weitgehend ohne korrigiert oder gar instruiert zu werden, auch die kulturspezifischen Formen *nichtsprachlichen Verhaltens* (z. B. des Sitzens, der Gestik etc.) lernen, ohne daß man deshalb gleich auf eine entsprechende genetische Ausstattung schließen müßte.
4. Über die angeführten Punkte hinausgehend ist der Erwerb von *Textproduktionsfähigkeit* im Unterschied zum Spracherwerb i. S. der generativen Theorie insgesamt *ein Verhaltenslernen*, durch das die grammatische Struktur des Sprachverhaltens *prinzipiell* in beliebiger Weise berührt und verändert werden kann, *ohne daß dadurch die Gültigkeit formaler universalgrammatischer Festlegungen auf der Ebene ihrer genetisch determinierten kognitivistischen Konstituenz in irgendeiner Weise beeinträchtigt wäre!* Dies liegt in der Logik des generativ-grammatischen Kompetenzbegriffs selbst.[57]
5. Abschließend kommt dazu ein weiterer und für unsere Argumentation zentraler Punkt. Auf der Ebene der Textproduktion ist der Gegensatz von negativer und positiver Evidenz weit weniger bedeutsam als das Faktum einer Existenz *abgestufter Evidenzen,* die alleine die notwendige Ordnung des kombinatorischen Varia-

---

57 Dies sieht Chomsky selbst – im Unterschied zu manchen seiner Anhänger – mit hinreichender Klarheit, wenn er z. B. schreibt: »Außerhalb der Grenzen einer kognitiven Kompetenz besitzt infolge einer unglücklichen Notwendigkeit eine empiristische Lerntheorie Gültigkeit.« (Chomsky 1975/77, S. 53) Gleichzeitig ist genau diese scharfe Trennung für Chomsky selbst die Bedingung seiner anarchistisch-humanistischen Vision. Diese Vision sieht genau im spielerischen Brechen von Konventionen z. B. der Textproduktion *auf der Grundlage der kognitivistisch verankerten Kompetenz,* die Voraussetzung für eine neue Stufe der kulturellen Evolution (vgl. Chomsky ebd. 151).

tionspotentials im Sinne einer Common sense-Kompetenz sicherstellen können.

Daß die Kompetenz im Spracherwerb – verstanden als selektivstrukturbildender Prozeß des Aufbaus einer sprachlichen Textproduktionskompetenz – auch durch negative Evidenz aktuell geprägt wird, ist, so sollte man meinen, eigentlich trivial. Utz Maas (1988, S. 176) spricht deshalb im Blick auf die Tatsache der notwendigen Partizipation an einer spezifischen sozialen Sprachpraxis auch von »(...) Vorstellungen des gesunden Menschenverstandes (...)« zur sprachlichen Ontogenese. Der vorliegende Dissens ist u. E. deshalb auch kein echter Dissens. Er ähnelt dem Streit zwischen zwei Kontrahenten darüber, ob Wasser ein Oxid ist *oder* ob man es trinken kann. In der bisher geführten Form beruht er offenbar auf einem Mißverständnis. Der Dissens kommt hier dadurch zustande, daß die Generativisten den sprachlichen Input nur als evident im Blick auf eine angeborene Grammatik verstehen können, die selbst als (positiver) Selektor dient, während etwa für Keller erst im Verhältnis von aktueller Performanz und der Sprachnorm etwas für ein Subjekt evident werden kann. Hier ist der Gebrauch der Selektor.
In dieser Sicht ist es außerordentlich wahrscheinlich bzw. auf der Grundlage universalgrammatischer Prämissen logisch zwingend, daß ein Kind in normaler sozialer Umgebung irgendeine der Universalgrammatik konforme Kompetenz erwirbt. Es ist allerdings außerordentlich unwahrscheinlich und deshalb ein erklärungsbedürftiges Faktum, daß es eine dem Stand einer historischen Einzelsprache entsprechende konventionskonforme Kompetenz entwickelt. Genau diese aber muß der kompetente Sprecher einer Sprache beherrschen. Der Mechanismus von Versuch und Irrtum, von Kreativität und selektiver Prägung des sprachlichen Wissens spielt deshalb eine außerordentlich große Rolle (vgl. auch Coseriu 1988a, S. 203). Die Idee des hypothetischen Charakters der Individualkompetenz erscheint uns aus diesem Grund sehr sinnvoll. Der Prüfstein der jeweiligen Hypothesen der Sprecher/Hörer besteht dabei im pragmatisch möglichen Gebrauch bzw. in der pragmatisch möglichen Interpretation. Den Bereich der so bestätigten Möglichkeiten umfaßt die Common sense-Kompetenz.

Wir haben bereits diskutiert, daß auch am Anfang der Entwicklung des Common sense-Begriffes in der Philosophie die Erkenntnis des radikal hypothetischen Charakters (Humes Stichwort »Meinung«) des menschlichen Wissens stand.

Die Ergebnisse der Argumentation zum Problem positiver und negativer Evidenz werden im untenstehenden Schema zusammengefaßt.
Die Bedeutung des Feldes unten links in der Darstellung betrifft einen Aspekt, der u. E. allerdings auch in der Konzeption Rudi Kellers nicht ausreichend berücksichtigt wird. Darauf soll noch kurz eingegangen werden:
Kellers Aktienanalogie aus dem weiter oben angeführten Zitat hinkt in einem entscheidenden Punkt: Wie andere Formen des Common sense-Wissens auch ist das sprachliche Wissen als ein Normwissen *zunächst auf Dauer gestellt* und im Unterschied zum immer von der aktuellen Nachfragesituation abhängigen Wert einer Aktie auch *kontrafaktisch stabil*. Genau in diesem Merkmal von Common sense-Wissen besteht eine wesentliche Entlastungsmöglichkeit für die Akteure; es erlaubt ihnen das Aufrechterhalten von Hypothesen darüber, wie bestimmte sprachliche Mittel zu gebrauchen und zu verstehen sind, *trotz* der alltäglichen Erfahrung mißlingender Kommunikation. Problemlösungen in der Kommunikation sind nur vor diesem Hintergrund denkbar. Dies entspricht dem Inhalt des Feldes unten links in der oben dargestellten Matrix.[58] Keller irrt sich deshalb u. E.

	langfristig phylogenetisch	kurzfristig ontogenetisch
angeborene Strukturen	negative und positive Evidenz	positive Evidenz im Blick auf UG-Optionen
Verhaltensstrukturen	abgestufte Evidenz im Blick auf die Typikalitätsstruktur des institutionalisierten Normbereichs	abgestufte Evidenz im Blick auf die Variationsmöglichkeiten für Verhalten

58 Für die Illustrierung der dort zum Ausdruck gebrachten These sei auf ein schon mehrfach gewähltes nichtsprachliches Beispiel zurückge-

wenn er, bezogen auf den Hypothesencharakter der Individualkompetenz, feststellt, diese sei problemorientiert und nicht mittelorientiert[59] (vgl. 1986, S. 8, vgl. 1990, S. 186). Für den Wert einer Aktie gilt, daß er unmittelbar problembestimmt ist; für die sprachliche Kompetenz gilt dies nur mittelbar, bzw. – das Wortspiel sei gestattet – nur vermittelt über Mittel. Bei Keller heißt es:

»Meine Individualkompetenz ist meine Hypothese über die erfolgreiche Verwirklichung gegebener Ziele in gegebenen Situationen. Sie ist keine Hypothese über die Verwendbarkeit gegebener Mittel. Sie ist problemorientiert, nicht mittelorientiert«. [Und daraus leitet er dann direkt ab:]

griffen: Unzweifelhaft kommt niemand etwa mit der Absicht zu heiraten auf die Welt. Das Entstehen des entsprechenden Vorhabens muß also als Resultat eines sozial über Werte und Einstellungen geprägten *Verhaltenslernens* aufgefaßt werden. Nun ist bekanntlich – etwa in unserer Gesellschaft – die Realisierung der sozial vermittelten Disposition zur Ehe *in der Ontogenese* in außerordentlich hohem Maße auch durch negative Evidenz geprägt, was die Scheidungsquote zeigt. Dies aber berührt die institutionelle *Disposition* selbst nur am Rande, was die Wiederverheiratungsquote ebenso wie die Zahl unverheiratet zusammenlebender Paare (›wilder‹ Ehen) zeigt. Zwar gibt es hier offenbar ontogenetisch negative Evidenz, aber diese wirkt phylogenetisch primär auf die Typikalitätsstruktur des institutionalisierten Normbereichs ein. Die Typik der Ehe kann sich wandeln, ein bestimmter Typ – etwa die Vertragsgemeinschaft oder die intime Gemeinschaft – kann vorherrschend werden. Die Institution ›Ehe‹ aber bleibt zumindest längerfristig auch kontrafaktisch stabil. Bezogen auf Sprache zeigt sich der hier angesprochene Aspekt darin, daß gegenüber dem individuell mit einem Ausdruck Gemeinten jeweils dessen semantische Typik zwar zum Oszillieren gebracht werden kann, aber zunächst doch erhalten bleibt (etwa bei der Metapher). Vor allem aber ist die Ausdrucksseite der institutionalisierten idiomatischen Zeichenstrukturen zunächst kontrafaktisch stabil auch bei semantischem Wandel.

59 Offensichtlich ist, daß sich Keller hier mit den Stichworten *mittelorientiert* und *problemorientiert* implizit auf die bekannten Dichotomien bezieht, über die sprachliches Wissen in der Geschichte der Linguistik immer wieder modelliert worden ist, also ergon/energeia, langue/parole, Kompetenz/Performanz etc.

»Die Individualkompetenz ist eine Problemlösungshypothese, sie ist keine Regelhypothese. Wenn ein Sprecher (etwa ein Linguist) über Regelhypothesen verfügt, sind diese von ersteren abgeleitet.« (Keller 1986, S. 8)

In dieser Verbindung sehen wir einen theoretischen Kurzschluß. Für Keller scheint nur die theoretische Alternative zwischen Regelhypothese oder Problemlösungshypothese zu bestehen. ›Mittelorientiert‹ ist für Keller gleich ›regelorientiert‹. Dies ist aber keinesfalls zwingend.[60] Man kommt hier weiter, wenn man zwei Kategorien von Regeln oder Regelbegriffen unterscheidet:

- erstens Wissen darüber, wie ein bestimmtes Mittel *in der Regel* beschaffen ist und zu gebrauchen oder zu interpretieren ist und
- zweitens Wissen darüber, ob und inwieweit Mittel selbst regelhaft konstituiert sind, bzw. welche Mittel prinzipiell konstituierbar sind.

Im ersten Falle geht es in Anlehnung an eine Unterscheidung Searles um ›regulative‹ Regeln auf der *Ebene einer mittelbestimmten Praxis*, im zweiten Fall um ›konstitutive‹ Regeln auf der *Ebene der Mittel selbst*.[61] Nur dieser zweite Typ des Regelwissens über die Mittel ist ein Ergebnis linguistischer Reflexion (die natürlich auch Nichtlinguisten, also Laien vornehmen können). Die so konstituierte linguistische Regelkompetenz ist zugleich eine Ableitung und eine reduktionistische Fassung der ›natürlichen‹ Kompetenz. Die zuerstgenannte, in Anlehnung an Searle ›regulative‹ Kompetenz aber ist als Resultat einer Reflexion auf die linguistischen Bedingungen der Möglichkeit von Verständigung *zugleich* problemorientiert und mittelorientiert. Denn hier geht

60 Dies zeigt schon die bedeutende Tradition der Diskussion des Analogiebegriffs in der Linguistik. Auch Analogien und die Fähigkeit, Analogien zu bilden, weisen auf eine durchaus mittelorientierte, aber nicht notwendig regelbestimmte Kompetenz hin (vgl. dazu MacWhinney et al. 1989, »Language learning: cues or rules?«).
61 Vgl. Searle (1971, S. 33 ff.). Wir halten die Searle'schen Kategorien hier für übertragbar, obwohl wir seine Einschätzung der Rolle von Intentionalität (also des Zweckdeterminismus) bei der Konstitution regulativen Sprachwissens nicht teilen (vgl. auch die Kritik an Searle in Teil II, Kap. 4.3.3).

es um die Kenntnis der konventionellen kommunikativen Leistungseinheiten; diese Kenntnis ist Resultat einer Fähigkeit, deren Existenz Keller bestreitet: »Wir sind sozusagen nicht in der Lage, unsere Hypothesen ›rückwärts zu lesen‹« (1990, S. 186). Genau dies aber tun wir ständig, nicht um eine linguistische Regelkompetenz aufzubauen, sondern weil eine angepaßte *regulative* Sprachkompetenz linguistische Voraussetzung für eine leichte und damit wiederum im Sinne des oben angeführten Holenstein-Zitats ›natürliche‹ Verständigung in der Kommunikation ist. Vermöge dieser Kompetenz sind wir in der Lage, sprachlich Kontexte zu *erzeugen*, und d. h. auch, *Probleme zu schaffen*, die wir dann lösen können. Damit ein Sprecher ein Problem kommunikativ lösen kann, sagen wir etwa das Problem, eine Gruppe vor einer Gefahr zu warnen, müssen auch die Hörer nicht nur über eine Typik möglicher Probleme, sondern auch über eine Typik ihrer konventionell-kommunikativen Indizierung verfügen. Der Sprecher muß die Hörer veranlassen können, selbst das ›richtige‹ Problem zu erzeugen. Dies setzt sowohl auf der Hörerseite als auch auf der Sprecherseite unbedingt eine mittelorientierte Kompetenz voraus. Wo der Hörer die möglichen und die jeweils gemeinten Probleme schon kennt, wäre jede Kommunikation überflüssig. Die von Karl Bühler so genannte ›empraktische‹ Kommunikation ist, bezogen auf Probleme einer *sprachlichen* Kompetenz, der uninteressanteste Fall (vgl. auch Juchem 1984). Es ist u. E. falsch, wie Keller so zu tun, als seien die Probleme ›einfach da‹ – durch Kontexte sozusagen ›selbstevident‹ – und damit sei der archimedische Punkt für die Rekonstruktion der Kompetenz gefunden, ebenso, wie es falsch ist, die Probleme der Kommunikation für den Begriff der sprachlichen Kompetenz gar nicht in Anschlag zu bringen, wie es etwa die generative Richtung versucht. Weil in der Kommunikation Problemlösen immer ein Problemschaffen i. S. einer sozial verbindlichen Etablierung einer Selektion voraussetzt, ist die Kompetenz notwendig auch mittelorientiert; wir hätten sonst keine Chance, für einen gegebenen Ausdruck die im Common sense wahrscheinlichen Interpretationen zu begründen. Der Ausruf »Feuer!« beispielsweise wird in der Regel die Beteiligten in Unruhe versetzen und nach einem Brand Ausschau halten lassen. Die Hörer verstehen den Ausdruck gemäß seiner präferierten kontextuellen Prägung; niemand wird vermuten, der Rufer bitte etwa um Feuer für eine Zigarette. Dies entspricht nicht dem Common sense über die Verwendung des Ausdrucks. Und selbst dann, wenn jemand wiederholt und hartnäckig auf genau diese Weise das letztere zu erreichen versucht, werden wir eher geneigt sein, seine soziale Kompetenz in Zweifel zu ziehen oder ihn für schizophren zu halten, als unsere sprachliche Kompetenz zu ändern.

Das theoretisch zentrale Faktum der Mittelorientiertheit der kommunikativ-sprachlichen Kompetenz geht in aktuellen kommunikationstheoretischen Diskussionen vielfach schlicht unter. So benutzt etwa die Null-Nummer des Studienbegleitbriefs zu dem Funkkkolleg ›Medien und Kommunikation‹ ebenfalls das zuletzt angeführte Beispiel für eine verbreitete, aber u. E. außerordentlich problematische Argumentation (vgl. Merten 1990, S. 52). Unter Anführung der *Warnung* ›Feuer!‹, der *Bitte* ›Feuer?‹ und des Schieß*befehls* ›Feuer!‹ wird dort argumentiert, erst das auswählende Verhalten eines Rezipienten lege – mitbestimmt durch den Kontext – die Wirkungsmöglichkeiten eines ›Stimulus‹(!) wie ›Feuer‹ fest. Dies ist zugleich in einem trivialen Sinne richtig, wie es kommunikationstheoretisch kurzschlüssig ist. Die auch aus konstruktivistischer Perspektive zentrale begriffliche Differenz zwischen ›Stimulus‹ einerseits und einem auf ein kommunikatives Orientierungsverhalten bezogenen ›Zeichen‹ andererseits wird schlicht ignoriert. Jedes Zeichen ist ein Stimulus, aber längst nicht jeder Stimulus ist ein *brauch*-bares Zeichen. Die verschiedenen ›semantischen Konstruktionen‹, die Merten anführt, sind nach unserer Auffassung nur möglich, weil der Ausdruck ›Feuer!‹ sie im Sprachwissen bereits als konventionalisierte Optionen des Verstehens verfügbar macht. Der Ausdruck ist mehrfach kontextuell geprägt, wobei die Möglichkeit, ihn als ›Bitte‹ zu verstehen, über die entsprechende konventionelle Frage-Intonation bereits hinreichend disambiguiert ist. Bei mehrfacher kontextueller Prägung, also verschiedenen konventionellen Interpretationen, läßt sich in aller Regel eine – oft auch varietätentypische – *Präferenzstruktur* für die Interpretation ermitteln. Dabei können selbstverständlich ›ad hoc situativ motivierte Sinneinschüsse‹ immer auch eine andere Lesart nahegelegen, aber eben immer nur auf der Basis der vorauszusetzenden *mittelbestimmten* Zeichenkenntnis. Ein im Funkkolleg (ebd.) angeführter Bildwitz, in dem eine Warnung vor Feuer als Bitte um ›Feuer‹ *miß*-verstanden wird, beruht in seiner Pointe – witztechnisch durchaus herkömmlich – genau auf einem Erwartungsbruch bezüglich der *präferierten* konventionellen Interpretation des Ausdrucks als Warnung (Fluchtreaktion) und ihrer Überführung in eine zwar kontextuell unwahrscheinliche, aber mögliche und ebenfalls konventionell gestützte Interpretation (Zücken eines Feuerzeugs). Ohne die entsprechende, auf die Ausdrucks*mittel* bezogene Kompetenz, wäre es nicht möglich, einen solchen Witz wie auch Witze generell überhaupt erst zu produzieren, geschweige denn, sie zu verstehen. Witze setzen in jedem Fall die sozial geordneten Präferenzstrukturen eines ›natürlichen‹ Handelns, Meinens und Verstehens voraus. Auch an Techniken der Werbesprache ließe sich ohne Probleme zeigen, wie dieser Zusammenhang zwischen in der Kompetenz bereits geordneten Präferenzen einerseits und einer kontextuell motivierten erneuten Kontingenz des Verstehens genutzt wird. Als pathologisches Phänomen wird der gleiche Zusammenhang in den Merkmalen des Sprechens Schizophrener faßbar.[62]

Kehren wir wieder zu Kellers Argumentation und ihrer Kritik zurück. Was wir zum mittelorientierten *Verstehen* angemerkt haben, gilt auch für die *Produktion*, also die Selektion auf der Ausdrucksebene. Keller führt selbst ein schönes Beispiel an, das sich ausspinnen läßt (vgl. Keller 1990, S. 186): Niemand würde formulieren ›Sie hat eine schöne Nase am Gesicht‹ oder ›Er hat Haare am Kopf‹, wenn ›im Gesicht‹ und ›auf dem Kopf‹ gemeint sind; wenn man es von der Rezeptionsseite her betrachtet, zwingt uns unsere implizite Hypothese über den Common sense-Ausdruck und dessen Interpretation in diesem Falle zu recht surrealen, eben un-*natürlichen* Interpretationen. Dies zeigt in gewissem Gegensatz zu Keller u. E., daß unsere Kompetenz in der Kenntnis der *normativ* stabilisierten Kommunikations*mittel* besteht. Oder anders ausgedrückt: Sie besteht in der Kenntnis der institutiona-

---

[62] Vgl. hierzu etwa die Beiträge von Wolfgang Blankenburg (1971, 1984, 1991).

lisierten Formen der Problemlösung und zugleich – wie jedes Normwissen – in der Unkenntnis ihrer Kontingenz.

Zusammenfassend lassen sich zum Aspekt der sogenannten ›Natürlichkeit‹ sowohl von institutionellem als auch von sprachlichem Wissen folgende Punkte festhalten:
Der Entwicklung morphologischer Strukturen in der Natur durchaus vergleichbar, sind auch institutionelle und sprachliche Wissensstrukturen weder von einer Wirkursache (kausal) noch von einer Zweckursache (intentional) her determiniert. Ebenso ist die Annahme einer Determination im Sinne einer causa formalis, bezogen auf Sprache etwa durch eine formale universalgrammatische Kompetenz, zurückzuweisen.[63] Auch wenn man die Existenz einer solchen Kompetenz unterstellt, kann das Modell nur helfen, das *Da-Sein* eines geordneten sprachlichen Wissens überhaupt zu begründen; die Aufklärung seines institutionalisierten jeweiligen idiomatischen *So-Seins* ist auf dieser Grundlage nicht

---

63 Die multikausale Determination kultureller Tatsachen hat bereits Aristoteles am Beispiel des Hausbaus zu verdeutlichen versucht: Es bedarf als Wirkursache eines Kraftaufwandes (causa efficiens), es bedarf als Zweckursache eines Zieles (causa finalis), und es bedarf eines Planes zur Erreichung des Zieles (causa formalis) ebenso wie eines Stoffes, durch den das Ziel zu erreichen ist bzw. in dem es verkörpert wird (causa materialis). Bezogen auf Sprache und Sprechen ist die Stoffursache, die causa materialis des Sprechens, also das verfügbare konventionelle Ausdrucksmaterial, immer sozial geprägt. In seiner Stofflichkeit, seiner phonetisch manifesten Zeichenhaftigkeit, liegt die Primärursache für das Erkennen des Sprechens als *sozialer* Handlung und *Brauch* im Sinne Kellers (1990). Die causa materialis muß deshalb einen bestimmenden Einfluß auf die causa formalis des Sprechens haben können. Beim Hausbau ist dies nicht anders: Der Bau*plan* ist die Abstraktion einer Praxis des Bauens, einer Bauweise, die in erheblichem Maße von den verfügbaren Bau*stoffen* geprägt ist; man betrachte etwa als Beispiel nur die Fachwerkbauweise. Wichtig aber ist auch hier: Nicht die causa materialis, etwa der Lehm, für sich genommen wirkt, sondern die causa materialis, sofern sie bereits als Element einer möglichen Praxis des Bauens *interpretiert* ist, sofern es also einen Common sense über ihre Verwendung gibt. Eine Übertragung auf die linguistische Problematik ist leicht zu vollziehen.

möglich. Die institutionalisierten (Wissens-) Strukturen stellen jeweils pragmatisch mögliche konstruktive Formungen eines sozialen bzw. kommunikativen ›oikos‹ dar. Die Erklärung ihrer Gestaltetheit und Verbindlichkeit muß deshalb beim Wechselspiel zwischen dem Spielraum der Akteure im Formungsprozeß einerseits und der Festlegung einer Struktur durch Kommunikation andererseits ansetzen, denn die emergenten Strukturen haben zugleich eine den ›natürlichen‹ Bedingungen der Kommunikation gemäße und durch sie erklärbare Struktur. Bezogen auf Sprache geht es um die strukturbildende selektive Wirkung des Sprechens selbst. Eine solche Analyse muß zeigen, daß die den Strukturen entsprechenden Kompetenzen ökologisch motivierte *Präferenzen* sind. Methodologisch folgt daraus die Forderung nach einer kritischen Prüfung von reduktionistischen Erklärungsansätzen, denn es ist zu vermuten, daß Präferenzwissen nur in Grenzen eine reduktionistische Rekonstruktion erlaubt, die von den ›regulativen‹ Aspekten der Form und den pragmatischen Bedingungen ihrer Konstitution absieht. Utz Maas charakterisiert deshalb, bezogen auf sprachliches Wissen, die angemessene Methode wie folgt:

»Sie rekonstruiert die zugänglichen Sprachstrukturen als angeeignete Muster sozialer Praxis, in die das Subjekt einbezogen wurde und die es nach und nach selbst zu meistern gelernt hat.« (Maas 1988, S. 179)

Bezogen auf sprachliches Wissen heißt dies, daß es nicht primär mit dem Ziel einer ökonomisch möglichst einfachen und eleganten Modellierung zu rekonstruieren ist, sondern unter dem Aspekt der selektiven Prägung und Geprägtheit kommunikativer Leistungseinheiten.

Zweiter Exkurs:
Konsens oder Common sense?
Zur Theorie des kommunikativen Handelns

In den beiden letzten Kapiteln dieses Teils haben wir zur kommunikationssoziologischen und sprachtheoretischen Konturierung des *Common sense*-Konzeptes auf die Systemtheorie Niklas Luhmanns und die in der Tradition Alfred Schütz' stehende wissenssoziologische Konzeption einer gesellschaftlichen Konstruktion von Wirklichkeit bei Peter Berger und Thomas Luckmann zurückgegriffen. Max Webers Bestimmung des ›Einverständnishandelns‹ und George Herbert Meads Konzeption der ›Geste‹ dienten dabei als positive soziologische Bezugspunkte für eine kritische linguistische Argumentation, die zeigen sollte, daß eine kommunikativ hinreichend gleichsinnige Koorientierung der Akteure nur unter der Voraussetzung einer das Äußerungsverhalten strukturierenden, soziologisch aber in ihrer Bedeutung weitgehend unerkannt gebliebenen, sprachlichen *Common sense-Kompetenz* der sozialen Akteure zustande kommen kann.
Weil das Verhalten unterschiedlich ausfallen kann, bekommt der Möglichkeit nach das bestimmte Verhalten in der Kommunikation eine Bedeutung, die es den Akteuren erlaubt, künftiges Verhalten sozial ›sinnhaft‹ zu strukturieren. Die Selektivität der Kommunikation ist dank des linguistischen Variationspotentials für Sprach-Verhalten – gewissermaßen im Umkehrschluß – durch Sprache noch einmal erheblich steigerbar. Sie resultiert in einem begrenzten Fundus ›sympathisch‹ konstituierter Ausdrucksoptionen. Auf diese Weise wird das sozial geprägte Verhaltensrepertoire, das Spektrum der ›Attitüden‹ im etymologischen Sinn dieses Wortes[64], zu einem zentralen Bestandteil der gesellschaftli-

---

64 Das Wort geht nach Pfeiffer (Etymolog. WB 1989) zurück auf das italienische ›attitudine‹ (= natürliche Befähigung, Haltung), das sich wiederum vom lateinischen ›aptus‹ (= passend, geeignet, tauglich, brauchbar) herleitet.

chen ›Wirklichkeit‹. Insofern dieses Spektrum sprachlich bestimmt ist und sprachlich bestimmte soziale Erwartungen zu organisieren vermag, macht es als Optionen der Beziehung auf sozial strukturierten ›Wirklichkeits‹sinn auch den ›Witz‹ möglich[65] und den ›Wahn‹ erkennbar.[66]
Die Common sense-Kompetenz hat, von dieser Warte aus betrachtet, einen durchaus ›sozial-technischen‹ Charakter. Wenn sie auch wesentlich sozial motiviert ist, nämlich durch die Notwendigkeit des Anschlusses von Kommunikation an Kommunikation, so ist sie doch als Resultat eines Institutionalisierungsprozesses zugleich Ausdruck einer von subjektiven Intentionen und Motiven der Verständigung weitgehend entkoppelten *Form* der Sozialität. Wir haben gesehen, daß Max Weber genau diesen Gesichtspunkt des *formalen* Charakters des Einverständnishandelns hervorhebt, der es gerade nicht erforderlich macht, ein *substantielles* Einverständnis auch tatsächlich zu erzeugen und zu verifizieren.
Mit dieser gegensätzlichen Akzentuierung – der ›sozialen Form‹ der Kommunikation zum einen, und der ›sozialen Substanz‹ der

65 Die Bedeutung sprachlicher ›Normalerwartungen‹ verschiedenster Art für das Funktionieren von Witzen hat Bernhard Marfurt (1975) gründlich analysiert. ›Witz‹ aber ist hier im erweiterten Sinne zu verstehen und umfaßt auch Ironie und Sarkasmus als Formen einer Artikulation von ›Wider‹sinn. Nur zur Typik des ›Eigen‹sinns gehört es, ohne sprachliche Form zu bleiben. Er artikuliert sich im schweigenden Handeln, das keine Thematisierung zuläßt.
66 Die sogenannten »schizi-talks«, zeichnen sich sprachlich, aber nicht nur sprachlich, nach einer Formulierung Wolfgang Blankenburgs durch einen »Verlust der natürlichen Selbstverständlichkeit« (vgl. Blankenburg 1971) aus. Vgl. für weitere Analysen zu diesem Problemfeld: Freeman, T. et al. (1969): Studien zur chronischen Schizophrenie. Frankfurt a.M.; Rochester, S.R./Martin J.R. (1979): Crazy talk: A study of the discourse of schizophrenic speakers. New York; den Überblick von U.H. Peters (1981): Schizophrene Sprachstörungen; vgl. ebenso den aktuellen forschungskritischen Beitrag von Alverson, H./Rosenberg S. (1990), Discourse analysis of schizophrenic speech. Die patholinguistischen Modellierungen schizophrener Symptomatik geben deutliche Hinweise auf eine linguistische Common sense-Kompetenz im hier intendierten Sinne.

für das Einverständnis vorauszusetzenden Motive zum anderen – sind wir bei einem bekannten sozialtheoretischen Topos angelangt. Von ihm gehen – wie bei nahezu jedem Topos – zwei entgegengesetzte Pfade der Argumentation aus, die wir kennzeichnen sollten. Sie verbinden sich in der Gesellschaftstheorie gegenwärtig mit den Namen Luhmann und Habermas, also der Systemtheorie einerseits und der universalpragmatisch motivierten Theorie des kommunikativen Handelns andererseits. Der eine Pfad führt bei Luhmann zu einer eher technischen, der andere bei Habermas zu einer eher ethischen Theorie des Sozialen.[67] Wir sind in dieser Arbeit auf die Systemtheorie bereits ausführlich eingegangen und haben wichtige Konzepte für unseren Gegenstand nutzen können. Wir haben aber auch versucht, vom sprachtheoretischen Standpunkt her Grenzen oder notwendige Erweiterungen aufzuzeigen. Dies soll hier wegen der Bedeutung des Ansatzes wenigstens kursorisch auch für die Theorie des Kommunikativen Handelns geschehen. Was unsere Kritik dieses Ansatzes angeht, so betrifft sie allein (!) die Frage nach dem Gehalt und Umfang der *sprachtheoretisch begründbaren* Prämissen einer Kommunikationstheorie. Nur auf dafür relevante Punkte wollen wir eingehen. Dafür seien jedoch zunächst noch einmal knapp die Hauptelemente der Habermas'schen Konzeption dargestellt.

---

[67] Dabei operieren beide Autoren mit anthropologischen Setzungen, wobei sich bei Luhmann Parallelen zur Anthropologie Arnold Gehlens zeigen, während Habermas ›Vernünftigkeit‹ teleologisch als grundsätzliche Bereitschaft, ein substantielles Einverständnis zu erzielen, versteht. Bei Luhmann wird so – wenn auch im Kontext einer systemtheoretischen Differenzierungstheorie – der ›Entlastungs-Gesichtspunkt‹ vorherrschend, bei Habermas die Kritik und Analyse von Zuständen, die der Herbeiführung des Einverständnisses entgegenstehen. Luhmann hat den Vorteil für sich, daß die Systemtheorie als nichthumanistische Theorie vielfältig anschließbar ist und soziale Strukturbildungen unter allgemein evolutionären Gesichtspunkten thematisieren kann. Für Habermas spricht, daß, zumindest im Bild der westeuropäischen Gesellschaften von sich selbst, gesellschaftlicher Wandel i. S. einer Zunahme gleicher Partizipations-*Chancen* in allen Bereichen durch Normenkritik und Normendiskussion entscheidend vorangetrieben worden ist.

Grundzüge der Konzeption

Im Unterschied zu Niklas Luhmann – der, wie er selbst sagt, auf die Einzelheiten sprachlicher Codierung nicht eingehen möchte (vgl. 1985, S. 197) – hat sich Jürgen Habermas sehr grundlegend mit der analytischen Sprachphilosophie und sprachlichen Implikationen der Kommunikationstheorie, namentlich mit dem Symbolischen Interaktionismus Meads und der Sprechakttheorie Searles auseinandergesetzt. Im Rahmen seiner Theoriekonzeption spielt der Obligationscharakter des Sprechens als sozialer Handlung eine zentrale Rolle. Die Obligation bezieht sich dabei aber nicht auf die sprachliche Form des Ausdrucks, sondern vor allem auf die intersubjektive ›Einsehbarkeit‹ von Gründen für den Sprachgebrauch und für die Inhalte deskriptiv-assertorischer, expressiver und normativer Sprechakte.[68] Habermas spricht von »illokutionären Bindungsenergien« (vgl. 1992, S. 23) der Sprache. Anders als das sehr pragmatische Kriterium der ›Anschließbarkeit‹ bei Luhmann, das Probleme der Geltung gar nicht erst ins Spiel bringt, betrifft ›Bindung‹ bei Habermas die mit der Äußerung sozial eingegangene Verbindlichkeit und Verantwortlichkeit. ›Bindung‹ enthält für Habermas immer auch eine moralische Obligation.[69] Die universalen Bedingungen des kommunikativen

---

68 Habermas argumentiert (1981b, S. 45): Weil unter der Voraussetzung verständigungsorientierten Handelns Geltungsansprüche (auf Wahrheit, Wahrhaftigkeit oder Richtigkeit einer Äußerung) »(...) *nicht ohne Grund* zurückgewiesen oder *angenommen* werden können, steckt in Alters Stellungnahmen zu Egos Angebot *grundsätzlich ein Moment von Einsicht*«. (Herv. H. F.) Man wird sicherlich nicht ohne weiteres etwas ohne Grund zurückweisen können, aber sicher kann man ohne Gründe zuhören, ohne etwas ›annehmen‹ zu müssen. Die Selektivität dialogischer ›turns‹ erlaubt es glücklicherweise nicht, alles, was gesagt wird, auf seine ›Einverständnis‹-Fähigkeit zu prüfen. Sie erlaubt es aber, verständigungsorientiert zu handeln und *gleichzeitig* nur solche Angebote für die Annahme auszuwählen, die zustimmungsfähig und der eigenen Argumentationslinie einpaßbar sind.
69 Habermas betont, daß »(...) es sich dabei nicht um die Erzeugung eines perlokutiven Effektes *beim* Hörer, sondern um eine rational motivierte Verständigung *mit dem* Hörer, die auf der Grundlage eines

Handelns rekonstruiert Habermas phylogenetisch in einer die Rationalisierungstheorie Webers und die Systemtheorie Parsons verbindenden Evolutionstheorie der Gesellschaft. Dieser Theorie zufolge kommt im Zuge der Rationalisierung von Gesellschaften durch die Rationalisierung des kommunikativen Handelns sukzessive der humane, ›eigentümlich zwanglose Zwang des besseren Arguments‹ nicht nur in der Alltagskommunikation, sondern auch in gesellschaftlichen Institutionen der Verhandlung von Argumenten (kritische Öffentlichkeit; Verfassungsrechtsprechung) sozial zur Geltung. Im Laufe der Evolution von Gesellschaften werden nach Habermas sozial-konsensuelle Bindungsenergien, die bereits vorsymbolisch-rituellen Handlungen in archaischen Gesellschaften eignen, zunehmend rationalisiert und im Sinne theoretischer und praktischer Vernünftigkeit sprachlich intersubjektiv kontrollierbar. Entscheidend dafür ist der Übergang von einer primär rituellen, *handelnden* religiösen Praxis zu einer Praxis des Dienens und des *Glaubens* an religiöse Weltbilder; im Verlaufe dieses Übergangs werden diese Weltbilder an das sprachliche kommunikative Handeln angeschlossen, und die Glaubensinhalte werden dadurch im Blick auf ihre Geltung kritisierbar (vgl. 1981b, S. 79/80, 85, 118 ff.). Die religiösen Weltbilder werden in der Folge zunehmend rationalisiert und säkularisiert. Der theoretische Diskurs über Wahrheitsfragen wird im Zuge dieses Prozesses entbunden von praktischen Diskursen, in denen die Richtigkeit (soziale Normgemäßheit) eines Verhaltens und die Wahrhaftigkeit subjektiver Geschmacksurteile zur Debatte stehen. Der Prozeß der Rationalisierung sozial-kommunikativer Bindungen vollzieht sich sprachlich, indem der verobjektivierende Modus deskriptiver Sprechhandlungen vorherrschend wird (vgl. 1981b, S. 103/135). Damit wird letztlich – abgesehen von rein expressiven Stellungnahmen – jede sprachliche Äußerung intersubjektiv prüfbar im Blick auf ihre durch Gründe zu explizierende ›Vernünftigkeit‹. Es kommt zu einer ›kommunikativen

---

kritisierbaren Geltungsanspruchs zustande kommt«, handelt (1981b, S. 107). Die Bindungswirkung beruht nach Habermas darauf, daß die Teilnehmer zu einem Sprechaktangebot ›Nein!‹ sagen können. (vgl. ebd. 114)

Verflüssigung des religiösen Grundkonsenses‹ (vgl. ebd. 126) in grammatisch und propositional ausdifferenzierter Rede. Dies führt zu einer sukzessiven ›Rationalisierung der Weltbilder‹, und damit ist eine erste Stufe des gesellschaftlichen Rationalisierungsprozesses abgeschlossen. Die sogenannte ›zweite Stufe‹ dieses Prozesses, in der nach Habermas erstens die verständigungsorientierte sprachliche Kommunikation bestimmte Funktionen an die systemischen Medien ›Geld‹ und ›Recht‹ abgibt (›Entlastung‹), zweitens eine Entkopplung systemisch und sprachlich integrierter sozialer Bereiche stattfindet und drittens schließlich der Bereich der ›Lebenswelt‹ durch systemische Übergriffe zunehmend ›kolonialisiert‹ wird, ist für unsere Problemstellung hier nicht von zentraler Bedeutung und wird deshalb auch nicht mehr thematisiert. Damit soll unsere äußerst knappe Skizze zu Habermas' Theorie gesellschaftlicher Entwicklung abgeschlossen sein. Wir gehen im folgenden auf die sprachtheoretischen Implikationen der zugrunde liegenden Kommunikationstheorie ein.

Habermas' Kritik an Mead und ihre sprachtheoretischen Prämissen

Der von Jürgen Habermas phylogenetisch rekonstruierte Konsens wird in einem doppelten Sinne ›qua Sprache‹ verfügbar und in seiner Substanz prüfbar: Zum einen wird die verständigungsorientiert gebrauchte Sprache ganz praktisch zum *Mittel* der Erzeugung und Sicherung des Einverständnisses, zum anderen aber – und das ist der wichtigere Punkt – ist *die Sprache selbst* für Habermas in einem tieferen Sinne bereits die ›Quelle‹ des Einverständnisses. Damit meint er nun nicht etwa die durch eine bestimmte historische Sprache in einem sozialen System ermöglichte und sozial bestimmte Selektivität, sondern er meint Sprache schlechthin; Sprachlichkeit *als solche* garantiert für ihn bereits *vor aller Kommunikation* die Möglichkeit der Erzeugung eines substantiellen und vernünftigen Einverständnisses. Sie ist für Jürgen Habermas ein »universales Medium der *Verkörperung* von Vernunft« (1992, S. 23; Herv. H. F.).
Diese Position entwickelt Habermas aus seiner sprachphilosophi-

schen Kritik George Herbert Meads. In dieser Kritik werden zugleich auch linguistische Prämissen seines Sprachbegriffs deutlich, die uns problematisch erscheinen. Darüber hinaus kommt Habermas zu einer sozialethischen Deutung dieses Sprachkonzeptes, die im Blick auf ihren sprachtheoretischen Gehalt für eine Kommunikationstheorie kritisch zu prüfen ist.
Wir wollen für die Zwecke dieses Exkurses die Mead'sche Position nicht im einzelnen referieren und beschränken uns auf die Punkte, die für Habermas' Argumentation wichtig sind. Dabei ergeben sich zwangsläufig Verkürzungen im Blick auf die detaillierten Ausführungen *beider* Autoren. Habermas referiert Meads Darstellung des Übergangs von gestisch zu symbolisch vermittelter Interaktion. Der Vorgang stellt sich bezogen auf das Subjekt als Prozeß einer sukzessiven Verinnerlichung und damit eines subjektiven Verfügbarwerdens der kommunikativen Bedeutung von Gesten dar. Die Reaktionen anderer auf Gesten werden für das Individuum in seinen eigenen Gesten symbolisch verfügbar und antizipierbar. Dies ist zugleich der Beginn des symbolischen Denkens. Habermas (1981b, S. 23) zitiert Mead:

»Gesten werden zu signifikanten Symbolen, wenn sie im Gesten setzenden Wesen die gleichen Reaktionen implizit auslösen, die sie explizit bei anderen Individuen auslösen oder auslösen sollen – bei jenen Wesen, an die sie gerichtet sind.« (Mead 1934/1973, S. 86)

Die Kritik von Habermas an Mead betrifft nun zwei Punkte, wobei wir zwar dem ersten, nicht aber dem zweiten Argument zustimmen können. Zum ersten kritisiert Habermas die behavioristische Terminologie Meads, wenn dieser von einem ›Auslösen‹ von Verhalten spricht. Bereits in der Interpretation der eigenen Geste zeige sich vielmehr ihre *Deutung* als ein sozial sinnhaftes Verhalten. »Der zweite Organismus begegnet dem ersten als Interpret des eigenen Verhaltens.« (Habermas 1981b, S. 27) Die Bedeutung des Verhaltens wird *verstehend* konstruiert. Hörer und Sprecher »(...) verhalten sich zueinander wie ein Ego, das einem Alter Ego *etwas zu verstehen gibt*«. (ebd.; Herv. H. F.) Auf diese Art und Weise nur sind sie in der Lage, soziale *Regeln*[70] der

---

70 Wir übernehmen an dieser Stelle für die Zwecke des Exkurses den Terminus ›Regel‹, um uns auf Habermas beziehen zu können. Im

Symbolverwendung auszubilden: Bedeutungs*konventionen* entstehen.⁷¹

Hier geht Habermas über zum zweiten Kritikpunkt an Mead. Die Argumentation dazu scheint uns problematisch, und die Kritik dieser Position kann bereits dazu dienen, von einem Common sense-Gesichtspunkt aus sprachtheoretische Schwachstellen der Theorie des kommunikativen Handelns anzusprechen. Es zeigen sich u. E. zwei kritische Punkte des Habermas'schen Sprachkonzepts. Wir können sie hier sicher nicht auflösen, aber sie sollen zumindest angesprochen werden. Der erste Punkt betrifft das Konzept der Grammatik, der zweite – eigentlich grundlegendere – das bei Habermas paradigmatische Konzept der (sprachlichen) Regel und seine Begründung. Im Blick auf beide Punkte ist die Existenz einer sprachlichen Common sense-Kompetenz, wie wir sie verstehen, ein für die Theorie des kommunikativen Handelns unbequemes Faktum.

Kontext der sprachtheoretischen Diskussion des Common sense-Konzeptes allerdings erweist es sich als notwendig und fruchtbar, ›Regeln‹ i. e. S. von sozial strukturierten ›Präferenzen‹ zu unterscheiden. Auch diese Präferenzstrukturen aber sind im Sinne Habermas' als ›regelhaft‹ verstehbar.

71 Habermas rekonstruiert dies in drei Schritten der Einstellungsübernahme: 1. Erstens wird die Reaktion des anderen auf die eigene Geste übernommen. 2. Zweitens wird das wechselseitige Verstehen in der Antizipation der Reaktionen als ein *soziales* Verhältnis konstituiert, in dem man sich entweder kooperativ oder nicht kooperativ verhalten kann. 3. Drittens schließlich resultiert daraus, daß die Teilnehmer sich selbst gegenüber die kritische Einstellung des anderen zu einer fehlschlagenden Deutung eines kommunikativen Aktes (einer Äußerung) einnehmen. So bilden sie *Regeln* der Symbolverwendung aus.

Das Einverständnis und die Grammatik
Eine Kritische Anmerkung

Habermas wirft Mead vor, die letzte Stufe der Entwicklung, also den Übergang zur geregelten Symbolbedeutung, nicht scharf herausgearbeitet zu haben (vgl. ebd. 41). Er stellt fest, bei Mead bleibe die Handlungskoordinierung letztlich in eine »(...) auf Instinktresiduen gestützte Verhaltensregulation eingebettet« (ebd. 40), weil er die Bedeutung der symbolischen Durchstrukturierung von Verhaltensschemata, Verhaltensdispositionen und Verständigungsprozessen *durch grammatisch strukturierte und propositional ausdifferenzierte Rede* verkenne (vgl. ebd. 69). Erst durch das solcherart grammatisch-symbolisch durchstrukturierte Medium der Sprache werden Kognitionen, Obligationen und Expressionen – also propositionale, illokutionäre und expressive Äußerungsbestandteile – für das Individuum selbst sprachstrukturell differenzierbar und reflexiv kontrollierbar (vgl. 1981b, S. 99). So wird das nach Habermas im kommunikativen Handeln ›eingebundene‹ Rationalitätspotential freisetzbar.

»Sobald die kommunikativen Akte die Gestalt grammatischer Rede annehmen, hat die symbolische Struktur alle Bestandteile der Rede durchdrungen.« (ebd.)

Die Sprache erlaubt es nun, sich intentional auf Kognitionen, Obligationen und Expressionen als Bestandteile grammatisch strukturierter Äußerungen zu beziehen. Sie ermöglicht es so auch, diese zu *thematisieren* und in Frage zu stellen. Erst damit ist für Habermas ein ›sprachliches Niveau‹ erreicht. Sich kritisch auf Meads quasi-signalsprachlichen Symbolbegriff beziehend, formuliert er:

»Wo immer sich Interaktionsteilnehmer mittels Symbolen verständigen, bestehen die Alternativen von Verständnis, Unverständnis und Mißverständnis; auf dieser Grundlage verändern Kooperation und Konflikt bereits ihren Charakter. Aber erst auf sprachlichem Niveau kann Einverständnis die Form eines kommunikativ erzielten Konsenses annehmen. Sprachliche Kommunikation setzt das Verstehen von und die Stellungnahme zu kritisierbaren Geltungsansprüchen voraus.« (Habermas 1981b, S. 113)

Damit wird deutlich, daß das sprachliche Faktum der grammatischen Strukturierbarkeit und einer darauf basierenden propositionalen Ausdifferenzierbarkeit der Rede für Habermas *sprachtheoretische* Begründung des Einverständnisses einen zentralen Stellenwert hat. Wenn er davon spricht, daß die »(...) Idee rational motivierter Verständigung in der Struktur der Sprache schon angelegt (...)« sei (ebd. 147), so ist die wichtigste sprachstrukturelle Voraussetzung, auf die sich Habermas hier bezieht, offenbar die Grammatikalität der Sprache.[72] Erst die grammatische Kreativität der Sprache ermöglicht es, in der Vergegenwärtigung der ausdifferenzierten Bestandteile signalsprachlicher Kommunikation, sich zu sprachlichen Äußerungen *als solchen* zu verhalten und aus der über Signale gesteuerten Verhaltensdetermination endgültig herauszutreten. Dies gilt sowohl für das Individuum, dessen Verhaltensdispositionen auf diese Art und Weise sprachlich verfügbar und flexibel werden, als auch für die Gesellschaft als Ganze, deren Topoi und Deutungsmuster nun symbolisch durchstrukturiert werden können. Der Vorgang resultiert individuell wie sozial in einer erneuten Erzeugung von Kontingenz, die nun aber rational strukturierbar wird. Habermas wirft Mead vor, daß er diese, die Kommunikation qualitativ transformierende Funktion grammatischer Strukturierung nicht erkannt habe (vgl. ebd. 41). Erst unter dieser Voraussetzung geht Habermas zufolge die signalsprachliche *Handlungskoordination* (mittels wechselseitig gleichsinnig interpretierter Symbole) tatsächlich über zu einem *verständigungsorientierten Handeln*, das sich der Gründe für den Symbolgebrauch versichern kann. Die grammatisch verbürgte Substituierbarkeit und Permutierbarkeit von Ausdruckskomponenten, ebenso wie die grammatisch ermöglichte kompo-

---

72 Besonders deutlich wird dies auch im ersten Kapitel von ›Faktizität und Geltung‹ (Habermas 1992), wo sich Habermas unter dem Stichwort ›linguistische Wende‹ auf Freges Unterscheidung zwischen privaten ›Vorstellungen‹ und intersubjektiven ›Gedanken‹ bezieht. Er schreibt: »Wichtig ist ..., daß es die Struktur der Sätze ist, an denen wir die Struktur der Gedanken ablesen können; ... Wir sind also an das Medium der Sprache verwiesen, wenn wir den eigentümlichen Status erklären wollen, durch den sich Gedanken von Vorstellungen unterscheiden.« (a.a.O. 26)

sitionelle Bedeutungskonstitution für Sätze gewährleistet damit sprachtheoretisch genau *die* Kontingenz, die Habermas kommunikationstheoretisch für seinen Begriff des Einverständnishandelns braucht. Es fällt nun allerdings auf, daß Habermas zwar das Konzept der ›grammatischen Strukturierbarkeit und Ausdifferenzierbarkeit‹ der Rede für seinen Ansatz nutzt, daß er aber den zugrunde gelegten Begriff von Grammatik unexpliziert läßt. Es fehlt in der Theorie des kommunikativen Handelns ein kommunikationstheoretisch reflektiertes und begründetes Konzept grammatischer Kompetenz.[73] Weil ein solches Konzept aber fehlt, kommt es zu einem Bruch in der Theorie: Modellierungen der Kompetenz, die linguistisch *ohne Interesse* an Bedingungen des Meinens und Verstehens erfolgt sind und eindeutig von extrakommunikativen Idealisierungen bestimmt sind (Homogenität, Ökonomie, Generativität), werden kurzerhand kommunikationstheoretisch interpretiert. Wo Luhmann also auf Ausführungen zum ›Code‹ verzichtet, da stützt Habermas seine Argumentation auf linguistische Prämissen, die kommunikationstheoretisch zumindest unreflektiert sind.

Dazu kommt ein weiterer Punkt: Wenn das Konzept ›grammatischer Strukturierbarkeit‹ tatsächlich eine so zentrale Rolle spielt, scheint es uns unabdingbar, auch die ›komplementären‹ Prozesse sprachlicher Lexikalisierung zu diskutieren und nach ihrer Bedeutung für Habermas' Argumentation zu fragen. In der ›ersten Zwischenbemerkung‹ zur Theorie des kommunikativen Handelns thematisiert Habermas unter dem Stichwort ›illokutionäres Lexikon‹ den Zusammenhang von Sprache und institutioneller Ordnung einer Gesellschaft. Wir können diese Stelle hier zustim-

---

73 Was die Syntax im Sprachgebrauch angeht, läßt sich ganz entgegen der Argumentation Habermas' zeigen, daß auch diese Ebene sprachlicher Struktur *in der Produktion* durchaus auf die Anschließbarkeitsproblematik bezogen ist. Die *extrakommunikativ* grammatisch konstruierbare Kontingenz des Ausdrucks ist den Sprechern danach *kommunikativ* in dieser Weise nicht verfügbar. Sie stützen sich kommunikativ vielmehr in erheblichem Umfang auf ›sympathisch‹ konstituierte syntaktische Ausdrucksmuster. Vgl. dazu in Feilke (i. V.) das Kapitel ›Syntax und Sympathie‹.

mend zitieren, wenn wir das Attribut ›illokutionär‹ streichen bzw. in Parenthese setzen.[74]

»(...) das ... Lexikon ist gleichsam die Schnittfläche, wo sich die Sprache und die institutionellen Ordnungen einer Gesellschaft durchdringen. Diese gesellschaftliche Infrastruktur der Sprache ist selber im Fluß; sie variiert in Abhängigkeit von Institutionen und Lebensformen. Aber in diesen Variationen schlägt sich *auch* eine sprachliche Kreativität nieder, die der innovativen Bewältigung unvorhergesehener Situationen neue Ausdrucksformen verleiht.« (Habermas 1981a, S. 430)

Wir haben in der Argumentation zu Berger/Luckmann zu zeigen versucht, daß die Genese einer Common sense-Kompetenz u. E. selbst als Prozeß einer Institutionalisierung von Ausdrucksverhalten aufgefaßt werden kann. Das Lexikon einer Sprache ist insofern selbst eine institutionelle Ordnung des sprachlichen Könnens. Es ist der Fundus der über Präferenzen strukturierten ›sozialen Form‹ des institutionalisierten Ausdrucksverhaltens. Allerdings ist diese institutionelle Ordnung als ›soziale Form‹ u. E. den Prozessen einer an Einsicht und Einverständnis gebundenen Rationalisierung weitgehend entzogen.[75] Dies ist ein Problem für die Theorie des kommunikativen Handelns, das u. E. mehr Beachtung verdient, als ihm Habermas zugesteht.

Könnte es nicht sein, daß diese institutionelle Ordnung in dem Maße, in dem sie der Paraphrasierbarkeit, Substituierbarkeit und damit auch Analysierbarkeit des Ausdrucksverhaltens Widerstände entgegensetzt, einen weitgehend ›diffusen‹ Konsens organisiert, der bereits in der Oberfläche des Ausdrucksverhaltens

---

74 Habermas versteht darunter ›grammatische Modi, performative Verben, Satzpartikeln, Satzintonationen usw.‹, die als ›illokutionäre Kräfte Knotenpunkte in den Netzen kommunikativer Vergesellschaftung bilden‹ (vgl. 1981a, S. 430). Wir wollen den Ausdruck ›Lexikon‹ allerdings in einem weiteren Sinn verstehen: Hinausgehend über ein Kernlexikon kleinster semantischer Einheiten gehören u. E. auch syntaktische patterns und alle weiteren Formen des Spektrums lexikalisierter Ausdrucks-Attitüden dazu (vgl. dazu Teil II, Kap. 2 dieser Arbeit und im Schlußteil das mit ›Perspektive‹ überschriebene Kapitel. Vgl. ebenso die systematische Darstellung in Feilke i. V.).

75 Wir kommen darauf bei der Diskussion des Regelbegriffs weiter unten im einzelnen zu sprechen.

Koorientierungen quasi-gestisch, und damit in einem Modus ›indirekter Verständigung‹, verfügbar macht?
Habermas formuliert selbst in einer Fußnote(!) die These,

ein »Maß für die Flexibilität einer Gesellschaft« sei »(...) der Anteil, den die institutionell mehr oder weniger gebundenen, idiomatisch festgelegten, ritualisierten Sprechhandlungen an der Gesamtheit der jeweils zur Verfügung stehenden illokutionären Anschlußmöglichkeiten haben (...)«. (1981a, S. 430)

Es ist offenkundig, daß Habermas damit Beispiele für einen *nicht* in seinem Sinne ›verständigungsorientierten‹, sondern für ›konsequenzenorientierten‹ Sprachgebrauch anführt (vgl. etwa 1981a, S. 388). Es ist deshalb verständlich, daß das Thema in eine Fußnote ›abgeschoben‹ wird. Es ist aber auch unbefriedigend. Habermas erkennt dieses Problem und seinen kritischen Stellenwert für die eigene Theorie. Er formuliert die Stellen, an denen er sich auf diesen Punkt bezieht, entsprechend äußerst apodiktisch. Es ist klar, daß ein *solcher* Modus des Einverständnishandelns, der praktisch die aus dem Gebrauch resultierenden Steuerungseffekte von Ausdrücken zur wechselseitigen Koorientierung nutzt, mit Habermas' Begriff des Einverständnisses im Sinne einer rational erzielten Übereinkunft nicht verträglich ist. Er wendet sich deshalb mit Vehemenz gegen diese Position und insistiert auf einem ›Originalmodus‹ des Einverständnishandelns, wenn er schreibt:

»Beispiele eines .. konsequenzenorientierten Sprachgebrauchs scheinen die Sprechhandlung als Modell für verständigungsorientiertes Handeln zu entwerten. Das ist nur dann nicht der Fall, wenn sich zeigen läßt, daß der verständigungsorientierte Sprachgebrauch der *Originalmodus* ist, zu dem sich die indirekte Verständigung, das Zu-verstehen-geben oder das Verstehen-lassen, parasitär verhalten.« (Habermas 1981a, S. 388)

Es scheint uns kommunikationstheoretisch unfruchtbar, das ›Zu-verstehen-geben‹ und das ›Wirklich-verstehen-wollen‹ in dieser Art und Weise zu kontrastieren. Das Funktionieren der Kommunikation hängt offenbar *in gleicher Weise* (!) davon ab, daß die Handelnden im Prinzip die Möglichkeit einer Verständigung unterstellen,[76] wie es davon abhängt, daß die Teilnehmer im Prinzip

---

76 Das soll heißen, daß die Akteure unterstellen, daß sie in der Koorien-

voraussetzen, daß das institutionell-gestisch gestützte Verstehen *unabhängig* von einer substantiellen Verständigung funktioniert.[77]
Sprachtheoretisch jedenfalls – und das soll im folgenden Abschnitt begründet werden – beschränkt sich die Verständigungsorientierung des kommunikativen Handelns auf die Bereitschaft, den Gebrauch sprachlicher Mittel im Meinen und Verstehen *prinzipiell fraglos* am Modus eines soziogenetisch emergenten Common sense des ›Einverständnishandelns‹ (Max Weber) zu orientieren (vgl. Kap. I.4.3).

Wer regelt, was Regeln regeln?
Das Problem der Intersubjektivität[78]

Nachdem wir also Implikationen und Probleme der Habermas'schen Prämisse einer grammatischen und propositionalen Differenzierbarkeit und Analysierbarkeit von Äußerungen untersucht haben, gehen wir über zum zweiten u. E. problematischen Punkt in der sprachtheoretischen Begründung der Theorie des kommunikativen Handelns. Er betrifft Habermas' Diskussion der ›notwendigen‹ Bedingungen für das Funktionieren sprachlicher Regeln. Habermas sieht sie an die ›Möglichkeit von Kritik‹ gebunden. Wir halten diese Einschränkung sprachtheoretisch

    tierung auch *weiter gehen könnten*, als sie intendieren oder als es für den Moment erforderlich ist.
77 Das soll heißen, daß die Akteure wissen, daß es *für die Kommunikation* ebenso unnötig ist zu wissen, *was genau* der andere meint, wie es unnötig ist zu wissen, *was genau* man selbst meint. Das Verstehen vollzieht sich über das Gesagte, nicht über das Gemeinte. Darauf hat bereits Wittgenstein hingewiesen (vgl. 1967, S. 171 = PU 504).
78 Vorbemerkung zur Diskussion: Es ist uns bekannt, daß es bei Jürgen Habermas zu diesem Punkt vor allem auch in früheren Arbeiten (z. B. 1975/1984) ausführliche differenzierte Argumentationen gibt. In der Theorie des Kommunikativen Handelns allerdings geht nun u. E. der Versuch zu einer sprachtheoretischen Begründung ›kommunikativer Rationalität‹ eindeutig zu Lasten der begrifflichen Klarheit der Vorarbeiten.

nicht für haltbar und sehen sie bereits durch Habermas' eigene Differenzierung zwischen ›operativen‹ und ›Handlungs‹regeln in Frage gestellt (vgl. Habermas 1975/1984). Diese begriffliche Unterscheidung spielt für Habermas in seiner Kritik an Mead offenbar keine Rolle mehr. An einem zentralen Satz, der die Kritik Habermas' an Mead zusammenfaßt, ist eine gewisse Unschärfe der Begrifflichkeit feststellbar, die uns problematisch erscheint. Sie erst ermöglicht es Habermas u. E., das ›*begründete Einverständnis*‹ an einer prominenten Stelle zu plazieren: Es scheint ihm zur Gewährleistung der ›Intersubjektivität von Regeln‹ unverzichtbar. Wir wollen begründen, warum wir diese Einschätzung nicht teilen können. Der Satz lautet:

»Ohne diese Möglichkeit der gegenseitigen Kritik und einer zu Einverständnis führenden wechselseitigen Belehrung wäre die Identität von Regeln nicht gesichert«. (Habermas 1981b, S. 34)[79]

Dieser Satz scheint uns sinnvoll nur dann interpretierbar, wenn man annimmt, daß Habermas hier den Prozeß einer reflexiv theoretischen Beschreibung und Rekonstruktion von Regeln meint.[80] Eine solche Rekonstruktion – etwa für Zwecke der linguistischen Sprachbeschreibung – setzt tatsächlich die Abstraktion einer Regel aus dem Gebrauch *durch Angabe von Gründen*, und in diesem Sinne auch die Erzeugung eines Einverständnisses, voraus – allerdings lediglich bezüglich der *Beschreibung* der Regel! (so etwas gibt es z. B. auch im gesteuerten Zweitspracherwerb).

79 Das Zitat taucht fast gleichlautend bereits in Habermas' ›Vorlesungen zu einer sprachtheoretischen Grundlegung der Soziologie‹ von 1970/71 auf, so wie auch die gesamte Argumentation zum Regelbegriff und zur ›Natur‹ sprachlichen Wissens dort bereits ausgeführt ist (vgl. ders. 1984, S. 66).

80 Es geht Habermas, wie er in einer Fußnote (ebd. 39) schreibt, zunächst im Gefolge von Wittgensteins Regelbegriff nur um Bedeutungskonventionen, nicht um Handlungsnormen. Man muß sich aber klarmachen, daß Habermas Ansatz auf soziale Tatsachen in ihrer Gesamtheit zielt und daß er Bedeutungsfragen als Paradigma nutzt. Wir werden uns selbst im folgenden deshalb auch auf andere sprachliche Beispiele stützen. Immerhin nimmt Habermas ›*die* Sprache‹ als ›universales Medium der Verkörperung von Vernunft‹ für seine Argumentation in Anspruch.

Habermas meint aber hier keinesfalls die ›sekundäre‹ theoretische Rekonstruktion von Regeln etwa durch die Sozialwissenschaft oder Linguistik, er meint tatsächlich die Konstruktion der Regel selbst. Hier ist eine genauere Untersuchung vorzunehmen. Sie betrifft die Frage, was unter ›Identität‹ einer Regel zu verstehen ist. Habermas stellt fest, eine Regel sei kein empirisches Datum; sie sei nur dann eine Regel, wenn sie unter kontingenten Bedingungen *das gleiche Handeln* ermögliche, wenn also eine von den individuellen empirischen Bedingungen unabhängige Konstanz gegeben sei (vgl. ebd. 32-34; vgl. ebenso 1984, S. 50 ff.). In diesem Zusammenhang rekurriert er auch auf Wittgensteins Argumentation gegen die Möglichkeit, einer Regel ›privatim‹ zu folgen; die Regel ist *wesentlich* eine *soziale* Konstante.[81] Bis hierher ist der Argumentation zuzustimmen. In diesem Sinne ist die ›Identität‹ einer Regel tatsächlich die Voraussetzung für ihre Anwendung, was man sich am Beispiel einer beliebigen grammatischen Regel (z. B. der Kongruenzbedingung für Subjekt und Prädikat in Person und Numerus) leicht verdeutlichen kann. Gleich welchen Satz ich bilde, die Regel gilt immer. Ihre ›Identität‹ setzt voraus, daß sie »(...) intersubjektiv für mindestens zwei Subjekte Geltung (...)« (ebd.) hat. Sie ist eine ›soziale Form‹ meiner Satzbildung.

Was aber bedeutet in diesem Falle der Habermas'sche Ausdruck ›Identität der Regel‹ *für den Akteur*? Er bedeutet doch wohl, daß ein *kognitives* Schema für den Gebrauch existiert, daß er als Akteur also individuell über eine zuverlässige Schematisierung der

---

81 Habermas' Rekurs auf Wittgenstein scheint uns nicht unproblematisch, wenn er (1984, S. 69) formuliert: »Hätte Wittgenstein eine Theorie der Sprachspiele entwickelt, sie hätte die Form einer Universalpragmatik annehmen müssen.« So wie der Wittgenstein des Tractatus (bei Habermas ›Wittgenstein I‹) zur Logik der Syntax und der Wittgenstein der ›Philosophischen Untersuchungen‹ (bei Habermas ›Wittgenstein II‹) zur Pragmatik tendiert, ist auch der ›frühe‹ Wittgenstein universalistisch orientiert, während der ›späte‹ immer wieder auf die pragmatischen Ordnungsleistungen der *›idiomatischen* Sprache‹ verweist. Wenn Wittgenstein also eine Theorie der Sprachspiele entwickelt hätte, hätte sie u. E. die Form einer ›Idio-Pragmatik‹ annehmen müssen.

sozialen Form verfügt. Dies aber heißt u. E. keineswegs, daß er dieses Schema auch *kennt* und also genau *von dieser* Regel abweichen und überdies abweichendes Verhalten als Regelverstoß (d. h. als Verstoß *gegen genau diese Regel*)[82] kritisieren kann, wie Habermas unterstellt (vgl. Habermas 1981b, S. 33). Habermas' Argumentation zu diesem Punkt ist – falls wir sie richtig verstehen – erstaunlich. Daß das sprachliche Wissen großenteils implizit ist, sieht Habermas selbstverständlich (vgl. etwa 1984, S. 17; 1975/1984, S. 296 ff.). Allerdings scheint dies für ihn lediglich ein praktisch kognitives Problem der Zugänglichkeit des Regelwissens zu sein, wobei das Wissen aber im Prinzip immer »mäeutisch präzisierbar« (1984, S. 17) ist. Habermas berücksichtigt hier u. E. nicht ausreichend, daß die Implizitheit auch die *soziale Konstituierung* der Regelkenntnis betrifft. Die entsprechenden Regeln sind nicht nur großenteils kognitiv, sondern auch *sozial* implizit. Sie sind nicht rational-kommunikativ rekonstituierbar. Daß sie funktionieren, beruht geradezu darauf. Zur Anschauung ein semantisches Beispiel:
Gegen welche Regel verstößt, wer sagt: ›Ich *wasche* mir die Zähne‹? – und verstößt er überhaupt gegen eine *Regel*? Welche Kritik sollten wir üben? Was gäbe es hier einzusehen? Welche Gründe könnten wir für ein Einverständnis anführen? Es ist äußerst schwer, auf diese Fragen Antwort zu geben, denn als idiomatisch kompetente Sprecher wissen wir nicht, warum der Ausdruck so *nicht* gebraucht werden kann. Selbst der Linguist

---

82 Die in der Klammer ausgedrückte Konkretisierung ist unbedingt erforderlich. Es ist unsinnig, von einem ›*Regel*verstoß‹ zu sprechen, wenn ich nicht angeben kann, gegen welche Regel *genau* verstoßen wurde. Zwar kann man ein bestimmtes, abweichendes soziales Verhalten unter Angabe von Gründen kritisieren, wenn diese Gründe aber nicht *genau* mit der betroffenen Regel zu tun haben, sind sie für die *Begründung der Regel* in Habermas' eigenem Sinn irrelevant. Seiner Erörterung zufolge soll ja die ›Identität der Regel‹ von der Möglichkeit, *sie* begründen zu können, abhängen. Habermas' Probleme in diesem Punkt gehen u. E. darauf zurück, daß er nicht scharf genug unterscheidet zwischen den Voraussetzungen, die für das *Kennen einer Regel* und das *Erkennen eines Regelverstoßes* zu unterstellen sind.

kann dafür keinen einsehbaren Grund angeben. Es handelt sich hier gar nicht um eine Frage ›mäeutischer Präzisierbarkeit‹. Auch wenn es zunächst unglaublich erscheint, es läßt sich keine andere Begründung der Kritik geben als die, *daß* man dies eben nicht *so* sagt, sondern daß es heißt ›Ich *putze* mir die Zähne‹. Dies allerdings wissen wir mit Sicherheit. Warum man dies sagt, dafür lassen sich durchaus Gründe angeben, denn der Ausdruck ist strukturell und semantisch motiviert. Aber *daß es so heißt und nicht anders*, dies ist eine rational nicht einsehbare Angelegenheit der sozialen Form, und dies ist für den Gebrauch entscheidend. Gründe nämlich finden sich leicht auch für ›Ich wasche mir die Zähne‹; so aber heißt es nicht. ›*Kritik*‹, ›*Gründe*‹, ›*Einverständnis*‹ sind deshalb im Blick auf diese Problematik zumindest unproduktive Begriffe![83]

Davon bleibt die ›Möglichkeit zu einer Ja/Nein-Stellungnahme‹ unberührt. Habermas hält – unter Rekurs auf Wittgensteins Regelbegriff – diese Möglichkeit für *notwendig*, und *dagegen* ist auch nichts einzuwenden. Aber mit dieser Ja/Nein-Option verfügen wir keineswegs auch schon über eine Begründung oder Ablehnung *im Sinne der Regel*, – ganz abgesehen davon, daß sich u. E. die Ja/Nein-Option mit einem kommunikationstheoretisch und empirisch äußerst problematischen, zweiwertigen axiologischen Modell sprachlicher Richtigkeit verbindet.[84]

---

83 Habermas bleibt hier in der Verwendung des Regelbegriffs undeutlich. Er zählt bereits 1975 Probleme grammatischer Korrektheit und der lexikalischen Auswahl als »Operationen« zur »Infrastruktur des Handelns« (vgl. 1975/1984, S. 275) und betont insofern ihre Inexplizitheit und ihren rein *formalen* Beitrag zur »Verständlichkeit« (ebd. 300). Gleichwohl rekonstruiert er das sprachlich konventionale Können für die Zwecke seiner Kommunikationstheorie nach dem Modell einer rational motivierten Regelung, wenn er schreibt: »Kompetente Subjekte folgen diesen Regeln im allgemeinen intuitiv, aber es ist sehr wohl möglich, diese Regeln zu rekonstruieren, indem wir den propositionalen Gehalt des impliziten Regelbewußtseins explizit darstellen.« (ebd. 297)

84 Es ist eine zentrale theoretische These der vorliegenden Abhandlung, daß sprachliche Kompetenz sich wesentlich auch in der Beherrschung einer axiologischen Typik abgestufter Präferenzen zeigt. Das traditio-

Nahezu alle Sprecher des Deutschen sind zwar in der Lage, bei einer Numerus-Inkongruenz zu erkennen, daß hier etwas nicht stimmt. Sie wissen sogar, wie es richtig heißen müßte, und sind in der Lage, den falschen Gebrauch zu *korrigieren*. Das heißt aber keineswegs, daß sie *die Regel identifiziert* haben und also in der Lage wären, den Gebrauch tatsächlich auch *unter Angabe von Gründen*, die sich *auf diese Regel* berufen, zu *kritisieren*![85] Der Unterschied zwischen ›Korrigieren‹ und ›Kritisieren‹, den wir hier machen, ist für die Diskussion in diesem Exkurs und die Bedenken, die wir gegen Habermas' Argumentation vorbringen, wichtiger, als es auf den ersten Blick scheinen mag. Habermas selbst mißt in seiner Mead-Kritik der kritischen »(...) Stellungnahme eines anderen zur fehlerhaften Verwendung von Symbolen« (1981b, S. 30) für die Begründung seines Sprachbegriffs *zentrale* Bedeutung bei. Daß es Varianten dieser ›Kritik‹ gibt, die im Blick auf die sprachtheoretischen Prämissen einer Kommunikationstheorie unmittelbar entgegengesetzte Konsequenzen haben, beachtet er nicht.

Verhaltens*korrekturen* – gerade auch des Sprachverhaltens – sind sehr häufig; dabei wird die Verbesserung sozusagen durch ›ein Gleiches‹ vermittelt: Man sagt, wie es ›richtig‹ heißt oder wo man diesen oder jenen Ausdruck gebraucht. D. h., der, der korrigiert, bezieht sich dabei auf die Typik der sozialen Form, nicht jedoch auf Gründe. So habe ich mich bei einem Versuch ertappt, Gründe zu finden, wo ich ihrer hätte entbehren können, als mich mein 4jähriger Sohn fragte: »Papa, warum heißt das eigentlich ›die Zwiebel brennt in den Augen‹«? Antwort: »*Weil* sie in den Augen sticht!« Er hat diese Begründung akzeptiert! Aber haben wir damit einen Beitrag zur Identifizierung der dem Gebrauch zugrunde liegenden Regel geleistet? Wohl kaum wird man dies sagen

---

nelle, zweiwertige axiologische Schema sprachlicher Richtigkeit, wie es aus der Wahrheitswertsemantik und Grammatiktheorie stammt, ist der Ökologie sprachlicher Kommunikation nicht angemessen.

85 Habermas bezieht sich in der Hauptsache auf die Semantik, aber das ist für das hier diskutierte Problem kein wesentlicher Unterschied! Er führt überdies (1984, S. 76) Bedeutungskonventionen nur als *ein Beispiel* sprachlicher Regeln an.

wollen. Solche Beispiele zeigen, daß der Gebrauch keine Begründungen braucht; er braucht nicht einmal ›die Möglichkeit‹ zur Begründung.[86]
Gründe sind für den Großteil des sozial *geregelten* Verhaltens – besonders des *geregelten* Sprachverhaltens – irrelevant, weil dieses Verhalten *im Prinzip kontingent* ist. Daß das im Prinzip kontingente Verhalten gleichwohl sozial *bestimmt* ist, erfährt der, der eine Korrektur bezweifelt und nach ihrem Sinn fragt, durch den häufigsten Sprechakt, der in solcherlei Diskurs zu hören ist: »Das ist eben so!« Es ist sozial völlig unbedeutend, *warum* man sich bedankt, wenn man etwas geschenkt bekommt. Soziale Bedeutung hat alleine, *daß* man sich bedankt. Die Geltung sozialer Regeln setzt auch idealiter für die kommunikative Praxis ein *begründungsfähiges* Einverständnis nicht voraus. Dagegen ist ein ›Einverständnis der Form nach‹ im Sinne Max Webers tatsächlich unverzichtbar (vgl. Kap. I.4.3). Gehen wir aber noch einmal zurück zur Unterscheidung von Korrektur und Kritik.
Was die *Dimension der sozial strukturierten ›Form‹ des Handelns*, das ›So-Sein‹ des Handelns also, angeht, ist das Korrigieren von Abweichungen leicht und beliebt. Das Kritisieren unter Anführung von Gründen dagegen schwer, unüblich und unnötig. Das Kritisieren einer Abweichung i. S. einer *rationalen* Begründung der Kritik setzt tatsächlich eine intersubjektive Identifizierung der Regel, wie sie Habermas' Zitat fordert, voraus. Sie verlangt damit die Konstruktion des ›extrakommunikativen‹ (Ungeheuer) Regelsinns, der aber als ein theoretischer Sinn für das Funktionieren der Kommunikation selbst nicht gebraucht wird.[87] Die ›so-

86 Wohlgemerkt wiederum i. S. einer Begründung *der* Regel, der gefolgt wird! *Andere* Begründungen gibt es selbstverständlich zuhauf, aber diese sind gerade nicht regelkonstituierend. Die Volksetymologie z. B. besteht praktisch nur aus solchen Versuchen einer ›sekundären‹ Rationalisierung institutionalisierter Bedeutungen.

87 Der extrakommunikative Sinn etwa von Kongruenzregeln – und damit auch jeder einzelnen Kongruenzregel – besteht darin, daß eine Sprache Beziehungen und Abhängigkeiten zwischen Satzeinheiten grammatisch indizieren können muß. Dafür stehen ihr morphosyntaktische Markierung (inkl. Kongruenz), Stellung und Intonation zur Verfügung. Dieser theoretische Sinn von Kongruenz ist zwar zur Be-

ziale Form‹ des Handelns setzt *Gründe, Begründungen und Einsicht* nicht notwendig voraus, denn das Konstitutionsproblem der ›sozialen Form‹ sprachstruktureller Regeln und Präferenzen ist bereits durch das Zusammenspiel von Kontingenz und Selektivität gelöst.

Es ist wichtig, sich hier nicht durch den Gebrauch der Ausdrücke ›Gründe‹ und ›Begründung‹ verwirren zu lassen. Eine Korrektur z. B. wie »Es heißt nicht ›Er kommt immer zu spät, weil er trinkt Jägermeister‹, sondern es heißt ›Er kommt immer zu spät, weil er Jägermeister trinkt‹« bleibt auch dann eine Korrektur, wenn der Korrigierende, befragt nach dem *Grund*, etwa angibt, ›weil‹ sei eine Nebensatzkonjunktion und dürfe deshalb keinen Hauptsatz einleiten. Zwar haben wir hier eine Begründung, aber diese setzt beim Korrigierten gerade *keine* Einsicht(!) voraus, sondern nichts anderes als Bereitschaft zur Kon-Formität.[88] Das Vertrauen in den Sinn der Struktur speist sich aus dem sicheren Gefühl, daß auch ein begründeter Zweifel an der Härte der sozialen Tatsache kaum etwas ändern wird. Man kann die Regel nicht ›einsehen‹, denn es macht keinen Sinn, sie abzulehnen. Einsehen oder ablehnen kann man lediglich den *Sinn* der Regel,[89] aber dies betrifft bereits wieder die *extrakommunikative* Dimension des kommunikativen Handelns. Im Blick auf die Dimension der ›sozialen Form‹ des Handelns haben danach Kritik und Einverständnis nicht den Stellenwert, den ihnen Habermas geben möchte. Die soziale Form ist zwar *intersubjektiv* (hier ist Habermas' Bezug auf Wittgenstein

    gründung der Regel geeignet, aber vollkommen überflüssig für den Gebrauch.

88 Sprachdidaktisch z. B. ist es sehr wichtig, diesen Punkt zu verdeutlichen. Sprachliche Ordnungsstrukturen sind weitgehend ›eigensinnig‹, und nicht funktionalistisch oder intentionalistisch *reduzierbar*. Es *kann* allerdings eine wichtige Hilfe sein, methodisch Wege zur Rekonstruktion des extrakommunikativen Sinns einer Struktur zu eröffnen, um so theoretische Einsicht zu ermöglichen. Erfolgversprechender allerdings ist es, individuelle Schematisierungsprozesse der LernerInnen didaktisch zu stützen und zu fördern, ganz ohne Vermittlung solcher Gründe.

89 Wir kommen darauf später noch einmal an einem semantischen Beispiel zurück.

zuzustimmen), aber diese Intersubjektivität ist – abgesehen von dem erwähnten Vertrauen – subjektiv *motivlos*.[90] Gerade die intersubjektiven sprachlichen Strukturen, auf die sich Habermas beruft, sind dafür das beste Beispiel.

Ganz anders sieht es bei der *Ziel- und Strategiedimension des Handelns* aus, dort also, wo es tatsächlich um den *Sinn* einer aktuellen Handlung geht. Ob dieses oder jenes Ziel angestrebt werden soll und ob es besser so oder so zu erreichen ist, diese Fragen sind in ihrer Beantwortung abhängig von Dezisionen und können in diesem Sinn entweder ›dezisionistisch‹ oder durch diskursive Verfahren einer Erzeugung von Akzeptanz oder begründetem Einverständnis für Entscheidungen und Behauptungen geklärt werden.

Ein letzter Punkt: Die Trennung von Formdimension und aktueller Zieldimension des sozialen Handelns, auf der wir hier bestehen, provoziert immer wieder das zugleich richtige und falsche Gegenargument, bereits die sprachliche Form bringe doch in vielen Fällen Motive und Gründe bei. Exemplarisch dafür ist die Semantik. Wir haben dieses Argument selbst vertreten, und es spielt für diese Untersuchung eine zentrale Rolle. An dieser Stelle aber ist begriffliche Klarheit besonders wichtig: Selbstverständlich wird eine Ziel-Frage wie ›Sollte die Verfassung Arbeitsmigranten das allgemeine Wahlrecht geben?‹ *sprachlich* insofern präjudizier*bar*, als z. B. das Wort ›Ausländer‹ durch seine deontische Bedeutung die entsprechenden Personen als Nicht-Inländer und als nicht zugehörig zum Gemeinwesen der Inländer konzep-

90 Die von Habermas unterstellte »Intentionalitätserwartung« (vgl. 1971, S. 118/119) scheint uns deshalb ebenso entbehrlich wie eine Unterstellung ›unbewußter‹ Motive. Das Funktionieren der Regel als ›sozialer Regel‹ muß unabhängig von einem *regelbezüglichen* subjektiven Motiv sein. D. h. nicht, daß die Subjekte keine Motive hätten, der Regel *zu folgen*. Aber diese sind für das So-Sein der Regel nicht ausschlaggebend. Die *Folgebereitschaft* zu begründen, darf nicht verwechselt werden mit ›die Regel begründen‹. Nicht das ›Einverständnis i. S. eines Konsenses‹ ist definierendes Merkmal der Regel, sondern ›Selbstverständlichkeit‹ im Common sense. Nur durch die *Entkoppelung* des Meinens und Verstehens von subjektiven Motiven des Handelns kann die ›soziale Form‹ intersubjektiv bestätigt werden.

tualisiert. Es ›steckt‹ in der Bedeutung von ›Ausländer‹ so zugleich eine Möglichkeit für die Rechtfertigung von Ausgrenzungen. Aber daß die soziale Form des Ausdrucks auf diese Weise implizit Begründungen ermöglicht, heißt ja gerade nicht, daß sein Gebrauch begründet werden müßte. Das genaue Gegenteil ist der Fall: Eine Diskussion über die *Verwendung* (Zieldimension) des Ausdrucks i. S. einer Rationalisierung des kommunikativen Handelns ist natürlich nur möglich, wenn die *Bedeutung* (Formdimension) zunächst einmal fraglos ist. Selbst die von rassistischen Ausgrenzungen Betroffenen und die sich mit ihnen Solidarisierenden können sich auf die desavouierende Gebrauchsweise des Ausdrucks nur *mittels* seiner Bedeutung beziehen. Die soziale Form allein gewährleistet Koordinierung der Selektivität, – und sei es im Streit. Sie bedarf deshalb für den Gebrauch gerade nicht der Voraussetzung des Einverständnisses. Erst die ›sozialen Formen‹ geben der Verständigung im kommunikativen Handeln *Gestalt*. Das ›Einverständnis‹ selbst ist *sozial gestaltlos*.
Deshalb wird es auch für die *sprachtheoretische* Fundierung einer Theorie der Kommunikation nicht benötigt. Wenn Jürgen Habermas Mead vorwirft, daß er sich bei der Analyse des Meinens und Verstehens ausschließlich auf Probleme der *Handlungskoordinierung* konzentriert habe (vgl. 1981b, S. 46), so ist umgekehrt dem Habermas'schen Ansatz vorzuwerfen, daß die begriffliche Bindung von Verständigung an Einverständnis allzu leicht sprachtheoretisch notwendige Voraussetzungen einer Kommunikationstheorie übergeht und überdies die Möglichkeiten einer Sprachtheorie sozialethisch überfordert.[91] Damit ist selbstverständlich der Sinn des Versuchs zur soziohistorischen Rekonstruktion einer *Ethik gesellschaftlicher Kommunikation* – und in diesem Sinn verstehen wir den Habermas'schen Entwurf – nicht zu bezweifeln.
Habermas' Rekonstruktion des Einverständnishandelns jedoch können wir nicht folgen; zumindest *sprachtheoretisch* ist sie we-

---

91 Vielleicht ist es die ethische Tragik der sozialen Form, daß sie die Opfer dazu zwingen kann, die Sprache der Schergen zu sprechen, weil sie sich verständigen müssen. Daß *darin* jedoch auch das Einverständnis ›zu Hause‹ sein soll, heißt u. E., der Sprache zuviel zuzutrauen.

nig gewinnbringend. Was den Beitrag der Sprachtheorie zur Kommunikationstheorie angeht, kann eine Auffassung wie die Habermas'sche u. E. sogar fruchtbare Fragestellungen blockieren. Wo die Möglichkeit eines substantiellen Einverständnisses sprachlich ›im Prinzip‹ bereits als gesichert gilt, muß es als Kraftvergeudung erscheinen, zu untersuchen, wie denn in der Kommunikation eine hinreichende Koorientierung der Akteure, also ein Einverständnis ›der Form nach‹, sprachpraktisch *erzeugt* wird und welche Kompetenzen dafür zu unterstellen sind. Diese linguistische Fragestellung, zu deren Beantwortung eine Theorie der Common sense-Kompetenz u. E. einen Beitrag leisten kann, ist für Habermas un-*wesentlich*. Er insistiert auf einem ethisch motivierten ›Originalmodus‹ des Einverständnishandelns, der im Unterschied zu dem ›sympathisch‹ konstituierten sprachlichen Common sense sozial unkenntlich und ohne Option auf kommunikative Fassung bleibt.

Hier wird gewissermaßen im Kontrast die Leistung einer Common sense-Kompetenz deutlich. Eine solche Kompetenz strukturiert Ausdrucks- und Verstehensoptionen über eine typisierte Ordnung von Präferenzen für die Formulierung bzw. Interpretation von Äußerungen. Dadurch werden die Chancen für eine kommunikativ hinreichende Koorientierung – ähnlich wie im gestisch-rituellen Modus – durch die *Art des Vollzugs* von Äußerungen in der Kommunikation sozial erzeugt.[92] Jemand, der im Deutschen z. B. sagt ›Achte auf deinen Körper!‹, wenn er jemanden verabschiedet, kann damit in berechenbarer Weise eine soziale Irritierung auslösen. Obwohl *klar* ist, was er sagt, wird das Verstehen plötzlich ›ver-rückt‹ und ungewiß. Ganz anders aber, wenn er sagte ›Paß auf dich auf!‹[93]. Der Sinn der Äußerung ist

---

92 Bereits in dieser Untersuchung führen wir dazu zahlreiche Beispiele an (vgl. etwa Teil II, Kap. 2 oder 4.2 oder 4.3.3). Die über die Ziele dieser Abhandlung hinausgehende praktische linguistische Bedeutung der These belegen wir an anderer Stelle unter Rückgriff auf umfangreiches Beispielmaterial (vgl. Feilke i. V.).

93 Florian Coulmas (1985b, S. 47/48) berichtet, daß die erste Variante in etwa einer wörtlichen Übersetzung des entsprechenden Ausdrucks für ›Paß auf dich auf!‹ aus dem Japanischen entsprechen würde. Auch dies zeigt, daß Ausdrücke zwar immer semantisch und strukturell

sozial verbürgt in ihrer idiomatischen ausdruckseitigen Selektivität und in der Fähigkeit, den Ausdruck kontextsensitiv zu verwenden. Die Bedeutung ›zeigt sich‹ in diesem Sinne in konformer Selektivität. So können die Akteure im sympathischen Meinen und Verstehen den ›Common sense‹ – im Unterschied zum ›Konsens‹ – unmittelbar praktisch herbeiführen und bestätigen.

motiviert sind, daß aber ihre sozial begründete, primäre Selektivität als eigenständige kognitive Strukturebene und als Schlüssel zur pragmatisch wirksamen Koorientierung begriffen werden muß.

II.
Im Spiegel des Common sense
Die idiomatische Rückseite
der Sprachtheorie

1. Vorbemerkungen

Während im ersten Teil dieser Untersuchung versucht wurde, den Begriff der ›Common sense-Kompetenz‹ von außerlinguistischen Problemstellungen her zu begründen und in der linguistischen Kritik der referierten Ansätze auch die Notwendigkeit einer sprachwissenschaftlichen Thematisierung schon aufgezeigt worden ist, geht es im nun folgenden Teil darum, von der Linguistik als Wissenschaft her und von ihrem Gegenstand, also der Sprache und dem Sprechen her, zu zeigen, welchen Sinn dieses Konzept für die Sprachtheorie selbst hat. Die nicht ungefährliche Metapher von der ›Rückseite‹ der Sprachtheorie soll dabei den in diesem Teil der Abhandlung dominierenden Argumentationstyp kennzeichnen.[1] Bezogen auf zentrale Leitkonzepte der Sprachtheorie, die in aller Regel selbst den Aspekt idiomatischer Prägung nicht thematisieren, sollen Beispiele und Konzepte idiomatischer Prägung jeweils – gewissermaßen im Sinne eines ›skándalons‹, eines Stolperhölzchens – die Aufmerksamkeit auf wichtige Aspekte des Gesamtzusammenhangs lenken, die bei der Zielorientiertheit der theoretischen Bemühung vielfach allzuleicht übersehen werden.

Bereits als Ergebnis der soziologischen Diskussionen im vorigen Teil konnten wir festhalten, daß das kommunikative Handeln, also auch das Sprechen, u. a. als Prozeß einer Institutionalisierung von Ausdrucksverhalten verstanden werden kann bzw. als Überführung kontingenten Ausdrucksverhaltens in einen sozial struk-

---

[1] Die Metapher soll hier primär der Explizierung der Argumentationsweise in diesem Teil der vorliegenden Untersuchung dienen. Der durch den Ausdruck immer auch konnotierte Entlarvungsgestus soll dabei im folgenden durch eine diskursiv-vermittelnde Form der Problembehandlung nach aller Möglichkeit vermieden werden. Ein schönes Beispiel für die Gefährlichkeit der Metapher ist die Reaktion C. F. v. Weizsäckers auf Konrad Lorenz' Buch ›Die Rückseite des Spiegels‹, das Weizsäcker in einer kritischen Replik unter dem beziehungsreichen Titel ›Die Rückseite des Spiegels, gespiegelt‹ mit seiner eigenen epistemologischen Position konfrontiert (vgl. Weizsäcker 1980, S. 139 ff.).

turierten semiotischen Habitus. ›Strukturiert‹ heißt hier zum einen: Das Habitat selbst ist im Sinne von Meads Begriff der *Geste* (vgl. Teil I., Kap. 5.4) auf der Ausdrucksebene in gewisser Weise verfestigt und insofern strukturiert, als Ausdrucks*präferenzen* institutionalisiert worden sind. Zum anderen ist der Habitus – im Sinne der Herkunft des Ausdrucks ›idiomatisch‹ von ›*idios*‹ (= eigen) – auf einen ›eigenen‹, durch koordinierte Selektivität *selbsterzeugten und fest*-gestellten semantischen Komplex bezogen. Die immer, und das heißt auch, nicht nur im Blick auf sprachliche Ausdrücke gegebenen Tatsachen des *möglichen* Andersseins des Ausdrucks sowie einer *möglichen* anderen Interpretation der Ausdruckssequenzen weisen das Kennen des Habitus selbst als ein Common sense-Wissen aus. Diese Kenntnis ist es, die, bezogen auf die Sprache, die Brücke schlägt zwischen der linguistischen Kompetenz i. e. S. und dem *konventionellen* Weltwissen einer Kultur. Diese Kompetenz, die die soziologischen Theorien, wie gezeigt, nicht adäquat thematisieren, erscheint gleichwohl auch soziologisch als Voraussetzung für das alltägliche Bewältigen des von Luhmann skizzierten Problems der ›Unwahrscheinlichkeit von Verständigung‹ in der Kommunikation.

Bevor wir darangehen, in den verschiedenen Untersuchungen dieses Kapitels aus der Kritik an theoretischen Positionen in der Linguistik das Konzept der ›Common sense-Kompetenz‹ theoretisch zu begründen, wollen wir durch ein Textbeispiel veranschaulichen, an welchem empirischen Problembereich sich für uns die in diesem und den folgenden Kapiteln zu untersuchenden Fragen entwickelt haben. Die Erörterung und Darstellungsform der Probleme erfolgt dabei naturgemäß noch weitgehend theoretisch ungeschützt; angestrebt wird durch die ausführliche Diskussion des Beispiels im folgenden Abschnitt lediglich die Plausibilisierung einer Argumentationskette, deren Begründung im einzelnen den folgenden Kapiteln vorbehalten bleiben muß. Die Erörterung in Kapitel 2 dieses Teils sollte ebenfalls nicht als empirische Untersuchung mißverstanden werden; der ausschließliche Zweck ist eine vorwegnehmende, veranschaulichende Problemdarstellung.

Im Anschluß an die Beispieldiskussion im zweiten Kapitel wird im dritten und vor allem im vierten Kapitel untersucht, wie das von der soziologischen Skizze her als ›sozial gestalthaft‹ aufzufassende Sprachwissen in der Linguistik behandelt worden ist. Es wird hier vor allem zu prüfen sein, ob und wo in bekannten theoretischen Konzepten der Sprachwissenschaft diese Ebene der Kompetenz überhaupt zum Thema wird oder – anders formuliert – es wird zunächst umgekehrt gefragt, wo und warum sie *nicht* zum Thema geworden ist. Es geht dabei also nicht etwa um den Kontext der ›Phraseologie‹ als linguistischer *Teil*disziplin. Vielmehr wird umgekehrt das Faktum einer idiomatisch geprägten Kompetenz als eine sprachliche Grundtatsache expliziert, die für die dominierenden theoretischen Denkweisen in der Linguistik im Sinne Thomas Kuhns bisher weithin *randständig und ›rätsel‹haft* ist. Die diesen Bereich betreffenden Sprecherintuitionen werden eben deshalb entweder als ›linguistisch nicht relevant‹ wegdefiniert oder fallen in ein Sammelbecken theoretisch ungeklärter Probleme – die Phraseologie nämlich.[2] Sprachbezogene Intuitionen von Sprechern und Hörern mit dem Verdikt linguistischer Irrelevanz zu belegen, ist dabei allerdings deutlich die dominierende Strategie.[3]

2 Vgl. in diesem Sinne vor allem die Argumentation von Coulmas (1981a), Fillmore et al. (1988). Selbstkritisch und innovativ zu diesem Merkmal der Phraseologie äußert sich Hans Schemann (1987 und 1989). Ausführlich wird auf diese Problematik in Feilke (i. V.) eingegangen.

3 Vgl. hierzu die Untersuchungen von Gerd Antos (1992) zur ›Laienlinguistik‹, der die nicht-akademische Beschäftigung mit Sprache (z. B. Volksetymologie) in ihrem Verhältnis zur akademischen Linguistik durch diesen Kommunikationstyp der Problemabschiebung gekennzeichnet sieht. Antos arbeitet historisch und systematisch das problematische Verhältnis kritisch auf. Verdienstvoll ist dabei vor allem die Einordung der Problematik in den aktuellen Kontext einer breiten und von Common sense-Kategorien getragenen Wissenschaftskritik, die die ›Eigensinnigkeit‹ von ›Laien‹-Kategorien und ›Laien‹-Problemen gegenüber ›wissenschaftlichen‹ Thematisierungsstrategien betont. Gerd Antos' Kategorie der ›Imperfektibilität der Kompetenz‹ dagegen ist u. E. ein – zumindest terminologischer – Fehlgriff, insofern er Faktoren pragmatisch motivierter Strukturbildung zu sehr ausblendet. Das von Gerd Antos untersuchte ›laienlinguistische‹ Gebiet der ›Sprachverbesserung‹ resultiert u. E. nicht aus einer gegenüber der ›angeborenen‹

In den Ausführungen des folgenden Teils wird primär von den – im Sinne einer notwendigen Reduktion des Gegenstandes selbstauferlegten – Grenzen linguistischer Sprachbegriffe her argumentiert. Aus der Kritik an theoretischen Positionen in der Linguistik wird zugleich unser Begriff der ›Common sense-Kompetenz‹ begründet werden. Für diesen Zweck fassen wir die zu diskutierenden Positionen zu drei Typen zusammen; diese Typen haben in der Geschichte der Linguistik jeweils von einem bestimmten ›Gesichtspunkt‹ i. S. Saussures den Gegenstand der sprachlichen Kompetenz aufgefaßt. Verkürzend bezeichnen wir die drei Positionen als den ›lexikalischen Kompetenzbegriff‹, den ›grammatischen Kompetenzbegriff‹ und den ›handlungs-oder textorientierten Kompetenzbegriff‹. Die Untersuchung dieser drei Typen theoretischer Reduktion der sprachlichen Kompetenz wird eingeleitet durch Vorbemerkungen zum Problem des Reduktionismus als wissenschaftlicher Verfahrensweise.

Die Zusammenfassung am Ende dieses Teils rekapituliert thesenhaft die diskursiv in Auseinandersetzung mit den verschiedenen Denktraditionen begründeten Subkonzepte der ›Common sense-Kompetenz‹.

Kernkompetenz ›imperfektiblen‹ Performanz, sondern aus der essentiellen *Normativität* der idiomatischen Kompetenz.

2. Zur Diskussion: Erörterung eines Beispiels

2.1 Das Problem

Im folgenden wird eine Liste von zunächst acht Ausdrücken angeführt – die Zahl spielt nur eine untergeordnete Rolle – die einem zusammenhängenden Text entnommen worden sind, in dem sie, mit verschiedenen Unterbrechungen, in der gleichen Reihenfolge wie in der untenstehenden Liste erscheinen. Die Liste ist in verschiedenen Seminaren wiederholt Studenten vorgelegt worden, mit der Bitte, sie zu überfliegen und spontan
- den sich in der Vorstellung ergebenden Textinhalt sowie
- den vermuteten Handlungskontext, in den der Text eingebunden ist,

in Stichworten zu notieren. (Der geneigte Leser ist eingeladen, sich an dem kleinen Experiment zu beteiligen.) Hier also die Liste, wie sie insgesamt rund hundertfünfzig Studenten präsentiert wurde:

... auf den Trümmern errichtet ...
... sich einen guten Namen erworben ...
... Sorgen und Mühen ...
... am Markt bestehen ...
... mit Dankbarkeit gedenken ...
... Die Konkurrenz schläft nicht ...
... das Tanzbein schwingen ...
... erhebe mein Glas ...

Das Ergebnis dieses provisorischen Assoziations- und Kohärenztests ist in der Regel eine große Übereinstimmung hinsichtlich des vermuteten Textinhalts und des Handlungsrahmens. Sie läßt sich folgendermaßen paraphrasieren:
- Vermuteter Textinhalt: Es geht um den Wiederaufbau in der

Nachkriegszeit, die damit verbundenen Belastungen und das
›Wirtschaftswunder‹ sowie allgemeine Bedingungen wirtschaftlichen Erfolges. Der Rückblick auf vergangene erfolgreiche Jahre wird verbunden mit einer Aufforderung zu verstärktem Engagement.
– Vermuteter Handlungsrahmen: Ein Politiker oder Unternehmer hält anläßlich einer Jubiläumsfeier in einem Unternehmen eine Ansprache vor geladenen Gästen.

Diese Vermutungen entsprechen weitgehend dem Inhalt und Kontext des unten wiedergegebenen Originaltextes einer Rede unter dem Titel: »Geschäftserweiterung – der Inhaber spricht«, die einer Sammlung von Musterreden entstammt (vgl. Sicker 1983, S. 18 ff.). Was kann eine solche Beobachtung bedeuten, welche Schlüsse dürfen aus ihr gezogen werden?

Meine sehr verehrten Damen und Herren!
Meine lieben Mitarbeiter!
Als hier Anfang der 50er Jahre unser neu erstandenes Geschäftshaus auf den Trümmern des alten, dem Kriege zum Opfer gefallenen Gebäudes errichtet wurde, dachte niemand von uns bei der Einweihung daran – auch ich habe es kaum zu hoffen gewagt – daß im Laufe der nächsten Jahre die Verkaufsräume unserer Firma nicht mehr den Ansprüchen genügen würden. Über Erwarten schnell hat sich unsere Firma zu einem Großunternehmen entwickelt und sich am Markt einen guten Namen erworben. Deshalb war es eigentlich nur eine Frage der Zeit, wann die Pläne für eine Vergrößerung unserer Geschäftsräume in Angriff genommen werden mußten. Von den Sorgen und Mühen um den Bau des alten Hauptgebäudes wissen heute nur noch wenige aus unserer Firma etwas: wie schwer es war, Baumaterial und Einrichtungen zu beschaffen, wie schwer es war, die Finanzierung sicherzustellen und wie groß die Zweifel waren, ob und wie wir überhaupt am Markt bestehen könnten. Unsere kühnsten Hoffnungen von damals haben sich erfüllt. Voller Stolz können wir nun die Erweiterung unserer Geschäfts- und Arbeitsräume in froher Runde begehen. Ich möchte hier mit Dankbarkkeit noch einmal der vorbildlichen Zusammenarbeit aller der damit Beauftragten gedenken. Nicht nur dem Architekten, der Bauleitung und den Bauarbeitern, sondern auch Ihnen, die Sie in den zurückliegenden Zeiten der räumlichen Enge am Arbeitsplatz, aber auch in den Zeiten des Um- und Ausbaus viele sicherlich nicht leichte nervenbelastende Situationen mit Humor oder Fassung ertragen haben.

Herr X., der für die Hausverwaltung verantwortlich war, muß hier besonders lobend erwähnt werden. Er hat für eine reibungslose Zusammenarbeit gesorgt; ihm dafür zu danken ist mir ein Bedürfnis.
Lassen Sie mich heute bei dieser Gelegenheit noch kurz auf die Aufgaben eingehen, die in den nächsten Monaten auf uns zukommen. Unsere Stellung am Markt, unsere Kontakte zu Lieferanten und Kunden müssen täglich neu erobert und verteidigt werden. Die Konkurrenz schläft nicht, der Absatz ist wegen der konjunkturellen Lage nicht mit den gewohnten Zuwachsraten auszudehnen. Deshalb möchte ich Sie heute alle bitten, sich auch in Zukunft wie in den vergangenen Jahren aktiv für die Ziele unserer Firma einzusetzen. Die hohen Investitionskosten für diesen Erweiterungsbau sind ein Wechsel auf die Zukunft, den wir einlösen müssen.
Heute aber soll der Frohsinn zu seinem Recht kommen. Ich wünsche allen recht schöne Stunden und fordere die Jungen unter uns und die sich jung fühlen auf, recht eifrig das Tanzbein zu schwingen. Ich erhebe mein Glas und trinke auf den Erfolg und auf das weitere Wachsen unseres Unternehmens. Auf Ihr Wohl, meine Damen und Herren!

Zunächst ist festzuhalten, daß die Leser offenbar in der Lage waren, aus den syntaktisch und textlinguistisch unverbundenen Ausdrücken übereinstimmend einen kohärenten Inhalts- und Handlungszusammenhang zu konstruieren. Dabei spielen hier offensichtlich weder Anaphorik noch Kataphorik, weder lexikalische Isotopien noch paradigmatische Substitutionsverhältnisse wie Pronominalisierung oder Synonymien eine Rolle bei der Entstehung der Kohärenz.
Obgleich im Effekt immer wieder überraschend, ist dieses Ergebnis, für sich genommen, noch keine besonders überraschende Beobachtung. In seiner ›Sprachtheorie‹ berichtet Karl Bühler bereits 1934 über ein unserem Beispiel unmittelbar vergleichbares Experiment, das seine Frau mit ihren Studenten durchgeführt hat (vgl. Bühler 1934/1982, S. 170 ff.), und in den 50er Jahren hat Jerome S. Bruner für die Sprachpsychologie vergleichbare Phänomene unter dem Stichwort ›going beyond the information given‹ untersucht (vgl. Bruner et al. 1957). Es ist heute eine in der Linguistik unbestrittene Erkenntnis, daß bei der Erzeugung textueller Kohärenz die textuell manifeste sprachliche Struktur und Strukturen des Weltwissens zusammenwirken.[1]

1 Stichworte wie ›Präsupposition‹, ›konversationelle und konventionelle

Gleichwohl aber denken wir, daß die Frage danach, wie dies sprachlich möglich ist und *linguistisch* erklärt werden kann, durchaus noch nicht beantwortet ist. Das entscheidende Problem scheint uns dabei die Bestimmung des Verhältnisses von konventioneller sprachlicher Vorgeprägtheit der Interpretation einerseits und aktueller ad-hoc-Konstruktion im Verstehen andererseits zu sein.[2] Auch natürliche Sprachen spiegeln in ihrer Struktur diese beiden Ebenen der Kommunikation. Sie sind zum einen für ad-hoc-Konstruktionen offene kombinatorische Systeme, wobei die relative semantische ›Leere‹ grammatischer Kategorien die Voraussetzung für das ›neue‹ Ausfüllen der Formen in syntaktisch kreativen Prozessen ist. Zum anderen aber führt genau dieser Prozeß *in der Kommunikation* dazu, daß die Formen pragmatisch und semantisch interpretiert werden, und das heißt auch, daß für die Konstruktionen *Interpretationen* konventionell werden können. Von dieser Seite her gesehen, steht dann bei der Frage nach der Kompetenz der Sprecher/Hörer nicht die Fähigkeit zur *syntaktischen* Interpretation eines Ausdrucks im Vordergrund, son-

Implikatur‹, ›Text-Welt-Modell‹ verweisen hier auf die verschiedenen Diskussionsstränge zu diesem Problemfeld in der Aussagenlogik, der Konversationsanalyse und der Texttheorie (vgl. z. B. Linke/Nussbaumer 1988).

2 Die hier als Fallbeispiel gewählte Textsorte ›Musterrede‹ ist im Blick auf diese Problematik selbstverständlich nicht *repräsentativ* für ›normale‹ Texte. Um so mehr steht diese Textsorte im Sinne des didaktischen terminus technicus ›exemplarisch‹ für den in dieser Untersuchung thematischen Bereich sprachlicher Tatsachen. Mustertexte der verschiedensten Art sind Paradigmata pragmatisch konstituierter Kompetenzen: Einerseits sind sie plastisch im Blick auf die konkret vorliegende Problemsituation, andererseits aber bündeln sie bereits Verhaltensoptionen zu pragmatisch motivierten Produktions- *und auch* Rezeptionspräferenzen. Der besondere Sinn des Rückgriffs auf die Textsorte an dieser Stelle der Argumentation besteht allerdings darin, daß, wie die oben dargestellte Liste und deren Interpretation durch die StudentInnen zeigt, die Präferenzen gerade nicht erst den Text als Text, und nicht erst die Handlung als Handlung betreffen, sondern bereits auf der Ebene der i. e. S. sprachlichen Konstituiertheit von Texten und Handlungen greifen. Dies soll die Diskussion des Beispiels zeigen.

dern die Kenntnis der konventionellen Interpretamente von Ausdrücken, die bereits in das Ausdrucks*inventar* übergegangen sind.³ Entsprechend beschreibt auch Peter Rolf Lutzeier im folgenden Zitat den Zusammenhang von Interpretationswissen und Sprachwissen, allerdings noch ohne das Problem der Zuordnung von Ausdrucksformaten, wörtlicher Bedeutung und interpretativem Gehalt anzusprechen. Lutzeier formuliert:

»Eine natürliche Sprache wird im semantischen Bereich durch die natürliche Interpretation erst zu der natürlichen Sprache, die sie ist. Insofern sind die sprachlichen Formen einer natürlichen Sprache, verstanden als Formen dieser Sprache, bereits interpretierte Formen. Sie haben genau jene Bedeutungen, die ihnen aufgrund der natürlichen Interpretation zugeordnet sind. Damit können wir insgesamt sagen: Eine natürliche Sprache ist von vorneherein eine interpretierte Sprache.« (Lutzeier 1985, S. 60)

2.2 Eine mögliche Antwort: Idiomatische Prägung

Wie gesagt, welche ›Formen‹ Lutzeier hier meint, bleibt noch unklar. Dieses Problem soll auch an dieser Stelle noch nicht erörtert werden. Statt dessen kehren wir noch einmal zu unserem Ausgangsbeispiel zurück. Auf einige Punkte nur sei die Aufmerksamkeit gelenkt: Welche Wissenselemente können wir für die oben beschriebene konstruktive Leistung hypothetisch in Rechnung stellen?
Da ist zunächst ein mehr oder weniger umfangreiches Weltwissen, das auch die Kenntnis bestimmter für unsere unmittelbare Gegenwart noch relevanter historischer Zusammenhänge wie etwa der Nachkriegszeit und der sozialen Entwicklung bis heute einschließt. Ebenfalls zu diesem noch nicht näher definierten Bereich des Weltwissens könnte man auch das Wissen über wirtschaftliche Vorgänge und die allgemeinen Bedingungen des Marktgeschehens in einer Gesellschaft zählen. Menschen handeln

---

3 In der jüngeren Diskussion wird dieser Prozeß unter dem Stichwort »Lexikalisierung« abgehandelt (vgl. Pawley/Syder 1983; Coulmas 1985a; Pawley 1986; Lehmann 1989).

selbst als wirtschaftliche Subjekte und sind zugleich Betroffene wirtschaftlicher Prozesse. Es ist damit ein unmittelbares Interesse und ein zumindest rudimentäres Wissen über die entsprechenden Vorgänge voraussetzbar. Solcherart epistemisches Wissen über systemische und historische Bedingungen der sozialen Praxis ist dabei auf vielerlei Weise verknüpft mit sogenanntem episodischem Wissen,[4] also individuellem Erlebniswissen, d. h. biographischen Episoden und deren Interpretationen. Man kann davon ausgehen, daß diese Formen des Vorwissens, die auch Vor-Urteile[5] der verschiedensten Art umfassen können, gewissermaßen den kognitiven Fundus für die beobachtete Fähigkeit bilden, weitgehend unabhängig von textlinguistischen Hilfsmitteln Kohärenz zu erzeugen.[6] Aber ist diese Fähigkeit damit auch schon *erklärt*? Wir denken nicht, daß dies der Fall ist.

Das sogenannte Weltwissen erscheint zwar als notwendige, aber keinesfalls als hinreichende Bedingung für die Rekonstruktion des Verstehensprozesses, wie er in unserem Beispiel offenbar vor

---

[4] Zu den Begriffen und einer kritischen Diskussion der Unterscheidung von epistemischem – bzw. in der Bestimmung Tulvings (1972) semantisch-enzyklopädischem – und episodischem Wissen aus der Sicht der Texttheorie vgl. Scherner (1989)

[5] vgl. z. B. Lilli (1982); Meinefeld (1977); Upmeyer (1985). Linguistische Aspekte der Vorurteilsbildung im Blick auf die Diskursanalyse und den Bezug zur Idiomatik sind vor allem von Quasthoff (z. B. 1978; 1983; 1985; 1987) und v. Dijk (1984) thematisiert worden.

[6] Zur umfangreichen psychologischen Forschung zu diesem Problemzusammenhang verweisen wir hier nur auf u. E. lesenswerte Überblicke. Vor allem sind als Forschungsgebiete die Gedächtnisforschung und Forschungen zum Textverstehen zu nennen, die Verstehensprozesse und Erinnerungsfähigkeit als konstruktive Vorgänge empirisch untersucht haben (vgl. etwa Arbinger 1984; Gardner 1989; Hoffmann 1983; Rickheit/Strohner 1985), wobei mit den neueren Auffassungen des Gehirns als assoziativ-konnektionistischem, lernendem Netzwerk der traditionelle Begriff des Gedächtnisses als Wissens- und Erfahrungs-*vorrat* nachdrücklich zugunsten der konstruktiven Komponente in Frage gestellt wird (vgl. etwa den Überblick bei McClelland 1988). Einen aktuellen Überblick zur Struktur der Gedächtnisforschung und ein Referat zur Fortentwicklung konnektionistischer Positionen aus konstruktivistischer Sicht gibt Schmidt (1991).

sich gegangen ist. Was u. E. fehlt, ist die theoretische und empirische Brücke zwischen der kognitiven Ebene eines notwendig relativ abstrakten und ungerichteten Weltwissens einerseits und den konkreten situativen Randbedingungen des Verstehens andererseits. Jede Situation, in die wir eintreten, ist gegenüber unseren Wissensbeständen überdeterminiert: Das aktuelle Haus z. B., das ich betrachte, oder die aktuelle politische Entwicklung z. B. heute in der Sowjetunion und auch das aktuell in einer beliebigen Gesprächssituation Geschehende sind je individuell in besonderer Weise determiniert und können insofern nicht Gegenstand meines Wissens, sondern bestenfalls Objekte einer Wahrnehmung sein, die auf Wissen zurückgreift. Das heißt umgekehrt, unsere Wissens-Bestände sind im Blick auf konkrete Situationen unterdeterminiert; sie sind weitgehend abstrakt und *ungerichtet, was aber nicht heißt ungeordnet*. Im Gegenteil, die interne Ordnung der Wissensbestände ist die Voraussetzung dafür, daß eine *an sich* immer ungeordnete Situation *für uns* überhaupt strukturiert erscheinen kann. Aber der Bezug zwischen der aktuellen Situation und dem virtuellen Wissen *muß hergestellt werden*, es bedarf immer einer das Wissen pragmatisch ausrichtenden Interpretation der Situation. In der Natur geschieht dies in aller Regel über ein bereits interpretiertes empirisches Datum: z. B. ein *Hunger*gefühl, einen Schlüsselreiz, ein Signal. Diese Daten erst vermitteln eine aktuelle Situation mit dem Vorwissen, also reichhaltigen, auch genetisch verankerten Handlungsprogrammen und Erfahrungen des Individuums (vgl. Riedl 1988). In den Bereichen sozialer Koorientierung unter Menschen muß diese Aufgabe der Ordnung von Situationen oder der Kontextualisierung *kommunikativ* erfolgen. Es scheint, daß unser Beispiel einen solchen kommunikativ veranlaßten Ordnungsaufbau dokumentiert. Die sich hier stellende Frage muß nun lauten: Wie kann erklärt werden, daß, obwohl in diesem Beispiel *kotextuell* – also von den aktuellen situativen Rahmenbedingungen der Befragung her – nichts auf den später konstruierten Kontext hinweist, ja man sogar annehmen kann, daß dieser Kontext den befragten Studenten sachlich und emotional ausgesprochen fernliegt, diese gleichwohl zu ähnlichen Verstehensresultaten kommen?
Unsere Hypothese ist: Der Grund dafür darf nicht vorrangig im

Weltwissen aufgesucht werden, er muß primär in einem empirischen Datum der Situation liegen, das, metaphorisch gesprochen, die Prozesse der Interpretation *kanalisiert* und auf diese Art und Weise geordnete Kontexte des Verstehens erzeugt. Dieses Datum wird u. E. durch die konkret vorliegenden sprachlichen Ausdrücke gebildet, die im Common sense ein umfangreiches Inventar sozialen Wissens indizieren. Die Fähigkeit zum Gebrauch und zur Interpretation solcher Ausdrücke ist eine sowohl vom Weltwissen wie vom ›konstitutiven‹ Sprachwissen i. e. S. abzuhebende idiomatische Kompetenz.

Am deutlichsten wird dies am dritten Teilkonzept unseres Beispiels, das neben ›Wiederaufbau‹ und ›Marktwettbewerb‹ im Zentrum des Textes steht, nämlich der Feierlichkeit selbst, die durch den Text aktuell initiiert und inszeniert wird. Zunächst soll im folgenden selbstkritisch nachgefragt werden, ob hier überhaupt dem sprachlichen Ausdruck eine besondere Rolle zugesprochen werden darf.
Man könnte im Blick auf die Teilnehmer an dem fiktiven Festakt doch davon ausgehen, daß sie wissen, was sie zu erwarten haben, wenn sie eingeladen sind und zu einer solchen Feierlichkeit gehen; was durch die Sprache hier noch zu leisten ist, erscheint rein als Vollzug einer kotextuell bereits hinreichend koordinierten Praxis aller Beteiligten. Die Sprache wäre als ›bloßes Ritual‹ weitgehend inhaltsleer und floskelhaft. Als Gegenstand wissenschaftlicher Untersuchung wäre sie außerdem kaum der Beachtung wert, da die eigentlichen Verständigungsleistungen offenbar bereits anderweitig vermittelt sind: durch den situativen Kotext und die *außersprachlichen* gemeinsamen betrieblichen und lebensweltlichen Praxen sowie das damit verbundene enzyklopädische Weltwissen. Eine solche Sichtweise sieht in Übereinstimmung mit gängigen psychologischen Theorien des Text- und Sprachverstehens die Hauptdeterminanten des Verstehensprozesses in der gemeinsamen Kommunikationssituation, in der der Beitrag der Sprache darauf beschränkt ist, eventuelle *zusätzliche* koordinierende Funktionen zu übernehmen. Ihr Eigenbeitrag, d. h. die Zeichentypik, wird gegenüber der Bedeutung der Sachtypik rela-

tiv geringgeschätzt.[7] Karl Bühler (1934/1982, S. 172) spricht im Blick auf diesen Sachverhalt von einer »(...) *stofflichen Steuerung des Sprechdenkens* (...)« und meint damit, daß die Koorientierung der Akteure weitgehend vom Sachwissen her und gelenkt durch den Erwartungshorizont der »(...) objektiven Möglichkeiten (...)« (ebd. 66) in einer Situation erfolgt. Die Prozesse der Interpretation und des Verstehens sowie das Sprechen selbst orientieren sich an diesen ›stofflichen‹ Rahmenbedingungen der Kommunikation.

Gegenüber dieser Betrachtungsweise, die auch für die Linguistik außerordentlich fruchtbar geworden ist, möchten wir gleichwohl die Aufmerksamkeit erneut auf folgende Frage lenken: Wie weit reicht die – auch von Karl Bühler durchaus in Rechnung gestellte – umgekehrte Wirkrichtung, nämlich die Steuerung der konstruktiven Prozesse durch die Sprache und das Sprechen selbst? Kann man sinnvoll und ohne in ausgetretene Pfade der Argumentation zurückzufallen, Argumente auch für eine *sprachliche Steuerung des Stoffdenkens im Sprechen* finden? Welche Argumente gibt es für die Hypothese, daß im Meinen und Verstehen die Form der Organisation linguistischer Zeichenhaftigkeit selbst bereits Bestände des Weltwissens im Blick auf bestimmte konventionelle Interpretamente ausrichtet und so dem Stoffdenken Form und Richtung gibt?
Betrachten wir dazu erneut unser Beispiel. Während wir für die fiktiven Zuhörer der ebenso fiktiven Ansprache unterstellen können, daß sie mit den ›stofflichen Rahmenbedingungen‹ des kommunikativen Geschehens vertraut, ja sogar existentiell damit verbunden sind, gilt für die Studenten, die unsere Liste von Ausdrücken zu lesen bekamen, das genaue Gegenteil. Sozial, sachlich und zeitlich stehen sie in einem völlig anderen ›stofflichen‹ Rahmen als dem, den sie offenbar ohne große Probleme aus einer Liste von acht Ausdrücken konstruieren. Dabei konstruieren sie nicht nur die mutmaßlichen Textinhalte ähnlich, sondern sie erreichen auch bezüglich der Textfunktion und des Handlungsrah-

---

[7] Vgl. dazu bereits Karl Bühler (1934/1982, S. 66 ff. u. 170 ff.) und ebenso die Ausführungen von Knobloch (1984, S. 98 ff.) zu diesem Punkt.

mens in ihren Urteilen ein erstaunlich hohes Maß an Übereinstimmung. Die Ursache dafür, das ist offensichtlich, muß im *Zusammenwirken* von sprachlichem ›Input‹ einerseits und Vorwissen andererseits gesucht werden. Die Kontextualisierung und Ausrichtung des Vorwissens aber kann dabei nur, so scheint es, auf die inhaltliche Selektivität des sprachlichen ›Inputs‹ selbst zurückgeführt werden, denn andere Anhaltspunkte kommen in der gegebenen Situation schlicht nicht vor! Nicht das ›stoffliche‹ Vorwissen also scheint hier die Ausdeutung semantisch virtueller und plastischer sprachlicher Zeichen zu prägen, sondern umgekehrt muß angenommen werden, daß das Sprachmaterial selbst im Blick auf typische Kontexte semantisch *instruktiv*[8] ist, es also selbst kontextuell in besonderer Weise *geprägt* ist. Bühler selbst spricht (1934/1982, S. 171) von einem »Sphärengeruch«, der den Sprachzeichen anhafte, aus dem sich »Phantasiehilfen« und ein »Ariadnefaden« (ebd.) zur Konstruktion von Bedeutung gewinnen ließen. Es bleibt zu fragen, was dies *linguistisch* heißen kann.

Für Karl Bühler ist der Sphärengeruch eine primär *semantische* Eigenschaft, die als gewissermaßen *zusätzliche* semantische ›Duftnote‹ zur denotativen, begrifflichen Bedeutung eines Sprachzeichens hinzutritt und das Umfeld seines gewöhnlichen Vorkommens gleich mit aufruft. Er führt das Beispiel des Ausdrucks ›Radieschen‹ an, bei dem sich jedermann sofort in eine Küchen- oder Gartenszenerie versetzt fühle (vgl. ebd. 171). Dies, so Bühler, erkläre sich dadurch, daß das Radieschen normalerweise im Garten und in der Küche vorkomme, wiederum also vom ›stofflichen‹ Hintergrund her. Mit sprachlicher Kompetenz hat dies zunächst scheinbar nichts zu tun. Gegenüber dieser Sichtweise schlagen wir eine nur geringe Modifikation vor, die allerdings weitreichende Konsequenzen hat. Nicht das normale Vorkommen des Radieschens in Garten und Küche alleine ist es unseres Erachtens, was die Assoziation auslöst, sondern der konventionelle Gebrauch des *Ausdrucks* ›Radieschen‹ im Sprechen über Garten und Küche. Worin besteht hier der Unterschied?

---

8 Der Ausdruck ›instruktiv‹ kann dabei durchaus i. S. von Schmidts (1973) Vorschlag einer »Instruktionssemantik« verstanden werden.

Nun, im ersten Falle wird die zu erklärende Assoziationsleistung auf das Weltwissen und kohärente Zusammenhänge im Weltwissen zurückgeführt; dieses ›stoffliche‹ Wissen ist der Untergrund für das »(...) konstruierende Eigendenken des Empfängers (...)« (Bühler ebd. 172) im Verstehensprozeß, wie Bühler formuliert.
Wählt man dagegen unsere Perspektive, so wäre diese konstruktive Leistung des Hörers/Lesers zu erklären aus einem *zeichenbezogenen* idiomatischen Wissen über die konventionelle Verwendung des Ausdrucks ›Radieschen‹. Der Ausdruck ›Radieschen‹ konnotiert[9] eine *Zeichen*praxis als Teil einer Alltagspraxis oder vielleicht auch mehrerer möglicher Praxen und aktiviert *so* bestimmte Relevanzstrukturen[10] in unserem Weltwissen, die dem Prozeß des Verstehens zugrunde gelegt werden können. Vice versa gilt dies auch für das Meinen und Sprechen. Auch für den Botaniker, der sich mit Rettichpflanzen *als Botaniker* unter ganz anderen (Vor-)Zeichen beschäftigt, gilt dies, weshalb *er* wiederum beim Hören des botanischen Ausdrucks ›Raphanus‹ kaum an Garten und Küche denken wird. Das heißt, der ›stoffliche‹ Rahmen wird kommunikativ erst durch den impliziten Verweis auf eine Zeichenpraxis festgestellt.
Dies heißt umgekehrt und bezogen auf die Zeichen selbst: Auch diese werden durch und für die kommunikative Praxis *sprachlich* festgestellt, d. h. auf verschiedene Art und Weise gebunden und fixiert. Diesen Sachverhalt thematisiert auch Hans Hörmann (1976), der sich mit der Frage befaßt, was es für die Sprache bzw. für die sprachliche Kompetenz der Sprecher bedeutet, wenn das Sprechen auf die unmittelbaren situativ-stofflichen Hilfen verzichten und selbst kontextualisieren muß. Er kommt zu folgendem Ergebnis: Die Sprache muß selbst »(...) neue ›archimedische

---

9 Der Begriff der Konnotation zielt hier auf die reflexive Kenntnis der Zeichenpraxis, die als ein Erfahrungswissen über die Zeichenverwendung in die Kompetenz eingeht. Insofern ist sie von dem von Bühler zitierten und auf ›Wahlverwandtschaften‹ zwischen Wortklassen bezogenen scholastischen Begriff der ›connotatio‹ noch einmal abzuheben (vgl. ebd. 173).
10 Vgl. dazu Berger/Luckmann (1980) und Schütz (1971).

Punkte‹ für Meinen und Verstehen (...)« (ebd. 424; Herv. H. F.) schaffen. Sie muß – und hier zitiert auch Hörmann (ebd. 422) Karl Bühler –

»(...) das Stadium einer amöbenhaften Plastizität von Sprechsituation zu Sprechsituation aufgeben, um auf höherem Niveau mit teilweise festgewordenem und erstarrtem Gerät dem Sprecher in neuer Hinsicht Produktivität zu gestatten« (Bühler a.a.O., S. 144).

Wie ist die Rede vom »festgewordenen und erstarrten Gerät« nun zu verstehen? Wie läßt sie sich durch unser Beispiel illustrieren?
Im Kontext des von Hörmann zitierten Textausschnitts geht es bei Bühler um das spezielle Problem, wie die semantisch plastischen und vom jeweiligen Gebrauch abhängigen sprachlichen Zeigsignale, etwa ›ich‹ oder ›wir‹, Nennfunktionen mitübernehmen und so in gewisser Weise situationsunabhängig werden können. Gegenüber dem ›ich‹, so stellt Bühler fest, fordere das ›wir‹ schon »(...) irgendwie zur Bildung einer Klasse von Menschen auf (...)« (ebd. 143), und dieses Merkmal der Klassenbildung sei »(...) das Vorrecht der nennenden Wörter (...)« (ebd.). Zudem, so Bühler, ließen sich beim ›wir‹ bereits zwei Gebrauchsweisen unterscheiden, der sogenannte ›inklusive‹ und der sogenannte ›exklusive‹ Gebrauch. In der ersten Bedeutung sind Sprecher und Hörer in einer Gruppe zusammengeschlossen, in der zweiten dagegen steht der Hörer außerhalb der Gruppe, zu der der Sprecher sich zählt. Bühler berichtet unter Berufung auf W. Schmidt über Sprachen, die diesen Bedeutungsunterschied auch phonematisch markieren.
Wie läßt sich dieses spezielle Beispiel zu einer so weitreichenden Feststellung, wie sie Hörmanns Zitation Bühlers ausdrückt, verallgemeinern?
Durch den Gebrauch wird den Sprachzeichen (hier den ursprünglich virtuellen, reinen Zeigzeichen) nach Bühlers Worten ›sematologisch etwas aufgetragen‹ (vgl. ebd. 143); sie erlangen gewissermaßen einen semantischen Mehrwert, kommen zu einem (nennenden) Eigenwert, der sich auch in einer phonematischen Markierung und damit ausdrucksseitigen Fixierung niederschlagen *kann.* Das ›sematologisch Aufgetragene‹ kann auf diese Art und

Weise verfestigt werden und für alle leichter zugänglich bleiben. Die Koorientierungsleistungen und Nennleistungen bleiben sprachlich verfügbar; sie gehen in das idiomatische lexikalische Wissen der Sprachgemeinschaft ein. Aus rekurrenten Sprechhandlungen, die sich in dem von Bühler gewählten Beispiel sogar zu systematisch unterscheidbaren Sprechakten[11] formieren, kann sich so als Resultat eines Lexikalisierungsprozesses auch ein sprachliches Element mit Gebildecharakter konstituieren. Bühlers begriffliche Kategorien beschreiben in dieser Reihenfolge zugleich Stufen eines Fixierungs- und Feststellungsprozesses auf dem Weg vom Sprechen zur Sprache.
Dieser recht unkomplizierte Grundgedanke, nach dem der Gebrauch selbst zeichenbildend wirkt und so erbrachte Koorientierungen verfügbar hält, läßt sich leicht auf unser Text-Beispiel übertragen. Zwar geht es hier nicht um die Problematik des Zeigens und das Verhältnis von Zeig- und Nennwörtern, aber die gleiche Problematik wiederholt sich u. E. auf der Ebene der Nennwörter (bis hin zu autosemantischen Phrasen) und auch auf der Ebene der Äußerung und sprachlichen Handlung selbst, wie wir im folgenden zu zeigen versuchen.
Den hier diskutierten Vorgang bezeichnen wir als Prozeß einer ›idiomatischen Prägung‹ von Sprachzeichen.

2.3 Prägungstypen

Drei Beispiele seien im folgenden zur Illustration und zur Verdeutlichung weiterer sprachlicher Aspekte des Konzeptes aus unserer Liste von Ausdrücken herausgeriffen.
Nehmen wir zunächst das einfachste Beispiel, den Ausdruck ›ich erhebe mein Glas‹. Die Studenten haben aus diesem Ausdruck

---

11 Die Qualifizierung der beiden Gebrauchsweisen von ›wir‹ als Sprechakte i. S. Bühlers begründet sich dadurch, daß der inklusive und exklusive ›wir‹-Gebrauch zwar bereits gegenüber der einfachen Sprechhandlung *formalisierte* Varianten konstituiert, in der Erkennbarkeit aber an die *individuellen* Kontextfaktoren gebunden bleibt (vgl. dazu Bühler a.a.O., S. 62 ff.).

sofort auf einen festlichen Anlaß als Kotext und eine Rede als Kontext geschlossen, obwohl dafür die Ausdruckskomponenten mit ihrer denotativen Bedeutung selbst keinen unmittelbaren Anhaltspunkt bieten. Sie *kennen* aber diesen Ausdruck als Form der linguistischen Realisierung einer typisierten und institutionalisierten *Handlung*.¹² Dieses *reflexive* Sprachwissen ist so zu einem Teil ihrer sprachlichen Kompetenz geworden. Nur auf der Grundlage dieses sprachlichen Wissens über die konventionelle Beziehung zwischen dem Ausdruck und einem konventionellen Text- und Handlungsrahmen kann die konstruktive Verstehensleistung erklärt werden. Dies zeigt zugleich, daß es theoretisch außerordentlich problematisch ist, sprachliches Wissen und Weltwissen strikt voneinander abgrenzen zu wollen.¹³ Unser Beispiel verdeutlicht: Das Kennen des Ausdrucks als eines Elementes einer kommunikativen *Praxis* ist beides zugleich(!), nämlich ein Verstehen ermöglichendes *sprachliches Wissen* und – als Kennen eines Handlungsschemas oder Ablaufschemas – ein spezifischer Typ von *Weltwissen* (vgl. z. B. Schank/Abelson 1977).

So wie sich der Zusammenhang von Ausdruck und situativem Kotext in diesem Falle verfestigt zu haben scheint, ist zugleich der Ausdruck selbst auf der Ebene seiner linguistischen Organisation idiomatisch geprägt und verfestigt. Dazu gehört beispielsweise, daß es offenbar eine konventionelle Kopplung zwischen der Verwendung der 1. Person Singular oder Plural und einem entsprechenden Possessivpronomen beim direkten Objekt gibt: ich – mein, wir – unser. Die Verwendung des bestimmten Artikels statt des Possessivpronomens wirkt bereits ungewöhnlich. Desgleichen ist die Kollokation von ›erheben‹ und ›Glas‹ nicht durch die Semantik der Lexeme festgelegt, sondern offenbar durch den

12 Dazu zählt etwa auch die besondere konnotative Markiertheit des Verbs ›erheben‹.
13 Sowohl in der strukturalistischen Semantik als auch in der generativen Sprachauffassung ist dies allerdings nach wie vor die vorherrschende Forschungsmeinung (vgl. z. B. Coseriu 1988, S. 89 ff.; Chomsky 1975/1977, S. 167 ff.). Einen guten Überblick über verschiedene Positionen ermöglicht der von Hüllen/Schulze (1988) herausgegebene Tagungsband »Understanding the lexicon«.

konventionellen Bezug auf das Handlungsschema; die Distribution kann nur als Resultat eines Common sense über den Ausdruck und seine Verwendung erklärt werden. Selbst wenn etwa im Kontext einer spontanen Ansprache aus Flaschen getrunken werden müßte, es entspräche, obwohl situativ angemessen, kaum dem linguistischen Common sense, den Ausdruck entsprechend abzuwandeln.[14] In gleicher Weise nicht idiomatisch wäre es, etwa die Art des Glases zu spezifizieren, z. B.: »Wir erheben unsere *Sekt*gläser!«.

Dies zeigt: Nicht die denotative Bedeutung des Ausdrucks und seiner Komponenten, sondern die konnotative der Handlung bestimmt hier die Angemessenheits- und Relevanzkriterien. Nicht die sachlich angemessene *Beschreibung* der Handlung des ›Glashebens‹ ist konversationell relevant,[15] sondern die *idiomatische Form des Vollzugs* des konstativen Sprechaktes, die erst die Handlung in-szeniert und das soziale Handlungsschema verbindlich initiiert. So bestimmt sich in diesem Falle von der pragmatischen Einheit der Handlung her die linguistische Einheit des Ausdrucks; sie zu kennen und dem Ausdruck den angemessenen Anwendungsbereich zuordnen zu können, gehört zur idiomatischen Kompetenz.[16]

Hier sind wir grundsätzlich anderer Auffassung als etwa Coseriu (1988a, S. 85 ff. u. 1988b, S. 275 ff.), für den ein solches Wissen jeweils der *Text*-Geschichte *individueller Diskurse* zuzuordnen ist und nicht in den Bereich der idiomatischen Kompetenz fällt. Er grenzt deshalb ›idiomatisches‹ und ›expressives‹ Sprachwissen scharf voneinander ab. Eine Formel wie die obige gehört für ihn zum expressiven Sprachwissen und zu einem, wie er sagt, der ›literarischen‹ Tradition zuzuordnenden Teilbereich der ›wiederholten Rede‹. Diese Zuordnung zum ›Diskurs‹ erscheint, für sich

14 Daß genau dies aber faktisch wiederum im Sprechen geschehen und als eine Form sprachlicher Komik honoriert werden kann, belegt die Wirksamkeit des sprachlichen Common sense-Wissens.
15 Das Prädikat bezieht sich hier auf die von Grice modellierte Konversationsmaxime der Relevanz.
16 Vgl. hierzu die Untersuchung zu ›pragmatischen Prägungen‹ auch in Feilke (i. V.). Dort wird ausführlicher auf die Ordnung der Typik eingegangen.

genommen, durchaus richtig. Entscheidend unter linguistischem Gesichtspunkt aber muß die Frage sein, inwiefern ein Ausdruck von den individuellen Randbedingungen eines Diskurses noch affizierbar ist oder umgekehrt, inwieweit er genau der Einwirkung solcher Randbedingungen inhalts- und ausdrucksseitig bereits entzogen und damit ›subjektentbunden‹ (Bühler) und einzelsprachlich konventionell geworden ist. Ein Ausdruck wie der hier diskutierte hat diese Eigenschaften. Er berührt durchaus – im Unterschied zu Coserius Einschätzung (vgl. Coseriu 1988b, S. 278) – auch den Bereich der einzelsprachlichen Kombinatorik und fällt deshalb für uns in den Bereich des idiomatischen Norm-Wissens. Weil dieser Normbereich nicht wie bei Coseriu als Selektion vom System her hinreichend zu bestimmen ist, sondern selektive Bedingungen der Rede idiomatisch faßt, könnte man auch von einer ⌈Rede-Norm⌉ sprechen.

Gehen wir weiter zum nächsten Beispiel, dem Ausdruck aus unserem Beispieltext ›sich einen guten Namen erwerben‹. Auch hier zeigt sich, wie Interpretationen aus dem Gebrauch heraus konventionalisiert worden sind und in Verfestigungen des Ausdrucksmaterials resultieren bzw. darin ausdrucksseitig ihre Entsprechung gefunden haben. Zugleich kann hier deutlich werden, daß idiomatische Prägung und syntaktische Konstruiertheit bzw. Konstruierbarkeit sich keineswegs ausschließen.
Im Unterschied zum zuerst diskutierten Beispiel, wo ein eigenständiger konventioneller Sprechakt ein komplexes Handlungsschema im idiomatischen Sprachwissen indiziert *und* initiiert hat und die zugrunde liegende grammatische prädikative Struktur pragmatisch praktisch keine Rolle mehr spielte, haben wir es in diesem Falle mit einer ›echten‹ Prädikation zu tun, wobei das Prädikat in einen Verbal- und Nominalkomplex zerfällt: ›sich erwerben^{akk}‹ und ›der gute Name‹. Auch diese Komponenten sind Beispiele für den Vorgang der idiomatischen Prägung ›plastischer‹ sprachlicher Zeichen und eine zusätzliche strukturelle Verankerung der den Sprachzeichen im Gebrauch, wie Bühler sagt, ›sematologisch aufgetragenen‹ Funktionen. Nur handelt es sich in diesem Fall um Nenn- und Unterscheidungsfunktionen und nicht wie im ersten Beispiel um Handlungsfunktionen.[17]

Das Verb ›erwerben‹ beispielsweise zählt zur Gruppe der sogenannten teilreflexiven Verben, die sowohl reflexiv wie nichtreflexiv gebraucht werden können und bei denen mit dem reflexiven Gebrauch konventionell eine andere Bedeutung des Verbs verbunden ist, die von der Ausgangsbedeutung mehr oder weniger stark unterschieden sein kann. Weitere Beispiele dafür sind etwa ›anlegen‹, ›verlassen‹, ›entscheiden‹ und ›aufhalten‹.

Auch hier sind den Sprachzeichen durch den Gebrauch sematologische Funktionen zugewachsen, die sich im regelmäßigen Gebrauch als Gebrauchsregeln etabliert haben; so wird beispielsweise das Verb ›erwerben‹ im nichtreflexiven Gebrauch neben zwei anderen Bedeutungsvarianten *bevorzugt* auf den Erwerb durch Markttausch bezogen, während der reflexive Gebrauch davon das Erlangen immaterieller Werte/Güter wie Zuneigung, Anerkennung und Achtung unterscheidet. Das Reflexivpronomen scheint dabei ähnlich wie viele Präpositionen in Verbindung mit Verben (z. B. denken *an*) und im Bereich der Wortbildung auch konventionalisierte Präfigierungen (z. B. an-legen, er-werben) quasi-phonematisch eine primär bedeutungs*unterscheidende* Funktion zu haben.[18] Es wirkt also nicht selbst semantisch als Symbol, sondern als strukturelles Indice einer Gebrauchsweise des jeweiligen Verbs (vgl. auch Bally 1951, S. 77 f. u. 79 f., und Neubert 1966). Zwar sind auch hier die Gebrauchsweisen im Sprechen faktisch immer durch kotextuelle und kontextuelle Faktoren unterscheid*bar*, und so spricht nichts dagegen, etwa zu sagen: »Er hat ihre Gunst erworben.« Die durch den reflexiven Gebrauch zusätzlich idiomatisierte semantische Unterscheidung aber *markiert* bzw. *prägt* die reflexive Konstruktion und erlegt dieser somit stärkere Kombinationsrestriktionen auf; der Eindruck des Nichtidiomatischen ist deshalb bei Wendungen wie ›er hat sich ein Auto erworben‹ oder ›ich habe mir ein Grundstück erworben‹ schon wesentlich deutlicher.

---

17 Vgl. auch hierzu die Anmerkungen im Schlußteil (Perspektive) und die Ausführungen zur Typik ›semantischer Prägungen‹ in Feilke (i. V.).
18 Vgl. auch die ausführlichere Diskussion in Feilke (i. V.) zur ›differenzierenden Ausdrucksbildung‹.

Betrachten wir nun noch kurz die zweite Konstituente des Gesamtausdrucks. Auch hier haben wir einen Ausdruck, in dem zwei Lexeme zusammengefügt auftreten, und auch hier sind die Bedeutungen des Lexems ›gut‹ und des Lexems ›Name‹, wenn man sie jeweils für sich und unabhängig von der speziellen Konstruktion untersucht, relativ plastisch und für kotextuelle und kontextuelle Einflußfaktoren offen. Sie sind virtuelle lexikalische Komponenten des Sprachsystems, selbst nicht weiter segmentierbar und stehen in diesem Format für vielerlei Anwendungen zur Verfügung. Anders dagegen der komplexe Ausdruck ›der gute Name‹. Die virtuellen Bedeutungen der Teilkomponenten sind hier bereits hinter die idiomatisch geprägte Bedeutung der Konstruktion als Ganze zurückgetreten. Diese Bedeutung ihrerseits ist aus den Bedeutungen der Komponenten nicht mehr erschließbar: Der ›gute‹ Name ist nicht etwa der den Eltern für das neugeborene Kind am besten gefallende Name, sondern als komplexer Ausdruck steht die Konstruktion synonym für ›Anerkennung‹, ›Achtung‹ einer Person oder Organisation innerhalb einer Öffentlichkeit.[19] Dies ist die idiomatische Interpretation des Ausdrucks. Sie besteht neben anderen *möglichen* und je nach Situation ad hoc konstruierbaren Interpretationen als *die* vom idiomatisch kompetenten Sprecher/Hörer *bevorzugte* Interpretation. In unserem Beispiel wird durch die – ebenfalls als Präferenz beschreibbare – Kollokation mit dem Verbalausdruck ›sich erwerben‹ diese Interpretation gestützt. Sie erlaubt im Verein mit einem in seiner Interpretation ebenfalls idiomatisierten Ausdruck wie ›am Markt bestehen‹, der sich gleichfalls in unserer Liste befindet, bereits die Konstruktion sehr spezieller Kontexte. Bei ›am Markt bestehen‹ zeigt sich die Prägung darin, daß der Ausdruck unmit-

---

19 So bekannt das hier Festgestellte einerseits sein mag, so wenig trivial ist es andererseits. Die Phraseologie bezeichnet solche Ausdrucksformen als ›Nominationsstereotype‹ (vgl. Fleischer 1982) oder ›Klischees‹ (vgl. Bolinger 1976). Die Diskussion in der Literatur zeigt jedoch, daß die Zuordnung zur Phraseologie und der sprachtheoretische Status dieser Formen völlig ungeklärt sind. Sie oszillieren zwischen Syntax und Lexikon, und ihre Einheit ist jeweils nur unter Rekurs auf einen bestimmten pragmatisch textuellen Kontext begründbar.

telbar das Sprechen über die Bedingungen des Erfolges *eines Unternehmens* ›am Markt‹ zu konnotieren scheint. Obwohl auch Arbeitnehmer Marktgesetzen unterworfen sind, konnotiert der Ausdruck offenbar nicht das Sprechen von Arbeitnehmern etwa über den Arbeitsmarkt, sondern den Hintergrund einer unternehmerischen Praxis.

Das Gleiche gilt dann auch für den Satz ›Die Konkurrenz schläft nicht‹. Auch hier ist allein auf der Ebene der grammatischen Konstruktionsbedeutung und der sogenannten ›wörtlichen‹ Bedeutung der Lexeme bzw. der Aussage die Fähigkeit, dem Satz kontextfrei die im Common sense präferierte Interpretation zuzuweisen, nicht erklärbar. Die Hypothese eines auf der Ebene sprachlicher Kompetenz verankerten Wissens über die idiomatische Prägung dieses Ausdrucks aber macht die beobachtete Engführung der Konstruktionsprozesse beim Verstehen plausibel.[20]

---

20 An dieser Stelle soll bereits hervorgehoben werden, daß wir unseren Begriff der idiomatischen Prägung auch als theoretische Alternative zu Konzepten ›übertragener und uneigentlicher Bedeutung‹ auffassen. Das Konzept der übertragenen Bedeutung, hier etwa auf das Beispiel von ›X schläft/nicht‹ beziehbar, hat den Nachteil, daß übertragene und nicht übertragene Bedeutung kaum abgrenzbar sind, da sie vom jeweils voraussetzbaren Interpretationshintergrund abhängen; jeder Satz *kann* metaphorisch verstanden werden. Dies hat in der Sprachphilosophie und Linguistik immer wieder zu pan-metaphorischen Sprachbegriffen geführt, in denen die ganze Sprache/das gesamte Sprechen als metaphorisch aufgefaßt werden. Statt dessen legt der Begriff der idiomatischen Prägung das Gewicht auf den Aspekt der Konventionalisierung einer Vordergrund-Hintergrundbeziehung. *Jedes* Sprachverstehen – ob metaphorisch oder nicht – setzt danach die Fähigkeit zur idiomatischen *Interpretation* eines Ausdrucks voraus. Diese Interpretation kann dabei mehr oder weniger stark bereits sprachlich vorgeprägt und in einem weiten Sinne des Begriffs lexikalisiert sein. Insofern können dann sowohl übertragene als auch nicht übertragene Ausdrücke als idiomatisch geprägt aufgefaßt werden, ebenso wie umgekehrt etwa metaphorisch motivierte Ausdrücke idiomatisch geprägt oder auch nicht geprägt sein können, wie etwa der hier ad hoc gebildete Ausdruck ›Schneeglöckchenfestival‹. Umge-

Dabei offenbart dieses Beispiel einen weiteren, uns sehr wichtig erscheinenden Aspekt, auf den wir später noch ausführlicher zu sprechen kommen werden: die *Gleichzeitigkeit* von idiomatischer Prägung und syntaktischer Konstruiertheit bzw. Konstruierbarkeit.

Zum einen ist dieser Satz bzw. diese Äußerung ähnlich einem Sprichwort oder einem Gemeinplatz als *Text*segment oder Minitext *als Ganzes* Inhalt idiomatischen Sprachwissens. Die Idiomatizität zeigt sich dabei in der Tatsache, daß der Ausdruck im Common sense erstens referentiell auf das Schema einer wirtschaftlichen Wettbewerbssituation zwischen Unternehmen zu verweisen scheint und zweitens das Handlungsmuster einer Ermahnung zur Wachsamkeit und zu verstärkter Anstrengung indiziert. Beides geht, wie bereits erläutert, aus dem ›Wortlaut‹ des Textes nicht hervor.

Zum anderen aber ist dieser Text offenkundig grammatisch konstruiert und grammatisch umkonstruierbar. An der Subjektposition können auch andere Lexeme oder Lexemkombinationen eingesetzt werden, etwa: ›die anderen Unternehmen‹ oder ›die Wettbewerber‹, aber auch je nach Kontext Namen von Parteien, Organisationen oder deren Statthaltern. Die Selektion der möglichen Kollokationspartner für den Ausdruck ›X schläft bzw. schläft nicht‹ scheint sich ausschließlich an der Voraussetzung zu orientieren, daß das Prädikat ein Wettbewerbsschema indizieren kann. Das heißt, der Verbalausdruck ist durchaus produktiv; eine Beschränkung dieser Produktivität ergibt sich lediglich aus der dem Ausdruck ›aufgetragenen‹ Gebrauchsbedeutung; mit Wittgenstein zu sprechen: Er muß innerhalb des gleichen ›Sprachspiels‹ bleiben, also innerhalb der im Common sense legitimen bzw. legitimierbaren[21] Anwendungen des Wettbewerbsschemas.

> kehrt ist beispielsweise der Ausdruck »Wie steht es?« idiomatisch geprägt, ohne (ad hoc ›synchron-etymologisch‹ i. S. Augsts 1975) als metaphorisch oder metonymisch qualifiziert werden zu können. Sich in solchen Fällen auf eine Art ›Archäologie der Motivierung‹ einzulassen, kann zwar durchaus etymologisch interessant sein, ist aber für den Begriff der linguistischen Kompetenz u. E. weitgehend bedeutungslos.
>
> 21 Das Attribut ›legitimier*bar*‹ soll hier darauf hinweisen, daß die Gren-

Dies heißt für die Selektion, daß in der Subjektposition ›X‹ immer ein Ausdruckselement erscheinen muß, das auf einen möglichen Konkurrenten verweist. Die Beobachtung, daß idiomatisch geprägte Ausdrücke in grammatische Prozesse eingehen und auch selbst grammatisch variiert werden können, ohne dadurch ihren Charakter zu verlieren, regt zu folgender Hypothese an: Mit der idiomatischen Prägung eines Ausdrucks im Gebrauch, also dadurch, daß ihm sematologisch etwas ›aufgetragen‹ wird, wie Bühler sich ausdrückte, kann offenbar zugleich so etwas wie ein musterbildender Applikationsraum für den Ausdruck entstehen. Die Prägung wird zu einem geprägten *Ausdrucksmodell*.[22]

Damit sind wir bei einer dritten Ebene idiomatischer Prägung; nicht nur Handlungen und Nennfunktionen bzw. Unterscheidungsfunktionen können im beschriebenen Sinne idiomatisch geprägt sein; dies gilt auch für syntaktische Konstruktionen. Auch dafür findet sich ein gutes Beispiel in unserer Liste, das wir hier aber nur kurz ansprechen möchten; gemeint ist der Ausdruck ›Sorgen und Mühen‹. Diese sogenannten ›binominals‹ (Makkai), eine Erscheinungsform der ›Zwillingsformel‹[23] (vgl. z. B. Pilz 1978, S. 743 ff.), gehen auf das syntaktische Grundmuster ›X und

 zen des Sprachspiels nach Wittgenstein von den Teilnehmern selbst gezogen werden (vgl. Wittgenstein 1967, S. 49, = PU 68).
22 Vgl. hierzu genauer auch Kapitel 4.3.3. Dort wird das Problemfeld ›syntaktischer Prägung‹ thematisiert (zur Weiterführung vgl. auch Feilke i. V.). In der neueren grammatischen Diskussion wird das Phänomen sprachtheoretisch unter dem Stichwort ›grammatical constructions‹ im Blick auf seine Bedeutung für den Begriff der ›Kompetenz‹ modelliert (vgl. z. B. Lakoff 1987; Fillmore et al. 1988). In der Phraseologie wird das Problem teilweise unter dem Stichwort ›Modellierbarkeit‹ diskutiert (vgl. Burger et al. 1982). Spezieller dazu unter Aspekten der idiomatischen Kreativität: vgl. z. B. Gréciano (1987), Schemann (1987), Bernáth (1988).
23 Der Begriff der Zwillingsformel ist dabei umfassender als der der ›binominals‹. Während unter ›Zwillingsformel‹ in der Regel alle Formen paariger Konstruktionen fallen, ist der Begriff der ›binominals‹ auf durch ›und‹ verbundene Nomina beschränkt.

Y‹ zurück und sind grammatisch insofern auffällig, als im Common sense ein Wegfall der Artikel erlaubt, ja sogar verlangt ist (vgl. z. B. Lambrecht 1984).[24] Dies ist allerdings für uns hier weniger von Interesse als die Tatsache, daß die Formel ›X und Y‹ ein produktives idiomatisches Ausdrucksmuster ist. Dabei ist in diesem Falle der Ausdruck semantisch durchaus kompositionell. Über dem produktiven idiomatischen syntaktischen Grundmuster können dann auch Prozesse semantischer Idiomatisierung stattfinden, die etwa zu Ausdrücken wie ›auf Gedeih und Verderb‹ oder ›Katz' und Maus spielen‹ etc. führen. Aber dies ist nicht notwendig so, und deshalb gibt es auch im Deutschen eine große Zahl binominaler Konstruktionen, die sowohl grammatisch regulär und semantisch kompositionell als auch idiomatisch geprägt sind. Dies gilt etwa für Ausdrücke wie ›Sorgen und Nöte‹, ›Liebe und Tod‹, ›Pflicht und Neigung‹ u. a. m.

Neben der Grammatikalität und semantischen Kompositionalität, die wir besonders anmerken, fällt noch zweierlei an diesen Ausdrücken auf. Erstens erfolgt ihre Distribution, wie bereits festgestellt, auf einem bereits etablierten idiomatischen syntaktischen Grundmuster, und zweitens folgt die Distribution der jeweils konkreten Ausdrücke auf diesem Muster einer idiomatischen Praxis der Artikulation konventioneller kultureller *Schemata des Common sense-Wissens*. Was sonst bringt ›Liebe‹ und ›Tod‹, ›Freiheit‹ und ›Gerechtigkeit‹, aber auch ›Kaffee‹ und ›Kuchen‹ im idiomatischen Sprachwissen zusammen – und konstituiert damit Paradigmata der natürlichen Kompetenz[25] – als die von einer bestimmten sozialen Praxis her geformte Einheit von Schemata des Common sense? Die Distribution ist auch hier also nicht eine Folge der Semantik der einzelnen Ausdruckskomponenten, sondern Folge der konnotativen Markiertheit (idiomatischen Prägung) des Gesamtausdrucks. Mit einer Formulierung Ballys kann

---

24 Damit einher geht auch eine veränderte Flexionsmorphologie, in der Kongruenzbedingungen aufgehoben sein können. Z. B.: ›Sie spielten Mann und Frau‹ statt ›Sie spielten Männer und Frauen‹.

25 Vgl. zu dieser Problematik der die Distribution im idiomatischen Sprachwissen prägenden Schemata des Weltwissens: u. a. Lyons (1980, S. 272 ff.), Kämpfert (1984, S. 29 ff.)

man sagen: Es handelt sich um »(...) combinaisons consacrées par l'usage (...)« (Bally 1951, S. 73). Der amerikanische Linguist George Grace (1987) benutzt das gleiche Verb, wenn er von »(...) consecrated ways of talking (...)« (a.a.O., S. 100) spricht und vorschlägt, diese zum Gegenstand einer ›idiomatology‹ (a.a.O.) zu erheben.

2.4 Resümee

Versuchen wir, den Argumentationsgang zu unserem Beispiel abschließend, die kennzeichnenden Merkmale des linguistischen Objektbereichs zusammenzufassen, an dem das Konzept der ›Common sense-Kompetenz‹ exemplarisch deutlich werden kann. Idiomatische Prägung ist überall dort feststellbar, wo Sprachzeichen im Gebrauch bzw. durch den Gebrauch, wie Bühler sagte, ›sematologisch etwas aufgetragen‹ wird und dieser ›aufgetragene‹ semantische oder auch pragmatische Mehrwert in die Kompetenz eingeht, das heißt, konventionalisiert wird und so zum innerhalb einer Sprachgemeinschaft voraussetzbaren sprachlichen Wissen gehört. So kann etwa jeder Prozeß des Bedeutungswandels von Wörtern, z. B. das Entstehen von zwei oder drei konventionellen Bedeutungen eines Ausdrucks als idiomatische Prägung aufgefaßt werden. Die unterschiedlichen Interpretationen des Verbs ›drehen‹ in den folgenden Sätzen sind Resultate dieses Vorgangs.

Ede hat vor drei Wochen wieder was gedreht.
Lisa dreht einen Film.
Ich drehe mich um.

Für uns entscheidend daran ist allerdings eine Tatsache, die, wenn man vom jeweiligen einzelnen Wort ausgeht, kaum in den Blick kommt. So wie die Gebrauchsregel eine Erweiterung oder Umwandlung erfährt, ändert sich auch der syntagmatische Kontext bzw. der textuell-pragmatische Kotext. Die Etablierung eines neuen regelmäßigen Gebrauchs, das Entstehen einer Gebrauchsregel geht einher mit einer ebenso regelmäßigen Veränderung der kontextuellen und kotextuellen Kookkurenzen. Dieser Hintergrund ist die Voraussetzung zur Interpretation des Ausdrucks.[26] So betrachtet ist die Aktivierung der Bedeutung eines Wortes nicht zu trennen von der sprachlichen *Indizierung* seiner semantischen Funktion durch den syntagmatischen Kontext. Von der Ausdrucksseite her eröffnet nur eine konventionelle, komplexe syntagmatische Einheit, also ein zur Norm gewordenes Segment der Rede, die Möglichkeit zur Aktivierung des entsprechenden semantischen Konzeptes:

›ein Ding drehen‹
›einen Film drehen‹
›um – drehen^Akk‹

Dieses Merkmal ist in allen oben diskutierten Beispielen zu finden. Immer geht es um zusammengesetzte und in dieser Zusammensetzung mehr oder weniger fixierte *syntagmatische Ausdrücke*, die in ihrer semantischen Plastizität gegenüber den Ausgangskomponenten spezifiziert und reduziert sind und, positiv ausgedrückt, so kontextualisierend wirken können. Sie bilden, mit Hörmanns Worten, bereits von den spezifischen situativen Interpretationsvorgaben abgelöste »(...) ›archimedische Punkte‹ für Meinen und Verstehen (...)« (Hörmann 1976, S. 424).
Ein weiteres wichtiges Kennzeichen des hier zur Diskussion stehenden Objektbereiches ist die festgestellte Parallelität oder Gleichzeitigkeit von syntaktischer Konstruierbarkeit und Grammatikalität einerseits und idiomatischer Prägung andererseits. Wichtig daran für unsere Argumentation ist, daß diese Tatsache die theoretische Dichotomie von Grammatik und Lexikon relativiert und vor allem eigenständige Bemühungen zur theoretischen Erklärung der offensichtlichen syntaktischen Regularität und Grammatikalität großer Teile des Lexikons verlangt. Dabei spielt der Begriff der *Präferenz* eine wichtige Rolle, der zwischen dem Konzept der produktiven syntaktischen Regel und dem des ledig-

26 Unter anderem aus diesem Grund spielen Kollokationen in der Lexikographie bekanntlich eine herausragende Rolle (vgl. z. B. Hausmann 1985; Viewweger 1987, 1988).

lich abgespeicherten irregulären lexikalischen Eintrags steht.²⁷ Bei der Kenntnis von Präferenzen geht es nicht um ein linguistisch unter Rückgriff auf Regeln und Bedeutungsbeschreibungen *notwendig* als richtig oder falsch begründbares Produktions- oder Interpretationswissen – wie etwa bei den Grammatikalitätsurteilen in der GTG –, sondern um die Kenntnis der in einem linguistischen Common sense präferierten Lösung für die Formulierung eines kommunikativen Problems/eines Sachverhaltes bzw. die Interpretation eines Ausdrucks. Die Diskussion eines weiteren Beispiels dazu erscheint hier nicht notwendig.

Ein dritter wichtiger Punkt ist die auch an den diskutierten Beispielen festgestellte Prägung von Selektion und Kombination in den zur Debatte stehenden Ausdrücken durch die Zuordnung zu konventionellen Handlungsschemata oder kulturellen Schemata des Common sense-Wissens. So ist die idiomatische Selektion und Kombination von ›jung‹ und ›Glück‹, ›freudig‹ und ›Ereignis‹ sowie ›stolz‹ und ›Vater‹ nicht unter Rekurs auf die literale lexikalische Bedeutung der beteiligten Lexeme zu erklären, sondern lediglich durch Verweis auf ein in unserer Kultur bekanntes Ereignisschema und eine übliche Praxis des Sprechens darüber. Die Distribution der lexikalischen Einheiten folgt einer pragmatisch, d. h. von der Notwendigkeit idiomatischen Sprechens her motivierten Ausdruckstypik, die einer im Common sense festgestell-

---

27 Deutliche Hinweise auf eine solche Zwischenstellung der idiomatischen Kompetenz bzw. die Plausibilität der Annahme einer solchen intermediären Kompetenzebene geben neuere konnektionistische Ansätze in der Psycholinguistik. Die Notwendigkeit einer Relativierung der Bedeutung des Weltwissens und der von dorther ›top-down‹ organisierten Prozesse betont z. B. Strohner (1988), der darauf hinweist, daß im Textverstehen Weltwissen dann hinzugezogen wird, wenn auf der Grundlage des linguistischen Inputs alleine noch keine Kohärenz zustande kommt. ›Dezentrale Kooperation‹ bei der Verarbeitung verschieden komplexer Codierungseinheiten von Texten rangiert danach vor ›plangeleitetem Verstehen‹. Dittmann (1988, S. 67) hält aus diesem Grund Netzwerkmodelle geeignet für einen »(...) Brückenschlag zwischen funktionaler und reduktionistischer Betrachtungsweise (...)« (vgl. auch Kempen/Hoenkamp 1987, Fillmore et al. 1988).

ten Sachtypik konventionell zugeordnet ist. Nur diese Kenntnis, die nicht mit ›Weltwissen‹ zu verwechseln ist, sondern ein Wissen über den *Zusammenhang* eines Common sense-Schemas mit einer Praxis seiner Artikulation darstellt, erlaubt es uns außerdem, die drei angeführten Kollokationen sofort *in denselben(!) thematischen Zusammenhang* kohärent einzubetten. Dabei vollziehen wir eine ähnliche Konstruktion wie auch die Studenten in unserem Eingangsbeispiel.

Der Argumentation in späteren Kapiteln etwas vorgreifend kann man die Diskussion unseres Beispiels hier vielleicht schon mit einem vorläufigen Bestimmungsversuch abschließen:

> Der Prozeß der ›idiomatischen Prägung‹ vollzieht sich als eine Konventionalisierung der Assoziation von *im Sprechen und Hören (Meinen und Verstehen) erbrachten Konzeptualisierungsleistungen* mit sprachlichen Ausdrücken bzw. Ausdrucksweisen. Er resultiert inhaltsseitig in der Fixierung einer idiomatischen Interpretation und ausdrucksseitig in einer konventionalisierten und im idiomatischen Sprachwissen mehr oder weniger stark fixierten Distribution. Pragmatisch werden dadurch Ressourcen des Vorverständigtseins für die Kommunikation geschaffen und gesichert.

Im folgenden Unterkapitel geht es nun um die Frage, wie der skizzierte linguistische Problembereich in verschiedenen Versuchen der Modellierung der sprachlichen Kompetenz zu verorten ist bzw. in der Geschichte der Linguistik verortet worden ist. Wie in den Vorbemerkungen zu diesem Teil bereits angekündigt worden ist, setzen wir dazu bei den jeweiligen Versuchen an, den Begriff der Sprache bzw. der sprachlichen Kompetenz zu bestimmen. In der Konfrontation dieser Bestimmungsversuche mit dem von uns skizzierten Problembereich treten Bruchstellen zutage, die theoretisch für die weitere Argumentation fruchtbar werden können.

3. Pragmatisch motivierte Strukturbildung als Problem reduktionistischer Erklärungsansätze

3.1 Zum Problem des Reduktionismus

Bevor wir auf die speziellen Aspekte und Formen der Reduktion des Gegenstandes ›Sprache und Sprechen‹ bzw. ›sprachliches Wissen‹ durch die Linguistik zu sprechen kommen, wollen wir zunächst einige allgemeine Vorbemerkungen zur Rolle und zur Problematik reduktionistischer Erklärungsansätze in der Wissenschaft machen.[1] Dies kann hier nur in der Form einer zwangsläufig oberflächlichen Wiedergabe einiger zentraler Topoi zum Problem geschehen. Das Ziel ist dabei vor allem, deutlich zu machen, daß die in der Untersuchung behandelte linguistische Problematik einen allgemeineren theoretischen Problemzusammenhang reflektiert, der für die Begründung des Konzepts einer sprachlichen Common sense-Kompetenz zentral ist. Im Mittelpunkt des Interesses steht dabei die Frage nach den Bedingungen der Verfügbarkeit und Stabilisierung von pragmatisch relevanter Information. Die auf die substantiellen und *allgemeinen* Eigenschaften von Erkenntnisobjekten zielende wissenschaftliche Zugriffsweise – oft als *Reduktionismus* gekennzeichnet – stößt bei pragmatisch geformten Strukturen auf Reduktionsprobleme. Es treten Schwierigkeiten der Modellierung auf, die offenbar in so verschiedenen Bereichen wie ›Sprache‹ und ›Biologie der genetischen Information‹ gleicher Art sind.

Eine reduktionistische Theoriestrategie versucht, einen komplexen Erkenntnisgegenstand dadurch zu strukturieren und zu erklären, daß sie unterschiedliche Schichten seiner Konstitution und Determiniertheit annimmt und ihn von einer *elementaren*

[1] Vgl. zum allgemeinen philosophischen Hintergrund der Diskussion: Popper/Eccles (1987, S. 34 ff.); zur Diskussion im Rahmen der Biologie vgl. den von Küppers (1988) herausgegebenen Sammelband zur Evolutionstheorie; dort wird auch auf weitere Literatur zu Detailproblemen verwiesen.

Schicht her theoretisch konstruiert. In diesem Sinne geht jede Form von Reduktionismus auf die

»(...) intuitive Vorstellung [zurück], daß die Vorgänge und Dinge einer höheren Stufe immer durch das erklärt werden können, was auf einer niederen Stufe geschieht; genauer, daß das, was einem Ganzen geschieht, *durch die Struktur* (die Anordnung) und die Wechselbeziehungen seiner Teile erklärt werden kann« (Popper/Eccles 1987, S. 39; Herv. H. F.).

Das Zitat zeichnet auch das ›Programm des Reduktionismus‹ vor; es zielt auf die Aufstellung möglichst universeller Strukturen und Gesetzmäßigkeiten, die an sich virtuell und noch unbestimmt sind, aber in jedem konkreten Gegenstand oder Sachverhalt aktuell manifest werden können. Eine reduktionistische Erklärung ist deshalb, mit Poppers Worten, immer eine ›von unten her‹, das heißt eine bei der *Struktur* ansetzende. In der Geschichte der Naturwissenschaft hat sich der Reduktionismus in dem Anspruch ausgeprägt, letztlich für jedes Phänomen eine physikalisch-kausale Erklärung geben zu können (vgl. Anderson 1972). Diese Erklärungstrategie ist auch für die Philosophie und Geisteswissenschaften nicht ohne Folgen geblieben.[2] Eine philosophische Ausprägung dieser Grundauffassung findet man zum Beispiel in Ludwig Wittgensteins frühem ›Tractatus logico-philosophicus‹ (1918/1982), in dem auch Syntax und Semantik der Sprache eine in diesem Sinne reduktionistische Erklärung erfahren, wie sie z. B. im folgenden Zitat prägnant ausgedrückt ist:

»Der Konfiguration der einfachen Zeichen im Satzzeichen entspricht die Konfiguration der Gegenstände in der Sachlage.« (Wittgenstein 1959/1982, S. 22, = Tractatus 3.21)

Eine kritische Betrachtung dieses Zitats, für dessen Auslegung wir keine exegetische Kompetenz beanspruchen können und das deshalb hier nur stellvertretend für viele mögliche andere zum

2 Allerdings haben sich zugleich auch bedeutende Gegenbewegungen etabliert. Bereits weiter oben in Teil I dieser Untersuchung ist auf Poppers 3-Welten-Konzeption eingegangen worden, die neben der Systemtheorie und Gestalttheorie eines der bekanntesten *anti*reduktionistischen Modelle begründet, indem es die relative Autonomie von Tatsachen der Welt 3 gegenüber der Welt 1 zu belegen versucht.

Zweck der Veranschaulichung herangezogen wird, macht auf einen bekannten Kritikpunkt an reduktionistischen Positionen aufmerksam. Auffällig an dem kurzen Text ist seine apologetische Diktion: Es handelt sich nicht um einen Vorschlag oder eine eventuell zu prüfende Hypothese, die etwa die ›Konfiguration der einfachen Zeichen im Satzzeichen‹ linguistisch *erklären* soll, wie es heute z. B. im Rahmen ikonistischer Modellierungen der Syntax geschieht (vgl. etwa Haiman 1983, Posner 1980). Zunächst handelt es sich nur um eine mit Nachdruck vorgetragene Behauptung, die besagt, daß Satzstrukturen und Sachverhaltsstrukturen isomorph seien. Diese Behauptung ist intuitiv auch durchaus einleuchtend, was etwa an einem Satz wie ›Hans spielt mit dem Ball‹ verdeutlicht werden kann, gesetzt allerdings den Fall oder die ›Sachlage‹, daß es sich tatsächlich um Hans handelt und daß er tatsächlich mit einem Ball spielt.

Diese notwendige Einschränkung erlaubt uns an diesem Beispiel bereits einen Blick auf ein Problem reduktionistischer Erklärungsstrategien. Es stellt sich nämlich die Frage: Was kann die ›Konfiguration der Satzzeichen‹ im Falle einer *Lüge* erklären oder etwa im Falle eines *Expressivausdrucks* (z. B. ›Ach du meine Güte!‹) einer *Drohung* (z. B. ›Dir werde ich helfen!‹) oder einer einfachen *Frage*? Der Bezug auf die ›Gegenstände in der Sachlage‹ ist hier nicht mehr unvermittelt möglich. Es zeigt sich vielmehr, daß der Bezug über eine *regulative* Ebene vermittelt ist, in unserem Beispiel ist dies die wichtige Ebene der Handlung, der Handlungsintention und auch konventionalisierter (sprachstruktureller) Handlungsformen.[3] Sie muß herangezogen werden,

---

3 Wittgensteins Sprachphilosophie ist bekanntlich durch die Entwicklung von einer ›frühen‹ reduktionistischen Konzeption zu einer ›späten‹ pragmatisch bestimmten Konzeption gekennzeichnet. So findet man in den posthum editierten ›Philosophischen Untersuchungen‹ (etwa Bemerkungen 520-524) eine deutliche Betonung des hier eingeklagten Aspekts der autonom wirksamen Produktivität konventionaler Strukturen. Demgegenüber wird im Tractus die Satzstruktur noch als »Projektion« der Sachlage verstanden (vgl. Tractatus 3.11 und 3.1431). Damit einher geht in den PU auch eine deutliche Abwertung des Versuchs einer *logischen* ›Projektion‹ der Sprache (vgl. PU 108).

wenn die ›Konfiguration der Satzzeichen‹ erklärt werden soll.[4] Es ist erstaunlich, daß ein solcher, an sich selbstverständlich oder gar trivial erscheinender Tatbestand offenbar der besonderen Erörterung bedarf. Es scheint schwierig zu sein, anzuerkennen, daß Strukturen in ihrer konkreten Ausprägung immer auch von Determinationen einer regulativen Ebene eigener Art bestimmt sind, die ihnen erst eine im pragmatischen Sinne *funktionelle Interpretation* gibt. Der Versuch der Reduktion sprachlicher Strukturen auf die Strukturen von Sachverhalten einer ›Real‹-Welt ist nur *ein* berühmtes Beispiel für diese allgemeine Problematik (vgl. hierzu auch Lakoff 1987, S. 157 ff.).

3.2 Lösungsvorschläge: Konzepte der Thematisierung pragmatisch motivierter Strukturen

3.2.1 ›Mikrostruktur‹ und ›Makrostruktur‹ (Searle)

Searle (1986, S. 12 ff.) schlägt zur Lösung dieses philosophischen Problems vor, zwei gleichberechtigte Beschreibungsebenen bzw. Ebenen der Erklärung anzunehmen: die Ebene einer (konstitutiven) Mikrostruktur und die einer (regulativen) Makrostruktur. Durch die Ebene der jeweiligen konstitutiven Bedingungen werden *Möglichkeiten* oder, wie Popper sagen würde, *Verwirklichungschancen* für Strukturen eröffnet. Die regulativen Bedingungen dagegen legen eine mögliche Struktur erst als eine

---

4 Auch die lexikalische Semantik hat, soweit sie sich als eine an Wahrheitswerten orientierte Semantik versteht, mit dem Problem des Reduktionismus zu tun. ›Wasser‹ z. B. bedeutet danach das, was der Extension des Ausdrucks ›Wasser‹ oder ›water‹ oder ›l'eau‹ entspricht, und dies ist letztlich eine chemische Formel. Die Aporien, in die eine solche Sichtweise sich verstrickt, hat Hilary Putnam (1975/1979) anregend dargestellt und mit seiner Stereotypensemantik *einen* ›nichtreduktionistischen‹ Vorschlag zu ihrer Überwindung gemacht. Er schlägt vor, Wortbedeutungen nicht als *Beschreibungen* von Sachverhalten oder Gegenständen aufzufassen, sondern als relativ starre, *soziale* semantische Strukturen (vgl. vor allem ebd. S.85 ff., Eine Kritik der kalifornischen Semantik).

wirkliche Struktur *zu eigenen Bedingungen* fest. Searle führt das
Beispiel eines Holztisches an. Dieser hat zwar auf der Ebene der
Mikrostruktur eine physikalische Beschreibung (hier die Gitter-
struktur der Moleküle), die z. B. seine Festigkeit als eine konstitutive Struktureigenschaft bedingt (vgl. Searle ebd.); *daß* er aber
ein Tisch ist, ist unabhängig von diesen Bedingungen wahr[5] bzw.

---

[5] Diese Behauptung bedarf einer kurzen Erläuterung: Jegliche Art von
Substanz tritt *geformt* in Funktionszusammenhänge eigener Art ein. So
muß etwa ein Tisch als Form nicht notwendig aus einer bestimmten
Substanz gefertigt sein, ebenso wie umgekehrt logischerweise die Substanz – etwa eine bestimmte Holzart – noch keine bestimmte Form
impliziert. Die Substanz ist also nicht in jedem Falle eine notwendige
Bedingung für das Vorhandensein einer bestimmten Formqualität oder
Gestaltqualität. Deshalb muß diese auch unabhängig von der Substanz-
qualität feststellbar und gültig sein können. Substanzqualitäten sind
also in keinem Fall eine hinreichende Bedingung für das Vorhandensein
einer bestimmten Formqualität. Wichtiger jedoch ist: Soweit der Funktionszusammenhang, in den eine Form eintritt und den sie als Form
mitkonstituiert, eben auf den Formqualitäten und nicht – in konstitutiver Hinsicht – notwendig auf bestimmten Substanzqualitäten aufbaut, sind die Substanzqualitäten *für diesen Funktionszusammenhang*
sekundär. Sie sind dann nicht einmal eine notwendige Bedingung für
die Feststellung einer bestimmten Formqualität. Aus dieser Problemperspektive wirkt die dichotomische Unterscheidung von ›Sein und
Schein‹ erkenntnistheoretisch kurzsichtig. Für die Semantik diskutiert,
wie bereits angeführt, Putnam (1975/1979) genau diese Problematik
anhand seiner Unterscheidung von Stereotyp und Extension eines Begriffs. Er zeigt, daß etwa ein Goldbarren, der nicht aus Gold besteht,
aber dem (sozialen) Stereotyp eines Goldbarrens entspricht, unter der
Voraussetzung eines bestimmten Funktionszusammenhangs durchaus
als Goldbarren gelten und auch funktionieren kann, ebenso wie etwa
der mit ›Wasser‹ bezeichnete Inhalt bestimmter Flüsse einen mittlerweile vergleichsweise geringen H_2O-Anteil enthalten mag, dem Stereotyp von Flußwasser aber durchaus entspricht und deshalb für die
Handlungszusammenhänge, in denen dieses Stereotyp einen Sinn hat,
auch *als* Wasser gelten kann. Dies zeigt u. E. erneut, daß Wahrheitsbe-
dingungen nicht in toto, sondern selektiv im Blick auf bestimmte
Funktionszusammenhänge geprüft werden. Der Prüfstein sind in der
Wahrnehmung dabei die jeweiligen Formqualitäten im Funktionszu-

nur wahr in Abhängigkeit von den regulativen Bedingungen des Funktions- oder Wahrnehmungszusammenhangs, in dem er steht. Dies gilt unabhängig von der Tatsache, daß ›Tisch‹ außerdem für uns noch ein kulturspezifisches semantisches Konzept darstellt.

3.2.2 ›Analyse‹ der ›lebendigen Einheiten‹ (Wygotski)

Bemerkenswerte Ausführungen zur Reduktionsproblematik finden sich auch bei Wygotski (1934/1981). Er wählt das berühmt gewordene Beispiel des Wassermoleküls, um zu zeigen, daß die Reduktion eines strukturierten komplexen Objektes auf Eigenschaften seiner Elemente zwar eine »(...) erkenntnisvermittelnde Methode (...)« (ebd.) sei, aber genau »(...) in entgegengesetzter Richtung zur Analyse (...)« (1934/81, S. 8) verlaufe und deshalb die Eigenschaften des Objektes nicht erklären könne. Unter anderem schreibt er:

»(...) die chemische Formel des Wassers, die sich auch auf alle seine Eigenschaften bezieht, trifft in gleichem Maße auf seine verschiedensten Formen zu, auf den Stillen Ozean wie auf einen Regentropfen. Deshalb kann die Auflösung von Wasser in seine Elemente nicht der Weg sein, der uns seine konkreten Eigenschaften erklären kann. Es ist eher ein Weg, *der zum Allgemeinen hinführt*, als eine Analyse (...)« (Wygotski 1934/1981, S. 8).

Es ist wichtig, darauf hinzuweisen, daß das von Wygotski verwendete Attribut ›konkret‹ für den am ›Allgemeinen‹ interessierten Theoretiker in der Regel den Beigeschmack der ›Akzidenz‹ und des Epiphänomenalen hat, während die mikrostrukturellen Eigenschaften als ›substantiell‹, d. h. als unveränderlich und über die Zeit hinweg stabil aufgefaßt werden. Auch in der Linguistik hat diese Interpretation eine lange Tradition. Wygotski macht uns demgegenüber darauf aufmerksam, daß die ›konkreten Eigenschaften‹ funktionale Zusammenhänge eigener Art mitbegründen können. Er weist auf den Zusammenhang zwischen der Konkre-

sammenhang. Sie dienen als pragmatisch bewährtes *Indiz*, an dem sich Wahrnehmung und Verhalten orientieren.

tisation und den emergenten Gestaltfunktionen hin: Die geformte Substanz ›Ozean‹ konstituiert ganz andere Wirkungszusammenhänge als die geformte Substanz ›Regentropfen‹. Den Konkretisationen einer Mikrostruktur oder Substanz können im ›oikos‹ Funktionen zuwachsen, die dann ihre Formung zu einer funktionellen Gestalt bedingen können. Diese zu ermitteln – so Wygotskis Auffassung – sollte Ziel einer echten Analyse sein. Werfen wir einen Blick auf seinen eigenen Umgang mit der Problematik: Bei Wygotski selbst stehen diese Ausführungen im Kontext einer pauschal vorgetragenen Kritik am sprachwissenschaftlichen strukturalistischen Reduktionismus, der Ausdrucksform und Inhaltsaspekt der Sprache trennt. Statt einer ›mechanischen‹ Reduktion auf Elemente der Ausdrucksform fordert Wygotski eine echte Analyse in »(...) weiter nicht zerlegbare *lebendige* Teile dieses einheitlichen Ganzen (...)« (ebd. 10; Herv. H. F.). Er meint, diese in den *Wort*-Bedeutungen zu finden, denn diese seien »(...) gleichzeitig Sprache und Denken, weil sie eine *Teileinheit des sprachlichen Denkens* verkörper/en/« (ebd. 11).
Bei der dann folgenden Bestimmung der Sprache als »*Mittel des sozialen Verkehrs*« (ebd. 12) und »*Mittel der begrifflichen Verallgemeinerung*« (vgl. ebd. 13), legt Wygotski, orientiert am Konzept einer Widerspiegelungsfunktion der Sprache, den Schwerpunkt auf den zweiten Gesichtspunkt, d. h. auf die *begriffliche Verallgemeinerung* als den ›Einheit‹ stiftenden Aspekt. Das berühmte Kapitel über die Entwicklung wissenschaftlicher Begriffe beim Kind illustriert dies eindrücklich. Es ist klar, daß damit dem *Wort als Begriffszeichen* die prominenteste Rolle zufallen muß. Ob diese Prominenz des Wort-Zeichens in begrifflicher Hinsicht allerdings auch für eine Analyse der ›lebendigen Teile‹ *des Sprechens* und der *sozialen kognitiven Koorientierung* gilt, ist erst noch zu prüfen. Aus systemtheoretischer Sicht ist eher anzunehmen, daß die Bedeutung der Sprache als ›Mittel des sozialen Verkehrs‹ Vorrang gegenüber dem kognitiven Aspekt hat bzw. die kognitive Strukturierung oder begriffliche Verallgemeinerung unter ›natürlichen‹ Bedingungen primär nach Maßgabe *kommunikativer* Notwendigkeiten erfolgt. Danach wäre zu erwarten, daß die von Wygotski gesuchten ›lebendigen Teile‹ der Sprache eher als kommunikative Einheiten der Rede denn als kognitiv-begriff-

liche Einheiten zu konzipieren sind. Für eine solche Sichtweise gibt Wygotski u. E. selbst schon deutliche Hinweise, und zwar bei seiner Thematisierung des Verhältnisses von ›geschriebener Sprache‹, ›gesprochener Sprache‹ und ›innerer Sprache‹ (vgl. ebd. Kap. 6, 226 ff.). Dort charakterisiert er die ›innere Sprache‹ gewissermaßen als eine ›innere Rede‹ des Sprechenden, wobei das Sprechen innerlich motiviert ist und daher der Mitteilung dessen entbehren kann, was als bekannt vorausgesetzt werden darf. Wygotski schreibt:

»Uns selbst brauchen wir niemals mitzuteilen, wovon die Rede ist. Das wird stets stillschweigend vorausgesetzt und bildet den Hintergrund des Bewußtseins. ... *Die innere Sprache ist daher voller idiomatischer Wendungen.*« (Wygotski 1934/81, S. 227; Herv. H. F.)

Dieser ›subjektiven‹ Idiomatik der ›inneren Sprache‹, wie sie von Wygotski beschrieben wird, entspricht nach unserer Auffassung in gleicher Weise eine soziale Idiomatik der Rede mit durchaus ähnlicher Funktion. Aus ihr müßten i. S. Wygotskis dann auch die lebendigen Einheiten des ›sozialen Verkehrs‹ und des Sprechens abzuleiten sein. Wygotskis Begriff der ›lebendigen Einheiten‹ wie auch sein Konzept der – in unserem Verständnis – *ökologischen* ›Analyse‹ ist hier sehr hilfreich.

3.2.3 ›Verursachung von oben‹: ›Erstmaligkeit und Bestätigung in pragmatischer Information‹ (Weizsäcker, Küppers, Eigen)

Aus der Sicht der Biologie behandelt Küppers (1988) die gleiche Problematik anhand der begrifflichen Unterscheidung zwischen »Strukturinformation« und »funktioneller Ordnung« am Beispiel der genetischen Makromoleküle, die die Erbinformation tragen. Charakteristisch für die Mikrostruktur ist in diesem Falle die sequentielle Kontingenz, d. h. die theoretisch unvorstellbar großen Möglichkeiten der Kombination von Nukleotiden. *Physikalisch* – also auf der Ebene ihrer Mikrostruktur – sind diese Nukleotidketten alle gleich möglich. *Biologisch* aber sind die Randbedingungen ihres Vorkommens entscheidend:

»Denn wir interessieren uns ja nicht so sehr für die in der räumlichen Ordnung eines Makromoleküls repräsentierte Strukturinformation, als vielmehr für die hierdurch induzierte *funktionelle* Ordnung.« (Küppers 1988, S. 25)

Was Küppers hier als Strukturinformation bezeichnet, ist ein Raum virtueller Formen ohne Funktion, gewissermaßen multiple ›leere Kategorien‹, die der Evolution für ihre Experimente zur Verfügung stehen. Damit sie im Sinne des Wortes *ins Leben* treten können, muß – so Küppers – die Synthese der Makromoleküle *pragmatisch instruiert* werden.[6] Erst dadurch wird aus der syntaktischen Folge Information mit biologischer *Bedeutung*. Mit dieser Argumentation, die in der pragmatisch motivierten Interpretation einer Mikrostruktur den Ursprungsort systemrelevanter Information sieht, schließt Küppers an ein Konzept an, das erstmals von Ernst v. Weizsäcker unter dem Stichwort »Erstmaligkeit und Bestätigung in pragmatischer Information« formuliert wurde (vgl. v. Weizsäcker 1974). Erich Jantsch (vgl. 1986, S. 87 ff. u. 309 ff.) benutzt dieses Konzept für eine Argumentation, in der er verdeutlichen kann, daß für selbstorganisierende Systeme unter evolutionstheoretischen Gesichtspunkten die Unterscheidung von ›Mikro- und Makrostruktur‹ eine zentrale Rolle spielt. Solche Systeme haben nach Jantsch im Blick auf ihren jeweiligen ›oikos‹ vor allem zwei Anforderungen zu erfüllen:

1. Sie müssen über eine *strukturorientierte* Kreativität verfügen, die es ihnen ermöglicht, ständig neue Strukturen hervorzubringen, die einem Selektionsprozeß ausgesetzt werden können. Damit gewährleisten sie im Sinne v. Weizsäckers ›Erstmaligkeit‹.
2. Sie müssen außerdem aber auch über eine *gestaltbildende* Krea-

6 Für den Linguisten ist es faszinierend zu sehen, welche theoretischen Isomorphien die Analyse der Selektion und Strukturbildung biologischer Information mit Diskussionen in der Linguistik aufweist. Auch für die paradigmatischen Unterschiede in der Diskussion etwa zwischen generativ und historisch orientierten Sprachwissenschaftlern finden sich hier genaue Entsprechungen. Der zitierte Beitrag von Küppers ist dafür beispielhaft. Das gleiche gilt auch für den Beitrag von Eigen (1979), der allerdings noch deutlich von Chomskys Generativismus und dessen Anspruch auf psychologische Realität geprägt ist.

tivität verfügen, die viable und bestätigte Strukturen sichert und als Anpassungs- bzw. Entwicklungsleistungen verfügbar hält.

Das Prinzip, nach dem dies geschieht, ist durchgängig das einer kombinatorisch-hierarchischen Strukturbildung. Hierarchische Systeme sichern durch ihre kombinatorische Mikrostruktur zum einen generell die geforderte evolutionäre Offenheit, und zwar auf verschiedenen, voneinander relativ unabhängigen Ebenen der Kombination. Zum anderen aber sichern sie durch gestaltbildende Prozesse *auf allen diesen Ebenen* zugleich die Strukturen, die sich bewährt haben und denen im ›oikos‹ bestimmte Funktionen zugewachsen sind. Eigen (1979) formuliert theoretische Ähnlichkeiten zwischen biochemischer und sprachlicher Bedeutungskonstitution. Er prägt für die beiden von Jantsch genannten Funktionen bzw. Ebenen der Organisation von Information bei der Genese von genetischen Makromolekülen zwei »Sprach«-Konzepte: Im Blick auf die konstitutive und essentiell kombinatorische Strukturinformation spricht er von einer »(...) eher formal konzipierten *genotypischen Legislativsprache* (...)« (Eigen 1979, S. 185); und im Blick auf die bereits geprägten ›Bausteine des Lebens‹ spricht er von einer »(...) phänotypischen Exekutivsprache (...)« (ebd.), die sich dadurch auszeichnet, daß Sequenzen auf verschiedenen Ebenen einer Hierarchie ›phänotypisch bewertet‹ (vgl. ebd.) sind, der Kombinatorik entzogen sind und *als Einheiten ›gelesen‹ und reproduziert* werden (vgl. ebd.). Auf der untersten Ebene der Hierarchie dieser Exekutivsprache ist als kleinstes Element der ›funktionellen Ordnung‹ ein Nukleotidtriplett angesiedelt, das eine Aminosäure kodiert; Eigen spricht von den »(...) Buchstaben der Exekutivsprache (...)« (ebd. 190). Als kleinste autonome Einheiten ergeben sich dann aus Kombinationen von Aminosäuren in der Eiweißbiosynthese die Proteinmoleküle als Träger der eigentlichen Lebensinformation.
Im Blick auf die Analogie zur linguistischen Problematik außerordentlich spannend ist hier das von Eigen (ebd. 192 ff.) diskutierte Problem, ob ein Proteinmolekül eher einem Wort oder einem Satz in der menschlichen Sprache entspreche. Dabei stellt

er auf der Grundlage eines nicht problematisierten Wort-Begriffes fest, daß vom Umfang und vom strukturellen Informationsgehalt her die Proteine dem Satz zu vergleichen seien; sie sind generativ aus einer großen Zahl von Aminosäureeinheiten zusammengesetzt. Von ihrem funktionellen Sinn her aber seien sie semantisch »(...) eher Tätigkeitswörter, indem sie als Enzyme Reaktionsabläufe katalysieren und Befehle übermitteln bzw. Anordnungen ausführen (...)« (ebd. 193). Nun kommt ein für die Analogie interessanter Punkt: Diese funktionelle Potenz wird gesichert dadurch, daß die Aminosäureeinheiten »(...) in bezug auf ihre räumliche Koordination exakt festliegen (...)« (ebd. 194). Dabei *wird der »(...) größte Teil der im Proteinmolekül gespeicherten Information zur exakten räumlichen Faltung der Polypeptidkette (...)« verwendet* (ebd. 194; Herv. H. F.). Der Großteil der Information im Protein bezieht sich damit auf die Eigenstruktur. Die funktionell relevante Information der Polypeptidkette kommt also erst durch die sogenannte ›tertiäre Struktur‹, d. h. die besondere *räumliche Lage* in der Faltung, zustande. Sie begründet Reaktionszusammenhänge *eigener Art*. Dies gilt eben auch für konnotativ geprägte sprachliche Ausdruckseinheiten, deren Oberflächenstruktur kontextuelle Spezifität indiziert.
Eigen weist darauf hin, daß die Lebensdauer der Einheiten dieser Exekutivsprache *endlich* sei. Für jeden Baustein gibt es einen »(...) Mittelwert der Lebensdauer (...)« (ebd. 202).

Kehren wir noch einmal zurück zu dem von Ernst v. Weizsäcker zuerst formulierten Theorem ›Erstmaligkeit und Bestätigung in pragmatischer Information‹; es hat u. E. für die Behandlung des Reduktionismusproblems auch in der Linguistik einen zentralen Stellenwert. Die von Jantsch so genannte »hierarchische Sicherung von Offenheit« (ebd. 309) und damit von Erstmaligkeit durch Kombinatorik ist ein typisches Merkmal auch der Sprache. Ernst v. Glasersfeld (1986) bemerkt dazu:

»Es ist eben dieses Merkmal kombinatorischer Bedeutung, das die Offenheit sprachlicher Kommunikationssysteme begründet und ihrem Benutzer die Möglichkeit der ›Produktivität‹ oder ›Neuheit‹ des Ausdrucks bietet.« (v. Glasersfeld 1986, S. 17)

Ersichtlich ist dieser Gesichtspunkt einer von der Mikrostruktur her kombinatorisch aufsteigenden Informationsbildung oder Bedeutungskonstitution auch in der Entwicklung der Linguistik als Disziplin von herausragender Bedeutung gewesen. Holenstein (1980) meint deshalb sogar, die Entwicklung der Linguistik als eine ›von unten nach oben‹ verlaufende charakterisieren zu können. Kennzeichnend für die Mikrostruktur nicht nur der Sprache ist neben dem Merkmal dieser virtuellen kombinatorischen Kreativität ihre gleichzeitige extreme Strukturiertheit oder auch Normiertheit. Das semiotische Analogie-Modell in dieser Richtung weiter entfaltend, schreibt Jantsch (1986) unter Berufung auf Weizsäckers Kategorien dazu:

»Die Einbeziehung höherer semantischer Ebenen reduziert die Erstmaligkeit auf den anderen Ebenen und verpflanzt sie gewissermaßen auf eine höhere Ebene...Dies drückt sich z. B. im hohen Grad der Normierung, das heißt Bestätigung, auf den unteren Ebenen der Mikroevolution aus.« (Jantsch 1986, S. 309/310)

Jantsch illustriert dies wiederum am Beispiel der Genetik. Bei genotypischem und phänotypischem ständigen Wandel und einer kontinuierlichen Kumulation von Information durch pragmatische Instruktion bleiben die mikrostrukturellen Voraussetzungen – also Anzahl und Struktur der Nukleotide sowie die Möglichkeiten ihrer Kombination zu Nukleotidtripletts – so gut wie unverändert. Sie dienen nurmehr der Formbildung; von der pragmatisch instruierten semantischen Dynamik sind sie praktisch abgekoppelt. Die biologischen Einzelheiten sollen hier nicht gründlicher referiert werden, denn es kommt uns auf das theoretische Modell an. *Für dieses Modell stellen biologische und linguistische Zusammenhänge mögliche Anwendungsfälle dar.*[7] Die

---

[7] Was die Frage angeht, ob es sich hier um eine Analogie oder Isomorphie biologischer und sprachlicher Verhältnisse handele, so scheint es mir wichtig, darauf hinzuweisen, daß es sich in jedem Falle um *Modellbildungen* handelt. D. h., *theoretisch* sind die Verhältnisse partiell isomorph. In Distanzierung zu den ästhetischen und didaktischen Konnotationen des Metaphernkonzepts formuliert Bernd-Olaf Küppers (1986) deshalb auch: »Die Analogie zwischen der menschlichen Sprache und der genetischen Molekularsprache ist durchaus stringent«

starke Normiertheit der phonologischen, phonotaktischen und grammatischen Mikrostruktur fällt deshalb unter den gleichen theoretischen Topos in der Diskussion um das Verhältnis von Mikro- und Makrostruktur und die damit zusammenhängende Problematik reduktionistischer Ansätze.

Der Versuch, die Probleme reduktionistischer Erklärungsstrategien durch ein Entwicklungskonzept zu lösen, nach dem neue Makrostrukturen in einem beständigen Zusammenspiel von Erstmaligkeit und Bestätigung gebildet werden, verlangt einen Begriff, der dem Konzept der Verursachung ›von unten‹ entgegengestellt werden kann. Weizsäckers Ausdruck ›pragmatische Instruktion‹ haben wir bereits zitiert. Kennzeichnend für alle Konzepte einer Verursachung ›von oben‹ ist – stark vereinfacht – die bereits mehrfach formulierte Idee, daß im Bereich des Lebendigen die Praxis selbst strukturbildend wirkt[8] und Gestaltbildungen immer phänotypisch oder pragmatisch motiviert sind. Auf diese Art und Weise inkorporieren sie eine Information ›sui generis‹, die auf der Basis der bereits ausgebildeten Strukturen nicht erklärbar ist. Ein eindrucksvoller Beleg dafür aus der Neurologie ist die Tatsache, daß nur ein Bruchteil der ca. 10^{14} synaptischen Verbindungen in unserem Gehirn genetisch fixiert ist. Die in der DNA gespeicherte Information reicht nicht aus, um die im Phänotyp ausgeprägten Neuronenverbindungen zu determinieren. Es gibt daher mittlerweile zahlreiche Belege dafür, daß sich Neuronenverbindungen durch Umweltsignale ändern und Neuronengruppen dann reizspezifisch reagieren (vgl. Gluck/Rumelhart 1990).

(ebd. 54) und stellt fest, hinter dem Reden von der ›Molekularsprache‹ stecke »(...) mehr als eine bloße Metapher« (ebd. 50). Indem die Biologie auch für die fachinterne Kommunikation auf semiotische Konzepte – etwa die grundlegende Unterscheidung von Pragmatik, Semantik und Syntax – zurückgreift, reagiert sie auf die Notwendigkeit, Stufen der Abstraktion von ›Sinn‹ auch in ihrem Bereich zu unterscheiden. Die semiotische Trias liefert hier ein Schema, das fächerübergreifend eine Modellierung der Beziehungen zwischen ›sinnvoller Praxis‹, ›regulativer Struktur‹ und ›konstitutiver Struktur‹ ermöglicht.
8 Entwicklungspsychologisch sind hier z.B. Piagets Begriff der »Akkommodation« (vgl. Piaget 1970/1985, S. 32 ff.) oder Bruners Begriff der »Deuteropraxis« (vgl. Bruner/Olson 1978) zu nennen.

In der vorangegangenen Diskussion haben wir bereits gesehen, daß die evolutionstheoretisch ausgerichtete Biologie und Genetik zur Modellierung ihrer Probleme auf die semiotische Trias von Syntax, Semantik und Pragmatik zurückgreift. Wie in der Linguistik auch bezeichnet der Begriff der Syntax den Aspekt der kombinatorischen Kreativität und den Aspekt der kombinatorischen *Form* als einer semantisch zwar weitgehend unbestimmten, dafür aber *auf Dauer gestellten* Strukturinformation. Wie in der Biologie auch besteht für die Linguistik das Problem, zu erklären, wie sich die genetisch, respektive syntaktisch vorgegebene Strukturinformation zur Praxis und also zur Pragmatik verhält. Dabei wird die Semantik – also die Exekutivinformation – übereinstimmend als eine intermediäre Ebene der Stabilisierung von Information verstanden. Der für uns entscheidende Gesichtspunkt am Begriff einer ›Verursachung von oben‹ ist die folgende auch in der biologischen Terminologie offenbar zutreffende Tatsache: Das kennzeichnende *strukturelle* Merkmal von Semantik wird schwerpunktmäßig darin gesehen, daß sie als eine pragmatisch bestätigte Gestalt festgestellt und der syntaktischen Kombinatorik entzogen ist.[9] In diesem Sinne stellt Ernst v. Weizsäcker dazu fest: »Die Semantik der Semantik ist die Pragmatik.« (1974, zit. nach Jantsch 1986, S. 88) Für die Linguistik rückt vor allem die sogenannte ›kognitive Linguistik‹ in jüngerer Zeit diesen Gesichtspunkt in den Vordergrund, so z. B. wenn Bruce (1988, S. 23) formuliert: »Semantics is to be taken to be conventionalized pragmatics.« Dieses Konzept formuliert Campbell (1974) genauer, wenn er zum Begriff der ›downward causation‹ (=Verursachung von oben) schreibt:

»The laws of the higher level selective system determine in part the distribution of the lower level events. ... Description of an intermediate-level phenomenon is not completed by describing its possibility and implementation in lower-level terms. It's presence, prevalence or distribu-

---

9 Das Adverb ›schwerpunktmäßig‹ muß hier eingefügt werden, weil dies für die Sprache zunächst selbstverständlich nur für die Idiomatik und lexikalische Semantik gilt. Aber dies sind eben die Bereiche relativ stabiler semantischer Information.

tion ... will often require reference to laws at a higher level of organization as well.« (Campbell 1974, S. 180)[10]

Der Gebrauch des Ausdrucks ›distribution‹ erlaubt hier durchaus schon eine linguistische Lesart. Campbells vorsichtiges Zitat verweist dabei auf das *Zusammenwirken* der verschiedenen Ebenen in der Gestaltbildung. Sowohl die ›von unten‹ wirkenden *Strukturwerte* wie die ›von oben‹ aus der Praxis wirkenden pragmatischen oder ökologischen *Gebrauchswerte* sind bei der Erklärung einer phänotypischen Gestalt zu berücksichtigen. Struktur *und* Gestalt, Kombinatorik *und* pragmatische Form sind keine Alternativen, sondern komplementäre Ebenen der Verkörperung von Information. Geometrisch ausgedrückt, bilden sie gewissermaßen zwei vertikale Achsen, die durch alle Ebenen hierarchischer Systeme hindurchgehen und dem Funktionszusammenhang von Erstmaligkeit und Bestätigung entsprechen.[11] Theoretisch wichtig an diesem Verhältnis ist dabei, daß *nur* ›von oben her‹, d. h. von der höherstufigen Ordnungsebene einer ökologisch bestimmten Praxis her der aktuell relevante funktionale oder semantische Gehalt einer Struktur angebbar ist.

Der Versuch, diese Argumentation auf die Sprache zu übertragen, führt zu einem Schema, wie es die folgende Graphik – notwendig noch grob vereinfachend – darstellt.

Ein bedeutsamer Topos für die Diskussion ist nun die bereits angesprochene Tatsache, daß sich das Zusammenspiel von kreativer Öffnung und Normierung oder Erstmaligkeit und Bestätigung auf allen Ebenen des hierarchischen Systems wiederholt. »Die Umwandlung von Erstmaligkeit in Bestätigung läßt sich auf allen Ebenen von Mikro- und Makrosystemen des Lebens beobachten«, schreibt Jantsch (1986, S. 311) und greift zur Verdeutlichung selbst auf das Beispiel der Sprache zurück:[12]

---

10 Zit. nach Scinto (1986, S. 171).
11 Vgl. zu dieser Form der geometrischen Modellierung von Strukturbildungsprozessen auch Riedl (1988, S. 95, 137, 234).
12 Keller (1990, S. 127 ff.) behandelt in seiner Untersuchung zum Sprachwandel die Problematik von Bestätigung und Erstmaligkeit unter dem Titel »Stase und Dynamik der Sprache«. In seinem intentionalistischen Ansatz führt er die entsprechenden Vorgänge auf statische

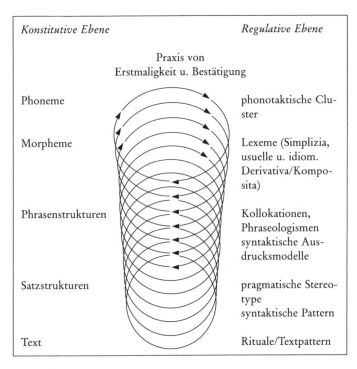

Konstitutive Ebene		Regulative Ebene
	Praxis von Erstmaligkeit u. Bestätigung	
Phoneme		phonotaktische Cluster
Morpheme		Lexeme (Simplizia, usuelle u. idiom. Derivativa/Komposita)
Phrasenstrukturen		Kollokationen, Phraseologismen syntaktische Ausdrucksmodelle
Satzstrukturen		pragmatische Stereotype syntaktische Pattern
Text		Rituale/Textpattern

»Beim Lernen einer neuen Sprache z. B. werden Buchstabenfolgen, Wörter, Idiome, kurze Sätze, Floskeln und so weiter wiederholt, das heißt zunehmend bestätigt. Die untersten Ebenen (Buchstaben und Wörter) werden zuerst weitgehend bestätigt, während sich mit jeder Öffnung neuer semantischer Ebenen jeweils zunächst viel Erstmaligkeit einstellt, also etwa

und dynamische *Maximen* des Sprechens zurück. Dem von Jantsch artikulierten Gedanken der Ansammlung von Bestätigungen auf den verschiedenen Ebenen der Hierarchie, entspricht er mit seiner These, daß Sprachentwicklung ein »(...) eindeutig kumulativer Prozeß« sei (ebd. 181). Von dem Genetiker und Biologen Richard Dawkins übernimmt er dafür das in Analogie zum Gen gebildete Konzept sogenannter »Sprachmeme«, die er durch »sprachliche Einheiten wie Wörter, Idiome, die Art, etwas zu artikulieren (...)« (ebd. 182) repräsentiert sieht. Diese »Sprachmeme« sind nichtreduzierbare Elemente einer ›funktionellen Ordnung‹ in dem von Küppers (aaO.) diskutierten Sinne.

bei der Formulierung von ganzen Sätzen. Um eine elegante, kultivierte Ausdrucksweise in einer fremden Sprache zu erlernen, benötigt man Jahre, wenn dieses Ziel überhaupt erreicht wird.« (Jantsch 1986, S. 309)

Auch wenn dieses Zitat in seiner linguistischen Präzision sicherlich verbesserbar wäre, formuliert es einen außerordentlich wichtigen Aspekt des Reduktionismusproblems auch für die Linguistik: Während auf den unteren Ebenen eines hierarchischen Systems – auch ontogenetisch – die Bestätigung sehr schnell fortschreitet und rasch ein hoher Normierungsgrad erreicht ist, der stabil bleibt, ist die Normierung auf den oberen Ebenen, wenngleich notwendig, so doch weniger stark ausgeprägt. Roman Jakobson hat bekanntlich im Blick auf die Sprache hier von einem ›Kontinuum zunehmender Freiheit‹ bzw. einer ›Skala abnehmender Codegebundenheit‹ der Strukturbildung (Kombination) gesprochen. Das folgende Zitat verdeutlicht den Gesichtspunkt:

»Man kann also von einer fortschreitenden Skala der freien Kombinationsmöglichkeiten sprechen. Was die Kombinationen der distinktiven Merkmale zu Phonemen anbetrifft, so ist die Freiheit des einzelnen Sprechers gleich Null: Der Kode sieht bereits alle Möglichkeiten vor, die in einer gegebenen Sprache ausgenutzt werden können. Die Freiheit, Phoneme zu Wörtern zu kombinieren, ist eng begrenzt und bleibt auf die seltenen Fälle der Wortneuprägung beschränkt. Bei der Satzbildung aus Wörtern besitzt der Sprecher größere Freiheit. Schließlich verlieren bei der Kombination von Sätzen zu größeren Äußerungen die obligatorischen syntaktischen Regeln ihre Wirksamkeit, so daß die Freiheit der individuellen Sprecher neue Kontexte zu schaffen, in bedeutendem Maße wächst, obwohl auch hier die zahlreichen stereotypen Äußerungen nicht übersehen werden dürfen.« (Jakobson 1956/1974, S. 120/121)

Das sogenannte Prinzip der »doppelten Artikulation« enthält bereits den hier ausgeführten Grundgedanken und offenbart zugleich eine spezifische Sicht des Verhältnisses von Mikro- und Makrostruktur. In der Formulierung Jakobsons ist noch deutlich die Perspektive des Strukturalisten und Phonologen zu erkennen, der von der Systematizität der phonologischen Mikrostruktur her argumentiert. Aber auch auf den Ebenen der Wortbildung, der syntaktischen Formulierung und Textbildung finden kontinuierlich Bestätigungen statt, deren Selektivität die bestätigten Strukturen – wenn auch vor einem Horizont von Möglichkeiten – zur Norm macht. Der letzte Satz im obigen Zitat Jakobsons deutet dies bereits an. Wichtig ist auch hier wieder der bereits mehrfach betonte Gestaltcharakter der bestätigten Strukturen. Sie enthalten im Sinne des Weizsäckerschen Modells einen pragmatischen Informations- ›Mehrwert‹ oder ökologischen Nutzungsgehalt, der – ex definitione – pragmatisch aufgebaut wird. Dies ist, ob phylogenetisch oder ontogenetisch, in jedem Falle ein historischer Prozeß, in dem auf einem breiten Bestätigungsfundament ständig neue Voraussetzungen der eigenen Weiterentwicklung geschaffen werden.

Am Beispiel des Erlernens einer Sprache hat Jantsch im obigen Zitat darauf hingewiesen, daß der Prozeß beständig strukturelle Voraussetzungen seiner eigenen Fortentwicklung sichert. Soweit es sich dabei um Lernprozesse und den Aufbau eines Wissens handelt, wird dieses Wissen – *auf dem Fundament der basalen Bestätigungen einerseits und im dadurch gewonnenen Freiheitsraum anderer Bestimmungsmöglichkeiten andererseits* – notwendig zu einem Common sense-Wissen in dem von uns in den vorigen Kapiteln diskutierten Sinne. Das heißt aber auch, daß seine interne Systematizität und reflexive Systematisierbarkeit und damit auch seine ›Lernbarkeit‹ i. S. der generativen Grammatik (vgl. Fanselow/Felix 1987, S. 101 ff.; Clahsen 1990) entsprechend dem pragmatischen Strukturgewinn abnimmt. Jantschs Formulierung von der ›kultivierten Ausdrucksweise‹, die in einem langandauernden Lernprozess angeeignet werden müsse, kann dies für den Produktionsaspekt andeuten. Die Einheit von Produktionsaspekt und Verstehensaspekt der sprachlichen Kompetenz zusammenfassend, kann die folgende aphoristisch formulierte Einsicht von Georg Christoph Lichtenberg allerdings noch besser illustrieren, daß eine Reduktion auf die Mikrostruktur i. S. Searles zwar eine Möglichkeit zur verallgemeinernden Beschreibung (eines Wissens), aber keine seiner Erklärung und ›Analyse‹ i. S. Wygotskis sein kann.

»Je mehr man in einer Sprache durch Vernunft unterscheiden lernt, desto schwerer wird einem das Sprechen derselben. Im Fertigsprechen ist viel Instinktmäßiges, durch Vernunft läßt es sich nicht erreichen.« (Lichtenberg 1985, Heft D, 410)

Fassen wir unsere Diskussion zum Problem des Reduktionismus zusammen, so läßt sich folgendes festhalten: Reduktionistische

Erklärungsversuche sind immer Versuche der Reduktion makrostruktureller Gegebenheiten oder Phänomene auf mikrostrukturelle Elemente und die Gesetzmäßigkeiten ihrer Kombination. Evolutionstheoretisch erscheint dieser Versuch problematisch; hier wird das Verhältnis von Mikro- und Makrostrukturen unter dem Gesichtspunkt von ›Erstmaligkeit und Bestätigung in pragmatischer Information‹ gesehen. Mikrostrukturen sind danach die Strukturen mit der längsten ›Bestätigungstradition‹. Als *konstitutive* Strukturinformation sind sie sehr stark normiert; sie stehen kombinatorischen Prozessen der Strukturbildung zur Verfügung und gewährleisten so die Offenheit für Strukturbildung in hierarchischen Systemen. Damit ist aber erst ein Gesichtspunkt erfaßt. Denn makrostrukturell werden Mikrostrukturen über ihren (kombinatorischen) Strukturwert hinaus pragmatisch gewissermaßen mit Gebrauchswert ›angereichert‹. Dieser steht im Falle der Bestätigung einer kombinatorischen Struktur als eine irreduzible *regulative* Strukturinformation zur Verfügung. Damit liegt eine Form pragmatischer Gestaltbildung oder ›Verursachung von oben‹ vor. Aus dieser Sicht ist die Distribution mikrostruktureller Elemente im konkreten Falle aus ökologischen Möglichkeiten und Anforderungskonstellationen zu erklären.

Im Blick auf die Genese von Strukturen sind damit auch zwei komplementäre Kreativitätsbegriffe anzusetzen. Zum einen gibt es offenbar eine aszendente, strukturell-kombinatorische Kreativität, deren Produktivität pragmatisch ungesteuert ist. Zum anderen ist aber offenbar auch eine Form deszendent-gestaltbildender Kreativität anzunehmen, die – einfach ausgedrückt – ›pragmatische Information‹ vergegenständlicht, indem sie Einheiten (zunächst nur unter regulativem Gesichtspunkt) der Rekombinierbarkeit entzieht und so den aktuellen pragmatischen *Sinn* in strukturell stabilisierte *Bedeutung* verwandelt. Das heißt, unter konstitutivem Aspekt haben diese Einheiten alle Merkmale regulärer kombinatorischer Struktur; unter regulativem Aspekt aber sind sie dieser Kombinatorik bereits entzogen. Beispiele dafür sind sprachlich etwa Routineformeln oder pragmatische Holophrasen, z. B. der Ausdruck ›Ich liebe Dich‹, der unter konstitutivem Aspekt zwar eine reguläre kombinatorische Struktur hat, die aber unter regulativem Aspekt der Kombinatorik entzogen

ist, was leicht an dem Informationsverlust zu erkennen ist, der eintritt, wenn der Ausdruck umgestellt wird (›Dich liebe ich‹) oder erweitert wird (›Ich liebe Dich jetzt‹).
Es scheint uns wichtig, noch einmal darauf hinzuweisen, daß dies nicht nur als Prinzip der *Bedeutungs*konstitution i. S. einer Anlagerung von Gebrauchsinformation verstanden werden darf; es ist dies notwendig zugleich auch ein Prinzip der *Ausdrucksbildung*. Wygotski z. B. formuliert diesen Punkt für sein Problem wie folgt: Für ihn »(...) stellt die Wortbedeutung in ihrer Verallgemeinerung einen Denkakt im eigentlichen Sinne des Wortes dar« (1934/81, S. 11). Dies wäre die Inkorporation pragmatischer Information in unserem Sinne, allerdings hier nur auf der kognitiven Ebene begrifflicher Verallgemeinerung. Im Blick auf die Ausdrucksseite macht er dann die wichtige Feststellung: »Doch gleichzeitig ist die Bedeutung *ein integrierender Bestandteil des Wortes als solchen* (...)« (Wygotski 1934/1981, S. 11). Die funktionale Integration der Bedeutung und die Integration der Ausdruckskomponenten des Wortes sind *ein* Vorgang.

Die Erörterung verdeutlicht ein wichtiges Faktum: Es handelt sich beim Problem des Reduktionismus um das Problem unterschiedlicher Ebenen oder Geltungsbereiche von *Information*. Ein Objekt im Sinne des weiter oben diskutierten Searle'schen Begriffes als Makrostruktur aufzufassen heißt eigentlich, seine Struktur von einem Kontext her *sensitiv* zu interpretieren, und das heißt, *sie als Information für einen nicht kontingenten Zusammenhang verstehen zu können*.[13] Selbstverständlich könnte ich, um ein et-

13 Hier muß man sich ablösen von der Vorstellung, daß dies eine spezifisch menschliche oder gar sprachliche Problematik sei. Die Annahmen gelten in dieser allgemeinen Form für den gesamten biotischen und kulturellen Bereich. Die Grundfrage ist dabei immer: Was macht eine Mikrostruktur zu einer makrostrukturell relevanten Einheit? Dies ist immer die von einem nicht-kontingenten Kontext (einem ›oikos‹) her emergent festgelegte *Funktion*, die als Information beschrieben werden kann (vgl. dazu vor allem die Beiträge von Bernd Olaf Küppers und Hermann Haken in Küppers (Hg.) (1988). Sie erst konstituiert eine Struktur als *Objekt*. In der Biologie, vor allem der Genetik wird dafür oft die u. E. nicht ungefährliche Metapher vom

was überzogenes Beispiel anzuführen, von der Mikrostruktur her einen Kieselstein als kleinen Felsen interpretieren, aber dies wäre nicht *sensitiv* im angeführten Sinne.[14] Erklärungen von Strukturen sind danach nicht möglich, ohne die Funktion einer Struktur auf einer höherstufigen Ebene der Organisation als ›Gesichtspunkt‹ zu wählen und die Struktur von dorther allererst als Objekt der Untersuchung zu konstituieren.

3.3 Anmerkungen zum Problem des Reduktionismus in der Linguistik

Welche Gesichtspunkte hier im Blick auf den Gegenstand der Sprache oder der sprachlichen Kompetenz eingenommen werden sollten, ist innerhalb der Linguistik, seit es die Disziplin gibt, umstritten. Bevor wir uns den verschiedenen theoretischen Strategien der Reduktion des Gegenstandes ›Sprache‹ bzw. ›sprachliche Kompetenz‹ durch die Linguistik zuwenden, sei deshalb im folgenden auf der Grundlage der im ersten Teil dieser Arbeit begründeten These, daß sprachliches Wissen als ein *institutionalisiertes* Common sense-Wissen beschrieben werden kann, auf einige Ursachen dieses Streites eingegangen. Ein Kernpunkt ist dabei die Frage, ob die Einheiten des Sprachwissens unter konsti-

»Einfrieren« verwendet, wobei zur Verdeutlichung immer wieder auf die gleichen Erscheinungen in der sprachlichen Idiomatik hingewiesen wird (vgl. z. B. Czihak et al. 1978, S. 24/25; Pörschke 1988, S. 85 ff.). Eine Anmerkung noch zur Problematik der Einfriermetaphorik: Es ist unsinnig zu sagen, Eis sei *eigentlich* Wasser, ebenso, wie es unsinnig ist, zu sagen, Wasser sei *eigentlich* Eis. Es handelt sich um unterschiedliche (regulative) Aggregatzustände einer (konstitutiven) chemischen Struktur (H_2O), die als solche *keinen* Aggregatzustand hat. Dies gilt u. E. auch für die konstitutive grammatische Struktur der Sprache.

14 Auf die herausragende Wichtigkeit sensitiver Textproduktion und Interpretation im Kontext linguistischer Fragestellungen werden wir noch ausführlich zu sprechen kommen. Fillmore (1978, 1979a/b u. a. m.) schlägt deshalb vor, an die Stelle des ›ideal speaker/hearer‹ das Konzept des ›sensitive speaker/hearer‹ zu stellen. Vgl. hierzu auch weiter unten Kap. 4.2.

tutivem Aspekt abstraktiv als Elemente und Regeln konstruiert werden sollen oder aber unter regulativem Aspekt i. S. Wygotskis *analytisch* – d. h. unter Berücksichtigung ihrer funktionalen Einheit *im Sprechen* – ermittelt werden sollen. Welche Einheiten i. S. des weiter oben angeführten Wygotski-Zitats als regulativ »(...) weiter nicht zerlegbare lebendige Teile (...)« (ebd. 10) des Sprachwissens angesprochen werden sollen, ist dabei weitgehend ungeklärt.[15] Offenkundig ist dagegen, daß diese ›lebendigen‹ Teile unter konstitutivem Aspekt meist weiter segmentierbar sind, wenn sie auch nicht i. S. Wygotskis weiter *analysierbar* sind.

Bei dem Versuch, einen eigenen Forschungsgegenstand zu begründen und abzugrenzen, muß die Sprachwissenschaft ganz im Sinne des bereits weiter oben angesprochenen aristotelischen ›Substanz/Akzidenz‹-Schemas zunächst auf die Suche nach den irreduziblen substantiellen Eigenschaften ihres Gegenstandes gehen. Es bleibt dem Sprachforscher dafür allerdings kein anderer Weg als die direkte oder indirekte Modellierung von Sprecherintuitionen, auch wenn er rein strukturalistisch deskriptiv verfährt. Eine solche Modellierung verlangt eine Distanzierung von der Totalität des unmittelbaren Äußerungszusammenhangs. Diese wird ermöglicht und gesichert durch die Prägung eines *linguistischen* Begriffs der Sprache, der zur Ordnung der Intuitionen herangezogen werden kann. Da Sprache jedoch ein außerordentlich aspektheterogener Gegenstand ist, kann die Analyse und Modellbildung kein einfacher Weg des Abstreifens von Nebensächlichem und Akzidentiellem sein. Welcher Gesichtspunkt soll es sein, der als *wesentlich* zur Bestimmung und Abgrenzung des Untersuchungsobjektes herangezogen wird? Soll es der Zeichenaspekt der Sprache sein, der Aspekt ihrer generativen Kreativität oder der des Handlungscharakters des Sprechens?[16]

15 Dies wird u. a. durch den Streit um den Umfang des Lexikons und den anhaltenden Trend zu einer Ausweitung dieser Komponente des Sprachwissens dokumentiert (vgl. dazu auch Helbig 1988/1990, S. 110 f.). An späterer Stelle werden wir darauf ausführlich eingehen.

16 Wir halten diese drei Punkte für die Essenz unterschiedlicher Reduktionsstrategien in der Linguistik. Weiter unten in diesem Teil werden wir ausführlicher darauf zu sprechen kommen. Vgl. Kap. 4.2, 4.3 und 4.4.

Das Reduktionsproblem wird für den Sprachwissenschaftler oft schmerzlich deutlich in der Konfrontation mit ›praktischen‹ Problemen, die für den linguistischen Laien und kompetenten Sprecher eindeutig sprachlicher Natur sind, für den Linguisten aber allzu selten unter *seinen* Begriff der ›Sprache‹ fallen. Der Grund für dieses Verständigungsproblem bei der fachexternen Kommunikation der Linguistik ist die Tatsache, daß der Linguist sich zwar notwendig auf die Kompetenz seiner Informanten stützen muß, seine *Daten* aber theoriegeleitet durch verschiedene Reduktionsschritte gewinnt, die von den unmittelbaren praktischen Verständigungsproblemen und auch dem praktischen, instrumentell verfügbaren Fundus des Sprachwissens zunächst einmal wegführen.[17] So ist für den Linguisten bekanntlich der Begriff des Sprechens ein anderer als der der Sprache als System und der der Sprache, je nach theoretischer Ausrichtung, wiederum ein anderer als der des sprachlichen Wissens i. S. einer sprachlichen Kompetenz.[18] Gleichwohl – und hierin besteht das Problem von Reduktionen in der Linguistik – bleibt die Überprüfbarkeit der deskriptiven Angemessenheit oder prognostischen Leistung linguistischer Struktur- oder Kompetenzbegriffe – wie gesagt – an das vermeintliche Vorurteil des kompetenten Laien und seine Kenntnis der institutionalisierten Weisen des Sprechens gebun-

17 So ist etwa für den Laien das »Wort« zweifelsfrei eine metasprachliche Kategorie, die zum ›Fundus‹ seines sprachlichen Strukturwissens zählt. Für den Linguisten hingegen steht die Kategorie zunächst unbestimmt innerhalb einer Definitionsmatrix graphematisch/phonematischer, morphologischer, syntaktischer und semantischer Aspekte, und abhängig von seinem theoretischen Frageinteresse kann er das Konzept auf einen dieser Aspekte reduzieren oder gar den ›linguistischen‹ Sinn der Kategorie ganz in Frage stellen (vgl. z. B. Hamilton/Barton 1983, Barton 1985, Kaempfert 1984). Interessant unter diesem Aspekt ist auch die Diskussion über den Status der Silbe in der Linguistik. Für die einen ist ›Silbe‹ ein sprachliches phonetisches Konzept, daß für Strukturbeschreibungen unter dem Gesichtspunkt ›bedeutungsunterscheidend/bedeutungstragend‹ weitgehend irrelevant ist. Andere modellieren sprachliche Kompetenzen gerade unter Rückgriff auf diese Kategorie (vgl. etwa Wiese 1988; Eisenberg 1989a).
18 Vgl. z. B. den Begriff »sprachliches Wissen« bei Grewendorf et al. (1987).

den.¹⁹ Für den Laien aber bilden der *Sinn* bzw. die potentielle kommunikative Kapazität eines Ausdrucks in seinem Sprechen und dessen ausdrucksseitige Merkmale eine Einheit. Den Möglichkeiten sowohl der Abstraktion von Kommunikationsfunktionen als auch der linguistischen Reduktion von Sprache auf phonologische, morphologische und grammatische *Form*-Aspekte sind damit Grenzen gesetzt, denn der kommunikative Sinn bzw. die Semantik eines Ausdrucks/einer Ausdruckskomponente *sowie* die institutionalisierten Gebrauchs*formen* stellen im Sinne der im vorigen Abschnitt diskutierten Begrifflichkeit eine *regulative* Informationsebene linguistischer Strukturen oder einer linguistischen Kompetenz dar.

Es scheint, daß die unterschiedlichen – erfolgreichen und nach wie vor notwendigen – Ansätze zur ›Reduktion‹ des Gegenstandes Sprache auf genuin *sprachliche* Aspekte in der Gefahr stehen, genau die angesprochene Ebene zu verfehlen, ohne daß dies unmittelbar einen Vorwurf an die Adresse der Linguistik begründen könnte. Das liegt unseres Erachtens am institutionellen Charakter des entsprechenden Wissens. Das institutionalisierte Sprachwissen ist als ein Common sense-Wissen vorreflexiv; seine jeweilige Einheit begründet sich für die Sprecher aus der Praxis des Sprechens und nicht von einer ›immanenten‹ Logik der Sprache her. In den Versuchen einer linguistischen Definition des Begriffs ›Sprache‹ oder ›Kompetenz‹ aber wird genau das, was der Sprecher nicht machen muß, zur Aufgabe für den Sprachforscher. Er muß versuchen, eine Logik zu begründen, der sein Gegenstand gehorcht und über die er ihn konstruiert. Die Metaphern, über die der Begriff ›Sprache‹ in der Geschichte der Linguistik immer wieder konstruiert worden ist, bieten dafür reichhaltiges Anschauungsmaterial: Organismus, System, Feld, Werkzeug, Text u. a. m.²⁰ Im Blick auf das wissenschaftliche Erkenntnisinteresse

---

19 Gerhard Augsts Begriff der ›synchronen etymologischen Kompetenz‹ z. B. macht deutlich, daß die semantische ›Durchsichtigkeit‹ eines komplexen Wortes *für den Laien* Ausgangspunkt seiner Performanz ist und Wortstrukturtheorien insofern immer rückgebunden bleiben müssen, an das, was auch der Laie als Segment eines Wortes zu behandeln bereit ist (vgl. August 1975; 1991).

20 Diese in den achtziger Jahren deutlich in den Vordergrund gerückten

ist der vom jeweiligen Modell motivierte Reduktionismus zunächst auch sinnvoll; im Blick auf die Aufstellung von Hypothesen darüber, *wie* Sprecher über das institutionalisierte Wissen verfügen, ist jedoch Vorsicht angebracht. Deshalb ist auch für die Linguistik die folgende von Peter Berger und Thomas Luckmann auf institutionalisiertes Wissen allgemein bezogene Warnung zu berücksichtigen:

»Größte Vorsicht ist ... im Hinblick auf alle Behauptungen über die angebliche »Logik« von Institutionen geboten. Die Logik steckt nicht in den Institutionen und ihrer äußeren Funktionalität, sondern in der Art, in der über sie reflektiert wird. Anders ausgedrückt: Das reflektierende Bewußtsein überlagert die institutionale Ordnung mit seiner eigenen Logik.« (Berger/Luckmann 1980, S. 68/69)

D. h. für uns: Weder von einer äußeren Logik kommunikativer Funktionen (etwa einer Taxonomie möglicher Sprechhandlungen) her, noch von einer sprachimmanent konstruierten Logik grammatischer und semantischer Funktionen her läßt sich die *idiomatische* Performanz vorhersagen (vgl. Pawley/Syder 1983).[21] Bezogen auf das institutionalisierte Sprachwissen, muß deshalb der Linguist seine metasprachlichen Formate der Konstruktion des Gegenstandes ›rückübersetzen‹, wenn er eine der ›natürlichen‹ Kompetenz nähere, man könnte auch sagen, ›rede-nahe‹ Beschreibung erreichen will. Dabei darf er aber diesen Prozeß der Rückübersetzung nicht als *Erklärung* der natürlichen Kompetenz auffassen. Dies geschieht leider allzuoft. In einer kritischen Auseinandersetzung mit dem Regelbegriff des generativen Sprachverständnisses warnen deshalb Kambartel/Stekeler-Weithofer:

»Institutionelle Regelungen, Sprachgewohnheiten und (mögliche) sprachliche Operationen (etwa konfigurationeller Art) lassen sich natürlich ›systematisch darstellen‹, insofern ›explizit rekonstruieren‹ ... Aber

metalinguistischen Probleme können wir hier leider nicht diskutieren. Vgl. aber: Rensch (1967), Finke (1983), Brünner (1987), Schmidt, H. (1989), Knobloch (1989b), Gessinger (1990), Naumann (1991).
21 Es ist wichtig, darauf hinzuweisen, daß wir hier nicht die *aktuelle* Performanz meinen, die sich selbstverständlich nicht als ein Sprachwissen beschreiben lassen wird, weil sie zu einem großen Teil (Unaufmerksamkeiten, Störungen, Fehler etc.) gar nicht von einem Wissen abhängt.

daß die Sprachpraxis *für bestimmte Zwecke* angemessen als ›geregelte‹ und ›geformte‹ Praxis darstellbar ist, daß die Sprache ein sinnvoller Gegenstand der grammatischen Sprachdarstellung ist, heißt keineswegs, daß die internen Regeln einer Grammatik der so dargestellten Praxis ›real‹ zugrunde lägen.« (1988, S. 220)

Selbst wenn der Sprachforscher also im Zuge einer theoretisch geleiteten Reduzierung seines Gegenstandes grammatische Prozesse und bestimmte Einheiten wie Erzeugungsregeln oder Phrasenstrukturregeln, lexikalische Einheiten, Morpheme, Phoneme, distinktive Merkmale usw. theoretisch sinnvoll konstruieren kann, darf er das auf diese Art zustande gekommene reflexiv-analytische Sprachwissen nicht mit der ›natürlichen‹ Kompetenz der Sprecher/Hörer verwechseln. Denn dies würde heißen, zu behaupten, daß der Sprecher
– erstens, wenn auch unbewußt, so doch *in der Art des Linguisten* die Einheiten und Prozesse kennt und
– zweitens, es genau diese Kenntnis ist, die ihn erst dazu befähigt zu sprechen.

Es ist heute problematisch, wenn nicht fast unmöglich geworden, eine solche Position in der Linguistik noch ernsthaft zu vertreten. Sie ist psychologisch – allerdings immer auf der Grundlage linguistischer Kategorien – für zentrale Bereiche falsifiziert worden.[22] Damit wurde das Problem für die Linguistik verschärft. Sie sieht sich seitdem mit einer Frage konfrontiert, die Hans Hörmann, bezogen auf die generative Grammatik, aus der Sicht der psychologischen Semantik bereits 1976 wie folgt formuliert hat:

»Enthält die von der Linguistik unbestritten als zentral und grundlegend angesehene Kompetenzgrammatik vielleicht Regeln oder sonstige Bestän-

22 Bezogen auf grammatische Prozesse hat dies in geradezu exemplarischer Weise die Kritik an der GTG gezeigt, die ihre grammatischen Hypothesen anfangs als *Erklärungen* der natürlichen Kompetenz verstand. Die generative Linguistik ist auch heute noch die einzige Disziplin, die ihre sprachwissenschaftlichen Kategorien unmittelbar ›kognitiv‹ interpretiert (vgl. z. B. Fanselow/Felix 1987, S. 15 ff., 28 ff.). Den Prozeß der Widerlegung dieser Auffassung zeichnet Jean Aitchison (1982, S. 165 ff.) sehr verständlich nach (vgl. auch Gardner 1989, S. 222 ff. und Hörmann 1976; vgl. hierzu Kap. 4.2 dieses Teils.

de, die für die Benutzung der Sprache durch einen realen Sprecher im Alltag vielleicht gar nicht nötig sind und (wichtiger!) umgekehrt, enthält sie vielleicht Bestände *nicht*, die für eben diese Benutzung bzw. die theoretische Erklärung der Benutzung erforderlich sind?« (Hörmann 1976, S. 56)

Hörmanns kritische Frage beklagt die reduktionistische Verengung des Blickwinkels in der Linguistik auf den Strukturaspekt der Sprache/Kompetenzgrammatik und die Vernachlässigung einer Analyse bzw. wissenschaftlichen Konstruktion von ›Beständen‹ der Kompetenz unter dem Leistungsaspekt des Sprechens. Dies bezweifelt nicht die Möglichkeit der Linguistik, die Kompetenz auch unter diesem ›natürlichen‹ Aspekt zu modellieren.

Die Erkenntnis, daß Sprachhandeln und Sprachverstehen als psychologische Prozesse intern anders organisiert sind, als linguistische Strukturpläne vermuten ließen, verlangt u. E. von der Linguistik nun zweierlei. Erstens muß sie weiterhin das genuin Sprachliche am Sprechen zu ermitteln suchen; sie muß i. S. Karl Bühlers ›gebilde‹-orientiert die sprachlichen Ausdrucksmittel analysieren und versuchen, auf dieser Grundlage Regularitäten zu konstruieren. Denn dies ist in jedem Fall das Ausgangsmaterial für die Bildung möglicher psychologischer Hypothesen, auch wenn sie nur in einem Ausschluß linguistischer Annahmen bestehen sollten. Zweitens aber muß sie in gleicher Weise versuchen zu ermitteln, wie das Sprechen die ›verfügbare‹ Sprache, also die ›Bestände‹ i. S. Hörmanns formt beziehungsweise wie aus den Bedingungen des Handelns und Verstehens von Sprache zugleich strukturbildende Effekte resultieren. Hier geht sie gewissermaßen ›gestalt‹-orientiert von linguistischen Einheiten der Praxis oder der Rede aus.[23] Die Komplementarität der beiden Zugangsweisen betont bereits Wittgenstein in den ›Philosophischen Untersuchungen‹, wenn er schreibt: [24]

23 Eine Reihe von Konzepten, die genau diesen Vorgang einer ›Formung von Beständen‹ modellieren, wird in Feilke (i. V.) vorgeschlagen. Vgl. auch im Schlußteil die ›Perspektive‹.
24 Wittgensteins ›Bemerkungen‹ in den ›Philosophischen Untersuchungen zur Problematik des ›Zerlegens‹ sind im Blick auf das hier diskutierte Problem einschlägig (z. B. das berühmte ›Besen‹-Beispiel; =PU 60). Er kritisiert die sprachphilosophische Prämisse, daß unter der ›Oberfläche‹ unserer ›gebräuchlichen Ausdrucksformen‹ eine de-

»Wir denken etwa: Wer nur die unanalysierte Form besitzt, dem geht die Analyse ab; wer aber die analysierte Form kennt, der besitze damit alles. – Aber kann ich nicht sagen, daß diesem ein Aspekt der Sache verlorengeht, so wie jenem?« (Wittgenstein 1967, S. 47; = PU 63)

Dies bedeutet in der Konsequenz aber zunächst, daß die Sprachwissenschaft ihren Blick für die unanalysierten, gleichwohl aber *geformten Bestände*[25] des Sprachwissens erst einmal öffnen muß. Wenn man die bereits erwähnte berühmte Analogie Wygotskis (vgl. 1934/1981, S. 8) heranzieht, könnte man formulieren: Es kommt auch für die Modellierung der sprachlichen Kompetenz darauf an anzuerkennen, daß das Wissen darum, *daß* und *wie* man mit Wasser Feuer löschen kann (regulativer Aspekt), völlig verschieden ist von Wissen darüber, *warum* dies mit Wasser *möglich* ist und *was* Wasser unabhängig von den Zusammenhängen seines Vorkommens und seiner Verwendung ›eigentlich‹ *ist* (konstitutiver Aspekt). Niemand kann vernünftigerweise bestreiten, daß beide Ebenen – die regulative und die konstitutive – zur Pragmatik der Handlung und ihren Erfolgschancen beitragen; gleichzeitig fallen sie aber auseinander, denn sie sind nach unterschiedlichen Hinsichten integriert.

ren Bedeutung eigentlich bestimmende Struktur ›hervorgegraben‹ werden könne, und betont demgegenüber die Gebundenheit des Verstehens an ›Oberflächen‹ einer institutionalisierten Praxis. Deshalb kann nach Wittgensteins Auffassung eine verständige Analyse im Unterschied zum Zerlegen lediglich *›durch Ordnen übersichtlich machen‹*, was für den Common sense *›schon offen zutage liegt‹* (vgl. PU Bemerkungen 91 u. 92 sowie 199 u. 200). ›Ordnen‹ heißt dabei für ihn methodisch, zu prüfen, was geschieht (d. h. wie sich das Verstehen verhält), wenn man ›eine Ausdrucksform durch eine andere ersetzt‹ (vgl. PU 90 u. 531).

25 Im Kontext seiner Kritik an der Verdinglichung der linguistischen Hilfskonstruktionen ›Grammatik‹ und ›Lexikon‹ macht Humboldt zum ›Form‹-Begriff die Anmerkung: »(...) dass unter Form der Sprache hier durchaus nicht bloss die sogenannte grammatische Form verstanden wird (...)« und stellt fest, der Begriff »(...) ist ganz eigentlich auf die Bildung der [unanalysierten und idiomatischen, H. F.] Grundwörter selbst anwendbar und muß in der That möglichst auf sie angewandt werden, wenn das Wesen der Sprache wahrhaft erkennbar seyn soll.« (Humboldt [1835-38] 1963/88, S. 421/422)

Dies bedeutet – bleibt man bei diesem Bild – im Blick auf die *faktische* Kompetenz vor allem: Was Wasser *ist*, muß ich nicht – auch implizit nicht – wissen, um damit umgehen zu können. Mehr noch: Das ›natürliche‹ Wissen des Laien wird in seinem Bestand geradezu gefährdet, wenn er erfährt, daß Wasser aus Wasserstoff und Sauerstoff besteht und daß beide Bestandteile brennen! Bekannte Beispiele aus dem sprachlichen Bereich, etwa idiomatisierte Zusammensetzungen wie ›Holz-eisenbahn‹ und ›Manu-skript‹ etc. können die weitreichende Analogie hier nur andeutungsweise illustrieren. Auch hier ist das aktuell relevante, durch die Ausdrücke evozierte Wissen *anderer Art* als das durch die Segmentierung zu gewinnende analytische Wissen. Das hierin aufscheinende Problem des Verhältnisses von wörtlicher Bedeutung und Funktionsbedeutung sprachlicher Ausdrücke verweist auf die Spannung zwischen einer prinzipiell möglichen reduktionistischen Beschreibung, die hier auf die Morpheme und die Wortsyntax zurückzugehen hätte, und der Beschreibung der institutionalisierten ›natürlichen‹ Einheiten des Sprechens. Indem die Analyse die Konstituenten aufzeigt, läßt sie als kontingent oder gar unsinnig erscheinen, was für den Sprecher im Common sense sicher und sinnvoll schien.

Es ist eine für eine Theorie der Kompetenz offenbar zu berücksichtigende Tatsache, daß die Sprecher angesichts der Aufforderung zur Reflexion über ihre sprachlichen Produkte in ihrer Kompetenz verunsichert werden können. Bezogen auf grammatische Urteile von Sprechern ist eine Untersuchung von Hiroshi Nagata (1987) hier besonders aufschlußreich. Nagata zeigt, daß die wiederholte Aufforderung zu Grammatikalitätsurteilen bezüglich der gleichen Konstruktionen die Sprecher in ihrem Urteil verunsichert und zu der Tendenz führt, die Grammatikalität aller vorgelegten Sätze zu bezweifeln.[26] So wirkt auch der segmentie-

---

[26] Bezogen auf semantische Aspekte gilt der gleiche Sachverhalt, wie das Phänomen der sogenannten Prototypikalität oder Radialität (vgl. z. B. Lakoff 1987, S. 91 ff.) semantischer Kategorien zeigt. Die als Folge der Radialität bzw. der abgestuften Typikalität semantischer Konzepte auftretende scheinbare semantische Unschärfe der Kategorien zu den ›Rändern‹ hin kommt nur reflexiv in den Blick. Erst reflexiv erschließt sich auch der *kommunikative Sinn* dieser Unschärfe, den Wittgen-

rende Zugriff auf der syntagmatischen Achse sprachlicher Zeichenhaftigkeit nicht notwendig als Aufklärung, sondern sogar eher als Gefährdung einer Ebene der Ordnung und damit Information in der Kompetenz. In ›Alice im Wunderland‹ entwickelt Lewis Caroll dies bekanntlich zum dramatischen Prinzip, wenn die übelmeinenden Protagonisten des Stücks sich dadurch auszeichnen, daß sie alles ›wörtlich‹ verstehen. Das auf die konstitutiven Segmente zurückgehende, grammatisch durchaus mögliche ›wörtliche‹ Verstehen wird hier unvermittelt zur böswilligen Interpretation, die den Common sense selbst in Frage stellt.

Es erscheint aus diesen Gründen sinnvoll, anzunehmen, daß Sprecher ihr sprachliches Wissen *so* kennen, wie sie es gebrauchen können.[27] Genau dies besagt in einer auf den ursprünglichen Wortsinn zurückgehenden Interpretation das Attribut des Ausdrucks ›*idio*matisches Sprachwissen‹.[28] Daß auch eine andere, i. S. Wygotskis ›allgemeinere‹ und vielleicht ökonomischere, redundanzfreie und homogene Konstruktion möglich ist, ist für die Kenntnis der *›natürlichen‹ Leistungseinheiten* des Sprechens zumindest sekundär.

    stein so formuliert: »Ist das unscharfe nicht oft gerade das, was wir brauchen? ... Wenn einer eine scharfe Grenze zöge, so könnte ich sie nicht als die anerkennen, die ich auch schon immer ziehen wollte, oder im Geist gezogen habe. Denn ich wollte gar keine ziehen.« (Wittgenstein 1967, S.50/53; = Bemerkungen 70 und 76 der ›Philosophischen Untersuchungen‹)

27 Dies schließt Virtualität und Kreativität des sprachlichen Wissens u. E. nicht aus. Vgl. hierzu auch in Feilke (i. V.) das Kapitel ›Idiomatische Kreativität‹.

28 Der bereits auf Sprache bezogene griechische Ausdruck ›idioma‹, der ›besonders das Charakteristische des sprachlichen Ausdrucks‹ bezeichnet, geht zurück auf den Stamm ›idios‹ mit der Bedeutung ›eigen, privat, abgesondert‹ (vgl. Etymologisches Wörterbuch 1989).

4. Der paradigmatische Ort der ›Common sense-Kompetenz‹

4.1 Vorbemerkungen: Idiomatische Prägung als Problem theoretischer Reduktionen in der Sprachwissenschaft

Nachdem wir auf einer allgemeinen Ebene der Argumentation das problematische Verhältnis von institutionalisiertem Sprachwissen und Versuchen der linguistischen Reduktion dieses Wissens erörtert haben, werden im folgenden drei u. E. wichtige Reduktionstraditionen thematisiert. Ihre – teils selbstauferlegten – Beschränkungen im Blick auf die Modellierung der Common sense-Kompetenz bzw. des idiomatischen Sprachwissens sollen dabei aufgezeigt werden. Die Reduktionstraditionen, die wir anführen, sind als idealtypische Konstruktionen zu verstehen, wobei bestimmte Grundelemente der jeweiligen Konzepte für die Zwecke unserer Darstellung selektiv hervorgehoben werden. Das Kapitel dient dabei gleichzeitig der – abgrenzenden – argumentativen Entfaltung begrifflicher Grundlagen für das Konzept der ›idiomatischen Prägung‹.

In der Geschichte der Linguistik sind die Versuche der Definition ihres Gegenstandsbereiches immer wieder über polarisierende Begriffsbildungen vorgenommen worden, wobei eine theoretisch motivierte Auswahl aus einer Reihe von Attributen erfolgte, die dann den Begriff der Sprache definierten. Die bekanntesten dieser Attribute sind:

synchron	vs.	diachron
sozial	vs.	individuell
virtuell	vs.	aktuell
abstrakt	vs.	konkret
universell	vs.	einzelsprachlich
grammatisch	vs.	lexikalisch
regulär	vs.	idiosynkratisch
strukturell	vs.	intentional
funktionell	vs.	diskursiv
rationalistisch	vs.	empiristisch
etc.		

Die Stärke solcher bipolaren Konzepte liegt sicherlich weniger in ihrer deskriptiven Leistung für die Gegenstandsbeschreibung als in der Tatsache, daß sie theoretische und argumentative Prägnanz ermöglichen und so die wissenschaftliche Auseinandersetzung fördern. Gleichwohl werden sie durchaus oft als deskriptiv und an der Sachlogik des Gegenstandes orientiert interpretiert, mit der Konsequenz, daß ein ›Drittes‹ ausgeschlossen und theoretisch gar nicht mehr modelliert wird. Der heuristische Nutzen wird gewissermaßen verdinglicht. Auf diese Gefahr weist bereits Wilhelm v. Humboldt hin, wenn er im Blick auf die Unterscheidung zwischen Grammatik und Lexikon schreibt:

»Der Unterschied, welchen wir zwischen Grammatik und Lexicon zu machen pflegen, kann nur zum praktischen Gebrauche der Erlernung der Sprachen dienen, allein der wahren Sprachforschung weder Gränze noch Regel vorschreiben. Der Begriff der Form der Sprachen dehnt sich weit über die Regeln der Redefügung und selbst über die der Wortbildung hin aus (...).« (Humboldt [1835-38] 1963/88, S. 421)

Die hier von Humboldt beklagte Verdinglichung von Konstrukten ist ein bekanntes Phänomen auch in der Alltagssprache (vgl. z. B. Gloy 1985). Heuristisch kann deshalb der Versuch, hier vermittelnde, intermediäre Kategorien zu bilden, sehr sinnvoll sein; denn was man dabei gewinnt, ist nicht mehr der Ausgangszustand des undifferenzierten Alltagskonzeptes, sondern eine *synthetische* Kategorie, die erst im Licht der bipolaren begrifflichen Differenz ermittelt werden kann.

So könnte man etwa zwischen ›synchron‹ und ›diachron‹ das Attribut ›kognitiv‹ oder – mit einem Neologismus – ›psychochron‹ eintragen: Roman Jakobson hat in seiner Kritik an de Saussure darauf aufmerksam gemacht, daß dieser theoretisch noch dem objektiven Zeitbegriff der klassischen Physik Newtons verbunden war, während in der Moderne die Zeiterfahrung standortgebunden konzipiert wird. Für ihn sind deshalb

»(...) Gegenstand der synchronischen Linguistik ... nicht Fakten, die von einer Gemeinschaft sprechender Subjekte als *an sich gleichzeitig seiend* erlebt werden, sondern vielmehr die Fakten, die *gleichzeitig erlebt* werden, d. h. die Fakten, die zu einem gegebenen Zeitpunkt den Inhalt des sprachlichen Bewußtseins ausmachen.« (Jakobson 1929/1971, S. 20; Herv. H. F.)[1]

1 Zit. nach Holenstein (1975, S. 38)

In diesem Konzept, das z. B. Heterogenität in der Sprache auch auf das Spracherleben der Handelnden und damit auf kognitive Begriffe zurückführen kann, zählen dann auch Archaismen und Modernismen zum Gegenstand einer synchronischen Linguistik; die konnotative Qualität sprachlicher Form wird zu einem dynamischen Faktor im System (vgl. Holenstein 1975, S. 34 ff.). In gleicher Weise wie in diesem Beispiel verfahrend ist etwa zwischen ›virtuell‹ und ›aktuell‹ oder anders formuliert zwischen ›konstruktiv‹ und ›empirisch‹ das Attribut ›normativ‹ eingetragen worden. Dieser Gesichtspunkt verbindet sich heute vor allem mit dem Norm-Begriff Coserius und weist darauf hin, daß das Sprechen eine normative Form sozialer Ordnung des Sprachwissens etabliert, die vom Aspekt seiner technisch möglichen Kreativität einerseits und seiner fallweisen empirischen Erscheinung andererseits zu trennen ist.

Die vielfältigen Möglichkeiten, über bipolare Konzepte eine Reduktion des komplexen Gegenstandes ›Sprache‹ durchzuführen, lassen sich u. E. auf drei Paradigmen zurückführen, die jeweils einen besonderen Aspekt der Sprache hervorheben und theoretisieren. Alle drei Paradigmen weisen im Blick auf die theoretische Modellierung einer Common sense-Kompetenz und des Phänomens der idiomatischen Prägung charakteristische Beschränkungen auf. Der Grund dafür liegt offenbar in einer Tendenz zum Aspektmonismus in der linguistischen Theoriebildung begründet, die dem komplexen empirischen Zusammenspiel von Erstmaligkeit und Bestätigung auf den verschiedenen Ebenen des Sprachsystems entgegensteht. Gerhard Helbig stellt dazu in seiner ›Geschichte der Sprachwissenschaft seit 1970‹ fest:

»Die Problematik bisheriger Gegenstandsbestimmungen der Sprachwissenschaft besteht nicht in ihrer Vielfalt (und Widersprüchlichkeit), sondern darin, daß sie jeweils *einen* Aspekt der Sprache *verabsolutiert* und die aus diesem Aspekt abgeleiteten Teile der Aufgaben für das *Ganze* der Sprachwissenschaft ausgegeben haben.« (Helbig 1988/90, S. 35)

Die Erörterung der sich daraus ergebenden Begrenzungen in den folgenden Kapiteln dient uns gleichzeitig dazu, von diesen Grenzen her Elemente einer positiven Bestimmung des Begriffs der

Common sense-Kompetenz zu begründen. Die zu thematisierenden drei traditionellen Konzepte der Reduktion sprachlichen Wissens, die wir gemäß unserer Einschätzung der historischen Abfolge der linguistischen Paradigmen in dieser Reihenfolge als *lexikalischen, grammatischen und handlungsorientierten* Sprachbegriff bezeichnen wollen, werden im folgenden jeweils in einem eigenen Kapitel diskutiert. Dabei geht es weniger um eine historiographische oder quellenorientierte Aufarbeitung bestehender Theorietraditionen als um die abgrenzende Erläuterung der Gesichtspunkte, die für die Bestimmung des Begriffs der Common sense-Kompetenz wichtig sind. Sie sollen hier in Auseinandersetzung mit der Tradition herausgearbeitet werden. Dabei wird die Diskussion so geordnet, daß wir mit einer Kritik an Konzepten des handlungsorientierten Sprachbegriffs beginnen und dann über die Diskussion des grammatischen Sprachbegriffs zur Erörterung des u. E. wirksamsten und ältesten, nämlich des lexikalischen Sprachbegriffs kommen.

Für eine grundlegende Auseinandersetzung mit diesem Sprachbegriff einer ›wort‹-orientierten und zugleich ›minimalsemasiologischen‹[2] Linguistik ist ein eigener Begründungsrahmen erforderlich, der hier allerdings nicht mehr entwickelt werden soll. Die Erörterungen in diesem Teil skizzieren diesen Rahmen; seine linguistische Füllung aber ist Gegenstand einer eigenständigen Untersuchung.[3] Diese thematisiert – ausgehend vom Common sense-Gesichtspunkt und dem Konzept ›idiomatischer Prägung‹ – die Leistungen des Wort-Modells und seine Grenzen. Wir halten die theoretisch komplexe Kategorie ›Ausdruck‹, die an sehr verschiedene fruchtbare Denktraditionen der Linguistik anschließbar ist, hier für eine *integrative* begriffliche Alternative zum ›Wort‹. Sie erlaubt es, eine Reihe bisher von der Sprachwissen-

---

2 Mit ›minimalsemasiologisch‹ wollen wir hier eine Position charakterisieren, die jeweils ausschließlich auf die kleinsten bedeutungstragenden Einheiten zielt und, wenn sie darüber hinausgeht, die syntaktische Feldfähigkeit von Konstituenten (=Wort) als Obergrenze für den semasiologischen Normalfall festlegt.
3 Vgl. Feilke (i. V.) und die Ausführungen unter dem Punkt ›Perspektive‹ im Schlußteil dieser Untersuchung.

schaft verdrängter und marginalisierter Phänomene besser zu verstehen.

4.2 Reduktion auf den Handlungsaspekt

Als mit Beginn der siebziger Jahre dem Kompetenzbegriff der generativen Grammatik der Begriff einer *kommunikativen Kompetenz* zur Seite gestellt wurde, setzte damit ein Prozeß ein, der von den Historiographen der Linguistik heute rückblickend als wissenschaftliche Revolution, als Paradigmenwechsel gekennzeichnet wird (vgl. Helbig 1990, S. 13 ff.). Vor allem drei theoretische Hauptrichtungen waren es u. E., die sprachliches Wissen nunmehr als ein Handlungswissen und d. h. *von Handlungskategorien her* zu rekonstruieren und zu beschreiben versuchten: Sprechakttheorie (z. B. Searle, Wunderlich, Rosengren, Motsch, Viehweger), Texttheorie (S. J. Schmidt, v. Dijk, Dressler, de Beaugrande) und linguistische Diskurs- oder auch Konversationsanalyse ([Schegloff, Sacks, Cicourel, J. J. Gumperz] Steger, Kallmeyer/Schütze, Techtmeier u. a.).[4] Der Zugang der drei Ansätze war und ist dabei sehr unterschiedlich: Die Sprechakttheorie strebt, ausgehend von intentional bestimmten Funktionen kommunikativer Handlungen, zunächst eine Zuordnung sprachlicher Mittel zu Äußerungsfunktionen an und versucht so, eine Art Handlungsgrammatik zu konstruieren. Den neuesten Stand kennzeichnet hier die Entwicklung sogenannter Illokutionshierarchien, über die auch – funktional ja durchaus vielschichtige – komplexe Texte und ihre Beschreibung in den theoretischen Rah-

---

4 Die Nennung einiger Namen von FachvertreterInnen, die die Diskussion im deutschsprachigen Bereich in besonderer Weise bestimmt haben, muß hier genügen. Für den amerikanischen Bereich etwa wäre hier vor allem für Sprechakttheorie und Diskursanalyse eine weitaus größere Zahl wichtiger Namen anzuführen, was auf den stärkeren institutionellen, theoretischen und methodologischen Differenzierungsgrad der amerikanischen Linguistik zurückgeführt werden kann. Diese starke Differenzierung trägt zu einem besseren Verständnis der behandelten Probleme allerdings nicht unbedingt bei. Selbstkritik in diesem Sinne übt z. B. Chafe (1986).

men integriert werden sollen.[5] Demgegenüber fragt die Texttheorie im Unterschied zur älteren, noch stark grammatisch orientierten Textlinguistik[6] vor allem nach den Bedingungen der Kohärenz von Texten. Zum Problem wird ihr dabei vor allem die Modellierung der Beziehung von Text und ›Kommunikat‹ (S. J. Schmidt),[7] d. h. die Frage, von welchen sozialen und in neuerer Zeit vor allem kognitiven Voraussetzungen her der linguistisch-materiale Text als Verstehens-Einheit zu konzipieren ist. Deshalb stellen für diese Fragerichtung heute die vor allem in der kognitiven Psychologie entwickelten verschiedenen Modelle der Organisation des Wissens im ›semantischen Gedächtnis‹ den wichtigsten Bezugspunkt für die Theoriebildung dar.[8] Obwohl etwa bei S. J. Schmidt (1973) die Texttheorie zunächst aus der Innovation der Sprechakttheorie und dem Illokutionsbegriff begründet wird (Stichwort: Instruktionssemantik), rückt bereits hier das Problem textueller *Kohärenz* ins Zentrum des texttheoretischen Frageinteresses. Die Möglichkeit einer semantischen Integration des Textes auf der Ebene der Text›aussage‹ (Verstehbar-

---

5 Diese Entwicklung ist die Reaktion auf einen bereits früh, z. B. von Schmidt (1973, S. 51) gegenüber der Sprechakttheorie formulierten Einwand: »Searle argumentiert ausschließlich satzbezogen, nicht textbezogen, und behandelt folglich das Problem der soziokommunikativen Funktion sprachlicher Äußerungen auf der falschen Ebene.« *Dieses* Defizit ist in der Sprechakttheorie mittlerweile aufgearbeitet worden. Vgl. hierzu z. B. die Beiträge in den von Inger Rosengren herausgegebenen Sammelbänden des sogenannten ›Lunder Symposiums‹ (Rosengren (Hg.) 1981 u. 1983).

6 Zur begrifflichen Unterscheidung von Textlinguistik und Texttheorie vgl. grundlegend etwa Schmidt (1973, S. 144ff.). Vgl. ebenso z. B. den Beitrag von Viehweger in: Fleischer, W. et al.: Kleine Encyclopädie (1983, S. 211ff.); vgl. ebenso die Zusammenstellung bei Helbig (1990, S. 167ff.).

7 Vgl. zur Begrifflichkeit im einzelnen z. B. Schmidt (1980, S. 70-79).

8 Wissenschaftsgeschichtlich exemplarisch deutlich geworden ist dies etwa in der über Jahre andauernden engen Zusammenarbeit von Walter Kintsch und Teun A. v. Dijk. Deren Unterscheidung zwischen textuellen Superstrukturen und Makrostrukturen spiegelt bezogen auf die Textebene die Differenz von Illokution bzw. pragmatischer Anweisung und propositionell-semantischem Gehalt der Äußerung.

keit) wird zur Voraussetzung für die Zuweisung eines kommunikativen Handlungssinnes (vgl. Schmidt 1973, S. 154). So werden heute Texttypen etwa als kognitive Schemata (z. B. Rumelhart 1981) modelliert, oder die Erzeugung von textueller Kohärenz im Verstehen wird als Problem einer aktiven Integration ›mentaler Modelle‹ (Johnson-Laird) aufgefaßt.[9] Wenn man vereinfachend sagen kann, daß die Sprechakttheorie den *illokutionären* Äußerungsaspekt zum Ausgangspunkt der Theoriebildung gemacht hat, geht es in der Tradition der Texttheorie hauptsächlich um textsemantische Modelle, die den *propositionellen* Aspekt, also den Inhalt der Äußerung bzw. des Textes betreffen. Bleibt man bei dieser Begrifflichkeit, so läßt sich die Diskursanalyse dadurch von Sprechakttheorie und Texttheorie abgrenzen, daß für sie die *perlokutionären Effekte* der Äußerung bzw. des Textes im Diskurszusammenhang zum Ausgangspunkt der Theoriebildung werden. Soweit es dabei um die perlokutionären Effekte auf soziologische Kategorien wie ›Schicht‹, ›soziale Rolle‹ oder ›Gruppe‹ geht, ist damit der Kernbereich der klassischen Soziolinguistik angesprochen;[10] soweit es aber um unmittelbare Effekte auf die kognitive und soziale Organisation der Kommunikation und die Koordination der Handlungen der Akteure selbst geht, spricht man heute von Diskurs- oder Konversationsanalyse, verschiedentlich auch von Gesprächsanalyse.

---

9 Vgl. zum Überblick Rickheit/Strohner (1985); eine außerordentlich anregende Darstellung der Entwicklung der kognitiven Psychologie und ihrer Interaktion mit der Linguistik gibt Gardner (1989); vgl. kritisch Scherner (1989).
10 Vgl. zum Begriff in diesem Sinne einer ›Sprachsoziologie‹ (Fishman, Bernstein) und ›sozialen Dialektologie‹ (Labov) den knappen Überblick bei Dittmar (1982, S. 33-42).

4.2.1 Zur idiomatischen Insensibilität handlungsorientierter Kompetenzbegriffe

Dieser grob vereinfachende und holzschnittartige Abriß verschiedener Richtungen einer handlungsorientierten Sprachbetrachtung läßt in der Verschiedenheit zugleich eine Gemeinsamkeit deutlich werden, die im Blick auf das hier zu entwickelnde und begründende Konzept einer pragmatisch bedingten sprachlichen Selektivität und idiomatischen Prägung des Sprachwissens problematisch erscheint. Gegenüber dem in den skizzierten Ansätzen jeweils ordnenden Faktor oder Begriff – sei es die Taxonomie illokutionärer Aktfunktionen in der Sprechakttheorie, sei es ein Konzept, Schema oder Modell in der Texttheorie oder sei es ein bestimmtes konversationelles Muster in der Diskursanalyse – erscheinen die Formen der sprachlichen Realisierung zunächst einmal kontingent und theoretisch zumindest sekundär.[11] Weil die kommunikative Texthandlung – gleich ob man nun ihren intentionalen (Sprechakttheorie), kognitiven (Texttheorie) oder sozialen (Diskursanalyse) Aspekt in den Vordergrund stellt – als Handlung nicht über strukturbezogene linguistische Kategorien hinreichend modellierbar ist, umgekehrt aber durchaus das Erkennen und Verstehen linguistischer Ausdrucks-Strukturen für die Sprecher an kon-textuelle Bedingungen wie Intentionen, Weltwissen und Handlungsrollen gebunden ist, wird postuliert, daß die Linguistik ihren Gegenstand ausschließlich von den intentionalen, kognitiven und sozialen Handlungsbedingungen her beschreiben dürfe und könne.

---

11 In der Diskursanalyse vor allem der ethnographisch orientierten amerikanischen Linguistik (etwa Gumperz 1982) ist noch am ehesten der Gesichtspunkt einer selektiven Rückwirkung des Sprechens auf die Kompetenz im Sinne einer ›idiomatischen Prägung‹ der Diskurskompetenz vorhanden. Ausgeblendet aber bleibt auch hier die Rückwirkung auf die sprachliche Kompetenz i. e. S. Im Unterschied etwa zur sozialen Dialektologie Labovs u. a. wird aber von Gumperz der Zusammenhang von Formen sprachlicher Artikulation und der indexikalischen Aktivierung eines kommunikationsrelevanten Hintergrundwissens ins Zentrum der Aufmerksamkeit gerückt.

Es ergibt sich damit für die handlungsorientierten Konzepte ein theoretischer Akzent auf den Aspekten
- der Handlungsfunktion sprachlicher Elemente
- der prinzipiellen Offenheit von Textproduktionssituationen; damit einher geht die Annahme
- einer durch den jeweiligen Kontext bestimmten Performanz und Funktion sprachlicher Elemente sowie
- einer vom Subjekt her intentional bestimmten Funktion von Sprechhandlungen.

Demgegenüber werden wir im folgenden für die Gesichtspunkte
- der nicht auf Handlungskategorien reduzierbaren Strukturiertheit des Sprachwissens
- der Vorgeprägtheit von Situationen der Textproduktion,
- der Kontexte schaffenden Potenz des idiomatischen Sprachwissens und
- der idiomatischen Formung von Sprechhandlungen argumentieren.

Bevor wir die angesprochenen Positionen im Blick auf unseren Gegenstand diskutieren, sollen sie, da wir den Vorwurf nicht pauschal gegen die angeführten Richtungen erheben wollen, an einem Beispiel dokumentiert werden.

Exemplarisch deutlich wird die Problematik am Textbegriff und dem theoretischen Stellenwert, der ihm in der neueren Linguistik zuerkannt wird. Der Text ist einerseits ›aufgebaut‹ aus vorgegebenen sprachlichen Strukturelementen, andererseits ist er Instrument der Realisierung eines je aktuellen und individuell bestimmten Handlungssinnes, der den strukturellen Vorgaben ›ad hoc‹ erst im Sprechakt eine pragmatisch relevante Bedeutung zu erteilen scheint. Knobloch (1989c, S. 218) formuliert die Spannung zwischen diesen beiden Polen treffend, wenn er – in Anlehnung an Coseriu (1980) – feststellt: »Der linguistische Textbegriff hat eine konstitutive Unklarheit: Er oszilliert zwischen den Bezugspunkten ›Einheit des Code‹ und ›Einheit des codierten Sinnes‹.«
An dieser vermeintlichen theoretischen Wasserscheide, wo die einen das Textverstehen als ein von den linguistischen Strukturformaten über Wort und Satz aufsteigendes Bedeutungs-Konstruieren sehen, die anderen es als von Handlungsschemata ›top-

down‹ geleitetes Verstehen konzipieren, schlägt sich Robert de Beaugrande (1989) als Texttheoretiker in einem fast programmatischen Aufsatz mit Vehemenz auf die Seite einer strikt handlungs- und situationsorientierten linguistischen Analyse. In einer eher rhetorischen Offerte an die Linguistik schlägt er vor, nicht mehr wie alle Linguistik bisher »text as data« zu untersuchen, Texte also nicht mehr als Rohmaterial für die linguistische Strukturanalyse und die Modellierung der Kompetenz zu benutzen, sondern umgekehrt, »data as text« und »text as text production« zu modellieren. Textualität und Handlungsrelevanz sollen also zum notwendigen theoretischen Kriterium bereits der Datenkonstitution in der Linguistik gemacht werden. In ähnlicher Weise fordern etwa Gert Rickheit und Hans Strohner in einem Überblick zu psycholinguistischen Modellen der Textverarbeitung:

»Wenn ... sprachliche Einheiten zum Gegenstand der Untersuchung erhoben werden, die kleiner als die Handlungseinheit sind, so folgt daraus, daß die kleineren Einheiten auf die Handlung bezogen werden müssen, um nicht den Fehler einer strukturalistischen Reduktion zu begehen.« (Rickheit/Strohner 1985, S. 22)

So begründet diese Forderungen auf der einen Seite vor dem Hintergrund des historischen Vorrangs reduktionistischer Konzeptionen in der Sprachwissenschaft erscheinen mögen, so sehr stehen sie u. E. in der Gefahr, ihrerseits einen nunmehr handlungstheoretisch motivierten Reduktionismus zu begünstigen. Dieser droht den im vorigen Kapitel behandelten Aspekt einer intersubjektiven Stabilisierung und Formalisierung von Bereichen des Sprachwissens im Zuge wiederholter Bestätigungen ebenso zu verfehlen wie den Aspekt der idiomatischen Prägung des kommunikativen Verhaltens, die, indem sie eine Akt-Typik hervorbringt, das Verhalten erst als Handlung interpretierbar macht.
Was meinen Rickheit/Strohner, wenn sie fordern, ›daß die kleineren Einheiten der Analyse *auf die Handlung bezogen* werden müssen‹? Wenn damit gemeint ist, daß etwa Phoneme und Morpheme einen *Beitrag zur Handlung* in einem darstellungs*technischen* Sinne leisten, so erscheint dies eigentlich selbstverständlich und nicht der besonderen Erwähnung wert. In diesem, vom *Begriff* der Handlung unberührten, weiten Sinne leistet etwa auch

die Anatomie des Artikulationsapparates einen Beitrag. Der Bezug auf die Handlung als situativ und intentional bestimmte Größe aber ist dafür theoretisch gerade nicht notwendig. Er ist bestenfalls künstlich zu legitimatorischen Zwecken herstellbar; so etwa, wenn Erstsemestler bei der Einführung in die Linguistik hören, ohne die Kenntnis der phonologischen Opposition der distinktiven Merkmale ›stimmhaft/stimmlos‹ bei den Phonemen /b/ und /p/ könne z. B. der Satz »Alle Menschen werden prüder« mißverstanden werden. Zu Recht kommt es den Studenten hier merkwürdig vor, daß der für die Handlung relevante Bedeutungsunterschied zwischen ›Brüder‹ und ›prüder‹ auf einem sprachlichen Merkmal lasten soll, von dem sie bisher noch nie etwas gehört haben und das sie überdies in ihrer eigenen Artikulation unter Umständen gar nicht realisieren. Die ohne Frage i. e. S. handlungsrelevante Funktion der Bedeutungsunterscheidung im *Sprechen* lastet unter natürlichen Bedingungen gerade nicht auf den *kleinsten* bedeutungsunterscheidenden Einheiten.
Es ist die weitgehende *Unabhängigkeit* von Textbedingungen und damit *aktuellen* Handlungsbedingungen wie Situation, Intention etc., die die Stabilität des sprachlichen *Gebilde*aspekts i. S. Karl Bühlers gewährleistet und damit die formal-technische Verfügbarkeit der entsprechenden Ausdrucksmittel sichert. So kann weitgehend unabhängig von Intentionalität und aktuellen empirischen Bedingungen des Sprechens eine fundamentale Ebene der Sprachfähigkeit fortwährend bestätigt werden. Bezogen auf das angeführte Zitat bedeutet dies, daß noch längst nicht jeder einem ›strukturalistischen Reduktionismus‹ huldigt, der, ohne auf die je aktuellen Randbedingungen einer Handlung Bezug zu nehmen, etwa das phonologische Inventar einer Sprache zu ermitteln versucht. Der Nutzen für die Erklärung oder Beschreibung der Sprech*handlung* mag bei solchem Vorgehen gleich Null sein; der Nutzen für die Erklärung und Beschreibung des *Sprechens* unter dem instrumentellem Aspekt einer spezifischen *Ausdrucksform* von Handlungen aber kann gleichwohl vorhanden sein.
Dies gilt u. E. in weit stärkerem Maße noch für die pragmatisch bestätigten und kombinatorisch nicht mehr kontingenten Strukturen der regulativen Ebene der Kompetenz, wie wir sie in unserem Schema in Kapitel 3.1 dieses Teils skizziert haben. Auf

den unteren Ebenen etwa der phono- und graphotaktischen Cluster (vgl. etwa August 1986) oder auch syntaktischer pattern (vgl. etwa Krashen/Scarcella 1978) stützen sie das Sprechen primär in einem artikulatorisch-technischen Sinne. Hier sichern sie den idiomatischen ›Fluß‹ des Sprechens weitgehend ohne *unmittelbare* semantische und pragmatische Effekte, was allerdings *mittelbare* Effekte nicht ausschließt.[12] So kommt August (1986) in einer Untersuchung zur graphotaktischen Struktur komplexer Wörter im Blick auf die semantisch bedeutsame Frage, ob aus der Struktur von Konsonantenfolgen bereits Hypothesen über die Wortstruktur, etwa das Vorliegen einer Endung oder Lexemfuge, abgeleitet werden können, zu dem Ergebnis

»(...) daß in den meisten Fällen die Überprüfung, ob die Konsonantenverbindung eine Kombination enthält, zu einer eindeutigen Entscheidung führt, *ohne daß schon semantische oder syntaktische Informationen nötig sind.*« [Im Blick auf die Lexemfuge heißt es dann:] »Alles in allem kann ... allein durch die systematische Überprüfung möglicher Verbindungen aus Konsonantenkombinationen bei 94,4% aller Konsonantenfolgen eine eindeutige Klärung über die einzig mögliche Lexemfuge erfolgen.« (August 1986, S. 316 u. 318)

---

12 Zum ›fluency‹-Konzept und seiner Bedeutung für den Begriff des idiomatischen Sprachwissens vgl. Fillmore (1979b), Pawley/Syder (1983) und das Kapitel ›Syntax und Sympathie‹ in Feilke (i. V.). *Mittelbar* können natürlich auch die angesprochenen ›unteren‹ Ebenen der Kompetenz psychologisch über die Wahrscheinlichkeitstruktur der Sprache semantisch oder pragmatisch kanalisierend wirken (vgl. Hörmann 1967, Kap. V). »Wer ›fü‹ gehört hat und Ziffern erwartet, bei dem schnappt der Zustand ›fünf‹ ein ..., weil er auf Grund der gelernten verbalen Gewohnheiten, der Erwartung und auf Grund der bereits eingelaufenen Stimulation die größte Auftretenswahrscheinlichkeit hat.« (Hörmann 1967, S. 97; vgl. ebenso unbedingt A. A. Leontjew, 1975, S. 164 ff. 195 f., 258 ff.). Leontjew spricht im Blick auf solche linguistisch i. e. S. nicht funktionalen, aber motorisch und perzeptuell operationalen Einheiten der Performanz von ›operativen Kontrolleinheiten‹. Sie stimmen weder mit den neurologischen Einheiten noch mit den linguistischen i. e. S. überein und konstituieren für ihn eine eigene ›Ebene der Sprachfähigkeit‹ (vgl. vor allem ebd. S. 258 ff.).

Auf den ›höher‹ gelegenen Ebenen etwa der lexikalisierten Wortverbindungen oder der Routineformeln fällt dann der Gesichtspunkt des Handlungen präformierenden, institutionellen Charakters des regulativen Sprachwissens stärker ins Gewicht.[13] Obwohl hier – anders als etwa bei phono- oder graphotaktischen Clustern – der Bezug auf Handlung nicht primär operativ-technischer Natur ist, gilt auch hierfür, daß der Bezug auf die *aktuelle* Handlung, also den Text i. S. der Texttheorie, theoretisch gerade nicht notwendig ist. Notwendig dagegen ist *der Bezug auf Kompetenz*, d. h. ein idiomatisches Wissen, das eine Ausdrucksform wie etwa ›Guten Tag!‹ einem typisierten Kontext oder eventuell auch verschiedenen möglichen Kontexten zuordnet.

Diesem auf den ersten Blick vielleicht sophistisch anmutenden Einwand liegt ein epistemologischer Vorbehalt gegenüber strikt handlungsorientierten Ansätzen zugrunde: Ähnlich wie in der Semantik die Konstruktion von Wortfeldern etwa bei Jost Trier auf epistemologisch problematischen onomasiologischen Prämissen aufbaute und er sich dann vor allem in der Kritik durch Els Oksaar zeigen lassen mußte, daß ein konsequentes Herangehen von der Ausdrucksseite her die Einheit des theoretischen Begriffs ›Wortfeld‹ zumindest erheblich relativiert,[14] scheint uns die Einheit theoretischer Leitbegriffe wie Intention, Handlungsfunktion oder Situation durchaus nicht gesichert.[15] Sicher können sie im

---

13 Florian Coulmas hat dies in seiner Habilitationsschrift ›Routine im Gespräch‹ (1981a) am Beispiel solcher japanischer Routineformeln, die das gemeinsame Essen kommunikativ-institutionell strukturieren, zum ersten Mal eindrücklich gezeigt. Der Funktionsbereich eines Ausdrucks in diesem für den Europäer außerordentlich differenzierten Handlungszusammenhang kann hier immer erst ausgehend von der idiomatischen sprachlichen Formel erschlossen werden.

14 In ihrer Untersuchung zu Schnelligkeitsverben, die auf eine Kritik der onomasiologischen Thesen Triers hin angelegt war, hatte Els Oksaar bereits 1958 festgestellt, »(...) daß für den Inhalt eines Wortes nicht die Feldnachbarn, sondern vor allem der linguistische Kontext und der Situationskontext bestimmend sind.« (Oksaar 1958, S. 509; zit. nach Geckeler 1971, S. 155)

15 Obwohl Coseriu (1980, S. 26 ff.) gleichfalls eine ›Linguistik vom Text her‹ als verfehlten Ansatz charakterisiert und der Texttheorie vorwirft, von der Fiktion des Sprachwissens als eines einheitlichen, von

Rahmen etwa eines Handlungsmodells definiert werden, ebenso wie Begriffe und Begriffsfelder ohne Probleme im Rahmen eines entsprechenden Modells zu definieren sind. Etwas völlig anderes aber ist es, von diesen theoretischen Setzungen her das sprachliche Wissen modellieren zu wollen. Analog zur semasiologischen Kritik an Jost Trier ist deshalb u. E. für eine text- und handlungsorientierte Linguistik eine pragmatisch motivierte Semasiologie zu fordern, die ihren Ausgangspunkt beim einzelsprachlichen Ausdruck hat. Die theoretische Bedeutung der ausdrucksseitigen Rückgebundenheit von konventionalen Handlungen und ihren Elementen, wie sie im folgenden Zitat aus S. J. Schmidts ›Texttheorie‹ noch anklingt, ist in diesem Sinne bei der Fortentwicklung handlungs- und textorientierter Konzepte in der Linguistik nicht ausreichend berücksichtigt worden.

»Der Vollzug eines Sprechaktes kann ... bestimmt werden als Realisation der [konventionalen, H. F.] kommunikativen *Leistungsmöglichkeit eines Text(stück)es* im Rahmen eines kommunikativen Handlungsspiels.« (Schmidt 1973, S. 51/52; Herv. H. F.)

Während Rickheit/Strohner in ihrer Formulierung für eine solche Sichtweise noch Raum lassen, weil offenbleibt, wie sie den ›Bezug‹ auf die Handlung verstehen, schließt de Beaugrande u. E. mit seiner Forderung, »data as text« und »text as textproduction« zu

Textfunktionen bestimmten Gegenstandes auszugehen, erscheint uns der von ihm vorgeschlagene Lösungsweg ebenfalls unzureichend. Vor allem der scharfe Schnitt, den Coseriu zwischen die tradierte einzelsprachliche Technik und die – für ihn – nicht einzelsprachlichen Texttraditionen (z. B. Sonett, wissenschaftliche Texte, Begrüßung etc.) legt, erscheint uns problematisch. Denn erstens sind diese Texttraditionen unzweifelhaft jeweils im einzelsprachlichen Sprechen konstituiert und insofern idiomatisch geformt (vgl. etwa Galtung 1983; Clyne 1987 zu wissenschaftlichen Texten) und zweitens wird eine nichtidiomatische Performanz – z. B. bei einer Begrüßung oder Liebeserklärung – auch als *sprachliche* Inkompetenz zugerechnet, selbst wenn etwa syntaktisch hier alles regelgemäß sein sollte (vgl. Pawley/Syder 1983). D. h. nicht, daß beide Ebenen etwa ›in einen Topf‹ geworfen werden sollten, sondern belegt m. E., daß die Unterscheidung zwischen einer konstitutiven und einer regulativen Ebene der idiomatischen Kompetenz notwendig ist.

modellieren, einen Pluralismus voneinander relativ unabhängiger Ebenen der Textkonstituierung aus. Zwar schlägt er als ›Kompromiß‹ vor, »(...) to retain the theoretical notion of ›linguistic levels‹ in our models but to define them in terms of processing rather than unit size (...)« (ebd. 80). Was er aber dann zum Begriff der Textproduktion anführt, nimmt auf den Aspekt der Entlastung der Sprecher durch einen mehrfach geschichteten Fundus idiomatischer Einheiten und Verfahren keine Rücksicht mehr. Für ihn wird statt dessen der Text in der komplexen Vielfalt seiner aktuellen Bezüge in der Produktion zum Gegenstand der Linguistik, wenn er schreibt:

»(...) text production is undeniably complex, hard to control or to sort out into component processes. It is typically *open*, adapting to a steadily evolving situation, rather than *closed*, fixed for all situations; and *open-ended*, not terminating definitively at a particular moment, rather than *closed-ended*, with an obvious end. Text production is normally *spontaneous*, reacting to some ongoing context, and *extemporaneous* improvised, not previously prepared. The production of one text often follows upon reception of another, and the two processing acts influence each other.« (de Beaugrande 1989, S. 77)

Der in diesem Zitat vorgetragene Hinweis de Beaugrandes auf die Beziehung zwischen Textproduktion und Kommunikation als ›offenem System‹ ist einerseits sicherlich berechtigt, vor allem im Kontext seiner Attacke gegen eine Linguistik der Linguistenprosa »(...) where the theoretical rigor on the one side corresponds to the casual introduction of idealized artificial data on the other (...)« (ebd. 65). Andererseits aber ist unschwer zu erkennen, daß hier erstens ein Extremfall der Kommunikation zum Paradigma erhoben wird und zweitens – was schwerer wiegt – die Beziehung zwischen Textproduktion und sprachlicher Kompetenz völlig ausgeblendet wird.

Was den ersten Punkt betrifft, so ist gegenüber de Beaugrande darauf hinzuweisen, daß die von ihm auf der linken Seite der folgenden Aufstellung angeführten Attribute für Textproduktion

open	vs.	closed and fixed for situations
open-ended	vs.	closed-ended
spontaneous	vs.	previously prepared

sicherlich jeweils eher *einen* der Endpunkte auf einem Kontinuum repräsentieren, als das Spektrum der tatsächlichen Bedingungen für Textproduktion zu umfassen. Tatsächlich nämlich, dies hoffen wir vor allem in der soziologischen systemtheoretischen Erörterung (Teil I, Kap. 4) gezeigt zu haben, unterliegen Situationen der Textproduktion unter den Bedingungen von Kommunikation enormen zeitlichen, sachlichen und sozialen Restriktionen. Auch wenn wir dem folgenden Zitat des amerikanischen Linguisten Joseph D. Becker aus einem Aufsatz mit dem Titel ›The phrasal lexicon‹ nicht ganz zustimmen, so verdeutlicht es doch das Gewicht auch der anderen Seite des obigen Kontinuums für die Bedingungen der Textproduktion:

»(...) most utterances are produced in stereotyped social situations, where the communicative and ritualistic function of language demands not novelty but rather an *appropriate combination* of formulas, cliches, idioms, allusions, slogans, and so forth. Language must have originated in such constrained social contexts, and they are still the predominant arena for language production.« (Becker 1975, S. 70; Herv. H. F.)

Im Unterschied zu de Beaugrande – mit dem er übrigens in der Argumentation gegen den grammatischen Sprachbegriff der Generativen Grammatik einig ist – spricht Becker die Beziehung zwischen Textproduktion und Kompetenz an. Welcher Art ist diese Beziehung? Sind Handlungsfunktionen, Intentionen und situative Kontexte autochton und prävalent gegenüber sprachlichem Wissen, sind die Formen sprachlicher Realisierung also kontingent gegenüber einer gewissermaßen vorsprachlichen Ordnung möglicher Kontexte und Handlungsfunktionen? Oder sind sie etwa – was für uns dasselbe ist – nur einzelsprachlicher Reflex einer funktionalen Ordnung möglicher Handlungen und Situationskonstellationen. Diesen Eindruck muß man bekommen, wenn bei de Beaugrande so getan wird, als sei sprachlichen Einheiten nur vor dem Hintergrund eines je aktuellen kommunikativen Prozesses ein Informationswert und Nutzen zuzuerkennen. Demgegenüber weist uns Becker darauf hin, daß die idiomatische Kompetenz als intersubjektiv stabilisiertes *Produkt* der Textproduktion auch Obligationen für eine idiomatische Performanz umfaßt. ›Appropriate combination‹ ist hier das Stichwort, das ge-

genüber strikt funktionalistischen und prozessualen Ansätzen auf die soziale Bedeutung der Einheiten des Sprachwissens und der im linguistischen Common sense verankerten Präferenzen für ihre Kombination verweist.
De Beaugrande beruft sich in seinem Aufsatz mehrfach auf John R. Firth, jedenfalls soweit es um die Kritik am strukturlinguistischen Formalismus vor allem der Kopenhagener Schule geht. Für Firth jedoch, wie für den britischen Kontextualismus insgesamt, war der Bezug auf die sozialen Bedingungen der Textproduktion in erster Linie der empirische Ausgangspunkt für die Modellierung des idiomatischen Sprachwissens. Firth geht es nicht um den Prozeß um des Prozesses willen, sondern er untersucht den Prozeß mit dem Ziel einer Ermittlung der diesen stützenden und ermöglichenden idiomatischen Einheiten und Strukturen, wie das folgende Zitat zeigt:

»The linguist studies the speaking person in the social process ... The linguist deals with persons habitually maintaining specific forms of speech or writing which can be referred to dialects or languages operating in close or open social groups. Let us ... apply the term linguistics to those disciplines and techniques which deal with *institutionalized languages or dialects as such*.« (Firth 1957, S. 191/192; Herv. H.F.)

Gegenüber einer Apologie der potentiellen kommunikativen Komplexität von Sprachhandlungssituationen, wie sie uns de Beaugrande liefert, betont Firths induktiv-intuitive Analyse einer kontextuell geprägten sprachlichen Kompetenz gerade den Situationen strukturierenden Entlastungseffekt des *institutionalisierten* idiomatischen Sprachwissens.[16] Sein kommunikationssemantisch motivierter Kollokationsbegriff akzentuiert in diesem Sinne den theoretischen Stellenwert der ›appropriate combination‹ für den Begriff der kommunikativen Kompetenz. Sie ist gerade nicht

---

16 In dieser Hinsicht schließt sich Firth in einer Fußnote ausdrücklich an Saussures Sprach-Begriff als einem Ensemble institutionalisierter sprachlicher Formen an (vgl. Firth 1957, S. 190), auch wenn er an Saussures Systembegriff bekanntlich scharfe Kritik geübt und statt einer ›Anatomie‹ eine auf die lebendigen Einheiten des Sprechens zielende ›Physiologie‹ der Sprache gefordert hat (vgl. hierzu Steiner 1983, S. 86ff.).

auf die situativen und intentionalen Bedingungen des Sprachhandelns reduzierbar oder aus diesen abzuleiten, was Firth ausdrücklich noch einmal hervorhebt, wenn er ›kollokative Bedeutung‹ und ›kommunikativen Sinn‹ voneinander abgrenzt:

»It must be pointed out that meaning by collocation is not at all the same thing as contextual meaning, which is the functional relation of the sentence to the *processes* of a context of situation in the context of culture.« (Firth 1957, S. 195; Herv. H. F.)

Zwar vertritt Firth in der Tradition Malinowskis eine funktionalistische Sprachauffassung. Funktion aber ist für ihn immer die funktionale Potenz *eines sprachlichen Ausdrucks im Blick auf einen typisierten und abstrahierten Gebrauchszusammenhang*. Unter Funktion haben wir deshalb bei ihm etwas völlig anderes zu verstehen als etwa die an Intentionen gebundene illokutionäre Rolle von Äußerungen im Rahmen der Sprechakttheorie. Während die Sprechakttheorie, von ihren eigenen Prämissen angetrieben, zunehmend gezwungen ist, die ausdrucksseitige Form von Äußerungen zu vernachlässigen[17] und eine *theoretisch* motivierte Verknüpfung der pragmatischen Funktionen des Sprechens mit dem Begriff der sprachlichen oder idiomatischen Kompetenz gar nicht mehr anzustreben scheint,[18] war für Firths Auffassung die

17 Exemplarisch dafür sei der Wandel des theoretischen Stellenwertes der sogenannten ›performativen Verben‹ angeführt, die, weil sie empirisch als Illokutionssignale kaum an der sprachlichen Oberfläche erscheinen, heute nur noch eine untergeordnete Rolle für die Sprechakttheorie spielen. Zwar findet man in der Sprechakttheorie oft das Muster *Funktion sprachliche Realisierungsformen* (vgl. etwa Searle 1982/90, S. 57 ff.) im Sinne eines Aufzeigens der konventionalen Vollzugsformen für Sprechakte. Aber dieses Muster führt lediglich zu theoretisch nicht motivierten Beispielsammlungen von Äußerungen. Das Faktum des Präferenzen dokumentierenden Charakters dieser Listen wird aber als theoretisches Problem für die Zusammenhänge zwischen ›idiomatischer‹ und ›kommunikativer‹ Kompetenz nicht thematisiert.
18 Dies erklärt u. E. die Attraktivität der Sprechakttheorie für die Generative Grammatik, wie sie z. B. in der personellen und inhaltlichen Zusammensetzung des von Inger Rosengren veranstalteten Lunder Symposiums zum Ausdruck kommt. Die Annahme einer Unabhän-

theoretische Interdependenz der Begriffe ›*structure*‹ (= syntagmatisch-konventionelle Organisation der Rede/ collocation) ↔ ›*context of situation*‹ ↔ ›*context of culture*‹ grundlegend. Dabei geht er nicht wie die Sprechakttheorie funktionalistisch-deduktiv vor, sondern versucht, induktiv-generalisierend und ausgehend von Merkmalen der Ausdrucksstruktur, die Sprachkenntnis der Sprecher methodisch als Mittel der Kontextualisierung zu benutzen (vgl. Steiner 1983, S. 94 ff.). Kontextualisierung heißt dabei für Firth einerseits Rückbeziehung der syntagmatischen ›structure‹ auf ›system‹, d. h. die paradigmatische Achse im Sprachwissen, wie andererseits die Herstellung des Bezuges zu ›context‹. Das ideale Ziel ist es, »(...) die innersprachliche Kontextualisierung nahtlos in die Kontextualisierung der gesamten sprachlichen Äußerung im Rahmen des Situationskontextes und des Kontextes der Kultur (...)« (Steiner 1983, S. 95/96) übergehen zu lassen. Wenn dies auch sicherlich ein kaum realisierbares Ideal Firths war, so finden wir darin doch die implizite Hypothese einer zwischen der aktuellen Handlung einerseits und der konstitutiven Ebene der linguistischen Kompetenz andererseits vermittelnden Strukturebene der idiomatischen Kompetenz. Diesem Gesichtspunkt wird u. E. in allen drei angeführten Richtungen der linguistischen Pragmatik nicht ausreichend Rechnung getragen.

Versuchen wir abschließend, die Relevanz der vorgetragenen Argumentation auf ein alternatives theoretisches Konzept zu beziehen und an einigen Beispielen zu demonstrieren. Dazu wollen wir uns auf zwei Punkte konzentrieren: erstens auf den Aspekt der kontextualisierenden Potenz sprachlicher Ausdrücke und zweitens auf den Aspekt der Gebundenheit von Akten an idiomatische Ausdrucksgestalten.

> gigkeit von pragmatischer und grammatischer Kompetenz im Rahmen der sogenannten ›Modularitätshypothese‹ der GTG wird durch die Prämissen der Sprechakttheorie faktisch gestützt, obwohl dies sicherlich z. B. von John R. Searle so nicht intendiert ist. Dazu kommt, daß beide, die Sprechakttheorie wie die GTG, den *Satz* (als Äußerung respektive grammatische Struktur) zum Ausgangspunkt ihrer Theoriebildung machen und beide auf eine pragmatische, respektive grammatische *Universalkompetenz* zielen.

4.2.2 Kontextualisierung und idiomatische Oberflächen

Während Erich Steiner (1983) in seiner Arbeit zum Britischen Kontextualismus Firths Bemühen um eine kontextsensitive Analyse als *methodisches Prinzip* einer *Kontextualisierung* sprachlicher Ausdruckseinheiten beschreibt, benutzt John J. Gumperz (1982) den gleichen Ausdruck, nämlich »contextualisation«, zur Kennzeichnung eines *kommunikationssemantischen Prinzips*.[19] Die Komplementarität ist nicht zufällig. Wenn sprachliche Ausdrücke und darüber hinaus Eigenschaften des Sprechausdrucks in der linguistischen Analyse kontextualisierbar sind, so nur deshalb, weil der Analytiker als idiomatisch kompetenter Sprecher in der Lage ist, sie einem Ko- und Kontext zuzuordnen. Unabhängig von den Gründen für diese Fähigkeit bedeutet dies aber auch – wie die Erörterung des Beispiels in Kapitel 2 dieses Teils zeigen sollte –, daß idiomatisch kompetente Sprecher in der Lage sind, Ausdrücke und Ausdrucksmerkmale zur *Erzeugung* von Kontexten in der Kommunikation zu benutzen. Genau für diesen Sachverhalt benutzt Gumperz den Begriff der ›*contextualisation*‹ und der ›*contextualisation cues*‹. Dabei geht er weit über Firth hinaus, wenn er z. B. annimmt, daß etwa auch die Handlungsrollen der Akteure als Parameter der Situation erst durch den Sprachgebrauch und die Akttypik als Kontextmerkmale intersubjektiv festgestellt werden. Die Kontingenz von Situationen, die darin besteht, daß sie im Blick auf das Einverständnishandeln zunächst immer polyvalent, d. h. *mehrfach oder vielfach anschließbar* sind, wird in Gumperz' Modell durch die Kontextualisierung im Blick auf eine gemeinsame Verständigungsbasis eingeführt. Das Faktum der Polyvalenz von Situationen weist der idiomatischen Kompetenz hier als Bindeglied zwischen der Situation und den

---

19 Peter Auer weist in seinem Überblick zum Begriff der Kontextualisierung von 1986 (ebd. 22) darauf hin, daß der Begriff bereits 1976 von Jenny Cook-Gumperz und John J. Gumperz in einem Konferenzpapier geprägt wurde. Die theoretischen Prämissen sind allerdings bereits früher expliziert (vgl. Gumperz 1975). Zur theoretischen Verortung des Ansatzes im Rahmen anderer ›Verstehens‹-Theorien vgl. auch die Arbeit von Streeck (1983).

verfügbaren kulturellen Wissensbeständen einen völlig neuen Stellenwert zu. So schreibt Peter Auer in seinem Überblick zum Kontextualisierungskonzept (1986):

»Es ist nun ... nicht mehr damit getan, das objektive Vorliegen bestimmter äußerer Gegebenheiten, bestimmter ›Rollen‹ der Teilnehmer oder bestimmter textueller Vorgängerstrukturen festzustellen; es muß vielmehr gezeigt werden, daß [und *ob*, H. F.] sich die Teilnehmer an diesen Strukturen orientieren.« (Auer 1986, S. 23)[20]

Sprecher und Hörer greifen dabei in ihrem Orientierungsverhalten zurück auf ›Kontextualisierungsverfahren‹, in denen *bestimmte* ›Kontextualisierungshinweise‹ – ausgezeichnet durch ihre ausdrucksseitige Präferenzstruktur – *bestimmte* thematisch-kognitive, soziale und diskursive Schemata als Kontexte des Einverständnishandelns verfügbar machen können (vgl. Auer ebd.). Auch dieses Verfügbarmachen geschieht dabei nicht im Sinne einer eineindeutigen Zuordnung, sondern im Sinne von konventionalisierten Verstehenspräferenzen.

Ein Kontextualisierungsverfahren besteht in rekurrenten Kombinationen von Kontextualisierungshinweisen, wobei allerdings bisher Kontextualisierungsverfahren von Gumperz nicht als eigenständiger Gegenstand thematisiert worden sind. Diesen Punkt kritisieren Redder/Rehbein (1987, S. 9/10) bei Gumperz, wenn sie

20 Das im Zitat eingefügte, in Parenthese gesetzte ›und ob‹ soll auf die Tatsache hinweisen, daß in der Kommunikation immer auch Kontextualisierungen möglich sind, die mit den sogenannten ›objektiven‹ Determinanten der Situation wenig oder nichts zu tun haben. Man stelle sich etwa die Kontextualisierung des Erlebnisschemas einer lange zurückliegenden gemeinsamen Erfahrung – etwa einer Reise – durch zwei Freunde vor, die sich in einer Arztpraxis zufällig nach langer Zeit wiedertreffen und das Erlebnis zum Thema machen. ›Objektive‹ äußere Gegebenheiten sind für diesen Vorgang marginal. Sinnvoller erscheint deshalb eher die Frage, ob, und wenn ja, welche Merkmale der Situation für die Kontextualisierung genutzt werden. Würde sich an gleicher Stelle etwa ein ›small talk‹ über das Älterwerden und seine gesundheitlichen Folgen einstellen, so hätten die Teilnehmer ein Merkmal der Situation genutzt, allerdings ohne daß dies deshalb bereits als in irgendeiner Weise durch ›objektive‹ Faktoren der Situation *determiniert* aufzufassen wäre.

ihm vorwerfen, mit dem Konzept der Kontextualisierungshinweise einen ›lokalistischen‹ Ansatz der Organisation von Interaktion zu vertreten, der die globale Musterhaftigkeit von Standardsequenzen der Kommunikation nicht berücksichtige. Auch für die globale Musterhaftigkeit aber gilt u. E. Gumperz' lokalistische Hypothese: Gerade Muster bedürfen einer konventionellen indexikalischen Initiierung und internen Strukturierung. Dafür wird natürlich die Kenntnis der globalen Struktur vorausgesetzt. Sinnvoll erscheint deshalb die Annahme einer Interaktion lokaler und globaler Faktoren, wobei u. E. den lokalen Faktoren *Priorität* zukommt: Je musterhafter globale Sequenzierungen von Handlungen in kommunikativen Handlungsspielen sind, *desto bedeutsamer* sind die lokalen Elemente für die Gesamtkommunikation.[21]

Gumperz faßt die Beziehung zwischen Kontextualisierungshinweis und Schema als eine zwischen Vordergrund und Hintergrund der Kommunikation auf. Mazeland (1986, S. 177) schlägt deshalb vor, statt von ›contextualisiation cues‹ von ›framing cues‹ zu sprechen und wirft Gumperz vor, gegenüber den kognitiven

---

21 Man stelle sich hierzu beispielsweise folgende Szene vor: Der neue Pfarrer betritt – liturgisch zum richtigen Zeitpunkt – die Kanzel, offenkundig, um mit seiner Predigt zu beginnen. Die globalen Rahmenbedingungen des Rituals sind klar. Nun begrüßt er aber die Gemeinde, indem er Zeigefinger und Mittelfinger der rechten Hand zum Victory-Zeichen spreizt, mit einem gedehnten »Hi!!!«. Es müßte hier m. E. schon in eine umfangreichere Metakommunikation zur Verwendung dieses Ausdrucks eingetreten werden, wenn der Vollzug des Rituals noch im Sinne des globalen Musters zu Ende gebracht werden soll. Prinzipiell stehen bei solchen Ereignissen, die im Alltag häufiger sind, als das Beispiel vermuten läßt, vier Reaktionsmöglichkeiten zur Verfügung, die in der angeführten Reihenfolge auch den realen Verhältnissen entsprechen dürften: 1) Ignorieren des lokalen Datums (etwa: Ich habe mich wohl verhört), 2) Metakommunikation (etwa: Das ist bei uns nicht üblich, Herr Pfarrer!), 3) Umdefinition der Akteursrolle (etwa: Dies ist wirklich ein *neuer* Pfarrer) 4) Umdefinition des Kontextes (etwa: Ich bin gar nicht in der Kirche oder Ich bin auf dem Kirchentag). *Der trügerische Augenschein eines Vorrangs der globalen Ebene im Normalfall beruht auf der unscheinbaren ›natürlichen‹ Ebene ihrer lokalen Organisiertheit!*

›frames‹ den aktuellen Kontext zu vernachlässigen. Genau dies aber scheint uns eher eine Stärke des Ansatzes zu sein. ›Verfügbar machen‹ bedeutet in diesem theoretischen Kontext:

»(...) the activity type does not determine meaning but simply constrains interpretations by channelling inferences so as to foreground or make relevant certain aspects of background knowledge and to underplay others.« (Gumperz 1982, S. 131)

Gumperz' Modell ist hier weitgehend analog zu der Beziehung zwischen ›frame‹ und ›scene‹ in der Semantik Charles Fillmores (1977/1987)[22]. Das ›Verfügbarmachen‹ des Hintergrundwissens wird dabei vorgestellt als ein wechselseitiger Vorgang, in dem die Akteure auf verschiedenen Verhaltensebenen die Fähigkeit des jeweils anderen zur Resonanz und Korrespondenz selektiv testen. Durchaus im Sinne von Meads ›gestischem Kommunikationsprinzip‹ (vgl. Teil I, Kap. 5) kommen dafür alle Parameter des Verhaltens in Betracht: Kinetik, Proxemik, Prosodie, Blickverhalten, Zeitstruktur (z. B. Pausenverhalten) und sprachliche Formulierung (vgl. Auer 1986, S. 25/26). Die sprachliche idiomatische

---

22 Hier beziehen wir uns auf die sogenannte ›scenes and frames‹-Semantik, die eine Fortentwicklung der ursprünglichen, von den Verb-Kasus ausgehenden Frame-Semantik darstellt, wobei Fillmore das Verhältnis von sprachlichen frames zu nicht-sprachlichen scenes als »superimposition of one kind of schema upon another« (1987, S. 102) beschreibt. An anderer Stelle schreibt er von einer »imposition of structure on an event ... in a fixed way« (1987, S. 79). Das immer wieder zitierte Beispiel dafür ist der den Verben ›kaufen‹, ›verkaufen‹, ›bezahlen‹ zugrunde liegende konzeptuelle Zusammenhang (= scene), der sprachlich in einer ›idiomatisch‹ bestimmten perspektivischen Art und Weise durch die Verben bzw. insgesamt verfügbaren *Ausdrücke* schematisiert ist (= frame), »also including choices of grammatical rules or grammatical categories – that can get associated with prototypical instances of scenes.« (1987, S. 82) Ausdrücklich betont Fillmore dabei, daß er ›scene‹ »in a maximal general sense« verstanden wissen möchte, »to include not only visual scenes but familiar kinds of interpersonal transactions, standard scenarios, familiar layouts ... and in general any kind of coherent segment ... of human beliefs, actions experiences or imaginings.« (ebd.) Vgl. auch in Feilke (i. V.) das Kapitel ›Vertraute Konzepte‹.

Kompetenz ist damit primär ein Subsystem einer umfassenderen Kontextualisierungskompetenz, die auch den gesamten Bereich der Körperkommunikation umfaßt.[23] Durch die exklusiven Möglichkeiten sprachlicher Kommunikation wie *Thematisierung*, *Negation* und *Indirektheit* aber wird dieses Subsystem u. E. zur wichtigsten Schnittstelle zwischen der Beziehungs- und der Inhaltsebene der Kommunikation i. S. Watzlawicks bzw. der sozialen und der kognitiven Ebene der Kommunikation. Sprache eröffnet die Möglichkeit zu Thematisierung und Negation im Sinne Luhmanns,[24] während über die idiomatischen Präferenzen in der Produktion und im Verstehen zugleich die Verständigungschancen getestet werden. Der Grund dafür liegt im indexikalischen Charakter der Kontextualisierungshinweise. Sie stehen, dies hatten wir bereits im vorigen Teil dieser Untersuchung thematisiert, *pars pro toto*. Peter Auer schreibt – u. E. prägnanter als Gumperz selbst –:

»Daraus wird deutlich, daß Kontextualisierung eine *zeichenhafte* Beziehung zwischen einem (Oberflächen-)Merkmal sprachlicher oder nichtsprachlicher Handlungen auf der Ausdrucksebene und einer komplexen semantischen Struktur etabliert, die von der des gewohnten sprachlichen Zeichens mit *signifiant* und *signifié* beträchtlich abweicht; während das traditionelle sprachliche Zeichen eine *Bedeutungsbeziehung* etabliert, *indiziert* der Kontextualisierungshinweis ein Schema.« (Auer 1986, S. 25)

In diesem Zitat finden wir den weiter oben eingeklagten Hinweis auf die Zeichenhaftigkeit und die Bedeutung der Oberflächenmerkmale sprachlicher *Produkte*. In diesem Sinne definiert auch Gumperz Kontextualisierungshinweise als

23 Dieser Gesichtspunkt ist sehr wichtig. Wenn man die idiomatische Kompetenz als Subsystem einer umfassenderen Kontextualisierungskompetenz auffaßt, so erlaubt dies, am Konzept der konventionellen Interpretation und des Akt(Segment)-Charakters idiomatisch geprägter Sequenzen festzuhalten und *gleichzeitig* die Differenz von Akt und aktueller Handlung zu berücksichtigen. Der Common-sense-Gebrauch eines Sprichworts etwa wird dadurch selbst z. B. ironisch kontextualisierbar – ein Phänomen, das den Sprichwortgebrauch heute weithin bestimmt, wie etwa das Phänomen der sogenannten Anti-Sprichwörter zeigt.
24 Vgl. Teil I, Kap. 4

»(...) constellations of surface features of message form ... *by which speakers signal and listeners interpret what the activity is, how semantic content is to be understood* and how each sentence relates to what precedes or follows« (Gumperz 1982, S. 131; Herv. H. F.).

Der indexikalische Charakter der Kontextualisierung bedeutet, daß semantische Indirektheit konstitutiv für Kommunikation ist und nicht etwa einen Ausnahmefall darstellt. Für Gumperz ist dies ein sprachliches Prinzip der Operationalisierung von Verständigungsaussichten in der Kommunikation, das gewissermaßen ›in die idiomatische Kompetenz eingebaut‹ ist. Kontextualisierung bedeutet eben nicht, für den Hörer einen Kontext auszuformulieren und zu explizieren, sondern gemäß dem ›pars-pro-toto‹-Prinzip indizierend seine parallele Konstruktion anzubieten, wobei es keine Garantie für Verständigung geben kann. Gumperz schreibt:

»Do not verbalize explicitly, what the conversation is about, rely on the listeners ability to use his background knowledge. If he's a friend, he will guess what is wanted (...)« (Gumperz 1982, S. 138/139).

Analog zu den im vorigen Teil dieser Untersuchung in der Kritik an Berger/Luckmann herausgearbeiteten Konzepten der ›semantischen Typik‹ und der ›Akteurstypik‹ unterscheidet Auer im Anschluß an Gumperz zwischen verschiedenen *Schemata*, die durch Kontextualisierungshinweise angesprochen werden können. Er schlägt vor, zwischen ›thematischen sowie Rollen- und Handlungsschemata‹ zu unterscheiden (vgl. ebd.). Fillmore (vgl. 1979b, S. 97) weist in einer Fortführung von Grundideen seiner ›scenes and frames‹-Semantik zu Recht darauf hin, daß neben der Ausbildung dieser beiden Grundtypen von Schemata auch eine Schematisierung der kommunikativen Abläufe selbst erfolgt, die als diskursive Schemata ebenfalls über Kontextualisierungshinweise als Interaktionskontexte, Gattungskontexte oder Textstrukturkontexte angesprochen und erzeugt werden können.[25] Die Konzepte des Kontextualisierungshinweises und des Kontextualisierungsverfahrens entsprechen hier dem, was wir im vorigen

25 Vgl. hierzu auch die Diskussion in Müller (1984, S. 56 ff.); Kap. 4 ›Aspekte der Vollzugswirklichkeit kognitiver Frames‹.

Teil dieser Untersuchung als ›Akttypik‹ herausgearbeitet haben.
Wichtig am Konzept der Kontextualisierung als einem alternativen Paradigma im Rahmen der Pragmatik ist uns neben dem Aspekt der Zeichengebundenheit bzw. Oberflächengebundenheit von Kontextualisierungsleistungen die Tatsache, daß Kontextualisierung nicht notwendigerweise über handlungstheoretische Begriffe wie Zweck, Intention etc. modelliert werden muß. Kontextualisierung geschieht *im idiomatischen Vollzug* von Handlungen gerade auch, ohne als solche bewußt zu sein. Infolge ihrer ausdrucks- und inhaltsseitigen Selektivität wirkt die idiomatische Performanz bereits selbst kontextualisierend. Der Handlungscharakter – im Sinne eines Zugeordnetseins von Äußerung und illokutionärer Funktion – ist eine zwar mögliche, aber weder hinreichende noch notwendige Bedingung für den pragmatischen Effekt der Kontextualisierung.[26] So konnten in unserem Beispieltext in Kapitel 2 Ausdrücke wie ›sich einen guten Namen erwerben‹ oder ›am Markt bestehen‹ bereits in diesem Sinne kontextualisierend wirken, ohne diesen Effekt etwa einer bestimmten intentionalen Kontextualisierungshandlung verdanken zu müssen.
In diesem Zusammenhang ist ein wichtiger Kritikpunkt gegenüber Gumperz zu formulieren. Die Rede von den ›contextualisation cues‹ legt die Vorstellung nahe, es gebe ein ›set‹ solcher kulturspezifischer Kontextualisierungsinstrumente, die, in der Rede hier und da eingestreut, als kontextualisierende Zugabe zum ›eigentlichen‹ Sprechen Verständigung sicherstellen. Dieses Bild versperrt den Blick auf die Tatsache, daß die Kontextualisierungsmöglichkeiten der idiomatischen Praxis ›eingeschrieben‹ sind und nicht getrennt von ihr betrachtet werden dürfen. Zwar gibt es selbstverständlich eine große Zahl sprachlicher Ausdrücke und anderer Signale, denen in diesem Sinne fast ausschließlich diskurs-

---

26 Nur aufgrund dieser Differenz ist auch ein strategischer und taktischer Gebrauch von ›contextualisation-cues‹ möglich. Müßte der Hörer aber *Intentionalität der Wahl* und damit Taktik ständig unterstellen, so wäre das Problem kontextueller Kontingenz in der Kommunikation prinzipiell unlösbar.

strukturierende Funktion zukommt,[27] aber auch hierfür gilt, daß
ihnen diese Funktion i. S. Bühlers erst durch den Gebrauch ›sematologisch aufgetragen‹ und *eingeschrieben* worden ist. Diese Möglichkeit betrifft das gesamte kommunikative Verhalten und kann
etwa auch die Nennfunktion einzelner Lexeme kontextuell prägen, d. h. einem spezifischen Schema zuordnen. Dabei gehen wir
allerdings davon aus, daß die idiomatische Prägung, sofern sie als
Element sprachlichen Wissens angesprochen wird, in erster Linie
nicht an Lexemen, sondern an Syntagmen und Äußerungssegmenten feststellbar ist.[28] Ein von Coseriu zuerst angeführtes und
von ihm selbst als Ausnahmefall gekennzeichnetes Beispiel für die
kontextualisierende Potenz eines *Lexems* ist das Verb ›meckern‹.
Bei diesem Verb hat die Konzeptualisierung (eines besonderen
kommunikativen Handlungstyps) gleichzeitig höchst spezielle
Verwendungsbedingungen des Ausdrucks konserviert und ruft sie
im Gebrauch als Kontext mit auf:

»So dient z. B. das deutsche Verb *meckern* ... grundsätzlich zur Bezeichnung der Kritik, die nicht vom Sprecher selbst, sondern von einem
anderen geübt wird. *Meckern* erscheint darüber hinaus immer mit der
Funktion, die Kritik eines anderen nicht nur zu bezeichnen, sondern sie
gleichzeitig als unbegründet oder zumindest unpassend auszuweisen.«
(Coseriu 1980, S. 31)

Eine solch enge Verbindung nennender, schematisch-kontextualisierender und pragmatischer Funktionen ist – wie gesagt – bei
einzelnen Lexemen nicht die Regel, aber das Beispiel zeigt, daß
die Kontextualisierungskompetenz kein theoretisch von der idiomatischen Kompetenz ablösbares Wissen ist und – umgekehrt–,
daß die idiomatische Kompetenz – so wie wir den Begriff verste-

---

27 Vgl. hierzu in Feilke (i. V.) den Abschnitt zu ›textuell-strukturierenden pragmatischen Prägungen‹. Hier wären z. B. die verschiedenen
Typen von Floskeln und Formeln anzuführen, die etwa von Keller
(1981) unter dem Terminus ›gambits‹ abgehandelt werden und der
Aufmerksamkeitssteuerung, der Text- oder Diskursgliederung dienen
(vgl. auch Viehweger 1983; Fraser 1987).
28 Eine vom ›Gebrauch‹ bestimmte Systematik solcher syntagmatischer
Ausdruckseinheiten wird in Feilke (i. V.) vorgeschlagen.

hen – ²⁹ eine Kontextualisierungskompetenz ist. Sprachliche Handlungen werden durch das Sprechen als idiomatische Akte und Aktsegmente geprägt und können nur als solche einigermaßen zuverlässig in ihrer kontextualisierenden Wirkung eingeschätzt werden. Hier ist die Schematisierung konventionell und im Extremfall berechenbar. Auch an dieser Stelle ist u. E. Kritik an der Gumperz-Kritik von Redder/Rehbein (1987) angebracht, so an dem Vorwurf, Gumperz' Ansatz erlaube keine Modellierung *taktischen* Sprachverhaltens.³⁰ Das theoretische Konzept erlaubt genau dies, auch wenn Gumperz dies an keiner Stelle eigens ausführt. Man führe sich als literarisches Beispiel dafür etwa die letzte Szene von Büchners ›Dantons Tod‹ auf dem Revolutionsplatz vor Augen, in der Camille Desmoulins Frau Lucile nach dessen und Dantons Hinrichtung in Gegenwart der Revolutionswachen äußert: ›Es lebe der König!‹ und postwendend abgeführt wird. Die Ehrenbezeugung wird hier von Lucile taktisch als Kontextualisierungshinweis eingesetzt, um eine Verhaftung und ihre eigene Hinrichtung zu provozieren.

Gumperz bringt in seinem Buch von 1982 eine ganze Reihe von Beispielen, in denen er *mißlingende* Kontextualisierungen untersucht. Dieser methodische Ansatz der Ethnomethodologie insgesamt – man denke etwa an Garfinkels Krisenexperimente – ist eine der wichtigsten Möglichkeiten, das ansonsten unscheinbare ›natürliche‹ Funktionieren von Common sense-Wissen sichtbar zu machen. Im Sinne der weiter oben in dem Becker-Zitat angesprochenen ›ritualistic functions‹ typisierter Textsegmente spielen offenbar vor allem idiomatisch geprägte Formeln eine zentrale Rolle bei der Kontextualisierung. Gumperz bringt unter anderem das folgende, oft zitierte Beispiel. Es zeigt in schöner Weise, wie eine Handlung in ihrer pragmatischen Geltung von der idiomatischen

---

29 Coseriu hat hier ein gänzlich anderes Verständnis des Begriffs. Bei seinem Begriff des ›idiomatischen Sprachwissens‹ stehen im Zentrum die funktionellen Relationen, d. h. die Oppositionen im System, die er von eventuellen diskursiven Funktionen sorgfältig getrennt wissen möchte (vgl. Coseriu 1988a, 1988b).

30 Vgl. dazu auch weiter oben in diesem Kapitel die entsprechende Anmerkung zu Redder/Rehbein (1987).

Form bestimmt ist: Von der Pädagogischen Psychologie einer amerikanischen Universität aus werden durch Studenten Befragungen in verschiedenen Haushalten durchgeführt. Ein Student, der eine solche Befragung durchführen soll, ist telephonisch bereits bei der Hausfrau einer Familie mit durchschnittlich geringem Einkommen in einer Schwarzen-Siedlung angekündigt worden. Der Student ist selbst Schwarzer. Als er angekommen ist und sich an der Tür bemerkbar gemacht hat, öffnet ihm der ›husband‹ die Tür und kommt lächelnd auf ihn zu. Dialog:

»Husband: *So you're gonna check out ma ol lady, hah?*
Interviewer: *Ah, no. I only came to get some information. They called from the office.*
(Husband, dropping his smile, disappears without a word and calls his wife.)« (Gumperz 1982, S. 133)

Gumperz macht mit seiner Beschreibung der Reaktion des schwarzen ›husband‹ deutlich, daß hier offenbar dessen Versuch, mit dem Interviewer einen gemeinsamen ›Schwarzen‹-Kontext für die Kommunikation aufzubauen, gescheitert ist. Der Student war nicht in der Lage, die Anspielung aufzunehmen und das indizierte Schema seinerseits sprachlich zu bestätigen. Die Funktion des formelhaften Sprechens in diesem Zusammenhang beschreiben Kallmeyer/Keim (1986):

»Die Formelhaftigkeit des Sprechens fungiert als Kontextualisierungshinweis, wobei der Thematisierungs- und Typisierungsprozeß in der Gruppe den relevanten Kontext darstellt.« (Kallmeyer/Keim 1986, S. 123)

Der schwarze Student hat sich durch seine Antwort als offiziell autorisierter Interviewer und nicht als Schwarzer zu erkennen gegeben und sich damit außerhalb des zunächst kontextualisierten Typisierungs- und Thematisierungszusammenhangs gestellt. Gleichzeitig ist damit aber auch die soziale Situation vorläufig bereinigt. Es ist klar, daß die Handlungsrollen durch die Antwort des Studenten nunmehr im Sinne einer formellen Befragung festgelegt sind.
Das Beispiel kann entsprechend der oben gegen ausschließlich handlungs- und prozeßorientierte Ansätze vorgetragenen Argumentation verdeutlichen, daß für die Handelnden Textproduktion und Kommunikation unter anderem einer Reduktion der

Offenheit und Unbestimmtheit von Situationen dienen. Dies geschieht, indem, gestützt auf idiomatische Kompetenz, eine Selektion von Kontexten – ein ›framing‹ i. S. Mazelands (1986) – durch die Akteure erfolgt.

Zweitens illustriert das Beispiel ebenfalls die Tatsache, daß Sprechhandlungen nur von der Seite idiomatisch geprägter Akte und Aktsegmente, und damit von einem sprachlichen Ausdrucks-Wissen her rekonstruierbar sind. Dies zeigt sich im Beispiel etwa darin, daß der Versuch, die Äußerung ›So you're gonna check out ma ol lady, hah?‹ *einem* Eintrag innerhalb einer Taxonomie von Sprechakten zuzuordnen, zwar analytisch durchaus berechtigt und sinnvoll sein mag, daß aber ein solcherart deduktiv konzipierter Akt die besondere pragmatische Potenz des idiomatisch geprägten ›natürlichen‹ Aktes gerade verfehlen muß. Je nachdem, welche grammatische, semantische oder pragmatische Ebene der Äußerung hier durch die Analyse angesteuert wird, läßt sich diese als *Behauptung*, als *Frage*, als *Vorwurf*, als *Begrüßung*, als *Aufforderung* oder als *Herausforderung* einstufen. Dieser Versuch einer analytischen Zuordnung von Handlungsfunktionen von der Äußerung her ist nur insofern sinnvoll, als er erlaubt, das *Besondere* des idiomatisch geprägten Aktes gerade in der Kommunikation intentionaler Indifferenz zu erblicken. Die Äußerung ist nämlich *gleichzeitig* Begrüßung, Aufforderung, Herausforderung und Frage. Die Möglichkeit, sie wie der Student *nur* als *Frage* zu verstehen und damit den Common sense zu verfehlen, gehört zur Potenz dieses Ausdrucks.[31] Taxonomien oder Paradigmata von

---

31 Die Kategorie ›indirekter Sprechakt‹ in der Sprechakttheorie, die auch von Gumperz bemüht wird, erfaßt zwar einerseits genau diesen Gesichtspunkt. Aber sie ist innerhalb der Sprechakttheorie als Kategorie zur Integration der durch eine Theorie eigentlich nicht integrierbaren ›Rätsel‹ im Sinne Thomas Kuhns entstanden. Ein solches Rätsel stellt für die Sprechakttheorie unter anderem die äußerliche intentionale Indifferenz und propositionelle Implizitheit der meisten Äußerungen dar, weshalb die Sprechakttheorie insgesamt – empirisch gesehen – ›Theorie indirekter Sprechakte‹ heißen müßte. Als solche müßte sie zu ihrem eigentlichen Gegenstand aber die Erklärung von Inferenzen und deren Stützung durch idiomatische Präferenzen haben. Es ist deshalb kein Zufall, daß etwa John R. Searle sich in den letzten 15 Jahren

Sprechhandlungen sind u. E. deshalb nur konstituierbar über die Ermittlung von Substitutionsbeziehungen. Dabei verlangt das Substituierbarkeitskriterium wiederum die Passung mit idiomatischen Präferenzen – bezogen auf die angestrebte Kontextualisierung – und nicht etwa mit externen, handlungslogisch eingeführten ›Funktionen‹ einer kommunikativen – oder gar universalpragmatischen – Kompetenz.[32] Die Passung mit Präferenzen aber betrifft den Begriff des idiomatischen Sprachwissens in seinem Kern.[33] Auf diesen Gesichtspunkt wird nun im folgenden Kapitel eingegangen, das den ›grammatischen‹ Sprachbegriff thematisiert.

Zuvor aber soll dieses Kapitel zum handlungsorientierten Sprachbegriff abgeschlossen werden, indem wir in einem kritischen Exkurs ein Begriffspaar diskutieren, das für die Bestimmung des Inhalts der idiomatischen Kompetenz und ihres Verhältnisses zur Handlung in der Linguistik eine wichtige Rolle gespielt hat. Es ist dies Karl Bühlers Aufgliederung des Spektrums der sprachlichen Erscheinungen von den Begriffen ›Praxis und Poesis‹ her. Von diesem Begriffspaar leitet er die wichtige Unterscheidung von ›Sprechhandlung‹ und ›Sprachwerk‹ ab, aus der dann in dem ›Vierfelder-Schema‹ seiner ›Sprachtheorie‹ außerdem noch die Unterscheidung von Sprechakt und Sprachgebilde resultiert. ›Gebilde‹-Aspekt einerseits und ›Werk‹-Aspekt andererseits erschließen dabei für Bühler begrifflich den gesamten Bereich der ›subjektentbundenen‹ Sprachphänomene.

    immer wieder mit Problemen ›literaler Bedeutung‹ auseinandergesetzt hat (vgl. etwa Searle 1982, S. 51 ff. u. 139 ff.).
32 Zur Kritik am universalpragmatischen Gestus vieler handlungsorientierter Konzepte der kommunikativen Kompetenz vgl. die lesenswerte Arbeit von Marga Kreckel (1981): ›Communicative acts and shared knowledge in natural discourse‹.
33 Searle geht an verschiedenen Stellen auf dieses Problem durchaus ein, ohne allerdings den eigentlichen kritischen Stellenwert für die Sprechakttheorie zu erkennen. So stellt er (1982/1990, S. 61) bei der Analyse einer Liste von Beispielen indirekter Sprechakte fest: »Die fraglichen Sätze sind keine Idiome im gewöhnlichen Sinn« und bemerkt dann: »Daß diese Sätze keine Idiome sind, heißt nicht, daß sie nicht idiomatisch sind.«

Dritter Exkurs:
Anmerkungen zu Karl Bühlers Unterscheidung zwischen Sprechhandlung und Sprachwerk

Karl Bühler beginnt das Kapitel über ›Sprechhandlung und Sprachwerk‹ in seiner ›Sprachtheorie‹ mit einer Erörterung der geflügelten Worte ›Hier stehe ich und kann nicht anders‹ und ›alea jacta est‹. Ausgehend von einer Skizze der jeweiligen Handlungskontexte, auf die historisch die Prägung der Ausdrücke zurückgeht, versucht er aufzuzeigen, daß »(...) jedes geflügelte und nicht geflügelte Wort sub specie einer menschlichen *Handlung* betrachtet werden« könne (Bühler 1934/1982, S. 51/52). Dabei nennt er ›Handlungen‹ »(...) alle zielgesteuerten Tätigkeiten des *ganzen* Menschen (...)« (ebd. 52). Anschließend geht er kurz auf das *empraktische* Reden ein, um ›das Faktum des Einbaus‹ sprachlichen Zeichengebrauchs in nichtsprachliches Handeln auch begrifflich zu fassen. Von der *Sprechhandlung* grenzt Bühler dann das *Sprachwerk* ab, das im Unterschied zur ausschließlich auf den außersprachlichen Zweck gerichteten Handlung, ›die nicht bedenkt, was sie *sprachlich* hervorbringt‹ (vgl. ebd. 53), zurückgeht auf eine reflexive Zuwendung zum Sprachmaterial selbst. Das Werk verdankt sich der ›prospektiv‹ ergebnisorientierten ›Betätigung am Material‹, wobei für Bühler ›die neunte Symphonie und die Brooklynbridge‹ Analoga für hervorragende Sprachwerke sind (vgl. ebd. 54).
So hilfreich Bühlers Unterscheidung zwischen Sprechhandlung und Sprachwerk und darüber hinaus sein Vierfelder-Schema als Ganzes ist, um die äußersten Grenzpunkte der sprachlichen Realität jeweils unter bestimmten Aspekten zu fassen, so sehr scheint dieser Prospekt aber auch dazu zu verleiten, die theoretisch konstruierten archimedischen (Eck-)Punkte seiner Theorie als empirische Alternativen oder gar Partitionen der Kompetenz zu interpretieren. Von dieser Versuchung bleibt Bühler – jedenfalls in dem hier diskutierten Abschnitt – auch selbst nicht ganz unberührt. Die daraus resultierende Gefahr im Blick auf den hier zur

Diskussion stehenden Gegenstand liegt in drei, aus der Erörterung des Grundmodells ableitbaren, Prämissen, die uns empirisch nicht haltbar erscheinen. Diese Prämissen lassen sich so formulieren:
- Die Handlung ist ausschließlich von den *diskursiven* Faktoren Intention und Kontext bestimmt. Sie ist immer zielorientiert von der Ich-Hier-Jetzt-Origo aus *vorwärts gerichtet*.
- Die »Erlösung aus den konkreten Umständen der Sprechsituation« kommt allein dem subjektentbundenen Gebildeaspekt einerseits und dem Werkaspekt andererseits zu.
- Sprachlich reflexiv konstituiert ist alleine das *Werk*, und zwar das besondere, das einmalige Text-Werk.

Diese Prämissen sollen im folgenden geprüft werden: Bühler hat mit der Wahl seiner Beispiele für die Einführung des Begriffs der Sprechhandlung einen Bereich angezielt, im Blick auf den die angeführten Prämissen u. E. problematisch sind, obwohl sie von dort hergeleitet erscheinen.

Für Bühler hat das ›geflügelte Wort‹ eindeutig parole-Charakter. Es steht, wie er sagt, ›unter Handlungen‹ und müßte somit in seiner pragmatischen Potenz ausschließlich vom Handlungsziel her bestimmt sein. In dieser Untersuchung werden wir noch darauf zu sprechen kommen (vgl. Kap. 4.4), daß für de Saussure die Zuordnung solcher Einheiten zur parole durchaus keine ausgemachte Sache ist. Für ihn stehen sie vielmehr *zwischen* Sprache und Sprechen.

Nun ist es freilich keine Frage, daß solche Ausdrücke *aus dem Sprechen entstanden* sind und in *diesem* Sprechen jeweils Ausdruck individueller Handlungen waren – Bühler führt ja selbst die entsprechenden historischen Kontexte an. Was aber u. E. nicht fraglos akzeptiert werden kann, ist die Annahme, auch der Gebrauch des Ausdrucks *als geflügeltes Wort* sei i. S. des parole-Begriffs *individuell* bestimmt und in seinem Wert von der je *konkreten* Situation abhängig. Dies ist nur die halbe Wahrheit bzw. lediglich *ein* Aspekt des Phänomens. Im gleichen Maße, wie der aktuelle Sinn eines geflügelten Wortes von der konkreten Redesituation mitbestimmt ist, ist er abhängig von einer intersubjektiven Typik und einem abstrakten Verwendungs- und Verweiszusammenhang, dessen Kenntnis für einen korrekten Gebrauch voraus-

gesetzt werden muß. Karl Bühler selbst deutet an, daß der ›wirkliche cäsarische Wagemut‹, das *wirkliche* Tun des Ausspruchs ›am Rubicon‹ für den Gebrauch des geflügelten Wortes keine Rolle mehr spielt. Eine Rolle aber spielt das zugrunde liegende, *abstrahierte* Modell einer Entscheidungssituation, die durch den Ausspruch als gelöst gekennzeichnet wird. Zur Semantik des Ausdrucks gehört in diesem Sinne *konventionell* eine Typik seiner Performanz. *Damit aber bezieht die aktuelle Handlung ihr Movens nicht eigentlich aus einem individuellen Ziel, sondern eben aus dem abstrahierten Modell!*
Hier ist an ein bereits im ersten Teil dieser Untersuchung (vgl. Teil I Kap. 5.4) diskutiertes und überaus wichtiges Zitat von G. H. Mead zu erinnern, in dem er im Kontext seiner Erörterung des Begriffs der Geste ausführt, »(...) daß die *sogenannte* Absicht, unsere Idee, von den von uns verwendeten Gesten oder Haltungen beeinflußt wird.« (Mead 1973, S. 53; Herv. H. F.) Das geflügelte Wort, so könnte man sagen, stellt eine ›intersubjektiv fixierte‹ Möglichkeit zu handeln bereit, ohne aber damit bereits den *Sinn* der aktuellen Handlung (z. B. Beleidigung, Zurücksetzung, ironische Wertung etc.) zu determinieren.[34] Das ist in jedem Falle etwas anderes, als zu sagen, das geflügelte Wort stehe ›unter‹ Handlungen, wie es bei Bühler geschieht.
Wenn nun eine intersubjektive Typik des Ausdrucks tatsächlich vorhanden ist, so ergibt sich daraus ebenfalls, daß Bühlers Differenzierung der subjektentbundenen Sprachaspekte in ›Gebilde‹ einerseits und ›Werk‹ andererseits selbst unter axiomatischen Aspekten unzureichend ist. Unter den Gebilden möchte Bühler »(...) das linguistisch Strukturhafte an den Zeichendingen als solches (...)« (ebd. 62) verstanden wissen. Der Gebildeaspekt faßt die Sprachzeichen unter dem Gesichtspunkt ihrer quasi-mathematisch bestimmbaren Funktion im System auf einer ›höheren Formalisierungsstufe‹ als das gleichfalls subjektentbundene und intersubjektiv fixierte, aber doch individuell hervorgebrachte ›Werk‹ (vgl. ebd. 60). Was hier u. E. fehlt, ist die theoretische Mo-

---

34 Hier sei erinnert an Firths Unterscheidung zwischen ›meaning by collocation‹ (Gebrauchsbedeutung) und ›contextual meaning‹ (Bedeutung im Gebrauch).

dellierung der ›Mitte‹ zwischen dem körperlosen Reich der ideenartigen Gebilde einerseits und – salopp formuliert – dem Himmelreich der einmaligen ›Kunst‹-Werke andererseits.
Nun kann man einer einmaligen deduktiven Konzeption wie dem Bühler'schen Vierfelder-Schema nicht vorwerfen, daß sie nicht alle induktiv möglichen Generalisierungen fasse. Es ist aber doch bedenkenswert, daß die Induktion auf der Suche nach subjektentbundenen und intersubjektiv fixierten Strukturelementen des Sprachwissens zunächst weder auf den Gebildeaspekt in seiner Reinform noch auf den Werkaspekt stößt. Sie wird im Sinne der Ausführungen Wygotskis, wie sie weiter oben in Kapitel 3 diskutiert worden sind, zunächst auf die ›lebendigen Einheiten der Sprache‹, die ›Leistungseinheiten des Sprechens‹ stoßen, wie sie etwa Wörter, geflügelte Worte und Routineformeln darstellen. Dies ist die intersubjektiv emergente sprachliche Strukturebene einer Redekultur, wenn man so will, die ›linguistische Naturpoesie‹. Sie vereinigt sowohl Eigenschaften des Gebildeaspekts als auch des Werkaspekts auf sich, denn sie ist *zugleich* – wie die Gebilde – in ihrer Genese *subjektentbunden und* – wie das Werk – durch individuelle Bedingungen der Rede (wenn auch nicht notwendig durch ein Individuum) geprägt. Der Unterschied zwischen Gebildeaspekt und Werkaspekt, der – für Bühlers Maßstäbe eigentümlich diffus – von ihm an einer *höheren* und *niederen* Formalisierungsstufe festgemacht wird, scheint uns eher ein Kontinuum zu beschreiben, bei dem auf der einen Seite die formalisierten Gebilde stehen, die sich durch einen Verlust jeglicher syntagmatischer Prägung auszeichnen und ausschließlich durch ihren funktionell-paradigmatischen Wert bestimmt sind, und bei dem auf der anderen Seite das durch ein Individuum geprägte ›textuelle Syntagma‹ steht. Das ›Werk‹ ist *einmalig*; seine Zugehörigkeit zu einem Paradigma ist bestenfalls von poetologischem Interesse. Zwischen dem formalisierten Gebilde und dem individuell geprägten Werk steht der Aspekt der idiomatisch geprägten Sprache. Sie ist weder auf das linguistisch ›Strukturhafte an den Zeichendingen‹ noch auf den Aspekt des prospektiv entworfenen genialen Produkts reduzierbar.
Gleichwohl aber ist die idiomatisch geprägte Sprache – wie das Werk – reflexiv; zwar nicht im Sinne der Abarbeitung einer Ge-

staltungsintention am (sprachlichen) Material selbst[35], aber im Sinne eines ›Rück‹bezugs des Sprechens auf den intersubjektiv bestätigten Rede-Ausdruck. Wir haben es hier gewissermaßen mit einer ›absichtslosen Reflexivität‹ zu tun. Die Konstruktion der idiomatischen Sprache erfolgt wie bei dem von Bühler als Beispiel angeführten spielenden Kind, das im Spiel Möglichkeiten zukünftigen Spielens entdeckt, und zwar »(...) post festum dessen, was beim Hantieren entstand« (Bühler 1934/1982, S. 53).[36]

4.3 Reduktion auf den Aspekt der grammatisch-kombinatorischen Kreativität

4.3.1 Das ›Dogma vom Lexikon und von der Syntax‹ (Bühler)

Zur Einleitung dieses Kapitels soll hier zunächst theoretisch und biographisch an den Exkurs zum letzten Kapitel angeschlossen werden. Unter der Überschrift ›Wort und Satz. Das S=F=System vom Typ Sprache‹ warnt Karl Bühler in seiner Sprachtheorie davor, sich »(...) aus theoretischem Unverstand an einem, vielleicht an *dem* für sie bezeichnendsten Strukturgesetz (...)« (Bühler 1934/82, S. 75) zu vergreifen. Das so von Bühler in den Brennpunkt der Aufmerksamkeit gerückte Gesetz – an anderer Stelle spricht er auch von einem ›Axiom‹ – ist das »Dogma vom Lexikon und von der Syntax« (ebd.), wobei Bühler ›Dogma‹ durchaus nicht negativ versteht. Dieses Dogma geht auf die empirisch sinnvolle Vorstellung des Common sense zurück, daß – so Bühler wörtlich – in der Sprachfähigkeit ein semantisch abstrahierendes Moment, das die Welt in ›Fetzen‹ von Vorstellungen zerschneide, und ein konstruktives Moment, das eine ›Relationen‹ erzeugende ›Durchkonstruktion‹ derselben darzustellenden Welt leiste, unterschieden werden können (vgl. ebd. 73). Zwar gebe es, schreibt Bühler, »(...) das linguistische Faktum eines fast unbeschränkten

---

35 Gleichwohl gibt es auch hierfür vielfältige Beispiele. Vgl. etwa Januschek (1986); Tannen (1987); Hasan (1988); Wills (1989).
36 Vgl. hierzu Feilke (i. V.) das Kapitel ›Konnotation und Konzeptualisierung post hoc‹.

Hinüber- und Herüberwandelns der Elemente beider Systeme«
(ebd.), er warnt aber davor, dies als Argument für die Verabsolutierung des einen oder anderen Gebildesystems zu gebrauchen.
Diese Argumentation abschließend, stellt er fest:

»Der Satz kann ebensowenig vor dem Wort, wie das Wort vor dem Satz gewesen sein, weil beides *korrelative Momente* an ein und demselben (vielleicht fortgeschrittenen) Zustand der menschlichen Sprache sind.«
(Bühler ebd. 74)

Die Frage danach, was für Bühler die Kategorien ›Wort‹ und ›Satz‹ im einzelnen bedeuten, wollen wir hier nicht klären. Bezogen auf das Wort hat er einen sehr stark syntaktisch, d.h. vom Kriterium der (syntaktischen) Feldfähigkeit, bestimmten Wortbegriff. Nimmt man aber – das von Bühler angeführte Plädoyer paraphrasierend – an, *Lexikalisiertheit* und *Grammatikalität* seien die von Bühler gemeinten *korrelativen Momente* sprachlicher Ausdrücke und ihrer Kenntnis bei den Sprechern einer Sprache, so erscheinen dazu aus heutiger Sicht zwei ergänzende Bemerkungen notwendig. Im Blick auf die Geschichte der neueren Sprachwissenschaft ist erstens festzustellen, daß ganz im Gegensatz zu Bühlers ›Dogma‹ – etwa im theoretischen Kontext der generativen Grammatik – ›Sprache‹ nahezu ausschließlich über den syntaktischen Aspekt definiert wird. Florian Coulmas schreibt dazu in seiner Untersuchung ›Routine im Gespräch‹:

»In der Sprachbetrachtung wird generell versucht, so viel wie möglich in der Grammatik zu akkommodieren, auch wenn das der mentalen Realität nicht entspricht.« (Coulmas 1981a, S. 51)

Zweitens ist mit dem vorsichtig unbestimmten Vorschlag Bühlers, Grammatikalität und Lexikalisiertheit als *korrelative Momente* der Sprache aufzufassen, nur sehr wenig über die Formen/Typen dieser Korrelation und den Status der Begriffe im Blick auf die faktische sprachliche Kompetenz, wie sie sich im Sprechen zeigt, ausgesagt. Eine solche Bestimmung muß – für sich genommen – notwendig viele Fragen offenlassen: Ist die Grammatik eine formal-konstruktive, technische Grundlage für die ansonsten eigenständige Organisation lexikalisch-semantischer und pragmatischer Bedeutungsanteile etwa in dem Sinne, wie Statik und Architektur eines Bauwerks sich zueinander verhalten? Oder ist sie selbst semantisch konstruktiv und stellt sozusagen nur ›slots‹ für verschiedene Arten lexikalischer Einheiten bereit, die erst durch die grammatische Kompositionsstruktur interpretiert werden? Stellt die Grammatik ein Inventar quasi-lexikalisierter grammatischer ›Muster‹ dar, oder ist sie ein Satz von syntaktischen Regeln? Sind Grammatik und Lexikon im Blick auf das Sprechen vielleicht gar nicht in erster Linie zwei *Systeme* der Sprache, sondern primär *Aspekte* der Organisation von Bedeutung, wobei es ganz unterschiedliche Rezepturen bzw. Aspektualisierungen in der Rede geben kann? Eine Großzahl von Fragen dieser Art läßt das Schema ›Grammatik und Lexikon‹ einerseits diffus und unsicher erscheinen, bestätigt aber auf der anderen Seite i. S. Bühlers seine Unentbehrlichkeit und seinen *heuristischen* Nutzen. Unklar bleibt jedoch der *theoretische* Gehalt des zweiwertigen Schemas, zumal empirisch das von Bühler so genannte ›Hinüber und Herüberwandeln‹ die Sprachwirklichkeit stärker zu bestimmen scheint, als es die Begriffe glauben machen.[37] Die Formulierung Bühlers legt es nahe, den sprachlichen Bereich, der ›hinüber-bzw. herüberwandelt‹, ausschließlich unter diachronen Aspekten zu sehen. Dies aber scheint uns ein erst durch das ›Dogma‹ erzeugter Effekt zu sein. Faktisch stellt sich für die Sprachwissenschaft nämlich bei synchroner Betrachtung der sprachlichen Wirklichkeit u. E. gerade die Aufgabe einer theoretischen Modellierung des *Kontinuums* sprachlicher Erscheinungen im Spannungsfeld von syntaktischer Konstruiertheit und idiomatischer Prägung.[38] Den Grundgedanken, daß es sich bei dem Verhältnis von Grammatik und Lexikon um ein Kontinuum handele, findet man bei ›grammatisch‹ orientierten Linguisten so gut wie nicht formuliert, wohl aber bei vielen lexikologisch und pragmatisch interessierten Ansätzen. Eine Ausnahme stellt hier sicher das folgende, bereits aus dem Jahr 1978 stammende Plädoyer des ›ehemaligen Genera-

---

37 Vgl. etwa Coulmas (1985b); Pawley (1986); Lehmann (1989); Rothkegel (1989).
38 Vorschläge zur Modellierung eines solchen Kontinuums finden wir bei Bolinger (1976), Coulmas (1982, 1985a), Lüger (1980, 1983), Gläser (1988). Vgl. aus neurolinguistischer Perspektive den aktuellen Überblick von Diana v. Lancker (1987).

tivisten‹ Charles Fillmore dar, das die Aspektgebundenheit der
Begriffe Grammatik und Lexikon zeigt:

»(...) we have to face the inconvenient reality, that a number of expressions in any language have to be viewed *both* as lexical items and as entities having grammatical structure on a level higher than that of word formation. I have in mind not only the much discussed ›idioms‹, which probably make up only a small portion of the total ›*phrasicon*‹ but also the vast repertory of fixed phrases, clichés, speech-formulas – in general, *all conventionalized ways of saying things* – that a speaker acquires independently of the process of learning the grammatical rules of the language.«
(Fillmore 1978, S. 149)

Den Aspektcharakter der Unterscheidung von Grammatik und Lexikon verdeutlicht sehr schön ebenfalls ein Schema, das Eugenio Coseriu (1988a) im Kontext einer Diskussion von Chomskys Kompetenzbegriff vorgeschlagen hat. Das Schema zeigt, daß das zweiwertige Konzept ›Lexikon und Grammatik‹ historisch zugleich zwei ›Reduktionstraditionen‹ kennzeichnet, die beide – jeweils von einer anderen Seite her – den von Fillmore angesprochenen sprachlichen Problembereich systematisch unbearbeitet lassen.[39]

Coseriu behandelt sein Schema zum Verhältnis von Lexikon und Grammatik unter der Überschrift ›Zeichen und Verfahren‹, wobei er sich mit der Wahl des Ausdrucks ›Verfahren‹ an die Diktion Humboldts anzuschließen scheint:[40]

39 Auf den in Coserius Schema mit dem Namen Saussures verbundenen Reduktionsaspekt der ›Zeichenhaftigkeit‹ von Sprache wird in Kapitel 4.4 dieses Teils eingegangen. In Feilke (i. V.) wird die Mehrdimensionalität des Zeichenkonzepts zum Thema. In einer auf der Kategorie »Ausdruck« aufbauenden Thematisierung des Zeichens werden ein *kategorieller, dynamischer* und *idiomatischer* Zeichenaspekt unterschieden. Der innere Zusammenhang dieser Aspekte verdeutlicht, daß ein aufgeklärter Zeichenbegriff die nur vordergründig als konträr erscheinenden Gesichtspunkte *paradigmatischer Bestimmtheit, grammatischer Kreativität und pragmatisch motivierter Strukturbildung* sehr wohl kohärent verbinden kann.

40 Humboldt spricht ebenfalls von ›Sprachverfahren‹ und meint damit den formal-kreativen regelhaften Aspekt der Sprache. Dabei ordnet er – wie auch Coseriu – diesen Aspekt der Sprachfähigkeit zwar einer

Saussure

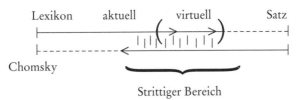

Chomsky

Strittiger Bereich

»Zeichen und Verfahren in der Sprache«; Schema nach Coseriu (1988a: 244)

Der von Coseriu in diesem Schema gekennzeichnete ›strittige Bereich‹ betrifft erstens die Wortbildung und hier vor allem die Wirkung grammatischer Prozesse im Lexikon,[41] und er betrifft zweitens vice versa neben den Idiomen i. e. S. *das Phänomen lexikalisierter (und zugleich grammatischer) Satzsegmente und Sätze.*

›inneren Natur‹ des Menschen zu, aber diese ›innere Natur‹ ist m. E. keineswegs biologisch zu verstehen, wie es Chomskys Interpretation Humboldts annimmt. Für Humboldt sind *sowohl* das Lexikon als auch die Regeln der Grammatik Grenzen der Freiheit des Individuums in der Sprache. Diese Autonomie der Sprache gegenüber dem Sprechen wird aber gleichwohl selbst erst *als kulturelles Produkt* im Laufe der Jahrtausende durch das Sprechen erzeugt. Die phylogenetische Vorgabe muß nach Humboldts Auffassung ontogenetisch jedesmal *angeeignet* werden, wobei die Aneignung bei Humboldt vom Sprechen und der Spracherfahrung ausgeht und so zur Ausbildung der Kompetenz führt (vgl. Humboldt [1835-38] 1963/88, S. 436-438). »Die Sprache ist gerade insofern objectiv einwirkend und selbständig, als sie subjectiv gewirkt und abhängig ist. ... ihr gleichsam todter Theil muß immer im Denken aufs neue erzeugt werden, lebendig in Rede oder Verständniss, und folglich ganz in das Subject übergehen.« (Humboldt [1835-38] 1963/88, S. 438) Gleichwohl muß man hier immer auch mit Unstimmigkeiten in Humboldts Argumentation rechnen, etwa wenn er (ebd. 432) vom Einfluß einer *einzelsprachlichen* (!) ›Stammanlage‹ auf die Ontogenese spricht.

41 Vgl. hierzu aus psycholinguistischer Perspektive die Arbeit von Jean Aitchison (1987); aus linguistischer Sicht plädiert Günther (1989) für eine saubere Trennung psychologischer und linguistischer Perspektiven auf die Problematik, wobei er allerdings schon dazu übergeht, ein

Es ist eine erstaunliche Tatsache, daß in der gegenwärtigen Linguistik zwar den Bereichen der Wortbildung und Wortstrukturtheorie eine außerordentlich große Aufmerksamkeit gewidmet wird, daß aber der zweite angeführte Bereich weder von der Grammatiktheorie[42] noch von der Lexikologie[43] überhaupt ernsthaft zur Kenntnis genommen wird. Selbst in der linguistischen Phraseologie hat er lange Zeit eine Randexistenz geführt und wird auch heute noch infolge einer theoretischen Indifferenz der Leitbegriffe ›Phraseologizität‹ und ›Idiomatizität‹ nur partiell wahrgenommen.[44]

›Kern-Lexikon‹ ›irregulärer‹ und ›nicht prädiktabeler‹ Einträge von dem Bereich des Lexikons zu unterscheiden, in dem ›lexikalische Repräsentationen‹ über Wortstrukturregeln erzeugt werden, die im Lexikon operieren (vgl. ebd. 159f.).
42 Rothkegel (1989, S. 20) stellt – die Behandlung sogenannter polylexikaler Ausdrücke in der neueren generativen Grammatik resümierend – hierzu fest: »Insgesamt wird das Phänomen als Randphänomen eingeschätzt und nur oberflächlich behandelt.«
43 Anders sieht es in der Lexikographie aus, die aus leicht ersichtlichen praktischen Gründen, aber i.d.R. nicht mit weitergehendem theoretischem Interesse den Problembereich behandelt. Betroffen ist hier vor allem der Status von Kollokationen und Routineformeln im Wörterbuch (vgl. hierzu: Kühn 1984, 1989; Hausmann 1985; Schemann 1989).
44 Vgl. kritisch hierzu Schemann (1987); Schemann (1989) beklagt ein Defizit der Phraseologie, die den theoretischen Status des Phraseologischen in der Sprache bisher noch nicht hinreichend geklärt habe. Es gibt einen breiten Bereich von Erscheinungen, deren linguistischer bzw. phraseologischer Status in der Phraseologie umstritten ist, die u.E. im Blick auf die Unterscheidung von Grammatik und Lexikon besonders kritisch zu bewerten sind. Dazu gehören etwa Kategorien wie ›Gemeinplatz‹, ›Stereotyp‹, ›Klischee‹ und auch das ›Sprichwort‹

4.3.2 Die Dominanz der grammatischen Perspektive

Fragen wir in einem ersten Schritt zunächst nach einigen Ursachen für die weiter oben bereits in einem Zitat festgestellte Dominanz der ›grammatischen‹ Perspektive auf die Kompetenz. In einem zweiten Schritt wollen wir dann auf Probleme des zugrunde liegenden Sprachbegriffs eingehen, wie sie sich am Phänomenbereich idiomatisch geprägten Sprachmaterials zeigen. Im folgenden stützen wir die Erörterung auf eine Reihe von Zitaten, die vor allem aus dem Kontext der generativen Grammatik stammen; es wird aber hier keine Darstellung oder Kritik eigens dieser Position angestrebt, sondern es sollen lediglich im Blick auf unser spezielles Frageinteresse einige Prämissen diskutiert werden, die zumindest implizit auch der generativen Grammatik zugrunde liegen.[45] Es wird dafür bewußt auf einführende Texte zurückgegriffen, da in ihnen das paradigmatische ›Design‹ dieser Sprachauffassung stärker herausgestellt wird als in Texten, die theorie-

---

(vgl. Feilke i. V.). Die Phraseologie tendiert hier im allgemeinen dazu, solche Formen – weil frei bild*bar* – aus der Phraseologie i. e. S. auszuschließen (vgl. in diesem Sinne etwa die Behandlung der entsprechenden Phänomene bei Burger et al. 1982).

45 Vgl. hierzu zu den Versionen der GTG bis zu Beginn der 70er Jahre die Kritik von Coseriu (1975b), vor allem S. 74 ff. und Coseriu (1988a, S. 38 ff., 195 f., 239 ff.). Vgl. kritisch aus psycholinguistischer Perspektive Aitchison (1982), vor allem 151 ff. Ein wichtiger spezieller Kritikansatz zielt heute vor allem auf die in der generativen Grammatik nach wie vor vorrangig praktizierte Methode der Grammatikalitätsurteile. Hierzu einschlägig sind: Spencer (1973); Greenbaum (1976); Carroll/Bever/Pollack (1981); Nagata (1987). Die bereits früh in den siebziger Jahren von der Idiomatik her gegen die GTG argumentierenden Ansätze von Chafe (1968) und Fraser (1970) sind für unsere Argumentation hier nicht zentral, da sie argumentativ noch weitgehend innerhalb des generativen Paradigmas verbleiben, indem Idiomatisierung syntaktisch als ein ›Einfrieren‹ und semantisch ausschließlich als postsemantischer Prozeß beschrieben wird, wodurch die idiomatische Kompetenz gewissermaßen zu einer nachrangigen, ›uneigentlichen‹ Form der Kompetenz wird (vgl. zur Einfriermetaphorik auch die kritische Anmerkung am Ende von Kap. 3.2 dieses Teils).

technische Details abarbeiten. Eine ganze Anzahl von Positionen dieses ›Designs‹ teilt die generative Grammatik aber u. E. durchaus auch mit Kategorialgrammatiken, von denen sie gemeinhin abgegrenzt wird. Ein Grund dafür, daß vor allem Zitate aus der generativen Grammatik angeführt werden, ist, daß in Publikationen dieser Richtung ein eigentümliches Schwanken zwischen einer theoretisch-operationalen Definition des Begriffs ›Sprache‹ als Gegenstand der generativen Linguistik und den Versuchen einer ›substantiellen‹ Definition von Sprache und Kompetenz schlechthin zu beobachten ist. Das Konzept ›Grammatik‹ bekommt dabei jeweils einen anderen Stellenwert: So heißt es beispielsweise in dem als ›Einführung‹ gekennzeichneten Band von Grewendorf et al. (1987):

»Daß der zentrale Begriff der Sprachwissenschaft der Begriff der Grammatik ist, heißt nicht, daß die Sprache sozusagen »auf die Grammatik reduziert« wird. Es heißt vielmehr – und zwar in methodologischer Bescheidenheit: Wie auch immer eine Sprache charakterisiert werden mag, der Begriff der Sprache ist zu komplex, als daß der Sprachwissenschaftler beanspruchen könnte, diese »Totalität« theoretisch in den Griff zu bekommen.« (Grewendorf et al. 1987, S. 25)

Nach diesem Zitat dient die Definition von ›Sprache‹ über Grammatik der Konstruktion eines *theoretischen* Gegenstandes, den man ›im Griff‹ haben möchte. Es wird keine Nominaldefinition, sondern eine operationale Definition vorgeschlagen, nach der unter ›Sprache‹ *Sprache unter dem Gesichtspunkt der generativen Grammatiktheorie* verstanden werden soll. Es wird nicht beansprucht, auf diese Art und Weise den Umfang der nichtgrammatischen sprachlichen Kompetenz modellieren zu können, und es wird vor allem nicht beansprucht, etwas über die praktische, kommunikative Geltung der so definierten ›Sprache‹ bzw. Kompetenz aussagen zu können. Ganz anders sieht dies bereits im folgenden Zitat aus, das Fanselow/Felix (1987) entnommen ist. Sie schreiben in einem ebenfalls als Einführung deklarierten Band:

»(...) das, was Sprache ausmacht, ist nicht, *daß* man mit ihr kommunizieren kann, sondern über welchen Strukturmechanismus man mit ihr kommunizieren kann.« (Fanselow/Felix 1987, S. 69)

Auf den ersten Blick erscheint das Zitat sehr vernünftig, denn wir kommunizieren bekanntlich etwa auch über ›Blicke‹, und es erscheint – jedenfalls für eine wissenschaftlich praktikable Definition von Sprache – zunächst nicht sinnvoll, alle *kommunikativ* relevanten Aspekte des Verhaltens in den Begriff ›Sprache‹ mit hineinzunehmen. Auf den zweiten Blick aber wird deutlich, daß in dieser Äußerung eine sehr starke Prämisse steckt, die besagt, *daß man* mit Sprache *über einen grammatischen Strukturmechanismus kommuniziert.* Nun ist die Präposition ›über‹ ausgesprochen mehrdeutig und nicht leicht zu interpretieren. Aber wenn man den Autoren weder unterstellen will, daß sie hier bewußt unscharf formuliert haben, noch, daß sie meinen, der ›grammatische Strukturmechanismus‹ komme *irgendwie* in der Kommunikation vor, so muß man annehmen, daß nach ihrer Auffassung das *sprachlich Relevante* an Kommunikation generell und primär der grammatische Strukturmechanismus ist. Zwischen der reflexivlinguistischen grammatischen Strukturier*barkeit* von Äußerungen und ihrer aktuellen Strukturier*theit* wird begrifflich nicht unterschieden. Ohne den grammatischen Strukturmechanismus und dessen aktive Beteiligung im Sprechen wäre danach sprachliche Kommunikation nicht nur unter dem konstitutiven, sondern auch unter dem regulativen Aspekt nicht möglich. Die Problematik der impliziten Prämisse der obigen Feststellung wird deutlich, wenn in der zitierten Aussage das Verb ›kommunizieren‹ durch speziellere Umschreibungen ersetzt wird: z. B. ›Das Entscheidende an Sprache ist nicht, daß man [mit ihr rufen/ sich mit ihr versprechen/mit ihr manipulieren etc.] kann, sondern über welchen Strukturmechanismus man [mit ihr rufen/ sich mit ihr versprechen/ mit ihr manipulieren etc.] kann‹. Das Problem ist augenscheinlich: Man *ruft* nicht mit Sprache *über* einen grammatischen Strukturmechanismus, ebensowenig, wie man mit Sprache *über* einen solchen Mechanismus jemanden *manipuliert*. Was das Rufen als Rufen, das Manipulieren als Manipulieren auszeichnet, hat mit dem grammatisch-technischen Aspekt der Tätigkeit primär nichts zu tun. Die *mögliche Beteiligung* des grammatischen Strukturmechanismus *an* der Tätigkeit darf nicht schlechthin als *notwendiger Beitrag zur Funktion* dieser Tätigkeit gewertet werden, wie Fanselow/Felix es im obigen Zitat implizit tun.

Dies ist u. E. deutlich eine reduktionistische Position, in der versucht wird, eine Gegenstandskonstruktion, die Grewendorf et al. oben als methodologisch motiviert ausgewiesen haben, substantiell – also vom Gegenstand und seiner Funktion her – zu legitimieren.

Nun ist die Theoriestrategie der generativen Grammatik heute so konzipiert, daß man ihr solche Vorhaltungen in der Regel nicht mehr machen kann,[46] und auch Fanselow/Felix schwanken beständig zwischen methodischer Selbstbescheidung und einer substantialistischen Interpretation der eigenen methodischen Prämissen im Blick auf die Kompetenz.[47] Auch die bei Fanselow/Felix breiten Raum einnehmende Diskussion der sogenannten Modularitätshypothese dient eher geradezu dem Zweck, die Erörterung des grammatischen Strukturmechanismus von externen Funktionen abzukoppeln. Das Beispiel läßt jedoch deutlich werden, daß es einen starken theorieimmanenten Zug zu einer Verabsolutierung des Stellenwertes des grammatischen Regelsystems in der sprachlichen Kompetenz gibt. Dieser Tendenz ist auch der ursprüngliche Sprachbegriff Chomskys selbst zum Opfer gefallen. So hieß es noch bei Chomsky (1975/77):

»Eine Grammatik ist eine Theorie einer bestimmten Sprache, die die formalen und semantischen Eigenschaften einer unendlichen Folge von Sätzen spezifiziert. Diese Sätze, jeder mit seiner besonderen Struktur, machen die durch die Grammatik erzeugte Sprache aus.« (Chomsky 1975/77, S. 22)

Grammatik wird hier noch aufgefaßt als Spezifizierung von Eigenschaften einer bestimmten Sprache, also Einzelsprache. Auch

---

46 Dies leistet in der Hauptsache die sogenannte Modularitätshypothese, die von verschiedenen, relativ autonomen und nicht aufeinander reduzierbaren Subsystemen der Kompetenz ausgeht.
47 Vgl. etwa ebd. S. 18; danach »(...) ist das Ziel der generativen Linguistik im strengen Sinne die Grammatiktheorie und nicht die Sprachtheorie«. Vgl. ebenso S. 54: »Es gibt nun keinerlei zwingende Gründe für die Annahme, daß eine in diesem Sinne optimale Grammatik auch tatsächlich die in unserer Kognition verankerte ist. ... wir können nicht einfach annehmen, daß die Evolution und die menschliche Biologie nach den gleichen Kriterien arbeiten wie der Linguist.«

die semantischen Eigenschaften von Sätzen dieser Sprache sollen hier noch grammatisch mitspezifiziert werden, also auf Grund der Grammatik prädiktabel sein. Gegenstand der Untersuchung ist das sich auf Sätze einer Sprache beziehende Wissen von Sprechern. Die in dieser Sprache möglichen Sätze und die Intuitionen der Sprecher darüber sind der Prüfstein der Theorie. In der neueren Diskussion kehrt sich dieses Verhältnis gewissermaßen um. Unter Berufung auf Chomsky (1980) argumentieren Fanselow/Felix (1987) wie folgt: Da die Satzmenge einer Sprache potentiell unendlich sei, könne sich das Konventions-Wissen der Sprecher nicht auf die Sprache als solche beziehen, sondern nur auf den sie produzierenden generativen Mechanismus. So stellen sie fest,

»(...) daß die Sätze einer natürlichen Sprache aufgrund der Unendlichkeitsproblematik *allein* durch das sie spezifizierende Regelsystem, sprich: die Grammatik, existieren.« (Fanselow/Felix 1987, S. 59; Herv. H. F.)

Wird auf diese Art und Weise der Begriff der Sprache operational und rekursiv über den Begriff der Grammatik als generatives Regelsystem definiert, so stellt es praktisch kein Problem mehr dar, daß in der Menge der *empirisch* geäußerten Sätze und ihrer Repräsentationen bzw. in der Menge der dem Forscher zur Verfügung stehenden Grammatikalitätsurteile solche sind, die die Grammatik nicht spezifiziert, und daß von der Menge der grammatisch spezifizier*baren* bzw. erzeug*baren* Sätze nur ein Bruchteil in der Menge der geäußerten Sätze auftaucht. Für Chomsky selbst ist dies allerdings lediglich eine zwangsläufige Folge der empirischen Unterbestimmtheit jeder Theorie.

Praktisch aber muß in einer solchen Konzeption alles, was nicht über das Regelsystem in seiner Bedeutung spezifizierbar ist, zu einer theoretischen Restkategorie werden. Dies ist in der Linguistik mit dem lexikalischen Aspekt geschehen und hat bereits lange vor der generativen Theorie begonnen. Pawley (1986, S. 99) zitiert bereits Bloomfield mit der Definition: »The lexicon is really an appendix of the grammar, a list of basic irregularities«[48] und stellt selbst dazu fest:

48 Bloomfield (1933): Language. New York: S. 274.

»The lexicon is viewed as a *component* of the grammar. Sometimes called an appendage, nowadays often called central, the lexical component is nevertheless complementary to the general, productive rules of syntax.« (Pawley 1986, S. 99; Herv. H. F.)

4.3.3 *Präferenzen des Verstehens: Der blinde Fleck grammatisch dominierter Kompetenzbegriffe*

Im Sinne der hier von Pawley – allerdings in kritischer Absicht – referierten Position beschreibt auch Manfred Bierwisch (1987) das Verhältnis von grammatischen Regeln und Lexikon, wenn er feststellt:

»Die Regeln von G [=Grammatik; H.F.] *determinieren* für beliebige Äußerungen deren mentale Repräsentation, ... Die Menge der Repräsentationen ist nicht begrenzt, formal muß G deshalb ein rekursives Regelsystem sein. ... Regeln und Repräsentationen beziehen sich jeweils auf bestimmte Grundelemente – syntaktische Kategorien, phonetische Merkmale, morphologische Formative, semantische Komponenten –, die innerhalb der Sprachkenntnis nicht weiter strukturiert sind, also als Inventar vorgegeben sein müssen.« (Bierwisch 1987, S. 648; Herv. H.F.)

Nach dieser Auffassung sind die mentalen Repräsentationen von Äußerungen – aufgefaßt als Ensemble ihrer phonetischen, morphosyntaktischen und Bedeutungseigenschaften (vgl. Bierwisch ebd. 654) – *restfrei* auf der Grundlage der grammatischen Regeln und der angegebenen *nicht weiter strukturierten* Elemente vorhersagbar. Außer von diesem *sprachlichen* Kenntnissystem wird die aktuelle Äußerungsbedeutung nach Bierwisch noch von zwei weiteren relativ eigenständigen Wissenssystemen beeinflußt. Dies sind
- »die begrifflich strukturierte Umwelterfahrung« (ebd. 654) – also *das Weltwissen* –
- und *das Interaktionswissen*, das für die jeweilige mentale Repräsentation erst einen aktuellen »Interaktions*sinn*« (ebd. 655) vermittelt.

Die Äußerungsbedeutung als *sprachliche* Bedeutung aber ergibt sich nach dem im Zitat angeführten reduktionistischen Kreativitätsmuster, wobei nach Bierwischs Auffassung die sprachliche Repräsentation zum Äußerungssinn ungefähr so steht wie die Motorik eines Händedrucks zu seiner sozialen Bedeutung (vgl. Bierwisch 1987, S. 653). Bierwisch diskutiert zur Veranschaulichung des vorgestellten Konzeptes ein Beispiel, auf das wir hier nur kurz eingehen, später in diesem Kapitel aber noch einmal ausführlich zurückkommen. Der von ihm gewählte Beispielsatz lautet (vgl. ebd. 654):

»Hier ist der Berliner Rundfunk.«

Bierwisch wählt diesen Beispielsatz als Beleg für seine These, daß begriffliche Interpretation und Interaktionssinn einerseits und sprachliche Repräsentation andererseits sorgfältig zu trennen seien. Demgegenüber werden wir diesen Satz später als Beispiel zur Verdeutlichung der unmittelbar entgegengesetzten Position anführen, indem an ihm gezeigt werden soll, daß *genau eine* der möglichen Interpretationen in der linguistischen Common sense-Kompetenz präferiert ist.

Der gleichen sprachlichen Repräsentation – so führt Bierwisch zu diesem Satz aus – komme jeweils eine andere begriffliche Interpretation und ein anderer Interaktionssinn zu, wenn folgende Kontexte und kommunikative Funktionen unterstellt werden (vgl. Bierwisch 1987, S. 654/655):

Kontexte:
(a) Der Sprecher zeigt auf ein Gebäude.
(b) Der Sprecher zeigt auf eine Stelle im Stadtplan.
(c) Der Sprecher spricht in ein Mikrophon des Berliner Rundfunks.

Kommunikative Funktionen (hier bezogen auf Kontext a):
(a) Der Sprecher ist mit dem Adressaten auf einem Spaziergang.
(b) Ein Taxifahrer gibt einem Kunden das [erreichte] Ziel einer Fahrt an.
(c) Der Sprecher verabschiedet sich von seinem Begleiter.

Manfred Bierwisch argumentiert hier nach einem bekannten Muster: Ausgehend von einer ›normalen‹ sprachlichen Äußerung werden verschiedene Kontexte und Funktionen angeführt, im Blick auf die diese Äußerung *idiomatisch möglich* ist. Dabei bleibt die Äußerung in ihrer sprachlichen Struktur scheinbar substantiell unverändert.[49] Dieser sprachlichen *grammatischen Substanz* gegenüber erscheinen kontextuelle Verweisleistungen und kommunikative Funktionen zunächst im Prinzip beliebig variierbar, vermehrbar, kurz: linguistisch akzidentiell. Der sprachliche Bedeutungsbeitrag zur Äußerung ist damit reduziert auf die ausgesprochen abstrakten Grundelemente der syntaktischen Konstruktionsbedeutung, wie sie sich ergibt aus der Funktionsbedeutung morphosyntaktischer Merkmale, der Stellung von Konstituenten und eventuell noch dem Akzent einerseits, sowie der abstrakten literalen Bedeutung der beteiligten Morpheme und Lexeme andererseits.[50] Dieser Auffassung liegt unseres Erachtens allerdings eine Problemwahrnehmung zugrunde, bei der die Prämissen einer rein grammatisch interessierten Konstruktion der Kompetenz sich als ›blinder Fleck‹ auswirken.

Sprachlich i. e. S. *ohne Bedeutung* ist danach für Bierwisch,
- ob der Ausdruck ›Berliner Rundfunk‹ ein Gebäude, eine Institution oder einen Sender bezeichnet (alle Varianten erscheinen für Bierwisch sprachlich *gleich möglich*),
- ob der Ausdruck ›Hier‹ sozusagen von der ›Ich-Hier-Jetzt-Origo‹ eines empraktisch eingebundenen und für Sprecher und Hörer koexistenten Zeigfeldes aus zu interpretieren ist (wie etwa bei der gemeinsamen Orientierung auf einer Karte oder an

---

49 Die Problematik dieser weit verbreiteten Argumentationsweise formuliert Robert Wilensky (1989), wenn er schreibt: »The mistake is to assume that, because we heard a sentence in isolation ..., we are computing a meaning based only on linguistic knowledge.« (Wilensky 1989, S. 170)
50 In der sogenannten ›Government and Binding‹-Theorie (Chomsky 1981), wird davon ausgegangen, daß die syntaktisch strukturellen Zusammenhänge einer Repräsentation vom jeweiligen lexikalischen Kopf einer Phrase aus auf die gesamte Phrase projiziert werden und so gewissermaßen eine Verlängerung lexikalischer Information in die syntaktische Struktur darstellen, wobei allerdings klar ist, daß die Projektionspotenz auf grammatischen Strukturoptionen fußt und nicht etwa genuin lexikalischer Natur ist (vgl. Fanselow/Felix (1987); Bierwisch ebd. 661 ff.).

einem Ort), oder aber die Position eines Sprechers *gegenüber* einem Publikum markiert (wie bei einem Rundfunksprecher oder auch dem bekannten Luther-Zitat),
- ob syntagmatisch das ›Hier‹ topikalisiert ist wie im angeführten Beispiel oder aber nachgestellt wird,
- ob seine distributiven Eigenschaften mit dem Kontext variieren, es also kontextuell konventionelle Positionen gibt, und schließlich auch,
- ob paradigmatisch der Ausdruck ›Hier‹ oder ›Hier ist‹ im Blick auf die verschiedenen unterstellten Kontexte und Funktionen jeweils äquivalent durch andere Elemente substituierbar ist oder ob hier je nach Kontext etwas anderes einzusetzen bzw. einsetz*bar* wäre.

Diese Punkte, auf die wir weiter unten in der Diskussion wieder zurückkommen, spielen für Bierwisch *sprachlich* keine Rolle. Die Kenntnis der entsprechenden Unterschiede – respektive Ausdrucksoptionen – ist für ihn *kein sprachliches Wissen*. Sprachlich ist danach allein der syntaktisch-semantische Funktionswert von Einheiten, deren Distribution sich eben aus dieser Wertigkeit notwendig ergibt. Die Gesamtbedeutung des Ausdrucks wird dabei *kompositionell* aufkonstruiert gemäß dem sogenannten ›Frege-Prinzip‹ oder ›Kompositionalitätsprinzip‹ der Satzbedeutung. Was Gerhard Helbig (1988/1990) im folgenden Zitat für Kategorialgrammatiken wie etwa die Montague-Grammatik feststellt, gilt in diesem Sinne auch für den hier von Bierwisch vertretenen Ansatz.[51]

»Es wird das Fregesche Prinzip der semantischen Kompositionalität übernommen, nach dem sich die Bedeutung (=Wahrheitswert) eines Satzes kompositionell zusammensetzt aus den Bedeutungen (Extensionen) seiner Bestandteile, ebenso wie sich der Sinn (=Proposition) zusammensetzt aus den Sinnbeiträgen (Intensionen) seiner Bestandteile. *Auf diese Weise stellen die Bedeutungen der Ausdrücke kontextunabhängige semantische Blöcke dar, die im Nebeneinander die Gesamtbedeutung eines Satzes ausmachen.*« (Helbig 1988/90, S. 133; Herv. H. F.)

51 Vgl. zur Bedeutung des Kompositionalitätsprinzips und dem theoretischen Stellenwert seiner Kritik für die Idiomatik vor allem die Beiträge von Florian Coulmas (1981a, 1981b, 1982, 1985a).

Entsprechend diesem Prinzip gibt es logischerweise *sprachlich* im Normalfall nur eine Lesart, *eine Bedeutung* für den oben von Bierwisch angeführten Beispielsatz. Danach mögen zwar oberflächlich für manche Sätze syntaktische Ambiguitäten existieren, diese weisen aber dann in ihrer Darstellung als sprachliche Bedeutungs*repräsentationen* auch unterschiedliche Strukturen auf. Ich verzichte darauf, hier eins der zahlreichen bekannten Beispiele anzuführen, die dafür in der Linguistik immer wieder zitiert werden (vgl. z. B. Winograd 1985, S. 52). Ein Äquivalent zur Polysemie im lexikalischen Bereich aber gibt es in dieser Auffassung auf der syntaktischen Ebene ganzer Phrasen oder Ausdrücke nicht. Bedeutungsunterschiede verdanken sich allein kontextueller Variation oder lassen sich auf ein oder mehrere polyseme Lexeme zurückführen, was aber wiederum im Blick auf sprachliche Struktur bzw. Kompetenz ein epiphänomenales Faktum ist. Etwas *so oder so* zu verstehen, oder gar, einen der möglichen Kontexte beim Verstehen *bevorzugt* zu konstruieren, kann in dieser Sicht nicht eine Angelegenheit sprachlicher Kenntnis sein. Weiter unten werden wir am Beispiel des angeführten Satzes zeigen, daß diese Position linguistisch problematisch ist.

Um die Abgrenzung der sprachlichen Bedeutungsrepräsentation gegenüber den begrifflichen und situativ-funktionalen Bedeutungsbeiträgen sicherzustellen, wird in der Regel ein eigenes abstraktes Bedeutungsformat angenommen, eine ›literale Ausdrucksbedeutung‹, für die ein sogenannter ›Null-Kontext‹ unterstellt wird. Dieser Null-Kontext zeichnet sich dadurch aus, daß variierende Bezeichnungszusammenhänge und intentionale Bedeutungsfaktoren wie Ironie, Metaphorik etc. für die Bedeutungsbeschreibung zunächst ausgeblendet werden, so wie es Bierwisch im oben angeführten Beispiel vorführt. Beide Konzepte, ebenso wie das oben bereits erwähnte Kompositionalitätsprinzip, erscheinen zwar im Rahmen der Theoriestrategie eines generativ-grammatischen Sprachverständnisses notwendig, sie sind aber empirisch ausgesprochen problembehaftet. Das Hauptproblem besteht dabei darin, daß die *Beziehung* zwischen der sprachlichen Ausdrucksstruktur und dem bezeichneten Kontext bzw. zur Interpretation heranzuziehenden Schema oder Hintergrundmodell nicht als kompetenzrelevant angesehen wird. Eine ganze Anzahl sprachtheoretischer und auch psycholinguistischer Untersuchungen hat nun aufgezeigt, daß genau diese Beziehung nicht beliebig variabel, sondern durch geordnete Präferenzstrukturen gekennzeichnet ist, die über sprachliche Ausdrucksmerkmale vermittelt sind.[52] Diese Merkmale sind dabei ihrerseits unter dem Gesichtspunkt der Selektion und Kombination von Ausdruckskomponenten als Präferenzen beschreibbar. An dieser Stelle können wir leider nur in einem Absatz auf einige Resultate und Konsequenzen aus diesen Untersuchungen eingehen und müssen uns im übrigen auf die Veranschaulichung an einigen Beispielen beschränken, die aber vielleicht, wie wir hoffen, für sich sprechen können.

Im folgenden befassen wir uns zunächst mit dem Problem satzsemantischer Interpretation und der dafür auch bei Bierwisch implizit zugrunde gelegten Begrifflichkeit. Hier wird sich zeigen, daß es problematisch ist, sich für die Ermittlung der sprachlichen Bedeutung eines Satzes oder einer Phrase ausschließlich auf das Konzept einer abstrakt literalen Bedeutung zu stützen. Der darauf folgende Argumentationsabschnitt wird dann am Beispiel des angeführten Bierwisch-Satzes versuchen, die zuvor entwickelten

---

[52] Hier ist vor allem auf die Untersuchungen von Raymond W. Gibbs, JR. hinzuweisen, der nun seit fast 10 Jahren psycholinguistisch immer wieder eindrucksvoll belegt, daß das linguistische Konstrukt einer literalen Grund-Bedeutung – etwa bezogen auf (nichtliterale) metaphorische und nichtmetaphorische (literale) Ausdrücke – in psycholinguistischen Daten keine Entsprechung findet. Im Gegenteil, jede Äußerung – ob figurativ oder nicht – wird zunächst ohne die Konstruktion einer ›wörtlichen‹ Bedeutung verstanden. Die Interpretation der Äußerung erfolgt dabei vor einem jeweils nahezu fraglos unterstellten Hintergrund des Verstehens »as if we heard the very thougts themselves« (Berkeley cit. nach Grace 1987, S. 130). Verarbeitungsunterschiede werden primär vom *Grad der Konventionalisierung* der Beziehung zwischen Äußerung und Kontext/Schema sowie dem Grad der sprachlichen Konventionalität der Äußerung selbst bestimmt (vgl. Gibbs 1984, 1985, 1986, 1989; Gibbs et al. 1989). Vgl. ebenso den Überblick von Schweigert/Moates 1987, in dem drei Verstehensmodelle voneinander abgegrenzt werden. Für die sprachphilosophische Thematisierung vgl. z. B. Searle (1982/1990, S. 139 ff.).

semantischen Argumente für das Konzept ›idiomatischer Prägung‹ auch durch ausdrucksseitige Argumente abzustützen.

Robert Wilensky (1987 u. 1989), ein auch in Europa bekanntgewordener amerikanischer Computerlinguist, nähert sich dem Problem satzsemantischer Bedeutungsbeschreibungen von den Versuchen der Modellierung und maschinellen Implementation einer natürlichsprachlichen Kompetenz her. Unabhängig von der Beurteilung der Chancen[53] und auch der gesellschaftlichen Konsequenzen solcher Vorhaben, hat das diesen Ansätzen zugrunde liegende Prinzip der *Erklärung durch Simulation* gegenüber rein theoretischen Konstruktionen und Herleitungen durch seinen pragmatischen Ansatz einen Vorteil, den Kanngießer (1984) knapp so beschreibt: »Erklärbarkeit impliziert nicht Konstruierbarkeit, wohl aber impliziert Konstruierbarkeit Erklärbarkeit.« (ebd. 41) Dies bedeutet praktisch vor allem, daß es für den Computerlinguisten kein Problem darstellt, wenn die konstruktiven Fähigkeiten seines Modells zu Lasten der theoretischen Eleganz gehen.[54] Er kann deshalb durchaus etwa auch Bedeutungs- und Ausdrucksformate annehmen, die mit der ›Einfachheit‹ theoretischer Prämissen zunächst unverträglich sind. Wenn das Programm auf dieser Grundlage ›läuft‹, muß der determinierende

---

53 Vgl. hierzu die kritische Position von Searle (1986), ebenso die von Winograd (1985), Winograd/Flores (1989) sowie die technizistische, aber m. E. auch entmystifizierende u. stringente Argumentation von Kanngießer (1984). Sehr abgewogen argumentiert m. E. Gardner (1985/1989, S. 153-196 u. 398 ff.).
54 So definiert z. B. Rothkegel (1989) für die Zwecke maschineller Übersetzung gegenüber den nicht-kompositionellen ›idioms‹ i. e. S. u. a. auch eine eigene Gruppe ›polylexikaler Ausdrücke‹, die ›strikt kompositionell‹ sind, aber zugleich ›streng fixierte *Präferenzen* für bestimmte lexikalische Kombinationen‹ (vgl. ebd. 17) aufweisen (= Kollokationen). Die dadurch erzeugte ›Redundanz‹ im Lexikon ist zwar für den syntaktischen Theoretiker, den die Analyse des grammatischen Beitrags zur Bedeutung interessiert, ›überflüssig‹, nicht aber für den auch an der idiomatischen *Produktion* interessierten Praktiker. Dieser nimmt sie gerne in Kauf, wenn dadurch das praktische Problem einer Lösung näher gebracht werden kann.

theoretische Plan geändert werden.[55] Das Ökonomie- und Kostenargument ›processing is cheap while storage is costly‹ (vgl. Henderson 1988) hat immer nur relativ zum *Sinn* einer sprachbezogenen Operation Gewicht, was auch für die linguistische Methodik gilt. Wenn es sinnvoll ist, kann man sich hier den Speicher ruhig ›etwas kosten lassen‹. Diesem Ansatz folgt auch Robert Wilensky (1989), wenn er – im Unterschied zu Bierwisch – vorschlägt, statt zwei nunmehr *drei* Ebenen der Konstituierung von Bedeutung anzunehmen: *primal content, ordinary content* und *actual content.*[56] Wilenskys Unterscheidungen stellen den Versuch dar, auf satzsemantischer Ebene bzw. auf der Ebene von Phrasen analog zum Konzept der Prototypensemantik und der sogenannten ›natürlichen‹ Kategorisierung in der Semantik eine *Typik* der Interpretation anzunehmen.

55 Dies ist eine evolutionär-pragmatische Theoriestrategie i. S. von Oeser (1976). Sie ist vom rationalistischen Ansatz z. B. der generativen Grammatik abzugrenzen, die ihre Dynamik vor allem aus dem Ziel einer Optimierung der theoretischen Eleganz bezieht, nachdem der Anspruch auf psychologische Realität weitgehend aufgegeben worden ist. Dies hat in der GT vor allem dazu geführt, daß der Aufwand an (einzelsprachlich spezifischen) Transformationsregeln minimiert worden ist, wodurch man die rationalistisch konzipierte UG mit ihren Prinzipien und Parameteroptionen einerseits und die einzelsprachlichen lexikalischen Einträge für mögliche ›heads‹ mit ihren syntaktischen Projektionsmöglichkeiten andererseits erhalten hat. Für einen solchen Ansatz *kann* die Existenz von Kombinations- oder Interpretationspräferenzen gar nicht zum ›Problem‹ i. S. Chomskys werden (vgl. Chomsky 1975/77, S. 165). Er stößt nicht darauf. Dies gilt auch für eine ganze Reihe anderer Konzepte, die im Kontext eines rationalistischen Ansatzes nicht etwa falsch oder unwahr, sondern theoretisch ohne Belang oder schlicht sinnlos sind, z. B. ›*negative Evidenz*‹ (vgl. z. B. Chomsky ebd. 26/27; vgl. hierzu auch weiter oben Teil I, Kap. 5.4), ›*Analogie*‹ (vgl. Chomsky ebd. 170), ›*Wahrscheinlichkeit*‹ (vgl. Chomsky ebd. 230) u. a. m.
56 Dabei umfaßt der Ausdruck ›content‹ – so Wilensky – in keinem der Fälle ›conversational pragmatics‹ (= rhetorical devices, z. B. Ironie etc.; vgl. ebd. 171); pragmatisch möchte er lediglich eine abstrakte ›illocutionary force indication‹ (z. B. deklarativ, interrogativ etc., vgl. ebd.) dazu zählen.

– Der ›*primal content*‹ auf der einen Seite tritt dabei nun als abstraktes linguistisches Bedeutungsformat an die Stelle des traditionellen Konzepts der sogenannten ›literalen Bedeutung‹, allerdings ohne irgendeinen psychologischen Status etwa i. S. einer unmarkierten ›eigentlichen‹ Bedeutung (vgl. ebd. 185/186). Er gilt Wilensky lediglich als logisch, nicht aber als psychologisch primär (vgl. ebd. 170).
– Der ›*actual content*‹ andererseits entspricht der aktuellen begrifflichen und situativ-intentionalen Interpretation des Ausdrucks, »(...) which refers to the *specific meanings* speakers encode into utterances and extract out of utterances, generally *making liberal use of everything they know.*« (ebd. 185; Herv. H. F.). Im actual content treten bei der Interpretation Kontextfaktoren und Weltwissen mit der grammatisch strukturierten logischen Form des primal content zusammen.
– Der ›*ordinary content*‹ schließlich ist eine vermittelnde Zwischengröße, die aber, und das ist der entscheidende Punkt, in der idiomatischen Kompetenz die *unmarkierte* und d. h. die typische Variante darstellt. Dabei *können* ordinary content und actual content zusammenfallen, wenn für Sprecher/Hörer typische Kontexte gegeben sind. In jedem Fall aber ist eine Interpretation des Ausdrucks durch einen »*sensible speaker/hearer*« erforderlich (vgl. ebd. 172 ff.).

Wilensky entfaltet seine Argumentation am Beispiel eines Satzes, über dessen Geschichte in der besonderen Gattung linguistischer Beispielsätze es sich fast lohnen würde, eine eigene Abhandlung zu schreiben: ›The cat is on the mat‹.[57] Unter vielen anderen befassen sich auch John Lyons (1980) und John R. Searle (1982/1990) mit dieser alten »philosophischen Kamelle«, wie

[57] Vgl. z. B. die ausführliche Diskussion des Satzes bei Searle 1979 (1982/1990, S. 139 ff.), die eine ganz andere Intention verfolgt als etwa die bei Lyons (1980, S. 247 ff.), der das Beispiel für eine strukturalistisch bestimmte Argumentation nutzt. Searles Position wird aufgegriffen und aus der Sicht eines grammatisch bestimmten Kompetenzbegriffs kritisiert von Katz (1981). Die Auslegung bei Wilensky (1989) und auch seine Kritik an Searle wiederum ist mit keiner der anderen zur Deckung zu bringen.

Searle selbst formuliert (ebd. 143). Ihre Interpretationen seien deshalb kurz charakterisiert, um die Position Wilenskys besser verdeutlichen zu können. Dabei wird auf Searles Position im Sinne einer solchen Abgrenzung der verschiedenen Sichtweisen etwas ausführlicher einzugehen sein.
Lyons (1980, S. 247 ff.) benutzt den Satz, um zu zeigen, daß bei einer Übersetzung dieses Satzes in eine andere Sprache die jeweilige Denotation von Wortbedeutungen im Satz von der einzelsprachlichen semantischen Struktur bestimmt ist, weshalb er die Beispielvariante ›The cat *sat* on the mat‹ wählt, um nebenbei darauf hinzuweisen, daß im Englischen das Verb ›to sit‹ semantisch polysem sei. Dies läßt sich unter anderem dahingehend präzisieren, daß ›to sit‹ den durativen und punktuellen semantischen Aspekt vereinigt, während im Deutschen der Ausdruck ›sitzen‹ eine spezifischere Bedeutung hat, was vor allem darauf zurückgeht, daß hier das transitive ›setzen^{akk}‹ mit punktuellem Aspekt und intransitives ›sitzen‹ mit durativem Aspekt noch einmal eine Opposition bilden. Demgegenüber bleibt im Englischen dieser Unterschied phonematisch und morphosyntaktisch unmarkiert. Der für Lyons herausragende Einfluß der paradigmatischen semantischen Strukturierung wird dann von ihm auch für ›mat‹ und ›cat‹ aufgezeigt, wobei jeweils die Paradigmata anders als im Deutschen strukturiert sind. Die Ausdrucksbedeutung des Satzes wird nach dieser Auffassung jeweils stark von den einzelsprachlich strukturierten Komponentenbedeutungen bestimmt. Die Bedeutung ist kompositionell, ein Null-Kontext aber läßt sich nach Lyons Darstellung bestenfalls für eine Einzelsprache formulieren.
Nur in Form einer Nebenbemerkung sei hier, diesen Absatz schließend, auf einen Aspekt des Problems hingewiesen, den Lyons in seiner kurzen Diskussion des Beispiels nicht anspricht: Die *Bezeichnungstoleranz*, d.h. das Spektrum der idiomatisch konventionellen Konzeptualisierungen mit ›to sit‹ ist im Englischen wesentlich größer, als es im Deutschen bei ›sitzen‹ der Fall ist. Während im Deutschen im normativ stabilisierten Kombinationsschema für ›sitzen‹ als Subjekt jeweils nur Ausdrücke für Tiere und Menschen vorkommen können, unterliegt ›to sit‹ als unmarkierte Positionsbezeichnung zwischen ›to stand‹ und ›to

lie‹ im Blick darauf keine Beschränkungen: ›to sit‹ kann auch von einem Radio, einer Schachtel oder einer Stadt gesagt werden, wenn es um die Bezeichnung der Lage geht (vgl. Lehrer 1989, S. 26 ff.). Die Normativität des Gebrauchs von ›to sit‹ *im Blick auf die Kombination* ist nicht so stark ausgeprägt wie die von ›sitzen‹ im Deutschen, wenngleich auch im Englischen hier durchaus Kombinations*präferenzen* im Sinne der Gebrauchsweise im Deutschen bestehen, wie der Blick in ein einsprachiges Wörterbuch und auf die dort verzeichneten Kollokationen belegen kann.
Ganz anders als Lyons nähert sich Searle (1982/90, S. 139 ff.) der Problematik. Ihn interessieren die einzelsprachlichen semantisch-paradigmatischen Strukturen nur am Rande. Statt dessen richtet er sein Augenmerk auf die referentielle Unterbestimmtheit der Satzsemantik, ein Faktum also, das für alle Sprachen gilt. Searle ist außerordentlich kreativ bei der Erfindung immer neuer Beispiele, die illustrieren sollen, daß jede Verwendung des Satzes Annahmen über einen speziellen Hintergrund bzw. Kontext des Verstehens voraussetzt, in dem der Satz sinnvoll ist bzw. in dem ihm ein Wahrheitswert zuordenbar ist. Auch er argumentiert gegen den ›Null-Kontext‹, möchte aber das Konzept der ›wörtlichen Bedeutung‹ nicht ganz unter den Tisch fallen lassen und es deshalb nur jeweils ›relativ zu Ausdrucks- bzw. Verstehens*intentionen*‹ gelten lassen. Unter den Bedingungen einer aufgehobenen Gravitation beispielsweise, etwa auf einer Weltraumexkursion, ist die *Bezeichnungstoleranz* des Ausdrucks ›auf der Matte‹ eine andere als unter erdtypischen Gravitationsbedingungen: Katzen könnten – in Searles Phantasie – etwa als Flugobjekte auf Matten durch das Universum rasen, wobei es für die Verwendung von ›auf‹ keinen Unterschied macht, ob sie – relativ zum Betrachter – mit dem Kopf nach unten oder nach oben fliegen, solange sie sich eben *auf der Matte* befinden (vgl. Searle ebd. 145). Diese Bezeichnungstoleranz aber ist nicht eine Angelegenheit ›durch den faktischen Kontext gegebener Zusatzinformationen‹ zur *eigentlichen* sprachlichen Bedeutung, sondern sie ist – wie übrigens bei seiner Metaphernkonzeption auch – für Searle abhängig von den *intentional* durch Sprecher und Hörer unterstellten bzw. unterstellbaren Kontexten. Der Hintergrund, dessen Wahrnehmung für Searle intentional strukturiert ist, gehört zur Semantik des Satzes

dazu. Nicht die Satzbedeutung legt danach die mögliche Referenz fest, sondern die Intentionalität unserer Wahrnehmung, die sich gewissermaßen in die Grammatik hinein verlängert (vgl. Searle ebd. 158/159).
Lyons' und Searles Interpretationen stehen – leicht erkennbar – hier wiederum für zwei bekannte Paradigmen in der Linguistik: strukturalistische Interpretation vs. Handlungstheorie. Lyons' Position soll hier nicht diskutiert werden; sie wird – wenn auch am Beispiel anderer Autoren – zum Thema in Kapitel 4.4 dieses Teils.[58]
Searles Position greift u. E. aus einigen kategorialen Gründen zu kurz bzw. positiv formuliert, sie geht kategorial über den Begriff der sprachlichen Kompetenz hinaus – *zu weit hinaus* für einen Beitrag zu diesem Begriff.[59] Das Problem der referentiellen semantischen Unterbestimmtheit des sprachlichen Ausdrucks ist für Searle ein Problem der unterstellbaren Kontexte und damit der *Intentionalität* (vgl. eindeutig dazu z. B. ebd. 146/147). So formuliert und für sich genommen, ist die Feststellung noch akzeptabel. Aber ist die Existenz von Unterbestimmtheit oder Bestimmtheit im Sprechen damit auch *erklärt*? Wohl kaum wird man sagen wollen, Intentionalität sei die *Ursache* referentieller semantischer Unterbestimmtheit im Sprechen, denn der Sprecher *intendiert* und meint doch in aller Regel etwas Bestimmtes, um nicht zu sagen ›Literales‹. Schlimmstenfalls könnte er intendieren, etwas Unbestimmtes *zu sagen*, was aber gerade die Bestimmtheit der Intention voraussetzt.[60] Intentionalität ist nach Searles eigener

58 Zu einer Auseinandersetzung mit einigen ›Altlasten‹ der strukturalistischen Semantik unter dem Aspekt der Common sense-Kompetenz vgl. Feilke (i. V.).
59 In diesem Sinne argumentiert – wenn auch mit anderer Zielrichtung – auch Katz (1981) in seiner Kritik an Searle.
60 Wilensky schlägt deshalb auch vor, die Konfusion um ›literal sentence meaning‹ darauf zurückzuführen, daß es meist mit dem *Gemeinten*, dem ›literal speaker meaning‹ verwechselt werde (vgl. Wilensky 1989, S. 170). Als Sprecher meinen wir, *auch zu sagen* bzw. überhaupt sagen zu können, was wir meinen, was aber eine Verkürzung der Problematik ist. Diese Alltagsmeinung hat sich in der Semantik im Konzept der ›literalen‹ Bedeutung niedergeschlagen.

Argumentation ebenso die Ursache für Bestimmtheit – etwa bei wechselseitig gleichsinnig unterstellten Kontexten –[61] wie für Unterbestimmtheit; damit kommt sie aber als Kandidat für die Erklärung der *Differenz* zwischen beiden nicht mehr in Frage. Statt auf eine solche anthropologische oder philosophische Kategorie zurückzugreifen, empfiehlt sich u. E. eher der Rückgriff auf eine sprachtheoretische Kategorie, z. B. den Begriff der *Arbitrarität* bzw. *relativen Motiviertheit*. Er wird im Kontext satzsemantischer Fragestellungen üblicherweise nicht benutzt, weil er (durch Saussure) auf die Beziehung zwischen signifiant und signifié beim ›einfachen‹ (Wort-)Zeichen festgelegt zu sein scheint. Im Blick auf den Zusammenhang von Sprache und Sprechen schlagen wir deshalb vor, von einer ›doppelten Arbitrarität‹ zu sprechen, wobei die erste Ebene der Arbitrarität die nicht-motivierte und konventionelle Beziehung zwischen signifiant und signifié im herkömmlichen Sinne betrifft, die zweite dagegen die ebenfalls lediglich *relativ* motivierte Beziehung zwischen dem grammatisch strukturierten Rede-Ausdruck und der jeweiligen *Bezeichnung* i. S. Saussures oder dem *thing meant* i. S. Gardiners: Man kann etwas so oder so sagen, und ein Rede-Ausdruck kann dies oder das bedeuten. Hier begegnet uns Searles Problem wieder, nun aber ganz anders gewendet: Nicht die Kontingenz der Intentionen oder etwa deren Ordnung und Gleichsinnigkeit beim Unterstellen von Kontexten ist die Ursache dafür, daß wir beim Hören eines Satzes mal dies, mal das oder aber etwas Bestimmtes *verstehen*, sondern zunächst einmal die das Verstehen strukturierende Leistung des Redeausdrucks, der mehr oder weniger konventionalisiert sein kann und dem Konventionalisierungen satzsemantischer Interpretationen korrespondieren können.

Bezogen auf unser Beispiel heißt dies: Wie und unter welchen Umständen die Katze wirklich oder fiktional auf der Matte liegt, sitzt oder *ist*, ist *linguistisch gesehen* relativ unbedeutend gegenüber der Tatsache, daß wir dies *sprachlich* – gleich welche Bezeichnung intendiert ist – zunächst einmal gar nicht fassen können. Genau dieser für das Sprechen konstitutive Bruch aber

---

61 Was u. E. bereits über den Begriff der Intentionalität hinausgeht, weil es die Konventionalisierung *eines Wissens* betrifft.

zwischen den sprachlich verfügbaren Konzepten und der angestrebten Konzeptualisierung – und nicht der zwischen den Intentionen verschiedener Akteure in verschiedenen Kontexten – bestimmt die Dynamik der Entwicklung des sprachlichen Wissens. Dieser auf die relative Motiviertheit, Willkürlichkeit oder Kontingenz des Sprechens rückführbare Bruch ist die Ursache dafür, daß es kommunikationstheoretisch sinnvoll ist, Ausdrücke im Hinblick auf die Bezeichnung mehr oder weniger konventionell ›abzuschließen‹.[62] So etabliert sich zugleich eine satzsemantische Typik der Interpretation.[63]

---

[62] Man vergleiche dazu als Beispiel etwa Kollokationen wie ›die Telephonnummer wählen‹ oder ›einen Film drehen‹, an denen gut ablesbar ist, wie der Ausdruck von der Bezeichnung her gewissermaßen ›semantisch aufgefüttert‹ worden ist und in dieser Interpretation konventionell geworden ist. In der traditionellen Terminologie semantischen Wandels sind dies Beispiele für Bedeutungs*erweiterung* und *-verschiebung.*

[63] Dieser Umstand führt mit Blick auf die natürliche Kompetenz zu einem interessanten Faktum, nämlich dazu, daß die SprecherInnen ihren Redeausdruck als *motiviert durch die Bezeichnung* (das Gemeinte, das Auszudrückende) interpretieren. Dies ist gewissermaßen eine ›phantastische‹ Umkehrung der ›eigentlichen‹ Verhältnisse, nach dem Muster: Ich *sage* ›Ich liebe Dich!‹, *weil* ich Dich doch liebe. Das Gemeinte scheint *gewiß*, der Ausdruck selbst *scheint natürlich*, und seine Konventionalität erscheint zunächst nicht als Problem. Im Common sense verbürgt die Bezeichnung auf diese Weise den *Sinn des Ausdrucks*. – Es gehört zu den strukturellen Charakteristika eines Common sense-Wissens, daß es dieses Phänomen nicht in Zusammenhang mit einem anderen, ebenso bekannten bringt, dem Umstand nämlich, daß umgekehrt ebensogut alltäglich die Charakteristika des Ausdrucks den *Sinn der Bezeichnung* verbürgen. So kann das Auszudrückende und Gemeinte durch die wiederholte, stereotype und konventionelle Form des Ausdrucks für den Hörer plötzlich kommunikativ *ungewiß* werden, und der Sprecher kann sich so sozial disqualifizieren: Jede formelhafte Erklärung eines Gefühls z. B. steht in dieser Gefahr. Erst als Stereotypik wird die Typik für den Common sense zu einem Problem. In diesem Sinne die Grenze zwischen Typik und Stereotypik zu wahren, bleibt auch für den idiomatisch kompetenten Sprecher ein Problem.

Dieser Kontext erlaubt eine Verdeutlichung der Argumentation Wilenskys für das Konzept des ›ordinary content‹. Von hier aus werden wir dann auf das oben angeführte Bierwisch-Beispiel zurückkommen; auch für dieses Beispiel müßte ein solcher ›ordinary content‹ feststellbar und begründbar sein. Bezogen auf das hier zunächst diskutierte Beispiel ›The cat is on the mat‹ nimmt Wilensky folgende Zuordnung von semantischen Paraphrasen des Satzes zu seinen oben angeführten ›content‹-Kategorien vor (vgl. ebd. 171-173).

Primal content: The cat is [somehow supported by] the mat.
Actual content: The cat is [sitting/fixed/lying/flying/etc.] on/upon the mat.
   Ordinary content: The cat is [lying] upon the mat.

Die Fähigkeit, einem Ausdruck auf der Grundlage von Weltwissen und Situation einen ›actual content‹ zuzuweisen, setzt – so Wilensky – einen »sensible speaker/hearer« (ebd. 172 f.) voraus. An anderer Stelle spricht er auch von einem »idealized normative language user« (ebd. 185). Dessen Verhaltensorientierung innerhalb der sprachlich möglichen Produktionen/Interpretationen erfolgt über einen pragmatisch konstituierten Common sense. Dieser umfaßt auch das kulturell relevante Weltwissen zur Interpretation von Ausdrücken, also etwa das Wissen darüber, wo sich in einer Kultur, in der Katzen als Haustiere gehalten werden, diese Tiere normalerweise aufhalten und was sie dort normalerweise tun. Was für das sensitive Verstehen festgestellt wird, gilt umgekehrt auch für die Textproduktion des ›sensible speaker‹: »He says those things which express his intentions, in accordance with the conventions and practices of his language group, which is assumed to be composed of other sensible speakers.« (ebd. 173)[64]
Was hier noch weitgehend empirisch unbestimmt bleibt und in der Gefahr steht, als Leerformel mißverstanden zu werden, muß u. E. weiter präzisiert werden, als Wilensky es in seinem programmatischen Aufsatz vorführt. Vor allem muß, was hier noch als

---

64 Wilensky zählt hierzu auch Intuitionen über die pragmatisch zuträgliche Einbettungstiefe von Phrasen, die Zahl von Gleichordnungen etc. Vgl. ebd.

subjektiv motivierte Sensibilität erscheint, auch als sozial geformt verstanden werden, und *die soziale Form dieser Sensibilität* muß in irgendeiner Weise im sprachlichen Wissen gestützt und also linguistisch *nachweisbar* sein. Zunächst jedoch noch zu Wilenskys Bestimmung des ›ordinary content‹, den er wie folgt definiert:

»We can define as the ordinary content of a sentence that actual content which a sensible speaker/hearer *would use that sentence to mean* in a particular context. Moreover, when a context is not specified, ›ordinary content‹ would be taken to mean *the actual content which the sensible speaker/hearer would attribute to a sentence when a context is not specified.*« (Wilensky 1989, S. 173; Herv. H. F.)

Die Hervorhebungen im Zitat sollen auf den für uns wesentlichen Punkt aufmerksam machen: Der ›ordinary content‹ ist die *ausdruckbezogene* Abstraktion und Verdichtung eines Kontextes zu einer Hintergrundtypik, auf die der Ausdruck dann auch *ohne spezifizierten* Kontext mitverweist. Er stellt auf der satzsemantischen Ebene die vom sensible speaker/hearer präferierte Ausdrucksinterpretation dar.[65] Wilensky selbst weist bereits – ohne allerdings darauf im Rahmen seiner semantischen Fragestellung näher einzugehen – auf die Tatsache hin, daß die Formierung eines ›ordinary content‹ grammatisch durch »strongly conventionalized linguistic forms« (ebd. 175) so stark gestützt werden könne, daß eine auf den ›primal content‹ zurückgehende kompositionelle Bedeutungskonstruktion erst gar nicht mehr vorgenommen werde. Das heißt, der sensible speaker/hearer verfügt *unmittelbar*

---

[65] Die für eine kompositionell bestimmte Satzsemantik vor allem zur Behandlung von Idiomen so wichtige Unterscheidung zwischen dem wörtlichen (literalen) und dem übertragenen Gebrauch von Komponenten spielt in dieser Konzeption nun nur noch eine Rolle innerhalb der jeweiligen ›content‹-Ebenen. Ein vielzitierter Satz wie ›John kikked the bucket‹ hat für Wilensky zwei kontextfreie Lesarten, ›two primal contents‹ (ebd. 174), also eine, die sich auf ›kicking‹ und eine, die sich auf ›dying‹ bezieht, wobei die erste literal, die zweite nichtliteral ist. Die Differenz zwischen Literalität und Nicht-Literalität, wörtlicher Bedeutung und übertragener Bedeutung verliert ihre theoretische Prominenz zugunsten eines Konzepts abgestuft konventionalisierter Ausdrucksinterpretationen.

über den ordinary content.⁶⁶ Nur aus diesem Grund kann etwa eine Satzkombination wie ›*Wir wollen nur Ihr Bestes – Und das werden wir auch kriegen*‹ einen Witz-Effekt erzielen. Man kann sich bei einem ›sensible hearer‹ darauf verlassen, daß der erste Teil der Kombination unmittelbar im Sinne eines ›ordinary content‹ verstanden wird. Von den Konsequenzen her – so Wilenskys weitere Argumentation – entspreche deshalb der Unterschied zwischen einer konventionellen, nicht-wörtlichen Interpretation und einer kompositionell-wörtlichen nurmehr dem, wie er auch zwischen zwei kompositionell-wörtlichen oder zwei lexikalischen Interpretationen bestehe: Die Wahl einer Möglichkeit, wirkt sich als *Hemmung* der anderen aus: »In particular, the choice of one alternative seems to inhibit consideration of the other.« (ebd. 176) Damit ist ein weiteres wesentliches Teilkonzept der idiomatischen Prägung angesprochen. Durch die Hemmung anderer Optionen wirkt der ›ordinary content‹ wie das in der Verhaltensforschung sogenannte »Prägungs-Engramm«: »(...) es erweist sich im Wahlversuch stets als wirkungsvollster Auslöser (...)« (Czihak et al. 1978, S. 651).⁶⁷

66 R. W. Gibbs (1985) untersucht experimentell-psycholinguistisch die Frage, was die Konventionalität indirekter Sprechakte ausmacht und wie sie sich auf das Verstehen auswirkt. Er kommt zu folgenden Ergebnissen: 1) Indirekte Sprechakte werden bezogen auf einen situativen Kontext als in unterschiedlichem Grade ›konventionell‹ eingestuft. Es gibt – bezogen auf ein Gemeintes – Präferenzen (›relatively few grammatical forms‹, ebd. 100) für bestimmte Ausdrücke. 2) Die Struktur der konventionalisierten Ausdrücke ist ursprünglich pragmatisch (relativ) motiviert: sie ergibt sich aus den vom Sprecher antizipierten Hindernissen des Hörers für das Befolgen eines Sprechaktes (vgl. ebd. 109). 3) Die in diesem Sinne ausdrucksseitig präferierten und konventionellen Ausdrücke werden auch *bevorzugt* verarbeitet: Sowohl bei einem Lese- und Paraphrasierungstest als auch bei einem Behaltenstest werden sie bei textuell vorgegebenem Kontext wesentlich schneller verarbeitet/verstanden und besser erinnert als Ausdrücke, die beim ›conventionality-rating‹ schlechter abgeschnitten hatten (vgl. ebd. 104/105). Gibbs schließt daraus, daß ihre pragmatische Bedeutung praktisch *ohne die Konstruktion einer wörtlichen Bedeutung* von Komponenten *unmittelbar verfügbar* ist (vgl. ebd. 109; vgl. auch Gibbs et al. 1989).

Genau dies ist nun u. E. auch bei dem weiter oben angeführten Beispiel von Manfred Bierwisch der Fall:

»Hier ist der Berliner Rundfunk.«

Das Ergebnis der Argumentation vorwegnehmend, schlagen wir vor, daß genau dem letzten der von Bierwisch oben angeführten, scheinbar zufällig ausgewählten und nur scheinbar gleichwahrscheinlichen Beispielkontexte im Sinne Wilenskys der Status eines ›ordinary content‹ zukommen soll. Gemeint ist Bierwischs Kontextbeispiel (c): ›Der Sprecher spricht in ein Mikrofon des Berliner Rundfunks‹. U. E. lassen sich über die hier in Anspruch zu nehmende ›idiomatische semantische Sensibilität‹ hinaus auch handfeste ausdrucksseitige linguistische Argumente für diese Einschätzung anführen. Sie fallen nicht auf, wenn man den Ausdruck für sich genommen und unter dem Gesichtspunkt seiner satzgrammatischen, morphosyntaktischen etc. Struktur betrachtet. Aber sie fallen sofort auf, wenn man ihn unter Gesichtspunkten der Selektion und Kombination von Komponenten sowie ihrer Substituierbarkeit und Permutierbarkeit analysiert und dabei gemäß dem Form-in-Form-Prinzip die kontextualisierende Wirkung der sich ergebenden Struktureffekte mitbeachtet. Was dabei zutage tritt, ist eine deutliche Präferenzstruktur, die genau die erwähnte kontextuelle Interpretation stützt, welche damit den ›ordinary content‹ des Ausdrucks i. S. Wilenskys bildet.

67 Im Unterschied zum Prägungs-Engramm in der Ethologie ist jedoch die Prägung eines jeden idiomatisch geprägten Ausdrucks prinzipiell wieder aufhebbar, weil das Verstehen jederzeit neue kontextuelle Faktoren miteinbeziehen kann, die eine *erneute Kontingenz* der Interpretation erzeugen. Dies gilt vor allem, solange der Ausdruck keinen durchgängigen ausdrucksseitigen Strukturverlust erleidet und i. S. des Prinzips der ›synchronen etymologischen Kompetenz‹ (vgl. Augst 1975) zumindest teilweise semantisch transparent bleibt. Aber auch ohne dies ist prinzipiell Wandel möglich. Das Modell einer ›Re-Literalisierung‹ der Ausdrucksbedeutung jedoch, wie der Vorgang auch oft bezeichnet wird, ist mit unserer Bestimmung von ›idiomatischer Prägung‹ unvereinbar, weil die Vorstellung einer Existenz *der einen* wörtlichen Bedeutung u. E. der sprachlichen Realität nicht entspricht.

Betrachten wir zunächst die möglichen Permutationen. Es gibt nur zwei Stellungsvarianten, bei denen prädikatives Adverb und Subjekt jeweils vor bzw. hinter dem finiten Verb stehen können: ›Hier ist der Berliner Rundfunk‹ und ›Der Berliner Rundfunk ist hier‹. Nehmen wir gemäß der Grundidee der weiter oben im vorigen Kapitel vorgestellten Vorgehensweise Firths den Versuch einer ›Kontextualisierung‹ der beiden Varianten vor. Intuitiv gelingt dies unmittelbar nur bei der ersten Variante, und zwar im Sinne des angeführten Kontextes (c). Wie aber verhält es sich mit der anderen Stellungsvariante? Sie erscheint nur unter ganz speziellen Bedingungen wahrscheinlich, für deren Erläuterung die Unterscheidung ›dialogisch/monologisch‹ eine wichtige Rolle spielt.

Jede dialogische Situation fordert im Sinne der ›given-new‹- Unterscheidung typischerweise eine Topikalisierung des Neuen *und* erlaubt das Weglassen des vom Dialogpartner eingeführten ›alten‹ Elements. Erst recht gilt dies bei einem i. S. Bühlers empraktisch eingebundenen Sprechen, wie etwa bei der gemeinsamen Orientierung ›vor Ort‹ oder auf einer Karte. Lautet etwa die Frage: ›Wo ist denn der Berliner Rundfunk?‹ so lautet die typische Antwort: ›Hier!‹ *und nicht* ›Der Berliner Rundfunk ist hier!‹ Die Grammatik des Sprechens trägt im Sinne Wygotskis noch stark prädikative Züge. D. h. in einer dialogischen Situation wäre die Form ›Der Berliner Rundfunk ist hier‹ nur dann zu erwarten, wenn das Subjekt als ›neu‹ gekennzeichnet werden müßte, so z. B. bei einer Abgrenzung von anderen, kontextuell gleich wahrscheinlichen Subjekten, etwa nachdem jemand während der gemeinsamen Orientierung auf einer Karte geäußert hat: ›Ich suche den Berliner Rundfunk, das Café Kranzler und den Palast der Republik.‹ Dies heißt aber, daß, bezogen auf eine dialogische Situation, *beide* Stellungsvarianten relativ unwahrscheinlich sind. Die von Bierwisch angeführten Kontexte (a) und (b) sind also aus der Perspektive einer pragmatisch konstituierten Kompetenz schon aus diesem Grund schlechte Kandidaten. Dies ist zwar noch keine hinreichende, aber immerhin schon eine notwendige Bedingung dafür, daß der (monologische) Kontext (c) im Spiel bleibt. Sicher sind die hier angeführten Faktoren solche, die i. S. Bierwischs mit dem ›interaktiven Sinn‹ des Satzes als Äußerung zusammenhängen;

das hier vorgeschlagene Konzept der ›idiomatischen Prägung‹ besagt aber nun gerade, daß auch interaktiver Sinn i. S. Bühlers ›sematologisch aufgetragen‹ werden kann und umgekehrt interaktiver Un-Sinn bestimmte Varianten für bestimmte Kontexte ausschließt. Schon dadurch also haben die Möglichkeiten, die übrigbleiben, im Sinne des ›ordinary content‹-Konzeptes eine kontextuelle Prägung, welche ihnen nicht erst in einer Interaktionssituation zukommen muß, wie dies Bierwischs Argumentation nahelegt.

Gehen wir weiter zu den Substitutionen. Hier wird es besonders spannend, denn das Variationspotential ist in diesem Fall bedeutend größer, was aus unserer Sicht bedeutet, daß über die abgestufte konventionelle Einschränkung dieser Selektionsmöglichkeiten höchst spezifische Profile idiomatischer Prägung erreicht werden können. Erneut zeigt dabei das operationale Verfahren, daß der

Kontexte (a) und (b) = gemeinsame Orientierung auf Karte oder ›vor Ort‹	Kontext (c) = Meldung eines – Rundfunksprechers	Kontext c' = *ord. content*. Selbstidentifikation des Senders – rein auditive Kommunikation (Tel., Rundf., Lautspr.)
Hier ist der BL *Da ist* der BL *Dort ist* der BL *Dahinten ist* der BL etc. *Das ist* der BL *Dies ist* der BL etc. *Hier haben wir* den BL *Da haben wir* den BL etc. *Hier wäre* der BL *Da wäre* der BL etc.	*Hier ist* der BL *Sie hören* den BL *Berliner Rundfunk!* *Hier meldet sich* der BL	›Hier ist X‹ [*X = Sendername*]'

Ausdruck ›Hier ist der Berliner Rundfunk‹ durch seine ausdrucksseitige Präferenzstruktur die indexikalische Kennzeichnung genau *eines* abstrakten Interaktions-Schemas ermöglicht, das *für den ›sensible speaker/hearer‹* den Verstehens-Hintergrund bilden kann. Dies wird primär manifest in der Verwendung der Ausdruckskomponente ›Hier ist X‹. Bezieht man diese Komponente auf die von Bierwisch angeführten möglichen Kontexte und fragt dann nach den Möglichkeiten einer Substituierung,[68] so ergibt sich die in dem auf der gegenüberliegenden Seite abgedruckten Schema dargestellte Präferenzstruktur, wobei in der linken Spalte die Substitutionsoptionen für die Kontexte (a) und (b), die beide dialogisch konstituiert sind, angeführt werden. In der Mitte werden die möglichen Substitutionen für (c) angeführt, und rechts schließlich erscheint ausschließlich der Ausdruck ›Hier ist X‹ als abgeleitetes und abstrahiertes *syntaktisches Ausdrucksmodell* für die Kontextualisierung eines höchst spezifischen Hintergrundschemas.[69] Weil wir davon ausgehen, daß dieses Ausdrucksmodell eine analogisch abstrahierte Gebrauchsform aus Situationen wie (c) darstellt, wird das entsprechende abstrakte Kontext-Schema als c' gekennzeichnet. Das Schema kann auch optisch veranschaulichen, was ein theore-

---

68 Hier folgen wir der methodischen Prämisse, daß Substitutionen und Permutationen – ob in der Phonologie, Grammatik oder Satzsemantik – jeweils nur im Hinblick auf den funktionalen Wert erfolgen dürfen, der durch die Analyse bestimmt werden soll. Dies ist hier der kontextuelle Gehalt des Satzes.
69 Die Möglichkeiten der Substituierung von ›Berliner Rundfunk‹, die ebenfalls bei den Kontexten (a) und (b) verschiedene Variationen erlauben, bei (c) jedoch praktisch *keine*, werden dabei in der folgenden Argumentation zum Schema noch gar nicht berücksichtigt. Das gleiche gilt auch für die Substituierungen, die bei einer Variation der Äußerungsfunktion i. S. Bierwischs möglich werden. So etwa: ›Hier sind wir‹; ›Da sind wir‹; ›Da wären wir‹ etc., die im idiomatischen Sprachwissen im Hinblick auf die von Bierwisch angeführte Funktion ›Der Sprecher verabschiedet sich von seinem Begleiter‹ ihrerseits wiederum präferierte Substitutionsmöglichkeiten darstellen dürften. Gegenüber ›Hier ist der Berliner Rundfunk‹ sind sie die im Common sense ›natürlicheren‹ Optionen, wenn es um die Verabschiedung von einem bis zum Ziel begleiteten Begleiter geht.

tischer Ansatz wie der von Bierwisch vertretene an sprachbezogenen Intuitionen und dementsprechend an linguistisch strukturierender Information unterschlägt, indem er auf der Vorstellung einer *durchgängigen* Akontextualität des sprachlichen Wissens beharrt. Das Starren auf die grammatische Struktur trübt hier offenbar den Blick für deren potentielle idiomatische Geprägtheit, wie sie etwa in den im Schema dargestellten kontextuell spezifizierten, konventionellen Selektions- und Kombinationspräferenzen zum Ausdruck kommt.

Bereits aus strukturlinguistischer Perspektive schwerwiegend ist das Übersehen der Tatsache, daß das Adverb ›hier‹ konventionell mindestens in zwei deutlich verschiedenen Verwendungen gebraucht wird, die für die Distribution und für die paradigmatische Substituierbarkeit ganz unterschiedliche Konsequenzen haben. Wird ›hier‹ als Lokaladverb im klassischen Sinne gebraucht, so kann es unter den im Bierwisch-Beispiel gegeben Bedingungen durch ›da‹ und ›dort‹ ersetzt werden (vgl. Eisenberg 1989, S. 210 ff.). Dies gilt, bezogen auf unser Beispiel, lediglich für die Kontexte (a) und (b). Peter Eisenberg (ebd.) legt in seiner Argumentation zum Gebrauch von ›hier‹ nun aber ausdrücklichen Wert auf die Tatsache, daß die Beziehung zwischen dem durch ›hier‹ indizierten Objekt und dem Sprecher »(...) einen Bereich psychischer, nicht metrischer Nähe« darstelle und ›hier‹ deshalb »(...) *nicht nur ein lokales Adverb*« sei (Eisenberg 1989, S. 211; Herv. H. F.). Er nimmt damit Bezug auf Beispiele wie ›hier bei der SPD‹, ›hier in Europa‹ u. a. Dieses – bei Eisenberg nicht weiter befragte – Kriterium psychischer Nähe nun finden wir bis ins Extrem gesteigert in dem Kontextbeispiel (c): ›Sprecher‹ und ›Verweisbereich‹ sind *identisch*, wie auch etwa bei ›Hier ist Thomas‹. Der Sprecher identifiziert sich und markiert *seine Position* gegenüber einem Hörer, indem er auf sich selbst verweist. Dabei wird das, worin Sprecherort und Verweisbereich zusammengehören, der sogenannte ›Bezugsbereich‹ in der Terminologie Eisenbergs, durch die jeweiligen Enden des nachrichtentechnischen ›Kanals‹ insgesamt gebildet. Das Zusammenfallen von Sprecher und Verweisbereich macht das Prädikat insgesamt eigentlich überflüssig, denn, daß dort jemand ›ist‹, ›spricht‹ oder ›sich meldet‹ hört man ja. In der Konsequenz kann deshalb das Prädikat

auch einfach wegfallen, und an die Stelle des Gesamtausdrucks kann der Sender*name* treten: z.B. WDR III!
Genau die erläuterte hochspezielle konventionelle Gebrauchsweise von ›hier‹ ist die Ursache dafür, daß das Adverb im Blick auf den Kontext (c) nicht substituierbar ist. Das heißt aber umgekehrt: Der Gebrauch von ›hier‹ ist im Blick auf diesen Kontext sehr viel wahrscheinlicher als im Blick auf die beiden anderen, denn dort gibt es wesentlich mehr Substitutionsmöglichkeiten. Der Zusammenhang wird durch das angeführte Schema hinreichend verdeutlicht. Die so ermittelte Präferenzstruktur geht nun, und das ist für die Argumentation ein wichtiger Punkt, nicht etwa auf eine Präferenz für die Interpretation von ›hier‹ zurück, – die prototypische Verwendung von ›hier‹ als Lokaladverb entspricht ja gerade nicht diesem speziellen Gebrauch – sondern sie ist Resultat der idiomatischen Prägung des *Ausdrucksmodells* ›Hier ist X; (X = Sendername)‹.[70]
Face-to-face, etwa an der Haustür, geben sich auch staatliche Ordnungskräfte nicht mit ›Hier ist die Polizei‹ zu erkennen. Das syntaktische Ausdrucksmodell ›Hier ist X‹ kennzeichnet deshalb *bevorzugt* das spezielle Schema einer Selbstidentifikation, bei der der eine den anderen nicht sieht, sondern lediglich hört. Insofern dürfen wir, die Argumentation zu diesem Beispiel abschließend, Karl Bühler zitieren, der in seiner Sprachtheorie dazu schreibt:

»Wenn A den B aus dem Auge verloren hat, was könnte ihm dienlicher sein als ein *hier* aus dem Munde von B mit klarer Herkunftsqualität?«
(Bühler 1934/1982, S. 105)

70 ›Idiomatische Prägung‹ in unserem Sinne hebt die minimalsemasiologisch reflexiv ermittelbaren Bedeutungen von Ausdruckskomponenten nicht auf – wie in vielen traditionellen Konzepten der Idiomatisierung –, sondern sie *bringt diese vielfach erst hervor und nutzt sie dann*. In diesem Sinne sind Prozesse der Bedeutungsspezialisierung von Ausdruckskomponenten – wie bei ›hier‹ im vorliegenden Falle feststellbar – eine *Folge* der idiomatischen Prägung von Ausdrücken wie ›Hier ist X‹. Auf den damit angesprochenen Aspekt, nämlich auf das Verhältnis von paradigmatischer und syntagmatischer Struktur bei der idiomatischen Prägung, werden wir im folgenden Kapitel 4.4 zur ›Reduktion auf den Zeichenaspekt‹ sprechen kommen (vgl. dazu ausführlich Feilke i.V.).

Wenn nun B nicht wissen kann, wer A ist – wie im diskutierten Beispielfall –, muß das ›X‹ des Ausdrucksmodells die ›Herkunftsqualität‹ i. S. Bühlers bestimmen und sich ›beim Namen‹ nennen. Mit der Auswahl seines Beispiels hat Manfred Bierwisch recht unglücklich genau die idiomatische ›Rückseite des Spiegels‹ der generativen Grammatik nach vorne gekehrt und muß also mit ihrer Spiegelung im Kontext alternativer Konzepte rechnen. Unsere Kritik betrifft dabei nicht eigentlich den Begriff des grammatischen Wissens und den Sinn des Konzepts ›syntaktischer Repräsentation‹. Sie betrifft aber die theoretische Extension dieser Konzepte: Das grammatische Wissen der SprecherInnen einer Sprache erstreckt sich nicht nur auf die Differenz ›möglich vs. nicht möglich in L‹, sondern auch auf die *Differenz zwischen verschiedenen Möglichkeiten in L*, wobei Differenzen pragmatisch als Präferenzen für Kontexte des Meinens und Verstehens strukturiert werden. Das heißt zugleich, die Trennungslinie zwischen der sprachlichen ›Repräsentation‹ einer Äußerung einerseits und dem ›Weltwissen‹ und ›Interaktionswissen‹ andererseits verläuft keinesfalls dort, wo sie Bierwisch ziehen möchte.[71] Entweder ist – etwa entsprechend unserem Konzept

---

71 Eine interessante, alternative Perspektive zu generativ-grammatischen Konzeptionen eröffnet z. B. die Arbeit von Elisabeth Leiss (1992). In einer Verbindung von Markiertheitstheorie und Natürlichkeitstheorie begründet die Autorin in ihrer Untersuchung zu Verbalkategorien im Deutschen die funktionalgrammatisch spannende Hypothese einer Komplementarität von basalen, ikonisch motivierten Wortstellungsmustern einerseits und indexikalisch wirksamen morphosyntaktisch-verbalkategoriellen Markierungen andererseits, welche eine situativ angepaßte Konstruktion von Ausgangspunkten für die Referenz erlauben. Interessant erscheint uns die Arbeit vor allem, weil sie die Hypothese einer ›Schichtung‹ verschiedener Motivierungsebenen für sprachliche Struktur impliziert, die einander funktional ergänzen und in ihrer Wirksamkeit zunehmend pragmatisch bestimmt sind. Man kann sich vorstellen, daß die aszendent wirksamen grammatischen Mittel der Konstruktion, wie sie Elisabeth Leiss beschreibt, dabei durch die deszendent wirksamen Präferenzen einer Common sense-Kompetenz als *einer weiteren* komplementären Ebene der Strukturie-

idiomatischer Prägung – der Beitrag des konventionell sprachlichen Wissens zur Repräsentation bedeutend weiter zu fassen, als es Bierwischs Analogie von Motorik und sozialer Bedeutung eines Händedrucks suggeriert, oder aber es muß – der Analogie entsprechend – der Begriff tatsächlich auf die Repräsentation einer rein formalen Struktur beschränkt werden, deren Funktion allein die Kontrolle der formal-kategoriellen *Möglichkeit* eines Ausdrucks *ohne jeglichen semantischen und pragmatischen Strukturierungseffekt* wäre. Ein solcher Begriff der Kompetenz hätte allerdings zur Modellierung des ›natürlichen‹ Sprachwissens der SprecherInnen u. E. nichts Wesentliches beizutragen.
Für Arbeiten, die, wenn auch jeweils vor anderem Hintergrund, in ähnlicher Weise kritisch argumentieren, sei auf die höchst anregende Polemik von Becker (1975) sowie die Untersuchungen von Pawley/Syder (1983), Grace (1987), Pawley (1986), Langacker (1987), Lakoff (1987), Fillmore et al. (1988), MacWhinney et al. (1989) verwiesen. Dabei argumentieren vor allem die Arbeiten von Grace (mit Einschränkungen) sowie Pawley/Syder und Fillmore et al. im Sinne des Konzeptes einer Common sense-Kompetenz.
Mit der oben eingeführten Bezeichnung ›syntaktisches Ausdrucksmodell‹ für ›Hier ist X‹ ist ein sprachliches Phänomenspektrum angesprochen, das entsprechend dem zu Beginn dieses Kapitels abgebildeten Schema von Coseriu *sowohl* dem lexikalischen Bereich *als auch* dem grammatischen Bereich zuzurechnen ist. Dieser in sich noch einmal stark strukturierte Phänomenbereich syntaktischer idiomatischer Prägung ist von Fillmore et al. (1988) mit dem Terminus ›grammatical constructions‹ belegt worden. Ähnlich wie dies oben für ›Hier ist X‹ durchgeführt worden ist, untersuchen die Autoren auf allen Ebenen die komplexe pragmatische, semantische und syntaktische Schematisierungsfunktionen implizierende idiomatische Prägung des Ausdrucks ›let alone‹ (geschweige denn). Bezogen auf das Forschungsinteresse der Grammatik stellen sie dort fest: »(...) the realm of idiomaticity in a language includes a great deal, that is productive, highly

---

rung kommunikativ effizient ergänzt werden. Dies allerdings ist bisher kaum mehr als eine theoretische ›Idee‹.

structured and worthy of serious grammatical investigation« (Fillmore et al. 1988, S. 534). Als Resultat ihrer Untersuchung kommen sie zu einer konsequenten Ausweitung des Begriffs sprachlicher Idiomatizität, für die Konzepte wie ›regulär vs. irregulär‹ und ›wörtlich vs. übertragen‹ so gut wie keine Rolle mehr spielen. Im Zentrum des Begriffs sprachlicher Idiomatizität steht hier nun das *zugleich* regulär konstruierte und idiomatisch geprägte Ausdruckswissen.[72] Das folgende Zitat kann in diesem Sinne auch als Resultat unserer Argumentation in diesem Kapitel gelten:

»We think of a locution or manner of speaking as idiomatic if it is assigned an interpretation by the speech community but if somebody who merely knew the grammar and the vocabulary of the language could not, by virtue of that knowledge alone, know (i) how to say it, or (ii) what it means, or (iii) whether it is a conventional thing to say. Put differently, an idiomatic expression or construction is something a language user could fail to know while knowing everything else in the language.« (Fillmore et al. 1988, S. 504)

---

72 Für einen in dieser Weise ausgeweiteten Begriff sprachlicher Idiomatizität, der Grammatik und Lexikon sprachtheoretisch nicht mehr gegeneinander ausspielt, gibt es seit John Hughlings-Jackson's Unterscheidung von ›propositional‹ und ›nonpropositional‹ speech (vgl. Head 1915) auch zahlreiche Hinweise aus der patho- und neurolinguistischen Forschung. Die Bewertung der Resultate setzt eine umfangreiche methodenkritische Diskussion voraus, die an dieser Stelle nicht möglich ist. Mit erheblichem philosophischem ›appeal‹ treten die Untersuchungen von Diana v. Lancker auf (vgl. 1972, 1973 und vor allem 1987). Äußerst abgewogen – und ›ideologie‹kritisch – zur Lateralisierungsproblematik argumentiert m. E. Corballis (1983). Vgl. auch Andresen (1985), Engel (1977, 1981), Myers (1986) und Chapey (1986).

4.4 Reduktion auf den Zeichenaspekt: Paradigmatischer Strukturwert und syntagmatischer Gebrauchswert der Zeichen

Das erste Kapitel in Hans Hörmanns Buch »Meinen und Verstehen« (1976) ist überschrieben mit ›Die Problematik des Zeichens als Zeichen der Problematik‹ – von Meinen und Verstehen –, so könnte man ergänzen. Die Kapitelüberschrift thematisiert den eigentümlichen Sachverhalt, daß es zum einen nicht möglich zu sein scheint, über Prozesse der Textproduktion bzw. -rezeption sinnvoll zu sprechen, ohne den Begriff einer vermittelnden zeichenhaften Größe, daß aber gleichzeitig eine sich auf diese Größe konzentrierende Forschungstradition in der Sprachwissenschaft – und hier spricht Hörmann in erster Linie die strukturalistische Linguistik an – zur Erklärung von Meinen und Verstehen historisch nur wenig beigetragen hat. Diese Tatsache hat 15 Jahre nach dem ersten Erscheinen von Hörmanns Buch, das seinerseits 1976 bereits mehr als 15 Jahre der Forschung zur psychologischen Semantik rekapitulierte, dazu geführt, daß die Linguistik – jedenfalls, soweit sie überhaupt versucht, einen Beitrag zu dieser Problematik zu leisten – weithin in das Fahrwasser der psychologischen Forschung geraten ist.[73] Hörmann selbst weist bereits darauf hin, daß diese Entwicklung nicht notwendig so hätte verlaufen müssen, indem er aufzeigt, wo der Linguistik eine mangelnde Sensibilität für Fakten ihres eigenen Gegenstandsbereiches vorgeworfen werden kann. Diese Fakten gehören zum großen Teil in den Bereich der Probleme, die wir mit den Konzepten der ›idiomatischen Prägung‹ und der ›Common sense-Kompetenz‹ in dieser Arbeit zum Thema machen.[74] In diesem Abschnitt wollen wir fragen, inwiefern die Reduktion auf den Zeichenaspekt zu dieser mangelnden Sensibilität beigetragen und sie vorbereitet hat. Sicher markieren einige der dabei im folgenden anzusprechenden Punkte mittlerweile Topoi der Diskussion strukturalistischer Sprachbegriffe (vgl. etwa Albrecht 1988, S. 212 ff.); bekanntlich

---

73 Vgl. z. B. die Überblicke bei Rickheit/Strohner (1985) zum Textverstehen und in Antos/Krings (Hg.) (1989) zur Textproduktion.
74 Vgl. Hörmann (1976, S. 174 ff., 190 ff., 250 ff., 302 ff., 332 ff.).

aber dürfen solche Topoi *wissenschaftlich* jeweils nur als Provisorium gelten, an dem die ›Anstrengung des Begriffs‹ erst noch zu beweisen ist.

Den Grund für die von Hörmann beklagte In-Sensibilität sehen wir vor allem in der Konzentration auf ein paradigmatisch dominiertes Wert-Konzept sprachlicher Zeichen. Probleme dieses Konzeptes werden im folgenden thematisiert und konfrontiert mit Argumenten, die für eine stärkere Berücksichtigung syntagmatisch konstituierter Gebrauchswerte in den theoretischen Konzepten sprachlichen Wissens sprechen. Die von Hörmann beklagten Defizite linguistischer Zeichenbegriffe erscheinen dabei zum großen Teil als Folge einer zu engen, wortzentrierten Semasiologie. Schon auf der Ebene des Wortes selbst gerät diese Position mit ihren Prämissen in Schwierigkeiten, was an der Behandlung usueller Nominalkomposita in strukturalistischen Konzeptionen gezeigt werden kann. Mit diesen Erörterungen zur Reduktion auf den Zeichenaspekt wird die Diskussion zur paradigmatischen Verortung der Common sense-Kompetenz abgeschlossen.

Ganz zu Beginn des oben bereits angeführten Buches grenzt Hörmann den funktional bestimmten Zeichenbegriff Karl Bühlers vom strukturalistischen Zeichenbegriff ab, wie er von de Saussure begründet worden ist, und schreibt:

»(...) hätte Bühler gefragt, was der sprachbenutzende Mensch mit Hilfe von Zeichen *tut*, so fragt der Linguist, was ein Zeichen *sei*.« (Hörmann 1976, S. 16)

Ferdinand de Saussure hat in der Einleitung des Cours auf die Frage nach dem Zeichen die die Frageweise der strukturalistischen Linguistik begründende Antwort gegeben: [75]

[75] Saussures Position wird für die Zwecke der Diskussion hier mit dem Text des Cours in der 1967 erschienenen zweiten Auflage der deutschen Ausgabe identifiziert. Die vor allem bei Scheerer (1980) dokumentierte Auseinandersetzung um den authentischen ›Saussure‹ können wir hier nicht berücksichtigen. Dabei ist uns aber klar, daß die Einordnung Saussures in eine hermeneutische Tradition, wie sie etwa Jäger (1976) versucht, ein ganz anderes Bild der in diesem Kapitel

»Die Sprache ist ein System von Zeichen, die Ideen ausdrücken (...)« (de Saussure 1967, S. 19) [und] »(...) die Sprache ist ein System von bloßen Werten, das von nichts anderem als dem *augenblicklichen* Zustand seiner Glieder bestimmt wird.« (ebd. 95; Herv. H.F.)

Dieser Akzent auf Synchronizität begründet sich für Saussure aus dem Umstand, daß das arbiträre sprachliche Zeichen durch nichts anderes als seine *Differenz* zu anderen ›Gliedern‹ in seinem Wert bestimmbar ist, gleich ob es sich um eine phonologische, syntaktische, semantische oder morphologische Funktion handelt. Der ›augenblickliche Zustand seiner Glieder‹, dies sind in reiner Form die ›in absentia‹ gegebenen Beziehungen zwischen den Gliedern, also deren paradigmatische Beziehungen[76] (vgl. ebd. 148). Jegliche Form struktureller und semantisch-syntagmatischer Motivierung fällt für Saussure bereits aus dem ›inneren Bezirk‹ der Sprachwissenschaft heraus. Nominationen, Prädikationen, sprachliche Aussagen jeder Art, so auch der ›Satz‹, gehören für ihn zur parole (vgl. ebd. 16, 126/127 u. 150).
Bekanntlich hat Saussure versucht, am Beispiel des *Schachspiels* diesen Gesichtspunkt der Abgrenzung des Gegenstandes der Linguistik vom ›bloßen‹ Sprechen zu verdeutlichen. Die Metapher ist in der jüngeren Wissenschaftsgeschichte zu einem wichtigen Bezugspunkt sprachtheoretischer Reflexionen geworden.[77] Auf diesen Vergleich soll deshalb im folgenden etwas ausführlicher

vereinfachten Diskussion des Zeichenkonzeptes ergeben würde. Bereits im Cours finden sich hierzu extrem entgegengesetzte Aussagen, die aber von der Rezeption in ihrem theoretischen Spannungsverhältnis erst sehr spät erkannt worden sind.

76 Der Begriff der assoziativen Beziehungen, den Saussure noch relativ unscharf verwendet, ist bekanntlich durch Hjelmslev aufgegriffen und im Blick auf den klassematischen Aspekt zugespitzt worden, woraus der linguistische Paradigmabegriff resultierte (vgl. Hjelmslev 1943/1974, S. 42f.).
77 Vgl. etwa: Ducrot (1973, S. 64ff.), Holenstein (1975, S. 173ff.) Güttgemanns (1980), Antos (1981), Finke (1983, S. 44ff.), Hörmann (1976), Feldbusch (1986). Der Beitrag von Elisabeth Feldbusch zeigt, daß Saussure und Wittgenstein einerseits Kristallisationspunkte der sprachtheoretischen Reflexion des ›Spiel‹-Konzepts bilden, andererseits das Metaphernfeld aber bereits wesentlich ältere Wurzeln hat.

eingegangen werden, um von dorther gleichzeitig auf Grenzen des Konzeptes aufmerksam zu machen, die wiederum als Gesichtspunkte für den Begriff des idiomatischen Sprachwissens zentral sind. Zur Verdeutlichung unserer eigenen Position greifen wir auch auf eine Thematisierung dieser Metapher bei Antos (1981) zurück.

Vor allem über die Schachspielmetapher akzentuiert Saussure implizit die paradigmatischen Beziehungen im System; sein Begriff des ›valeur‹, also des systemimmanenten Strukturwertes der Zeichen, ist als differentielle Größe paradigmatisch bestimmt. Ihren Funktionswert oder Spielwert haben die Schachfiguren nur vermittels ihres vom konkreten Spiel unabhängigen Strukturwertes, der für jede Figur durch die Differenz zu den anderen Figuren *konstitutiv* festgelegt ist.[78] Die Kenntnis dieser konstitutiven Strukturwerte ist entscheidend für die Fähigkeit, Schach zu spielen. Die Fähigkeit selbst ist eine virtuelle Kompetenz, die unabhängig von konkreten Spielsituationen besteht. Das Analogie-Modell ›Schach‹ legitimiert in hervorragender Weise Saussures Begriffe der *Synchronie* (vgl. Saussure 1967, S. 104 f.) und des *Systems* (ebd. 127) ebenso wie die Konzepte der *Arbitrarität* und *Konventionalität* (ebd. 27 u. 131). Die Schachmetapher Saussures ist häufig diskutiert und kritisiert worden u. a. mit dem Einwand, der wichtigste Aspekt von Sprache, nämlich Kommunikation zu ermöglichen, sei völlig ausgeklammert worden (vgl. z. B. Finke 1983). Dazu ist zu sagen, daß es von Saussure auch nicht intendiert war, diesen Aspekt durch die Metapher zu modellieren. Aber die Metapher läßt sich auch im Blick auf ihre eigenen Voraussetzungen kritisieren. Aus einer Fülle von möglichen Kritikpunkten sollen einige herausgegriffen werden, die im Kontext dieser Untersuchung besondere Aufmerksamkeit verdienen.

Gegenüber Saussures differentiellem, also negativ bestimmten paradigmatischen Wertbegriff soll die Bedeutung positiver syntagmatischer Relationen und Werte ins Feld geführt werden.

---

78 Vgl. zur Rezeption der Metapher in genau diesem Sinne Güttgemanns (1980), der den aktuellen ›Spielwert‹ einer Figur in einer Partie als *Realisierung* des virtuellen ›Figurenwertes‹ auffaßt.

Bezogen auf das Schachspielmodell kann man zwei Wertetypen unterscheiden: den virtuellen Funktionswert und den aktuellen Spielwert einer Figur in einer Partie als Stellungswert (vgl. Güttgemanns 1980). Zwar taucht der Begriff der Stellung auch bei Saussure auf, er wird aber als eigenständiger Wertetyp nicht weiter thematisiert. Für den Schachspieler *in einer Partie* primär von Belang ist der aktuelle Stellungswert seiner Figuren. Er ergibt sich aus dem Kontext des Spiels und durch die Tätigkeit des Spielens, die die verschiedenen Figuren in bestimmte Relationen zueinander setzt und deren Stellungswert so kontinuierlich verändert. Es sind also konkrete syntagmatische Relationen, die den Wert einer Figur *in einem Spiel* erst bestimmen. Dieser ›Stellungswert‹ oder auch ›Gebrauchswert‹ ist ein Wertetyp *eigener Art*. Der Begriff ›Stellungswert‹ hat dabei zwei Aspekte: Auf der Ebene des Spiels als eines synchronen Zustands des Systems ist er der Wert der aktuellen Stellung einer Figur in Relation zu den anderen Figuren; er ergibt sich aus den *konstitutiv* vorgegebenen Möglichkeiten, d. h. aus den paradigmatisch formierten Optionen. Diesen Aspekt des Stellungswertes sieht auch Saussure und leitet daraus einen Primat systemischer Beziehungen für den Spieler/Sprecher ab. Dabei vernachlässigt er aber die Frage, wie sich der Wert einer solchen Stellung *faktisch* für den Spieler überhaupt bestimmen läßt. Die Antwort darauf muß nun heißen: Der faktische Stellungswert läßt sich nur im Blick auf einen zweiten Aspekt, nämlich als Stellung auf der Ebene des Spielens als einer Tätigkeit festlegen. Der Stellungswert *für den Spieler* kann nur der Wert innerhalb eines Spielkonzeptes, einer Strategie sein. Diesen Punkt hebt auch Gerd Antos (1981, S. 416 ff.) kritisch gegenüber Saussure hervor.

Strategien sind Problemlösungskonzepte; charakteristisch ist dabei, daß sie auf Erfahrungswissen beruhen und eine eigentümliche Mischung aus erfahrungsbegründeten *Obligationen* einerseits und *Optionen* im Blick auf die Problemsituation andererseits darstellen. Das Verhältnis von Optionen und Obligationen in einer Strategie ist dabei von Spieler zu Spieler verschieden. In jedem Falle geht es um mehr oder weniger erfolgreiche *Zugkombinationen*, syntagmatische Relationen also. Erfolgreiche Zugkombinationen werden beinahe schon obligatorisch, und die Wahrscheinlichkeit, routinisiert zu werden, ist sehr hoch.[79] So unterscheidet man beim Schachspiel bekanntlich bestimmte Typen von Eröffnungen, Verteidigungen etc. Sie können auf Grund ihrer Musterhaftigkeit gespielt werden, ohne daß das Erfahrungswissen, durch das sie konstituiert worden sind, dafür unbedingt vorausgesetzt werden müßte. Sie verselbständigen sich als Muster für bestimmte Zwecke und bilden konzeptuell eine Einheit.

Fassen wir die Entwicklung der Analogie bis zu diesem Punkt zusammen, indem wir die Rückübertragung vornehmen: Der virtuelle Funktionswert von Zeichen im Sinne Saussures ist primär durch die Stellung innerhalb eines Systems von Zeichen bestimmt. Davon abzuheben aber ist der aktuelle Gebrauchswert, der in bestimmten syntagmatischen Kontexten als den Ausführungselementen einer Handlung bzw. einer Strategie erst feststellbar ist. Genau diese Ebene des Problems, in der syntagmatische Einheiten als Ausführungseinheiten von problemlösenden Strategien aufgefaßt werden, hat z. B. Gerd Antos (1981 u. 1982) mit dem Begriff des ›Formulierens‹ theoretisiert und ins Bewußtsein der Forschung gehoben. Dabei akzentuiert er aber vor allem den *optionalen* Aspekt der Tätigkeit:

»(...) sofern wir vorfabrizierte Sprache benutzen, kann man sehr wohl sagen, daß wir *etwas sagen*, bzw. *etwas äußern* oder *eine Formulierung benutzen* – nicht aber, daß wir *etwas formulieren*.« (Antos 1981, S. 413)

Antos diskutiert also, um auf die bereits erwähnten Kategorien Schütz' zurückzugreifen, den ›polythetischen‹ Aspekt des sprach-

79 Mit einem bereits an früherer Stelle in dieser Arbeit eingeführten Terminus von Alfred Schütz könnte man diesen Prozeß auch als *Monothetisierung* von Wissen bezeichnen. Gute Spieler reagieren zu Beginn einer Partie standardmäßig mit bestimmten Zugfolgen aufeinander; es ist aufschlußreich, zu beobachten, daß ein Novize sie schon dadurch aus dem Konzept bringen kann, daß er dieses Wechsel-Spiel nicht mitmachen kann. Dies zeigt, daß für Schachspieler Zugkombinationen *zugleich* auch *Spielweisen indizieren*. Das ungetrübt naive Spiel des Novizen verfehlt diese semiotische Ebene des Spiels; es ist nicht schematisierbar und erscheint deshalb *zugleich sinnlos und für den Eingespielten gefährlich.*

lichen Handelns. Damit bleibt er aber auch auf der Ebene des Handelns oder der Textebene, d. h. die grundsätzliche Dichotomie von langue und parole bzw., bezogen auf den Leistungsaspekt des sprachlichen Wissens, die von Kompetenz und Performanz bleibt erhalten. ›Formulieren‹, das ist Sprachgebrauch und hat die Kenntnis der Regeln der Kompetenz und Performanz zur Voraussetzung. Allerdings läßt sich Kompetenz nach Antos' Auffassung nicht auf Regelkompetenz beschränken, sondern muß auch als Problemlösekompetenz konzipiert werden. Diese Sichtweise ist theoretisch und praktisch produktiv. Der Begriff des Formulierens und der Formulierung schlägt eine Brücke zwischen ›Satz‹ und ›Äußerung‹ und den Befangenheiten reiner Regellinguistik einerseits sowie der Sprechakttheorie andererseits. Er erlaubt insofern eine Integration verschiedener Analyseebenen in der Linguistik. Wie jeder theoretische Begriff aber hebt er bestimmte Aspekte eines Problembereichs ins Zentrum der Aufmerksamkeit und drängt dafür andere zurück. Sie sind bereits weiter oben kurz angeklungen: Antos' Begriff der Formulierung legt den Schwerpunkt auf *individuell-problemlösendes Handeln*, also auf den optionalen Aspekt der syntagmatischen Organisation der Rede. Dabei geraten zwangsläufig zwei Punkte etwas ins Hintertreffen.
Erstens: Es gibt konventionelle soziale Problemlösungen, d. h. konventionelle Formulierungen, die in Abhängigkeit von bestimmten pragmatischen Gegebenheiten eingesetzt werden. Diese Tatsache erlaubt die Rückbindung des Problemlösekonzepts an das in der Geschichte der Linguistik so wichtige Kriterium der Subjektentbundenheit (Bühler) von Sprache.
Zweitens: Diese Subjektentbundenheit ist in gewisser Weise schon ein Merkmal der Formulierung selbst, obwohl dies zunächst paradox klingen mag. U. E. ist dies ein in seiner Bedeutung weithin unterschätzter oder gar nicht wahrgenommener Gesichtspunkt. Schon während der Formulierung berücksichtigt der Sprecher die pragmatische Konstellation von Wirkfaktoren, die zur Äußerungsbedeutung beitragen können, wie es z. B. allgemein alle Fälle metonymischen Sprechens zeigen.[80] Die Äußerung

---

80 Vgl. exemplarisch dafür Hermann (1982) und Müller (1984).

ist damit notwendig Gegenstand der Interpretation. Die polythetischen Schritte der Konstitutierung der Äußerungsbedeutung sind *intersubjektiv* und nicht auf die Intention des Sprechers reduzierbar, obwohl diese den Ausgangspunkt bildete. D. h. die Formulierung als problemlösende Tätigkeit ist nur eine Etappe der Formierung der Äußerungsbedeutung. Diese konstituiert sich *intersubjektiv* in Abhängigkeit vom Hörer und wird der Bezugspunkt in der Interaktion und Interaktionsgeschichte. Dies zeigt etwas sehr Wichtiges: Nicht eigentlich die Formulierung ist es, die routinisiert werden kann, sondern *die formierte Äußerungsbedeutung als Sinn-Einheit* (Hörmann)! Die linguistische Formulierung selbst behält eine Transmitterposition in der semiotischen Funktion eines Indikators. Diese Feststellung ist deshalb wichtig, weil sie Voraussetzung für das Verständnis eines nachfolgenden Prozesses ist. Auch der der formierten Äußerungsbedeutung zugehörige formulierte Ausdruck kann formiert, konventionalisiert und in einem weiten Sinne des Begriffes ›lexikalisiert‹ werden. Auch auf der Ausdruckseite findet eine Monothetisierung statt, die die Formulierung ins Lexikon überführen und sie selbst zum Zeichen machen kann. Dieser Aspekt einer pragmatischen Zeichenkonstituierung, die einhergeht mit der Begründung einer Verwendungsregel, bleibt bei Antos weitgehend ausgeklammert.
Bezogen auf unsere Gegenüberstellung der Konzepte ›paradigmatischer Strukturwert‹ und ›syntagmatischer Gebrauchswert‹ von Zeichen bedeutet dies, daß syntagmatische Kombinationen obligatorisch werden können. Eine im Sprechen etablierte und bestätigte Subjektentbindung von zunächst subjektgebundenen individuellen Äußerungen und Formulierungen kann dazu führen, daß die entsprechenden pragmatisch geprägten Einheiten *und* Verfahren (vgl. z. B. König/Traugott 1988) in den Bestand des sprachlichen Wissens eingehen. Für das Schachspiel stehen die konstitutiven Regeln per Konvention zweifelsfrei fest. Die Sprache aber ist kein geschlossenes finales System mit endlich vielen Zuständen (vgl. z. B. Finke 1983; Helbig 1988/90, S. 43). Sie ist, dies haben wir bereits erörtert, ein offenes, hierarchisches System, in dem das Zusammenspiel von Erstmaligkeit *und* Bestätigung, von Option *und* Obligation auf den unterschiedlichen Ebenen

seiner Organisation zwar verschieden ausgeprägt ist, eine *strikte theoretische* Trennung in eine konstitutive und eine performative Kompetenz, wie sie auch Antos (vgl. 1981, S. 417) unter Berufung auf die Schachspielmetapher andeutet, aber nicht erlaubt. Empirisch wird dies darin deutlich, daß die synchrone Analyse, wenn sie sorgfältig betrieben wird, notwendig auf die zeichenhaften Strukturformate zwischen Sprechen und Sprache stößt. Grammatikalität und Lexikalität sind im Blick darauf keine ausschließenden Eigenschaften.

Es wirft ein bezeichnendes Licht auf die Rezeptionsgeschichte des Cours, daß es dort durchaus eine ganze Anzahl von Stellen gibt, in denen deutlich wird, daß Saussure selbst die oben angesprochene Problematik gesehen hat, wie dies überhaupt für die Linguistik des 19. Jahrhunderts weniger ein Problem zu sein scheint als für die moderne, auf der Basis wohldefinierter Kategorien deduktiv operierende Linguistik.[81] Während er auf der einen Seite feststellt: »Die Besonderheit des Sprechens ist die Freiheit der Zusammenstellung« (ebd. 149), sieht er auf der anderen Seite deutlich, daß diese Freiheit empirisch in erheblichem Umfang eingeschränkt ist, wenn er formuliert:

»Man muß jedoch zugeben, daß auf dem Gebiet der Anreihungen es keine vorgezeichneten Grenzen zwischen sprachlichen Tatsachen, deren Kennzeichen der allgemeine Gebrauch ist, und Erscheinungen des Sprechens gibt, die von der individuellen Freiheit abhängen. In vielen Fällen ist es schwer eine Anreihung der Sprache oder dem Sprechen zuzuordnen, weil sowohl der eine als der andere Faktor mitgewirkt hat, sie

---

81 Dies gilt für Saussure, für den sein ›langue‹-Begriff eben keine theoretisch-deduktive Konstruktion war. Für ihn konnte ›la langue‹ deshalb noch – vielen Strukturalisten unverständlich – ein ›Gegenstand konkreter Art‹ sein. In gleicher Weise gilt dies auch für Hermann Paul und Wilhelm v. Humboldt. Für alle drei ist etwa die Unterscheidung zwischen Grammatik und Lexikon eine theoretisch unzulängliche *methodische* Hilfskonstruktion, die praktischen Zwecken – etwa des Fremdspracherwerbs – dienlich sein kann, die aber als Modell des Sprachwissens mangelhaft ist. Demgegenüber ist die moderne Linguistik geradezu dadurch gekennzeichnet, daß sie diese Hilfskonstruktionen zu theoretischen Schlüsselbegriffen erhebt.

hervorzubringen, und zwar in einem Verhältnis, das man unmöglich näher bestimmen kann.« (Saussure 1967, S. 150)

Dabei führt Saussure an erster Stelle Beispiele an, »(...) bei denen der *Brauch* keine Änderung zuläßt (...)« (ebd. 149; Herv. H. F.), wie etwa »Wart' mal!« oder »Was ist denn los?« (ebd.). Diese Einheiten, die grammatisch und semantisch also offenbar durchaus regulär sein dürfen, grenzt er dann ab von einer zweiten Gruppe, bei denen sich aus Gründen ihrer *sprachlichen* »(...) Bedeutung, Form oder Zusammenfügung ergibt, daß es sich um feststehende Gebrauchsweisen handelt« (ebd.). Es ist durchaus bemerkenswert, daß Saussure das Kriterium des ›allgemeinen Gebrauchs‹, das für ihn die Grenze zwischen Sprache und Sprechen darstellt, nicht über sprachliche Merkmale i. e. S. definiert, sondern sich – jedenfalls an dieser Stelle – umgekehrt über den Begriff des ›Brauches‹ dem Sprachlichen nähert. Ein an diesem Konzept orientierter Systembegriff würde es erlauben, Beziehungen im System auch zwischen pragmatischen, semantischen und syntaktischen Routinen herzustellen, was zwar auf dieser Ebene des Sprachwissens eine geringere Systematisierbarkeit und Reduzierbarkeit sowie eine höhere Redundanz in der Beschreibung zur Folge hat, dafür aber einen Struktur-, respektive Kompetenzbegriff ermöglicht, der den kommunikativen und kognitiven Anforderungen des Meinens und Verstehens entgegenkommt. Bezogen auf das Gewicht der paradigmatischen Oppositionsbeziehungen im Strukturalismus formuliert Hörmann (1976, S. 27) deshalb:

»Das strukturalistische Definiens von Zeichen, nämlich die Unterschiedenheit von anderen Zeichen, kann eigentlich nicht ohne Rekurs auf die Gelegenheit der *Verwendung* des Zeichens festgestellt werden. Es gibt nicht Unterschiede an sich, sondern Unterschiede in bestimmten Situationen, für bestimmte Sprecher und Hörer, zu bestimmten Zwecken.«

Diese Kritik am Zeichen soll uns hier nicht dazu verleiten, den Begriff des Zeichens selbst aufzugeben oder – was dem u. E. gleichkäme – jedes Zeichen nur sub specie einer aktuellen Handlung aufzufassen. Vielmehr soll dadurch die Plausibilität der Annahme kommunikations- und so auch kognitionsorganisierender Formate einer *redebezogenen Zeichenhaftigkeit* begründet werden, die als eine pragmatisch konstituierte Ebene der Kompetenz zwischen linguistischer Struktur und textueller Praxis vermittelt.[82] Obligatorische Verwendungen begründen danach Systembeziehungen *eigener Art.*[83] Eine solche Reformulierung des Systembegriffs wird u. a. von der sogenannten ›kognitiven Linguistik‹[84] vorgeschlagen, die auf der Grundlage konnektionistischer Modellbildungen davon ausgeht, daß in lernenden Netzwerken – und als solches wird das menschliche Gehirn hier aufgefaßt – Bestätigungszusammenhänge erhalten bleiben und strukturbildend sind. Deshalb hält etwa Dittmann (1988) neurolinguistische Netzwerkmodelle für geeignet, einen »(...) Brückenschlag zwischen funktionaler und reduktionistischer Betrachtungsweise (...)« (Dittmann 1988, S. 66) zu ermöglichen (vgl. auch Kempen/Hoenkamp 1987 und Fillmore et al. 1988). Als Beispiel für einen unter dieser Perspektive reformulierten Systembegriff sei das folgende Zitat angeführt, das allerdings die soziale

82 Vgl. auch Bourdieu (1974), der seine Kategorie des ›Habitus‹ als vermittelnde Ebene zwischen kollektiver bzw. universeller Struktur einerseits und individuell bestimmter Praxis andererseits begreift. Zwar spricht Bourdieu im Zusammenhang seiner Auseinandersetzung mit der Entwicklung der Architektur wiederholt von einer sogenannten ›generativen Grammatik‹ (vgl. 150 u. 155) des Habitus, meint aber damit ein Prinzip formenbildender Kreativität, das nicht auf Regeln, sondern auf Analogien und »einer Art unendlicher Verdoppelung« (ebd. 150) beruht. ›Generativ‹ wäre eine Grammatik des Habitus damit wohl eher im Sinne Humboldts und nicht Chomskys zu nennen.

83 Ohne darauf an dieser Stelle eingehen zu können, sei hier auf eine spannende Untersuchung zu sogenannten ›slips of the tongue‹ verwiesen. Heikkinen/Valo (1985) zeigen in einer psycholinguistischen Untersuchung von Versprechern am Beispiel von Routineformeln, daß auch diese syntagmatischen Einheiten offenbar in paradigmatischen Beziehungen zueinander stehen. So passiert es häufig, daß Sprecher statt eines »Mein aufrichtiges Beileid!« ein »Herzliches Beileid!« oder gar einen »Herzlichen Glückwunsch!« aussprechen.

84 Mit diesem Attribut bezeichnet sich eine Richtung vor allem in der amerikanischen Linguistik, die versucht, Zusammenhänge in der sprachlichen Kompetenz von den Bedingungen der kognitiven Organisation semantischer Beziehungen her zu begründen (vgl. z. B. Lakoff/Johnson 1980; Langacker 1986; Lakoff 1987; Langacker 1988; Fillmore et al. 1988).

Seite der Routine, wie sie im ersten Teil dieser Untersuchung herausgearbeitet worden ist, noch stark vernachlässigt.

»(...) a linguistic system is viewed as a simple inventory of ›cognitive routines‹, which are interpretable as recurrent patterns of activation that are easily elicited by virtue of connection weights; the construction of complex expressions reduces to the co-activation of appropriate routines and ›relaxation‹ into a pattern of activation that simultaneously satisfies all constraints.« (Langacker 1988, S. 8)

Die strukturalistische Rezeption hat die vor allem im Begriff des ›allgemeinen Gebrauchs‹ und auch der ›Institution‹ bei de Saussure nachweisbaren Anklänge zu einer solchen Sichtweise überlesen und den Begriff der Sprache auf die systemisch-funktionellen Oppositionsbeziehungen reduziert.[85] Möglich wurde dies nur durch die Konzentration auf reine Ausdrucksmerkmale und eine streng semasiologisch an den jeweils kleinsten Einheiten orientierte Analyse, die diesen Namen nach Wygotski ja nicht tragen dürfte, für den das ›Analyse‹-Konzept, wie wir weiter oben gesehen haben, den Prozeß einer Ermittlung der ›lebendigen Einheiten‹ der Sprache beschreibt.[86]

Für die Linguistik ist wie für jede andere Wissenschaft die Sicherung der eigenen methodischen Grundlagen und die verfahrensförmige Objektivierbarkeit des analytischen Vorgehens ein wichtiges Anliegen. Das Wort, genauer das Simplex, als ausdrucksseitig semantisch nicht weiter analysierbare Einheit bildet hier einen idealen Fixpunkt semasiologisch orientierter Verfahren, wobei die Wortgrenze bei Bedarf auch nach unten hin durch die Verfahren der Morphemanalyse methodisch kontrolliert unterschritten werden kann. Demgegenüber steht jede *Überschreitung* der auf diese Weise minimalsemasiologisch ermittelten funktionellen Ausdrucksformate in Richtung auf in der Rede artikulierte ›Konzepte‹ in der Gefahr, einem methodisch unkontrollierbaren vorstellungssemantischen Psychologismus zu huldigen.[87]

---

85 Ausgenommen von dieser Bewertung ist der Versuch zu einer Linguistik der ›parole‹ von Charles Bally (1909/1951).
86 Vgl. weiter oben in diesem Teil Kap. 3.2.
87 So formuliert Knobloch (1990, S. 175): »Für den Linguisten ist die im

So berechtigt diese Sorge jedoch auf der einen Seite ist, so problematisch sind ihre Konsequenzen auf der anderen Seite, wenn die Bedenken dazu führen, daß zwar defensiv der Bereich einer funktionell orientierten Linguistik abgesteckt wird, das Faktum der ›idiomatischen Prägung‹ von Beständen des Sprachwissens *oberhalb* der Ebene der funktionellen Elemente der Technik aber theoretisch und praktisch verdrängt wird. Auch starke Befürworter eines semasiologisch an funktionellen Oppositionen orientierten Bedeutungsbegriffs verweisen deshalb auf die Notwendigkeit für eine »(...) entgegenkommende Semantik vom ›thing meant‹ her« (Knobloch 1988a, S. 276). Dies bedeutet aber in der Konsequenz, daß die Wortgrenze auch linguistisch im Blick auf die konventionellen semantischen Konzepte der kognitiven und kommunikativen Praxis der Rede überschritten werden können muß.

Exemplarisch deutlich wird die reduktionistische Verengung des sprachtheoretischen Blickwinkels, wie sie durch die Fixierung auf minimalsemasiologisch bestimmte paradigmatische Oppositionsverhältnisse hervorgerufen wird, bereits auf der Ebene des Wortes selbst. Das Beispiel der Nominalkomposition steht hier stellvertretend für den Fall, in dem ein grammatisch konstruierter Ausdruck ›idiomatisch geprägt‹ werden und der ›sematologisch aufgetragene‹ (Bühler) Mehrwert in das konventionelle Sprachwissen eingehen *kann*. Ohne die aktuellen Debatten zur Komposita-Problematik hier ansprechen zu können, wollen wir doch anhand der kurzen Diskussion eines Beispiels zeigen, inwiefern eine rein minimalsemasiologische Modellierung diese wichtige Ebene sprachlichen Wissens verfehlen muß. Als Kontrahenten in der Geschichte der Diskussion des Problems treten dabei unter anderen Hermann Paul und Charles Bally auf der einen Seite, Karl Bühler und Eugenio Coseriu auf der anderen Seite auf.[88]

Sprechen verschwindende Technik selbständige Zielebene und eigentlicher Gegenstand, während das Gesagte bzw. das Gemeinte, um das allein es dem Sprecher geht, kein linguistischer Gegenstand ist. Es hat an sich in der Linguistik nichts zu suchen (...)«.

88 Die Diskussion hat sich in der Geschichte der Sprachwissenschaft vielfach wiederholt. Ein Beispiel für die Germanistik ist etwa die Aus-

Auch wenn wir etwa der Argumentation Charles Ballys nicht in allen Punkten folgen, so trifft u. E. doch seine folgende, unter der Überschrift ›L'illusion du mot‹ gemachte Feststellung die theoretisch empfindliche Stelle minimalsemasiologischer Konzeptionen:

»Un mot n'est pas donc forcément une unité lexicologique, si par ce term on entend ce qui, dans un contexte parlé ou écrit, correspond à une unité indécomposable de la pensée.« (Bally 1909/1951, S. 64/65)

In gleicher Weise argumentiert bereits Hermann Paul im Blick auf die Grenze zwischen syntaktischen Gefügen und Kompositum von der konzeptuellen Einheit des signifié her, wenn er schreibt:

»Der Uebergang von syntaktischem Gefüge zum Kompositum ist ein so allmählicher, dass es gar keine scharfe Grenzlinie zwischen beiden giebt. ... Eine Vorbedingung für die Entstehung eines Kompositums, die freilich auch nicht absolut erforderlich ist ... besteht darin, dass die zu Grunde liegende syntaktische Verbindung als Ausdruck eines einheitlichen Begriffes gefasst werden kann (...). Es kommt darauf an, dass das Ganze den Elementen gegenüber, aus denen es zusammengesetzt ist, in irgend welcher Weise isoliert wird.« (Paul 1898, S. 304/305)

Diese Konstituierung einer einheitlichen konzeptuellen Bedeutung i. S. von Ballys ›unité lexicologique‹ ist dabei u. E. als diachroner Prozeß der Formierung einer semantischen Gestalt in der Rede zu unterscheiden von der ›fallweisen‹ Bestimmung des jeweils Gemeinten im Sprechen. Während Paul die Konventionalisierung der Interpretation eines komplexen Ausdrucks beschreibt und das Gewicht auf die Konstituierung einer solchen usuellen Bedeutung legt, steht im Gegensatz dazu etwa bei Karl Bühler und auch bei Eugenio Coseriu deutlich der Aspekt der ›fallweisen‹ Bestimmung des Gemeinten durch ein die Kompositionsbedeutung ergänzendes Wissen über die *Sachverhältnisse* im Vordergrund. Wie Bühler (vgl. 1934/1982, S. 65 f., 320 ff.), so ist auch Coseriu (vgl. 1988a, S. 107 ff., 261 ff.) der Meinung, daß bei No-

einandersetzung zwischen Seppänen (1978/1979) und Günther (1979) in der Zeitschrift für Germanistische Linguistik, wo die Frage diskutiert wird, ab wann, eine Zusammensetzung im Sprechen auch zu einer Zusammensetzung im sprachlichen Wissen wird.

minalkomposita lediglich zum einen die grammatische Möglichkeit der Konstruktion sowie zum anderen die beteiligten lexikalischen Elemente selbst ›sprachlich‹ i. S. von ›intersubjektiv fixiert‹ seien. Gegenüber diesen elementaren sprachlichen Bestandteilen wird das Wissen um die Bedeutung des Kompositums selbst als ›nichtsprachlich‹ aufgefaßt bzw. dem allgemeinen Weltwissen, der ›Kenntnis der Sachen‹ (Coseriu 1988a, S. 96) zugeschlagen. Coseriu geht sogar soweit, zu sagen, daß das Wissen um die Bedeutung eines Nominalkompositums nicht zum einzelsprachlichen Wissen gehöre. Die »Spielräume der Bedeutungsunbestimmtheit« (Bühler 1934/1982, S. 66) bei einem Nominalkompositum werden danach durch das Wissen um die »objektiven Möglichkeiten« (ebd.) geschlossen. Die Auforndung der sprachlichen ›Gebilde‹ einerseits (= virtuelle lexikalische Bedeutungen + grammatische Konstruktionsbedeutung) und der je aktuelle Kontext andererseits ergänzen sich – ansonsten sprachlich unvermittelt – zur aktuellen Bedeutung. Diese Formel jedoch ist – wie wir bereits im vorigen Kapitel am Beispiel der Interpretation eines Satzes gezeigt haben – außerordentlich problembehaftet. Coseriu führt (1988a, S. 109 ff.) zur Verdeutlichung seiner Auffassung folgendes Beispiel an:

»Man kann ohne weiteres das ... Beispiel *Straßenhändler* so interpretieren wie *Buchhändler*:

Straßenhändler	*Straßen*	
	einer, der	*kauft und verkauft*
Buchhändler	*Bücher*	

Man interpretiert aber *Straßenhändler* nicht so, weil wir keine Personen kennen, die diese Tätigkeit ausüben, und weil es nicht üblich ist, Straßen zu kaufen und verkaufen. (...) Das, was die Komposita als solche sagen, ist etwas viel Allgemeineres, nämlich:
Straßenhändler: ›Händler, der etwas mit Straßen zu tun hat‹
Buchhändler: ›Händler, der etwas mit Büchern zu tun hat‹
Welches Verhältnis nun zwischen *Händler* und *Straße* bzw. *Buch* vorliegt, ist Sache der Interpretation, und zwar einer Interpretation, die auf *Kenntnis der Sachen* beruht.« (Coseriu 1988a, S. 109/110; Herv. H. F.)

Während den Ausführungen Coserius zur Virtualität der (Kompositions)-Bedeutung des Kompositums – sie finden sich bei

Bühler in ganz ähnlicher Weise – nur zugestimmt werden kann, erscheinen die Begründung und die Schlußfolgerung, namentlich der letzte Teilsatz des Zitats, ausgesprochen problematisch. Was Coseriu korrekt analysiert, ist alleine der Beitrag der Syntax des Kompositums zu seiner Bedeutung, d.h. die Kompositionsbedeutung des Ausdrucks. Sie verhilft uns zusammen mit der virtuellen Bedeutung der beteiligten Lexeme zur virtuellen Bedeutung des Kompositums. Daß wir aber, wenn wir das Kompositum hören oder lesen, nicht an jemanden denken, der *mit* Straßen handelt, liegt keineswegs an unserem Weltwissen, sondern an der lexikalischen Bedeutung des Kompositums, an seiner Funktions- oder Gebrauchsbedeutung. Nicht, weil es nicht üblich wäre, mit Straßen zu handeln – die politische Gegenwart des wiedervereinigten Deutschland im Jahr 1992 belehrt uns eher des Gegenteils –, verstehen wir bei dem Ausdruck etwas anderes, sondern

– erstens, weil es nicht üblich ist, Leute, die mit Straßen handeln, *so zu bezeichnen* und
– zweitens, weil es dagegen üblich ist, Leute, die an und auf Straßen Handel treiben, *so zu bezeichnen*.[89]

Das Kompositum ist kraft ›idiomatischer Prägung‹ ein relativ motivierter, aber konventioneller Ausdruck für das entsprechende signifié und gehört als solches selbstverständlich zum einzelsprachlichen Wissen. Ein L_2-Lerner des Deutschen etwa könnte durchaus den Ausdruck ›Straßenhändler‹ bereits gehört haben

---

89 Für Coseriu fällt die hier angesprochene Problematik in den Bereich einer Textlinguistik. Überall, wo es nicht mehr um durch funktionelle Oppositionen ausgedrückte Bedeutungsanteile geht, sondern um in der Rede mit Hilfe von funktionellen Einheiten artikulierten Sinn bzw. Bezeichnetes, versucht er, radikal begriffliche Schnitte zu legen und das einzelsprachliche Wissen strikt auf den funktionell über minimale Oppositionen strukturierbaren Bereich zu beschränken (vgl. etwa 1980, S. 47f.). Diese Beschränkung auf das strukturalistische Fallbeil als Analyse-Instrument des einzelsprachlichen Wissens läßt den ›Leistungseinheiten‹ der Common sense-Kompetenz keine Chance. Hierfür ist ein gestaffeltes Instrumentarium gefordert, das einen analytischen Zugriff sowohl auf die konstitutive wie auf die regulative Kompetenzebene ermöglicht.

und außerdem über das entsprechende Sachwissen, daß es nämlich Leute gibt, bei denen man auf der Straße etwas kaufen kann, verfügen. Dieses Wissen für sich genommen würde ihn jedoch noch nicht dazu befähigen, den Ausdruck auch korrekt zu gebrauchen. Er müßte außerdem wissen, daß
- erstens die ihm bekannten ›Sachverhältnisse‹ auch sprachlich in der entsprechenden Sprachgemeinschaft konzeptualisiert sind und
- zweitens der von ihm bereits gehörte und u.U. auch grammatisch analysierte Ausdruck in dieser Sprachgemeinschaft zur Bezeichnung genau dieser konzeptuellen Einheit gebraucht wird.

Dies muß er – auch bezogen auf viele ähnliche Ausdrücke – *lernen*, wenn er die entsprechende Sprache beherrschen will.

Bei Bühlers und Coserius Auffassung handelt es sich unseres Erachtens um eine theoretische Verkürzung der Problematik. Erstens vernachlässigen beide – jedenfalls in diesen Beispielen – den Primat der Semantik gegenüber der Syntax im Sprachverstehen, und zweitens vernachlässigen sie die theoretische Bedeutung der Tatsache, daß komplexe Ausdrücke wie Nominalkomposita, einmal gebräuchlich und konventionell geworden, immer schon *als interpretierte* vorliegen. Der Ausdruck hat eine einheitliche, i.w.S. lexikalische Bedeutung erlangt, und die virtuelle Bedeutung der Komponenten sowie die strukturelle Motivierung des Gesamtausdrucks treten demgegenüber in den Hintergrund.[90]

90 Von Karl Bühler wird (ebd. 320 ff.) das Konzept der ›gefügten Symbolbedeutung‹ eingeführt, und er spricht auch im Zusammenhang von Komposita von intersubjektiv fixierten ›Gebilden‹. Dabei weist zwar der Terminus ›gefügte Symbolbedeutung‹ auf eine einheitliche Bedeutung hin, die sich von der grammatischen Ausdrucksstruktur relativ emanzipiert hat, aber die Zuordnung des Nominalkompositums zum ›intersubjektiv fixierten‹ Sprachwissen bezieht sich rein auf den Aspekt seines abstrakt syntaktischen Funktionswertes und auf seinen syntaktisch autonomen Status, der ihm volle syntaktische Feldfähigkeit verleiht. Mit dieser Position grenzt sich Bühler ausdrücklich von Paul, Brugmann und den sogenannten ›Unitariern‹ ab (vgl. ebd. 339).

Die Argumentation zeigt, und dafür ist das Nominalkompositum nur *ein* Beispiel, daß es durchaus ›diesseits‹ der funktionell bestimmten Gebilde ›subjektentbundene‹ konventionelle sprachliche Einheiten gibt. Die Arten und Weisen der ›Überschreitung‹ des Gebildeaspekts in Richtung auf konventionelle Konzept- und Ausdruckseinheiten können zwar sehr unterschiedlich ausfallen. Sie repräsentieren darin jedoch durchaus eine bestimmte Ordnung verschiedener Möglichkeiten der Ausdrucksbildung durch ›idiomatische Prägung‹.[91]

---

[91] Vgl. dazu im Schluß den Abschnitt ›Perspektive‹ und ausführlicher dazu Feilke (i. V.).

III.
Resultat und Perspektive des Diskurses

Im folgenden soll der Rückblick auf die Resultate der Untersuchung mit einer Diskussion der sich daraus ergebenden Perspektive für die Aufgabe einer ›Ordnung‹ des sprachlichen Common sense verbunden werden. Der Rückblick greift die zentralen ergebnisformulierenden Thesen der beiden Teile dieser Untersuchung wieder auf und stellt die Resultate im Zusammenhang vor. Es ist klar, daß eine solche abstrahierende Verdichtung inhaltlich auf die Erörterungen und Beispiele im Text angewiesen bleibt. Sie kann nur eine Hilfe zur Vergegenwärtigung der u. E. wichtigsten Ergebnisse der Abhandlung sein.

Wir haben in dieser Untersuchung in erster Linie den interdisziplinären Kontext und die kommunikations- und sprachtheoretischen Implikationen des Common sense-Konzeptes thematisiert. Die Folgerungen für die sprachwissenschaftliche Modellierung des sprachlichen Könnens im einzelnen sind Gegenstand einer weiteren eigenständigen Untersuchung, die auf den Resultaten dieser Abhandlung aufbaut. Sie muß zeigen, wie die Common sense-Kompetenz *sprachlich* im Sprechen durch idiomatische Prägung hervorgebracht wird, welche Ausdrucksformen daraus resultieren und wie die emergente *›Ordnung der sprachlichen Typik‹* zu strukturieren ist.[1] Unter dem Stichwort ›Perspektiven‹ gehen wir im zweiten Abschnitt auf die sich aus dieser Abhandlung ergebenden Aufgaben für eine am ›natürlichen‹ und ›sympathischen‹ sprachlichen Können interessierte Sprachwissenschaft ein.

1. Resultat: Common sense, Kompetenz und Kommunikation

Im Anschluß an Vorbemerkungen zum ersten Teil (Kap. I.1) haben wir zu Beginn der Untersuchung zunächst die historischen (Kap. I.2) und erkenntnistheoretischen (Kap. I.3) Implikationen des Common sense-Konzeptes thematisiert. Dabei hat sich gezeigt, daß die biologische Vorprägung individueller Erkenntnis ebenso wie der Prozeß kultureller Prägung des Wissens erst histo-

---

[1] Eine Veröffentlichung zu dieser ›Ordnung der sprachlichen Typik‹ ist in Vorbereitung (Feilke i. V.).

risch als Komponenten der Gewißheitsproblematik bewußt geworden sind. Die historische Rekonstruktion legt zwei sinnvolle Verwendungen des Begriffs Common sense nahe bzw. sie legt eine ihm eigentümliche Doppelstruktur offen. Zum einen läßt sich der Begriff sinnvoll auf die erkenntnistheoretische Problematik der prädikativen Struktur der Wahrnehmung und des Überzeugungscharakters unserer Wahrnehmungsurteile beziehen. Die Rekonstruktion des in diesem Sinne biologisch verankerten Common sense ist das Projekt der sogenannten ›evolutionären Erkenntnistheorie‹. Zum anderen bezeichnet ›Common sense‹ begriffsgeschichtlich das kognitive und moralische Sediment unserer alltäglichen Erfahrungsprozesse als ein quasi-natürliches, institutionalisiertes Wissen. Es wird der die Wissenschaft bestimmenden Reflexivierungstendenz als ›normatives Faktum‹ entgegengestellt und ermöglicht Sicherheit der Orientierung.
Diese Ambivalenz von ›Common sense‹ spiegelt sich auch in den Diskussionen über den Sprachbegriff und den Begriff sprachlichen Wissens und hängt aufs engste damit zusammen. So zählt etwa Chomsky die Sprache als universale Kompetenz zur biologischen Grundausstattung des Menschen, die ihm im Prinzip unabhängig von je besonderen empirisch kulturellen Prägungen das Sprechenkönnen ermöglicht. Dagegen wird in der Tradition Saussures die Sprache eindeutig in den Bereich der quasi-natürlichen sozialen Institutionen eingeordnet. Die Linguistik hat die Zusammenhänge zwischen der allgemeinen Gewißheitsproblematik – für die das Common sense-Konzept einen Lösungsvorschlag unterbreitet – und dem Begriff sprachlichen Könnens und Wissens bisher kaum erkannt und deshalb auch theoretisch nicht genutzt.
Dabei sind die grundlegenden Elemente des Konzeptes in außerordentlich sinnvoller Weise auf linguistische Fragestellungen beziehbar. Ebenfalls kann umgekehrt – wie in der Kritik an den soziologischen Konzeptionen gezeigt worden ist – *ohne* linguistische Konzepte eine Theorie des Common sense nicht vollständig sein. Die Reihenfolge der Disziplinen Biologie, Soziologie, Linguistik beschreibt hier Stufen einer zunehmend kulturellen Prägung des Common sense. Dieses Kontinuum bildet damit die angedeutete Doppelstruktur des Begriffs ab.

Die allgemeine Grundlage für die Anwendung des Common sense-Konzepts auch auf linguistische Fragestellungen ist folgende These:

Der Tatsache der Kontingenz bei der Interpretation von Erfahrungs›daten‹ – ob bei der einfachen Sinneswahrnehmung oder der Wahrnehmung z. B. von Sprache in kommunikativen Prozessen – korrespondiert der Typus des Common sense-Wissens als Mittel der Vereindeutigung und Sicherung des Wissens als pragmatisch relevanter Information. Der Common sense ist ein auf die ökologischen Bedingungen menschlichen Handelns bezogenes und durch diese Bedingungen pragmatisch konstituiertes und stabilisiertes intuitives Wissen.

Entscheidend für die weitere Entwicklung der Argumentation in diesem Teil war dann die Modellierung der Zusammenhänge zwischen Kommunikation und Kompetenz in der Darstellung und Kritik der soziologischen Konzeptionen bei Luhmann, Berger/Luckmann und Mead. Die Bedingungen der Kommunikation – also der ›oikos‹ des sozialen Handelns – bilden zugleich den Möglichkeitshorizont und den Selektionsraum für die Inhalte der Kommunikation und die Formen ihres Ausdrucks. Insofern Inhalte und Formen der Kommunikation ein Produkt dieser Verhältnisse sind, ist auch das sprachliche Wissen, die Kompetenz, wesentlich pragmatisch. Das gleiche gilt auch für das Weltwissen, soweit es kommunikativ konstituiert ist.
Die soziologische Systemtheorie kann die Genese des Common sense als eines Typus des Weltwissens aus den Bedingungen von Kommunikation herleiten (Kap. I.4). Er kann als Sediment der thematischen Selektivität kommunikativer Prozesse aufgefaßt werden. Dabei besteht die besondere Leistung der Systemtheorie darin, daß die Selektivität des Common sense nicht einfach als eine durch subjektive Wahrnehmung bedingte Reduktion von Komplexität (wie in der evolutionären Erkenntnistheorie) begründet wird, sondern der Begriff des Common sense als *kommunikativ konstituiertes soziales Wissen* erklärt werden kann. Dieses spiegelt sowohl in seinen Inhalten wie in seiner Struktur die sachlichen, zeitlichen und sozialen Randbedingungen für das Zustandekommen koordinierter Selektivität. Soziale Systeme entstehen und bestehen durch Kommunikation, und sie können sich

als soziale Systeme nur erhalten, wenn sie *ihre* Selektivität und damit die *Anschließbarkeit* von Kommunikation an Kommunikation sicherstellen. Das bedeutet: Auch die kommunikative Kompetenz der sozialen Akteure als Individuen muß *wesentlich* durch diese Selektivität geprägt und auf die Anschließbarkeitsproblematik bezogen sein!

Die Kritik der soziologisch-systemtheoretischen Argumentation Luhmanns (vgl. Kap. I.4.5) hat verdeutlicht, daß Luhmann hier das eigene theoretische Instrumentarium nicht bis zur letzten – sprachtheoretischen – Konsequenz anwendet, welche lautet:

Den verfügbaren semantischen Ressourcen sozialer Systeme ist auf der Ebene der sprachlichen Kompetenz eine weitere emergente Strukturebene als Resultat koordinierter *linguistischer Selektivität* vorgeordnet: ein die semantischen Selektionen koordinierender *linguistischer Common sense*, in dem die Kontingenz grammatisch und semantisch *möglichen* Zeichenausdrucks zu einer sozial bestimmten, d. h. *individuell nicht optionalen* Ausdruckstypik verdichtet ist, über die die semantische Koorientierung u. a. bewerkstelligt wird. Darüber hinaus ist aus systemtheoretischer Sicht zu erwarten, daß infolge des Faktums der Kontingenz des Zeichenausdrucks ein linguistischer Common sense gerade auch im Blick auf solche Parameter sprachlichen Ausdrucks besteht, die ersichtlich *keine* unmittelbaren semantischen Effekte haben, gleichwohl aber i. S. des order-on-order-Prinzips der sozialen Koorientierung dienen können (z. B. Phonetik, syntaktische Komplexität, Anteil nonverbaler Ausdruckskomponenten etc.).

In einer Übernahme und gleichzeitigen Reformulierung des wissenssoziologischen Konzepts der ›Institutionalisierung‹ von Peter Berger und Thomas Luckmann (Kap. I.5) konnte folgende These zur *Genese* der Common sense-Typik des sprachlichen Ausdrucks formuliert werden:

Jedes Verhalten A's unter den Bedingungen wechselseitiger Wahrnehmung ist, wenn auch eine eindeutige Intention zugrunde liegen mag, *sozial* mehrdeutig. Es bietet immer mehrere Möglichkeiten der Interpretation gleichzeitig. Daß die von B vollzogene Interpretation mit der von A intendierten übereinstimmt, ist unwahrscheinlich. Das gleiche gilt dann auch für B's Reaktion. Die Effekte der Kommunikation verändern die

Bedingungen für Intentionen. Über die wechselseitige Orientierung an Effekten *kann dabei Mehrdeutigkeit in dem Maße reduziert werden* bzw. kommt es in dem Maße zu einer Engführung der Orientierungen von A und B, *wie sie auf Resultate ihrer Kommunikation als voraussetzbares intersubjektives Wissen zurückgreifen können.* So bildet sich ein Common sense. Gleichzeitig erlangt dieses Wissen über die Verständigungsbasis einen erhöhten Grad von sozialer Verbindlichkeit, denn es ist die Voraussetzung für die Anschließbarkeit von Kommunikation an Kommunikation.

Durch Meads Begriff ›gestischer Kommunikation‹ konnte, die soziologische Argumentation abschließend, der besondere Status einer linguistischen Common sense-Kompetenz dann verdeutlicht werden (Kap. I.5.4). Diese ist nicht etwa eine Kompetenz, die ein Common sense-Wissen *repräsentiert und symbolisch vertritt*, sondern sie ist als Common sense-Kompetenz *sui generis* ein durch Kommunikation konstituiertes *Steuerungsmittel* für die Konstruktion von Bedeutung durch die Handelnden. In einem Exkurs zur ›Weisheit der Formel‹ als phraseologischem Topos ist dieses Ergebnis bereits zuvor begründet worden. Die Diskussion resultierte in einer reformulierten Konzeption sprachlicher Zeichenhaftigkeit. Der Vorschlag für ein revidiertes Zeichenkonzept wurde wie folgt formuliert:

An die Stelle der einfachen semiotischen Formel ›aliquid stat pro aliquo‹ tritt eine doppelte Differenz: auf der Ausdrucksebene oder performativen Ebene die Differenz von ›möglich‹ vs. ›typisch/konventionell‹ und auf der semantischen Ebene die Differenz von ›pars‹ und ›totum‹ oder Figur und Hintergrund der Kommunikation.

Vor diesem theoretischen Hintergrund werden die erstaunlichen Common sense-Leistungen in der natürlichen sprachlichen Kommunikation zu einem großen Teil linguistisch faßbar und erklärbar. Dies verringert den Bedarf für kommunikationsethische Idealisierungen in der Sprachtheorie. Das Argument wird in einem Exkurs zu Habermas' ›Theorie des kommunikativen Handelns‹ kritisch gegen die sprachtheoretischen Implikationen dieses Ansatzes gewendet. Eine zusammenfassende Argumentation zum Begriff der ›Natürlichkeit‹ sprachlichen Wissens (Kap. I. 5.5) beendete die Diskussion im ersten Teil. Alfred Schütz' Konzeption polythetischen und monothetischen Wissens ebenso wie

Rudi Kellers Modellierung der Sprache als ›Phänomen der dritten Art‹ können gewinnbringend auf das Problem der Quasi-Natürlichkeit der Kompetenz bezogen werden. In diesem Zusammenhang kann auch der u. E. nicht ohne weiteres von der Hand zu weisenden rationalistischen ›Idee‹ einer Universalgrammatik ein angemessener Platz zugewiesen werden.

In den vier Kapiteln des II. Teils der Abhandlung haben wir in Auseinandersetzung mit verschiedenen Traditionen sprachtheoretischer Reflexion zentrale Teilkonzepte der Common sense-Kompetenz und einer Theorie ›idiomatischer Prägung‹ erarbeitet. Im Anschluß an die Vorbemerkungen (Kap. II.1) wurde einleitend durch die Diskussion eines Beispiels vor allem der kommunikationstheoretische Stellenwert der Common sense-Kompetenz verdeutlicht (Kap. II.2). Die Ergebnisse lassen sich in folgenden Thesen zusammenfassen:
– Die Common sense-Kompetenz ist kommunikationstheoretisch eine ›Kontextualisierungs‹-Kompetenz, d. h. sie ist eine wichtige Grundlage unserer Fähigkeit, gemeinsame Kontexte für Meinen und Verstehen zu *erzeugen*.
– Eine solche Kompetenz ist erforderlich, weil entgegen einer gängigen Auffassung, nach der Kommunikation immer in bereits bestimmten Kontexten stattfindet, eine genaue Betrachtung zeigt, daß Situationen der Kommunikation im Prinzip immer polyvalent, d. h. mehrfach kontextualisierbar und an mehrere mögliche bekannte Kontexte anschließbar sind.
– Eine Common sense-Kompetenz ermöglicht die pragmatische Strukturierung von Situationen im Hinblick auf Anschlußmöglichkeiten für das verständigungsrelevante Weltwissen und Handeln der sozialen Akteure.
– Diese außerordentliche Selektivität wird möglich durch den Mechanismus ›*idiomatischer Prägung*‹, d. h. durch die *reflexive* Konventionalisierung der Assoziation von *im Sprechen und Hören (Meinen und Verstehen) erbrachten Konzeptualisierungsleistungen* mit sprachlichen Ausdrücken bzw. Ausdrucksweisen.
– Der Prozeß resultiert inhaltsseitig in der Konventionalisierung einer perspektivischen Interpretation und ausdrucksseitig in einer

konventionalisierten und im idiomatischen Sprachwissen mehr oder weniger stark fixierten Distribution. So können über die Prägung bestimmter *Ausdrücke* Ressourcen des Vorverständigtseins für die Kommunikation geschaffen und gesichert werden.

›Idiomatische Prägung‹ ist damit eine Form pragmatisch motivierter Strukturbildung. Diese ist als ›Verursachung von oben‹ in und außerhalb der Linguistik ein Problem für reduktionistisch orientierte Theoriestrategien. Deshalb haben wir in Auseinandersetzung mit reduktionistischen Konzepten zentrale allgemeine Theoreme diskutiert, die als Alternative zu reduktionistischen Erklärungsansätzen geeignet erscheinen (Kap. II.3). Die folgenden Thesen fassen das Diskussionsergebnis zusammen:
– Zur Lösung des Reduktionismus-Problems erscheint es sinnvoll, zwischen systemisch-formalen Strukturen auf der einen Seite und der Handlungs- oder Lebens*praxis* auf der anderen Seite eine intermediäre regulative Ebene struktureller Organisation zu modellieren. So spricht etwa Searle im Blick auf diese Ebene von einer ›makrostrukturellen‹ Beschreibung, Wygotski von der Analyse ›lebendiger Einheiten‹, Eigen – bezogen auf den genetischen Code – von einer ›Exekutivsprache‹ und Küppers von einer ›funktionellen Ordnung‹ der genetischen Makromoleküle. Ergänzend ließe sich hier etwa auch Bourdieus ›Habitus‹-Konzept anführen, das ebenfalls eine zwischen System und Praxis vermittelnde Strukturebene beschreibt.
– Die Annahme einer solchen intermediären Ebene struktureller Organisiertheit – einer Ausdruckstypik also – betrifft den strukturell-statischen Aspekt des Modells. Unter dem strukturell-dynamischen Aspekt der Genese von Strukturen betonen evolutionstheoretisch motivierte Konzepte die Bedeutung ›pragmatischer Instruktion‹ (Weizsäcker) für die Strukturbildung.
– In einem Zusammenspiel des *erstmaligen Auftretens* von Strukturen und ihrer *Bestätigung* werden danach beständig neue Strukturen geschaffen und – soweit sie möglich und sinnvoll sind – erhalten.
– Daraus resultiert die Annahme zweier komplementärer Strategien evolutionärer Kreativität: Es ist sinnvoll, eine pragmatisch ungerichtete und formal strukturorientierte Kreativität einerseits

von einer pragmatisch gesteuerten, gestaltbildenden Kreativität andererseits zu unterscheiden. Die erstgenannte ermöglicht durch eine nur formal beschränkte Kombinatorik ›Erstmaligkeit‹, die zweite sichert die pragmatisch emergenten, gebrauchstüchtigen Strukturen als ›Bestände‹.
– Nur im Blick auf die Resultate dieser zweiten Kreativitätsform läßt sich sinnvoll von ›Information‹ sprechen, weil erst durch sie Differenzen in der kombinatorischen Struktur markiert und semantisierbar werden.
– Sowohl im biologischen als auch im kulturellen Problemfeld der Konstituierung und Strukturierung von Information werden Offenheit einerseits und strukturelle Sicherung pragmatischer Information andererseits gewährleistet durch eine in mehrere eigenständige Ebenen gestaffelte hierarchische Struktur.
– Die unteren Ebenen solcher Strukturen sind durch extreme Normiertheit, die oberen durch eine relativ freie Kombinatorik gekennzeichnet. Sprachtheoretisch steht dafür bereits Jakobsons Prinzip der ›doppelten Artikulation‹ bzw., je nach Zahl der angesetzten Ebenen, der ›mehrfachen Artikulation‹. Horizontal ist jede Ebene auch selbst durch ein Zusammenspiel von Erstmaligkeit und Bestätigung gekennzeichnet. Auf jeder Ebene selbst lassen sich also wiederum ›elementare Einheiten/Regeln‹ und pragmatisch gesicherte ›kombinatorische Formeln‹ unterscheiden.

Nach dieser Grundlegung eines abstrakten antireduktionistischen Denk-Modells im dritten Kapitel, das dort auch auf Sprache und sprachliches Wissen bezogen wird, begründet Kapitel vier in Auseinandersetzung mit verschiedenen sprachtheoretischen Reduktionstraditionen wichtige Teilkonzepte der ›Common sense-Kompetenz‹ und der ›idiomatischen Prägung‹.
Nach einigen übergreifenden Vorbemerkungen zum Problem (Kap. II.4.1) wurden in Auseinandersetzung mit der Tradition der Reduktion von Sprache und sprachlichem Wissen auf den *Handlungsaspekt* des Sprechens folgende Thesen begründet (Kap. II.4.2):
– Soziales Handeln wird erst als solches erkennbar durch eine Typik des Verhaltens. Dies gilt auch für das Sprechen.

– Insofern diese Typik von einer sprachlichen Typik des Sprechens abhängt, ist das Sprachhandeln nicht über seinen intentionalen Aspekt hinreichend rekonstruierbar, wie es etwa noch in der Tradition der Sprechakttheorie versucht wird.
– Sprachliche Handlungsfähigkeit muß deshalb als eine auch idiomatisch bestimmte Ausdrucks-Kompetenz modelliert werden. Diese strukturorientierte Kompetenz ist eine Ebene der Ordnung des sprachlichen Handelns *sui generis*.
– Die ›idiomatische Prägung‹ des Ausdrucks stellt i. S. von Meads Begriff der ›Geste‹ eine sozial bestimmte Formung von Handlungsmöglichkeiten dar. Ausdrücke können in diesem Sinne gewissermaßen als Handlungsmodelle fungieren, indem sie Schemata sozialer Koorientierung indizieren (vgl. hierzu auch den Exkurs zu Bühler).
– Deshalb spielen die ›idiomatischen Oberflächen‹ des Handelns eine außerordentlich wichtige Rolle. Firths Konzept der ›appropriate combination‹ und Gumperz' Konzept der ›contextualisation-cues‹ modellieren diesen Aspekt.
– Semantisch ist es wichtig, zwischen der *Gebrauchsbedeutung* von Ausdrücken (Firths ›meaning by collocation‹) und der *kommunikativen Bedeutung* von Ausdrücken im Gebrauch (Firths ›contextual meaning‹) zu unterscheiden. Die nicht in der Kompetenz verankerte kommunikative Bedeutung von Äußerungen fußt großenteils auf den Kontextualisierungsbeiträgen der in der Kompetenz verankerten Gebrauchsbedeutungen idiomatisch geprägter Ausdrücke.
– Im Unterschied etwa zur Sprechakttheorie betont das Konzept ›idiomatischer Prägung‹ die Bedeutung auch des Hörers/Lesers für das sprachliche Handeln. Denn für diesen muß ebenfalls eine Common sense-Kompetenz vorausgesetzt werden, wenn eine zur Kommunikation hinreichende Gleich-Sinnigkeit von Meinen und Verstehen erreicht werden soll.

Die Auseinandersetzung mit der Tradition der Reduktion von Sprache und sprachlichem Wissen auf den Aspekt der grammatisch-kombinatorischen Kreativität begründet folgende Thesen (Kap. II.4.3):
– Die Unterscheidung zwischen Grammatik und Lexikon ist

sprachdidaktisch und heuristisch wertvoll. Die Hypostasierung der Konzepte zu *theoretischen* Leitbegriffen aber ist ausgesprochen problematisch, wenn Grammatikalität und Lexikalisiertheit sprachlicher Ausdrücke *im Prinzip* als einander ausschließende Eigenschaften aufgefaßt werden.

– Ein grammatisch strukturierter Ausdruck – etwa eine Formel wie ›Ich liebe Dich‹ – kann lexikalisiert werden, ohne daß sich an seiner grammatischen Strukturiertheit dadurch irgendetwas ändert. Die meisten ›idiomatisch geprägten‹ Ausdrücke sind in diesem Sinne *zugleich* regulär grammatisch strukturiert und lexikalisiert.

– Die Änderung der Bedeutung, die bei Umstellungen, Erweiterungen oder Substitutionen in solchen Ausdrücken auftreten *kann* (z. B. ›Ich liebe Dich gleich‹), ist nicht Zeichen eines Verlustes an grammatischer Strukturiertheit – gerade das Gegenteil ist der Fall – sondern Zeichen ausdrucks- und inhaltsseitiger Gestaltbildungsprozesse, die im Prinzip unabhängig von der grammatischen Konstituenz eines Ausdrucks sind.

– Die Gestaltbildungsprozesse sind Resultat einer ›pragmatisch instruierten‹ Interpretation von Ausdrücken, die zur Etablierung von Präferenzen des Verstehens und damit auch des Gebrauchs dieser Ausdrücke führt. Erst diese Präferenzen geben dem Meinen und Verstehen die soziale Prägung, an der reduktionistische Konstruktionen der Kompetenz immer wieder scheitern.

– Das Faktum der Existenz solcher Präferenzen führt zu einer Problematisierung des Konzepts literaler Bedeutung. Es zeigt sich, daß – aus verschiedenen Gründen – Ausdrücke prinzipiell semantisch plastisch und vielfach interpretierbar sind. Auch strukturell motivierte Ausdrücke sind im Blick auf die Bezeichnung immer nur relativ motiviert und *können* deshalb im Blick auf das Gemeinte durch pragmatisch instruierte Interpretation konventionell perspektivisch semantisiert werden.

– Dies begründet die Annahme einer ›doppelten Arbitrarität‹ bzw. ›doppelten Konventionalität‹. Die erste Ebene betrifft dabei im Sinne Saussures die ›einfachen‹ Zeichen, die zweite als Arbitrarität bzw. Konventionalität auf der Ebene des Gebrauchs auch grammatisch konstruierte Ausdrücke.

– Da Bedeutungsbeschreibungen – zumal kombinatorisch gebil-

deter Ausdrücke – *notwendig* auf einen Gebrauchskontext angewiesen sind, läßt sich eine bestimmte konventionell abstrakte Ausdrucksbedeutung nur nach Maßgabe der Konstituierung einer Typik des Ausdrucks-Gebrauchs bzw. einer Typik des Gebrauchs seiner Segmente zuweisen.
– Mit theoretischem Vorrang ausgestattet wird deshalb in der hier vorgeschlagenen Konzeption die Gebrauchs- oder Funktionsbedeutung des Ausdrucks (Wilenskys ›ordinary content‹). Sie ist von verschiedenen möglichen Interpretationen eines Ausdrucks die im Common sense präferierte, und zwar – für den ›sensible speaker/hearer‹ – *unabhängig* von einem bestimmten Kontext (vgl. II.4.3.3).
– Es kann mehrere solcher Gebrauchsbedeutungen geben. Die Prägnanz (strukturelle Kontextspezifität) der Ausdrucksgestalt ist dann für die Abstufung der Präferenzen entscheidend (vgl. das Schema zum Bierwisch-Beispiel, ebd.). Damit verliert auch die Unterscheidung zwischen literaler und übertragener Bedeutung ihre theoretische Prominenz.
– Das in der Theorie traditionell mit Vorrang ausgestattete Konzept einer abstrakten kompositionellen ›literalen Grundbedeutung‹ des Ausdrucks wird nun weniger wichtig. Es wird genauer bestimmt als eine pragmatisch unqualifizierte ›logische Inhaltsform‹ des Ausdrucks, die zudem nur reflexiv zugänglich ist und für die Psychologie des normalen Verstehens keine Rolle spielt. (Wilenskys ›primal content‹).

Abschließend wurde die Tradition der Reduktion von Sprache und sprachlichem Wissen auf den Zeichenaspekt thematisiert (Kap. II. 4.4). Die Zusammenfassung dieser Diskussion kann sich hier auf zwei Thesen beschränken.
– Der strukturalistische ›Wert‹-Begriff konzentriert das Augenmerk der Theorie und praktischen Analyse auf die Konstruktion paradigmatisch-funktioneller Beziehungen im sprachlichen Wissen. Die Grundlage dafür ist eine minimalsemasiologisch am Wort bzw. am Morphem orientierte Bestimmung der Einheit des Zeichens.
– Dies führt zu einer Vernachlässigung des syntagmatisch im Sprechen konstituierten Gebrauchs-Wertes als Kriterium der Ein-

heit des Zeichens. Die Tatsache, daß obligatorische Verwendungen bestimmter Zeichenkombinationen Systembeziehungen eigener Art (Ordnungen) konstituieren, bleibt als theoretisches Problem für den Begriff sprachlichen Wissens weitgehend unerkannt.

Es wird deutlich, daß das an den minimalsemasiologisch funktionellen Oppositionen orientierte strukturalistische Instrumentarium theoretisch und methodisch keinen Zugang zu den Ordnungsleistungen der Common sense-Kompetenz eröffnet. Das strukturalistische ›Messer‹ tranchiert mit Methode die ›lebendigen Einheiten‹ (Wygotski) des Sprechens und verfehlt damit – ebenso wie grammatisch-kombinatorische Ansätze – die für die Kommunikation äußerst bedeutsame ›Ordnung der sprachlichen Typik‹. Es zeigt sich, daß die Modellierung und Beschreibung dieser ›natürlichen Ordnung‹ der Kompetenz für die Sprachwissenschaft ebenso große Herausforderungen mit sich bringt wie die Konstruktion des Systems. Die größte Herausforderung ist dabei sicherlich, vertraute und *wissenschaftlich* durchaus auch bewährte Vorstellungen vom Funktionieren der Sprache in Frage zu stellen. Infragestellung bedeutet dabei keineswegs, daß Konzepte wie ›kombinatorische Regel‹ und ›minimale Lexikoneinheit‹ bzw. ›Formativ‹, ›kompositionelle und literale Bedeutung‹ etwa zu verwerfen wären, sondern es bedeutet zu fragen, wie sie im Rahmen eines erweiterten Begriffs der sprachlichen Kompetenz zu verstehen und in einem entsprechenden Modell neu zu verorten sind. Einige Bausteine zu diesem Projekt, das – wie gesagt – Gegenstand einer eigenen Untersuchung ist (vgl. Feilke i. V.), werden im folgenden Entwurf einer ›Perspektive‹ abschließend angesprochen.

2. Perspektive:
Zur idiomatischen Ordnung der Verständigung

In der Einleitung zum Kawi-Werk formuliert Wilhelm von Humboldt in einem ebenso alten wie modernen Bild das zentrale *sprachliche* Problem des Meinens und Verstehens, wenn er schreibt:

»Erst im Individuum erhält die Sprache ihre letzte Bestimmtheit. Keiner denkt bei dem Worte gerade und genau das, was der andere, und die noch so kleine Verschiedenheit zittert, wie ein Kreis im Wasser, durch die ganze Sprache fort. Alles Verstehen ist daher immer zugleich ein Nicht-Verstehen. Alle Übereinstimmung in Gedanken und Gefühlen zugleich ein Auseinandergehen.« (Humboldt [1835] 1963/1988, S. 439)

Im gleichen Maße wie die Unterbestimmtheit *sprachlicher* Bedeutung im Verstehen als Ursache des Nicht-Verstehens erscheint, ist der sprachliche Ausdruck (das ›Wort‹) in Humboldts Bild das Zentrum der Verständigung und der intersubjektive Anhaltspunkt für Konvergenz und Divergenz der Orientierungen. Deshalb liegt im gleichsinnigen Ausdrucksgebrauch – trotz aller Unterbestimmtheit und entgegen der alltäglichen Erfahrung des Mißverstehens – eine *sozial* verläßliche Form der Koordination kommunikativer Handlungen vor. Nur sind wir damit *linguistisch* auch schon über das ›Wort‹ hinaus. Man kann das ›Wort‹ für die *natürliche* Kompetenz ›so hoch unmöglich schätzen‹. Denn erst der Wort-*Gebrauch* in der Rede ist es, der die Erwartungen der SprecherInnen und HörerInnen im Sinne von Anschließbarkeitsobligationen und -optionen strukturiert. Aus diesem Grund formuliert Humboldt im Blick auf die sprachlich optimale Verständigung die folgende bekannte These und Maxime:

»Gerade das Höchste und Feinste läßt sich an ... getrennten Elementen nicht erkennen und kann nur ... in der verbundenen Rede wahrgenommen oder geahndet werden.« ... »Es darf also Niemand auf andre Weise zum Andren reden, als dieser, unter gleichen Umständen, zu ihm gesprochen haben würde.« (Humboldt [1835] 1963/1988, S. 418 u. 419)

Die ›verbundene Rede‹ und die – aus der Kommunikation erwachsene – Kenntnis der ›Umstände‹ ihres Gebrauchs ermöglicht Steuerungsleistungen, die nicht auf eine *universal*pragmatische, sondern auf eine *idio*pragmatische Kompetenz zurückzuführen sind. Die ›verbundene Rede‹ geht dabei im gleichen Maße aus dem *individuellen* Ausdruck hervor, der sich der Wörter bedient, wie sie kommunikativ zum Anhaltspunkt einer *sozialen* Bedeutung werden kann, die auf ein ›wörtliches‹ Verstehen nicht mehr angewiesen ist. Wir haben dies mehrfach illustriert.

Eine Verbindung dieses subjektiven und objektiven Moments des Sprechens ermöglicht u. E. die Kategorie ›Ausdruck‹. Sie erlaubt die Formulierung einer alternativen Position zum repräsentationistisch wortzentrierten und zugleich minimalsemasiologischen Zeichenverständnis und eröffnet so einen konstruktiven Zugang zur Common sense-Kompetenz.[2]

Die im Konzept ›Ausdruck‹ reflektierte semiotische Mehrdimensionalität ist vielfach – etwa von Grammatikern und Handlungstheoretikern – auch für den Versuch einer Diskreditierung des Zeichenbegriffs insgesamt benutzt worden. Für uns dagegen werden durch dieses Konzept eine ganze Reihe von Problemen theoretisch modellierbar, die von einer minimalsemasiologischen, am Wort orientierten Linguistik entweder abgeschoben werden oder ihr ›rätsel‹haft bleiben müssen. Es ist uns klar, daß damit der Kategorie ›Ausdruck‹ eine große Last aufgebürdet wird. Wir wollen sie nutzen, um für drei von Hans Hörmann (1976) in kritischer Absicht aufgeworfene Fragen zur Zeichentheorie linguistische Antworten vorzuschlagen und zu begründen:

1) »(...) wie wird aus dem, was später Zeichenträger genannt werden soll, ein Zeichen?«
2) »Was ist unter ›das Bezeichnete‹ zu verstehen?«
3) »Was heißt – last not least – ›für etwas stehen‹?« (vgl. Hörmann 1976, S. 17).

Die Kategorie ›Ausdruck‹ ist linguistisch kaum genutzt, nichtsdestoweniger hat sie in der Disziplin Tradition. Ihre Bedeutung ist in der linguistischen Denktradition mindestens dreifach differenziert: a) als funktionell bestimmte Ausdrucksform (Hjelms-

---

2 Vgl. zu den folgenden Ausführungen die ausführliche Herleitung, Begründung und deskriptive Systematisierung in Feilke (i. V.): ›Sprache als soziale Gestalt‹.

lev), b) als individuell bestimmte Ausdrucks-Funktion im Sprechen (Bühler) und c) als sozial bestimmter, idiomatisch geprägter Ausdruck i. S. einer grammatisch strukturierten, lexikalisierten Redeeinheit. Die Kategorie erlaubt es so, *Struktur, Dynamik und Gestalt* der Zeichen-Kenntnis begrifflich zu integrieren und theoretisch aufeinander zu beziehen.

– Die immanente Systematizität der Sprache (*Struktur*),
– die Kreativität des Sprechens (*Dynamik*)
– und die soziale Ordnung der Kompetenz (*Gestalt*)

werden der Möglichkeit nach innerhalb des gleichen Modells vermittelbar. Dafür ist zu untersuchen,

– wie die SprecherInnen ihr sprachliches Wissen strukturieren,
– welche Prinzipien die Kreativität der Ausdrucksbildung im Sprechen bestimmen und begrenzen und
– welche Ordnung des idiomatischen sprachlichen Könnens daraus resultiert.

Den Schwerpunkt dieser Untersuchungen bilden erstens die Prozesse der Ausdrucksbildung ›jenseits‹ der Wortgrenze. Dabei zeigt sich, daß es zahlreiche Parallelen zur Wortbildung auch auf der Ebene der Kombination von Morphemen und Wörtern zu Ausdrücken gibt. Anders formuliert, es wird deutlich, daß *allgemeine* Prozesse einer idiomatischen Ausdrucksbildung existieren, durch die pragmatisch motivierte Prägungen intersubjektiv verfügbar werden können. Die wichtigsten Prinzipien sind dabei:
– quasi-indexikalische Abgrenzung von bereits lexikalisierten Ausdruckseinheiten (z. B. ›*stehen*‹ vs. ›*stehen zu* jmd.‹ oder ›*sich stehen mit* jmd.‹)[3],
– semantische Motivierung des Gemeinten z. B. *auch* über Meta-

---

3 Kriterium ist, daß hier – ähnlich wie in der Phonologie – die bedeutungs*unterscheidende* Leistung eines hinzukommenden Elements wichtiger ist als seine eigene (leere) Bedeutung (vgl. Neubert 1966). Bezugspunkt der Ausdrucksbildung ist hier die Differenz im System.

phern (z. B. ›stehen‹ vs. ›im Regen stehen‹ oder ›in Flammen stehen‹)⁴ und
- konnotative Markierung (z. B. ›wo X geht und steht‹)⁵.

Voraussetzung für den Prägungseffekt ist dabei immer, daß dem Ausdruck vor dem Hintergrund einer Situation eine Verstehensleistung i. S. Karl Bühlers ›sematologisch aufgetragen‹ wird und auf diese Art und Weise der Ausdruck auch als solcher im Bewußtsein der Akteure integriert wird.

Zugleich zeigt sich, daß die in der Linguistik bisher negativ besetzte Kategorie ›Semiproduktivität‹ im Kontext idiomatischer Prägung entweder sinnlos ist oder aber positiv als pragmatisch motivierte Selektivität der Ausdrucksbildung verstanden werden muß. Daß man bestimmte Reflexivausdrücke (z. B. ›sich etwas leisten‹) *genau so* und nicht nichtreflexiv gebraucht, gehört zum sprachlichen Können ebenso wie das ›selbstverständliche‹ Wissen, daß zahlreiche negierte Ausdrücke nicht nichtnegiert gebraucht werden (z. B. ›jmd. nicht ausstehen können‹). Daß im Deutschen zwar ›höchst wahrscheinlich‹, nicht aber ›höchst sicher‹ gesagt werden kann, wird für den idiomatisch kompetenten Sprecher erst gar nicht zum Problem. Daß es ›Ebbe und Flut‹ und nicht ›Flut und Ebbe‹ heißt, ebenso wie die Tatsache, daß man ›die Zähne‹ zwar ›putzen‹ aber nicht ›waschen‹ kann, während es z. B. bei den ›Ohren‹ genau andersherum ist, hängt ebenfalls mit der primären Selektivität pragmatisch motivierter Ausdrucksbildung zusammen. Was Semiproduktivität genannt wird, ist tatsächlich Produktion von Selektivität bzw. – kommunikativ betrachtet –

---

4 Das entscheidende Kriterium hier ist, daß *durch Komposition bedeutungstragender Elemente* eine Motivierung der Ausdrucksbedeutung in Richtung des Gemeinten stattfindet. Bezugspunkt der Ausdrucksbildung ist die traditionell ›Referenz‹ genannte Zeichenrelation.
5 Bezugspunkt der Ausdrucksbildung ist die kommunikative Anschließbarkeit, die ›Selbstreferenz‹ der Kommunikation. Sie gilt für *alle* Formen der Ausdrucksbildung, wird jedoch besonders deutlich an Ausdrucksmerkmalen, die weder durch die ›Differenz-Funktion‹ noch durch ›Referenz-Funktion‹ motivierbar sind. Im Beispiel ist ein solches Merkmal die im Common sense feststehende und semantisch nicht motivierbare *Reihenfolge* von ›geht‹ und ›steht‹.

von Anschließbarkeit. Dieser äußerst wichtigen Form sprachlicher Produktivität gerecht zu werden ist jedoch nur möglich, wenn man die Sprache auch tatsächlich unter dem Gesichtspunkt ihrer ›sozialen Gestalt‹ analysiert.

Die Untersuchung der Prozesse einer idiomatischen Ausdrucksbildung rückt Phänomene, die bisher eher als peripher eingestuft wurden, ins Zentrum des sprachtheoretischen Interesses. Funktionsverbgefüge, Präpositionalobjekte, Kollokationen und andere Muster der Ausdrucksbildung ebenso wie syntaktische Patterns und pragmatische Formeln spielen für die Common sense-Kompetenz eine zentrale Rolle und sind in ihren Strukturen und ihrer Funktion für die Erzeugung koordinierter Selektivität entsprechend ernstzunehmen und zu untersuchen. Aus den ausdrucksbildenden Prozessen gehen geprägte Ausdrücke hervor. Sie bilden eine eigene geordnete Ebene des sprachlichen Wissens, die das idiomatische Meinen und Verstehen stützt. Für die Ordnung dieses sprachlichen Wissens kann teilweise auf Ergebnisse der linguistischen Phraseologie zurückgegriffen werden. Der Versuch einer Beschreibung der *Bestände* der Common sense-Kompetenz ist jedoch durch eine eigenständige, theoretisch motivierte Herleitung von Prägungstypen zu fundieren. Die Möglichkeiten der Phraseologie, die in gewisser Weise als ein Sammelbecken theoretisch ungeklärter Probleme der Linguistik funktioniert, leiden darunter, daß sie implizit ihren Gegenstandsbereich am lexikalischen Sprachbegriff und am Wort orientiert. Die Phraseologie bleibt deshalb in der Abgrenzung ihres Gegenstandsbereichs zu stark negativen Kriterien grammatischer und semantischer Irregularität verhaftet, statt umgekehrt von der strukturierenden Leistung idiomatischer Prägung auszugehen. Sie ist daher nicht in der Lage, das Spektrum idiomatischer Prägung begrifflich tatsächlich zu integrieren und im Rahmen einer allgemeinen Sprachtheorie zu verorten.
Um die idiomatische ›*Ordnung des sprachlichen Könnens*‹ transparent zu machen, scheint es vielversprechend, Prägungstypen nach den funktionalen Dimensionen des Zeichenprozesses zu differenzieren. Auf diese Weise wird der Nutzen für die Kommunikation zum leitenden Kriterium der Ordnungsbildung.

So ist es sinnvoll, Prägungen, die sich auf den sozial-kommunikativen Sinn von Handlungen beziehen, von solchen zu unterscheiden, die sich auf die semantische Konzeptualisierungsleistung beziehen. Beide wiederum können unterschieden werden von idiomatisch geprägten syntaktischen Strukturen. In diesem Sinne schlagen wir vor, die ›Idiomatischen Prägungen‹ zu differenzieren in ›pragmatische‹, ›semantische‹ und ›syntaktische‹ Prägungen. Im Blick auf diese Gliederung sind zahlreiche weitere Differenzierungen möglich und sinnvoll; die drei Prägungstypen bilden jedoch die Hauptgruppen der Ordnung. Dabei ist es wichtig darauf hinzuweisen, daß Äußerungen *zugleich* pragmatisch geprägt sein und ihrerseits auf semantischen und syntaktischen Prägungen aufbauen können. Dies entspricht den ›natürlichen‹ Bedingungen des Zeichenprozesses und muß deshalb auch in der ›natürlichen‹ Ordnung des sprachlichen Könnens so sein.

›Politik ist ein schmutziges Geschäft‹ beispielsweise ist ein bestimmter Typ einer pragmatischen Prägung[6]: In diese Prägung ist der Ausdruck ›schmutziges Geschäft‹ als semantische Prägung eingegangen. Überdies ist gleichzeitig die syntaktische Grundstruktur ›A ist ein B‹ idiomatisch geprägt. In gleicher Weise können sich auch semantische und syntaktische Prägungen ergänzen, ohne deshalb etwa auch schon eine pragmatische Prägung zu bilden; z. B. ›jmd. wird als heißer Tip gehandelt‹, wo ›heißer Tip‹ als semantische Prägung in die syntaktische Prägung ›jmd. als X handeln‹ eingebettet ist. Wir sprechen hier von ›*Prägungseinbettungen*‹, die durch ihr Ineinandergreifen für die Praxis einer *fließenden* Artikulation ebenso wie für das ›*sympathische*‹ Meinen und Verstehen eine wichtige Rolle spielen. Wir können auf diese Probleme im Rahmen dieser Abhandlung nicht näher eingehen und verweisen den daran Interessierten auf die oben angekündigte eigenständige Untersuchung. Vielleicht kann das folgende Überblicksschema, das wir hier ohne weitere Erläuterung der Beispiele und unter Verzicht auf eine weitergehende Strukturierung darstellen, wenigstens einen Eindruck von dem resultierenden Spektrum idiomatischer Prägung vermitteln.

6 Wir müssen für die Zwecke dieses Ausblicks darauf verzichten, die Definitionen zu explizieren, und verweisen dafür auf die angekündigte Untersuchung.

Überblick zu den Typen idiomatischer Prägungen (ohne Subgruppen):

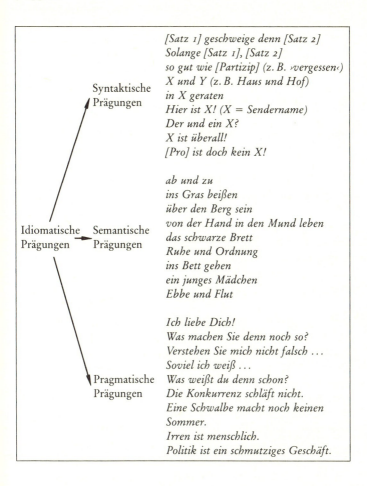

3. Schlußbemerkung

Die Untersuchungen dieser Abhandlung sollten im Blick auf den Problembereich einer Common sense-Kompetenz und die Bedeutung idiomatischer Prägung für das sprachliche Wissen die folgende metatheoretische Quintessenz der Argumentation nachvollziehbar begründen:
Die Common sense-Kompetenz ist im Blick auf die Relevanz für die linguistische Theorie *kein quantitatives Problem* eines ›mehr oder weniger‹, etwa in dem Sinne eines Arguments wie: »Neben der generativen Kompetenz gibt es auch Faktoren, die dazu führen können, daß ein Teil des Sprachwissens *fixiert* ist. Dieser Bereich ist aus korpustheoretischer Perspektive größer, als man zunächst meint.« Diese sehr verbreitete Art der Argumentation erscheint aus der hier begründeten Problemperspektive als eine Form der Problemausblendung. Idiomatische Prägung ist ein qualitatives Problem oder anders formuliert, *ein theoretisches Problem* für den Begriff der Sprachkenntnis. Der zentrale Gesichtspunkt dafür ist die Rückbindung von Sprachkenntnis bzw. Kompetenz an einen Begriff von Kommunikation, der die Selektivität pragmatischer Strukturbildung in der Kommunikation zur Grundlage der Strukturerklärung macht. Kommunikation bedingt die Genese von Kompetenzen als hochselektiven und über Präferenzen strukturierten Ordnungsformen des Wissens. Dies betrifft nicht nur das sprachliche Wissen. Aber immerhin betrifft es auch das sprachliche Wissen, und zwar – pragmatisch betrachtet – in seinem Kern.
Die Ausdrucks-Gestalt idiomatischer Prägungen ist der sprachliche Kristallisationspunkt der Entwicklung einer sozialen Ordnung des Meinens und Verstehens aus dem Sprechen. Für das Individuum ist dieses Sprechen zugleich Bewährungsfeld für die Aneignung der Präferenzstrukturen *seiner* Common sense-Kompetenz.

Es ist ein Privileg von Kindern, von Künstlern, von Irren und Wissenschaftlern, ›Dinge‹ und Zusammenhänge annehmen zu dürfen, die dem ›gesunden Menschenverstand‹ unmöglich erscheinen. Ebenso sind sie auch umgekehrt frei und fähig, das, was

im Common sense selbstverständlich erscheint, allein durch gründliches Nachfragen und genaue Beobachtung rückhaltlos in Zweifel zu ziehen und darüber in Erstaunen zu verfallen. Nur die Wissenschaft ist sozial dazu verurteilt, dieses Staunen dann auch wieder begrifflich und theoretisch zu fassen.
Im Blick auf die linguistische wie kommunikationstheoretische Bedeutung des Common sense-Konzeptes selbst hat diese Ausarbeitung dazu einen Versuch unternommen. Sie ist als Vorschlag und als Einladung gemeint, die Zusammenhänge zwischen unserem sprachlichen Können und Wissen und den Vorgängen im ›Meinen und Verstehen‹ einmal anders zu sehen, als wir sie gemeinhin zu kennen glauben. Das übergreifende Ziel des Argumentationsganges ist es dabei gewesen, die ›Rätsel‹ der Beobachtung begrifflich zu interpretieren und als theoretischen Befund zu modellieren. Dabei ist über die in dieser Arbeit behandelte Problematik des ›selbstverständlichen‹ Verstehens und Meinens in sprachlicher Kommunikation wissenschaftlich schon oft gestaunt worden. So zitiert etwa – was das ›Verstehen‹ angeht – George Grace (1987, S. 130) bereits George Berkeleys Formulierung: »We act in all respects, as if we heard the very thoughts themselves«, und Ludwig Wittgenstein schreibt in den ›Philosophischen Untersuchungen‹ (PU 534): »Ein Wort [oder einen Satz, H. F.] in dieser Bedeutung *hören*. Wie seltsam, daß es so etwas gibt!«
An der Seltsamkeit und Rätselhaftigkeit dieses Faktums menschlicher Kommunikation werden auch kluge Versuche einer theoretischen Modellierung oder gar technischen Simulierung kaum etwas ändern. Und das scheint gut so. Die Alternative zur Verständigung gemäß einer Common sense-Kompetenz nämlich müßte so etwas sein wie ein ›programmierbares Meinen und Verstehen‹, das ohne ›Sympathie‹ auskommen kann. Hierfür hätte dann allerdings auch der Begriff der Kommunikation selbst, verstanden als das Erzeugen und Erhalten koordinierter Selektivität, seinen Sinn verloren.
Eine letzte Bemerkung ist vielleicht nicht unwichtig. Mit dem Titel dieser Untersuchung sollte keinesfalls – wie es einer gegenwärtig durchaus verbreiteten Denkrichtung entsprechen würde – einer ›natürlichen Vernünftigkeit‹ das Wort geredet werden, die hier am Beispiel sprachlicher Tatsachen erneut ihre Bestätigung

fände. Die Rolle der Common sense-Kompetenz, wie sie in dieser Arbeit analysiert worden ist, ist vielmehr zu verstehen im Sinne einer ›sozialen Mechanik‹ des Common sense, d. h. eines sprachlichen Prinzips der sozialen Prägung von Meinen und Verstehen. Dieses Prinzip erklärt zugleich auch die kommunikativ äußerst effiziente ›soziale Befangenheit‹ von Meinen und Verstehen. Sie ist für das Individuum zwar nicht ›unhintergehbar‹, kann aber *praktisch* auch nur auf Kosten der sozialen Integration ›hintergangen‹ werden, wenn kein Weg gefunden wird, die entsprechenden sozialen Obligationen zu umgehen. Diese betreffen zunächst zwar nur den Sprachgebrauch, zielen aber vor allem auch auf eine Teilung von Werten und Wissen. Gesellschaftlich *kann* die optimale Anschließbarkeit von Kommunikation an Kommunikation entsprechend einer Common sense-Kompetenz deshalb immer auch eine ›Gleichschaltung‹ von Meinen und Verstehen im Sinne einer ›sozialen Programmierung‹ des Handelns und Denkens von Individuen bedeuten.

Literaturverzeichnis

Aebli, H. (1980): Denken. Das Ordnen des Tuns. Band I: Kognitive Aspekte der Handlungstheorie. Stuttgart
Aebli, H. (1981): Denken. Das Ordnen des Tuns. Band II: Denkprozesse. Stuttgart
Aitchison, J. (1982): Der Mensch – das sprechende Wesen. Eine Einführung in die Psycholinguistik. Tübingen [Orig.: The articulate mammal. London: 1976]
Aitchison, J. (1987): Words in the mind. An introduction to the mental lexicon. Oxford
Albrecht, J. (1988): Europäischer Strukturalismus. Ein forschungsgeschichtlicher Überblick. Tübingen
Alverson, H./Rosenberg, S. (1990): Discourse analysis of schizophrenic speech: A critique and proposal. In: Applied psycholinguistics 11, 167-184
Andersen, S. (1985): Sprachliche Verständlichkeit und Wahrscheinlichkeit. Bochum
Anderson, P. W. (1972): More is different. In: Science 177, 393-396
Andresen, H. (1985): Selektiv erhaltene sprachliche Fähigkeiten bei schwerer Aphasie. Untersuchungen zu sprachlichen Stereotypien bei einem schwer gestörten Aphatiker. In: Osnabrücker Beiträge zur Sprachtheorie 32, 43-72
Antos, G. (1981): Formulieren als sprachliches Handeln. Ein Plädoyer für eine produktionsorientierte Textpragmatik. In: Amsterdamer Beiträge zur neueren Germanistik 13, 403-440
Antos, G. (1982): Grundlagen einer Theorie des Formulierens. Textherstellung in geschriebener und gesprochener Sprache. Tübingen
Antos, G. (1989): Textproduktion. Ein einführender Überblick. In: Antos, G./Krings, H. P. (Hg.): Textproduktion, 5-57
Antos, G. (1992): Laien-Linguistik. Zum Verhältnis von Laien und Experten in der Sprachwissenschaft. (Habil.) Saarbrücken
Antos, G./Krings, H. P. (Hg.) (1989): Textproduktion. Ein interdisziplinärer Forschungsüberblick. Tübingen
Arbeitsgruppe Bielefelder Soziologen (Hg.) (1973): Alltagswissen, Interaktion und gesellschaftliche Wirklichkeit. 2. Bde. Hamburg
Arbinger, R. (1984): Gedächtnis. Darmstadt
Arens, H. (1969): Sprachwissenschaft. Der Gang ihrer Entwicklung von der Antike bis zur Gegenwart. 2. Bde. 2. Aufl., Frankfurt a. M.

Auer, P. (1986): Kontextualisierung. In: Studium Linguistik 19, 22-48
Auer, P. (1988): Liebeserklärungen. Über die Möglichkeiten, einen unmöglichen sprachlichen Handlungstyp zu realisieren. In: Sprache und Literatur in Wissenschaft und Unterricht 1/1988, 11-31
Augst, G. (1975): Untersuchungen zum Morpheminventar der deutschen Gegenwartsprache. Tübingen
Augst, G. (1986): Zur Struktur komplexer Wörter. In: Zeitschrift für germanistische Linguistik 14/3, 309-320
Augst, G. (1991): Wort-Wortfamilie-Wortfamilienwörterbuch: Zur Konzeption eines neuen Wörterbuchs der deutschen Gegenwartssprache auf der Basis der Wortbildung. In: Jahrbücher des Instituts für Deutsche Sprache (i.E.)
Augst, G. (1992): Das lexikologische Phänomen der Wortfamilie in alphabetisch-semasiologischen Wörterbüchern. In: Zeitschrift für germanistische Linguistik 20/1, 24-36
Ballmer, Th.T. (1984): Etymologie und Volksetymologie. In: Grazer Linguistische Studien 24, 5-47
Bally, Ch. (1909/1951): Traité de stilistique française. Troisième edition. Genève/Paris
Barthes, R. (1970): Mythen des Alltags. Frankfurt a. M.
Barton, D. (1985): Awareness of language units in children and adults. In: Ellis, A. W. (ed.): Progress in the Psychology of Language. Hillsdale N.J.: 187-205
Bateson, G. (1972): Ökologie des Geistes. Frankfurt a. M.
Bausinger, H. (1968): Formen der »Volkspoesie«. Berlin
Becker, A. L. (1984): Biography of a sentence. A Burmese proverb. In: Bruner, E. M. (ed.): Text, play and story: The construction and reconstruction of self and society. Washington, DC [American Ethnological Society], 135-155
Becker, J. D. (1975): The phrasal lexicon. In: Schank, R./Nash-Webber, B. L. (eds.): Theoretical issues in natural language processing. Cambridge, Mass.: 70-74
Bereiter, C./Scardamalia, M. (1987): The psychology of written composition. Hillsdale, N.J.
Bergenholtz, H. (1985): Vom wissenschaftlichen Wörterbuch zum Lernerwörterbuch. In: Bergenholtz, H./Mugdan, J. (Hg.): Lexikographie und Grammatik, 225-256
Bergenholtz, H./Mugdan, J. (Hg.)(1985): Lexikographie und Grammatik. Akten des Essener Kolloquiums zur Grammatik im Wörterbuch, 8.-30. 6. 1984. Tübingen
Berger, P. L./Luckmann, Th. (1966/1980): Die gesellschaftliche Kon-

struktion der Wirklichkeit. Eine Theorie der Wissenssoziologie. Frankfurt a. M.
Bernstein, B. (Hg.) (1975): Sprachliche Codes und soziale Kontrolle. Düsseldorf
Betten, A. (1976): Ellipsen, Anakoluthe und Parenthesen. Fälle für Grammatik, Stilistik, Sprechakttheorie oder Konversationsanalyse? In: Deutsche Sprache 3, 207-227
Bierbach, Ch. (1978): Sprache als fait social. Tübingen.
Bierwisch, M. (1987): Linguistik als kognitive Wissenschaft – Erläuterungen zu einem Forschungsprogramm. In: Zeitschrift für Germanistik 6, 645-667
Black, M. (1983): Mehr über die Metapher. In: Haverkamp, A. (Hg.): Theorie der Metapher. Darmstadt
Blanken, G. (1988): Zur Ausgrenzbarkeit der linguistischen Formulierungsprozesse. Neurolinguistische Evidenzen. In: Blanken, G. et al. (Hg.) Sprachproduktionsmodelle, 83-110
Blanken, G./Dittmann, J./Wallesch, C. W. (Hg.)(1988): Sprachproduktionsmodelle. Neuro- und psycholinguistische Theorien der menschlichen Spracherzeugung. Freiburg i.B.
Blankenburg, W. (1971): Der Verlust der natürlichen Selbstverständlichkeit. Ein Beitrag zur Psychopathologie symptomarmer Schizophrenien. Stuttgart
Blankenburg, W. (1984): Störungen von Auffassung und Sprache bei Schizophrenen. In: Bochnik, H. J./Richtberg W. (Hg.): Sprache – Sprechen – Verstehen. Zur Phänomenologie und Praxis sprachlicher Kommunikationsstörungen. Erlangen: 104-115
Blankenburg, W. (1991): Über das Verhältnis Schizophrener zur Sprache. In: Kraus, A./Mundt, Ch. (Hg.): Schizophrenie und Sprache. Stuttgart: 140-151
Bloomfield, L. (1933): Language. New York
Bobrow, S./Bell, S. (1973): On catching on to idiomatic expressions. In: Memory and cognition 1, 343-346
Bock, M. (1978): Wort-, Satz- und Textverarbeitung. Stuttgart/Berlin/Köln/Mainz
Bolinger, D. (1968): Judgements of grammaticality. In: Lingua 21, 34-40
Bolinger, D. (1976): Meaning and memory. In: Forum Linguisticum 1/1, 1-14
Bornscheuer, L. (1976): Topik: Zur Struktur der gesellschaftlichen Einbildungskraft. Frankfurt a. M.
Bourdieu, P. (1974): Zur Soziologie der symbolischen Formen. Frankfurt a. M.

Bowers, D. (1982): Umgangssprache = Alltagssprache? Die praktischen Folgen einer Neuordnung des Variantenschemas. In: Muttersprache 92, 163-173

Breuer, D./Schanze, H. (Hg.) (1981): Topik. Beiträge zur interdisziplinären Diskussion. München

Brown, R. (1958): Words and things. Glencoe, Ill.

Bruce, L. (1988): Serialization: From syntax to lexicon. In: Studies in Language 12/1, 19-49

Bruner, J. S. et al. (1957): Contemporary approaches to cognition. Cambr.

Bruner, J. S./Olson, D. R. (1978): Symbole und Texte als Werkzeuge des Denkens. In: Die Psychologie des 20. Jahrhunderts. Band VI. Piaget und die Folgen, hrsg. v. Gerhard Steiner, Zürich: 306-320

Brünner, G. (1987): Metaphern für Sprache und Kommunikation in Alltag und Wissenschaft. In: Diskussion Deutsch, April 1987, 100-119

Bühl, W. L. (1984): Die Ordnung des Wissens. Berlin

Bühler, K. (1908): Über Gedankenerinnerungen. In: Archiv für die gesamte Psychologie 12, 24-92

Bühler, K. (1909): Über das Sprachverständnis vom Standpunkt der Normalpsychologie aus. In: Bericht über den 3. Kongreß für experimentelle Psychologie, 22.-25. 4. 1908, Leipzig: 94-130

Bühler, K. (1934/1982): Sprachtheorie. Die Darstellungsfunktion der Sprache. Mit einem Geleitwort von Friedrich Kainz; Ungekürzter Neudr. d. Ausg. Jena, Fischer, 1934. Stuttgart/New York

Burger, H. (1973): Idiomatik des Deutschen. Tübingen

Burger, H. (1987a): Normative Aspekte der Phraseologie. In: Korhonen, J. (Hg.): Beiträge zur allgemeinen und germanistischen Phraseologieforschung, 65-89

Burger, H. (1987b): Funktionen von Phraseologismen in den Massenmedien. In: Burger, H./Zett, R. (Hg.): Aktuelle Probleme der Phraseologie, 11-28

Burger, H. (1988a): ›Bildhaft, übertragen, metaphorisch...‹ Zur Konfusion um die semantischen Merkmale von Phraseologismen. In: Gréciano, G. (Hg.): Europhras 88. Phraséologie contrastive, 17-30

Burger, H. (1988b): Die Semantik des Phraseologismus: Ihre Darstellung im Wörterbuch. In: Hessky, R. (Hg.): Beiträge zur Phraseologie des Ungarischen und Deutschen, 69-97

Burger, H./Buhofer, A./Sialm, A. (1982): Handbuch der Phraseologie. Berlin/New York

Burger, H./v. Matt, P. (1974): Dramatischer Dialog und restringiertes Sprechen. F. X. Kroetz in linguistischer und literaturwissenschaftlicher Hinsicht. In: Zeitschrift für germanistische Linguistik 2, 269-298

Burger, H./Zett, R. (Hg.)(1987): Aktuelle Probleme der Phraseologie. Bern
Busse, D. (1987): Historische Semantik. Stuttgart:
Busse, D. (1991): Angewandte Semantik. In: Der Deutschunterricht V, 42-61
Bußmann, H. (1983): Lexikon der Sprachwissenschaft. Stuttgart
Campbell, D. T. (1974): ›Downward causation‹ in hierarchically organized biological systems. In: Ayala, F. J./Dobzhansky, T. (eds.): Studies in the philosophy of biology. Berkeley, 179-186
Caroll, J.M/Bever, T. G./Pollack, C. R. (1981): The non-uniqueness of linguistic intuitions. In: Language 57, 368-383
Chafe, W. L. (1968): Idiomaticity as an anomaly in chomskyan paradigm. In: Foundations of Language 4, 109-127
Chafe, W. L. (1976): Bedeutung und Sprachstruktur. München
Chafe, W. L. (1986): How we know things about language. A plea for catholicism. In: Tannen, D./Atlatis, J. E. (eds.): Georgetown University Round Table on Language and Linguistics (GURT) 1985; Language and Linguistics: The interdependence of theory, data and application. Washington, DC, 214-225
Chapey, R. (1986): An introduction to language intervention strategies in adult aphasia. In: dies. (ed.): Language intervention strategies in adult aphasia. 2. Aufl. Baltimore et al., 2-11
Cherubim, D. (1990): Rituell formalisierte Syntax in Texten des 16. und 19. Jahrhunderts. In: Betten, A. (Hg.): Neuere Forschungen zur historischen Syntax des Deutschen. Referate der internationalen Fachkonferenz Eichstätt 1989. Tübingen: 269-285
Chomsky, N. (1975/1977): Reflexionen über die Sprache. Frankfurt a. M.
Chomsky, N. (1980): Rules and representations. New York
Chomsky, N. (1981): Lectures on government and binding. Dordrecht
Chomsky, N. (1986): Knowledge of language. It's nature origin and use. New York
Cicourel, A. V. (1975): Sprache in der sozialen Interaktion. München
Clahsen, H. (1990): Die Untersuchung des Spracherwerbs in der generativen Grammatik. Eine Bemerkung zum Verhältnis von Sprachtheorie und Psycholinguistik. In: Der Deutschunterricht V, 8-19
Clyne, M. (1987): Cultural differences in the organization of academic texts. In: Journal of pragmatics 11, 211-247
Cook-Gumperz, J. / Gumperz, J. (1981): From oral to written culture: the transition to literacy. In: Whiteman, M. F. (ed.): Variation in writing. Hillsdale, N. J.

Corballis, M. C. (1983): Human laterality. New York et al.
Coseriu, E. (1967): Lexikalische Solidaritäten. In: Poetica 1, 293-303
Coseriu, E. (1974): Synchronie, Diachronie und Geschichte. Das Problem des Sprachwandels. München
Coseriu, E. (1975a): Determinierung und Umfeld. Zwei Probleme einer Linguistik des Sprechens. In: ders.: Sprachtheorie und allgemeine Sprachwissenschaft. Fünf Studien. München, 253-290
Coseriu, E. (1975b): Leistung und Grenzen der transformationellen Grammatik. hrsg. und bearbeitet von Gunther Narr. Tübingen
Coseriu, E. (1980): Textlinguistik. Eine Einführung. Tübingen
Coseriu, E. (1988a): Sprachkompetenz. Grundzüge der Theorie des Sprechens. Tübingen
Coseriu, E. (1988b): Einführung in die allgemeine Sprachwissenschaft. Tübingen
Coulmas, F. (1981a): Routine im Gespräch. Zur pragmatischen Fundierung der Idiomatik. Wiesbaden
Coulmas, F. (1981b): Idiomatizität: Zur Universalität des Idiosynkratischen. In: Linguistische Berichte 72, 27-50
Coulmas, F. (1982): Ein Stein des Anstoßes. Ausgewählte Probleme der Idiomatik. In: Studium Linguistik 13, 17-36
Coulmas, F. (1985a): Lexikalisierung von Syntagmen. In: Handbuch der Lexikologie. hrsg. v. Schwarze, C. und Wunderlich, D., Königstein/Ts., 250-268
Coulmas, F. (1985b): Diskursive Routine im Fremdsprachenerwerb. In: Sprache und Literatur in Wissenschaft und Unterricht 16, 47-66
Coulmas, F. (ed.) (1981): Conversational routine. Explorations in standardized communication situations and prepatterned speech. Den Haag/Paris
Cutler, A. (1982): Idioms: The older the colder. In: Linguistic Inquiry 13, 317-320
Czihak, G. et al. (1978): Biologie. Ein Lehrbuch. Berlin/Heidelberg/New York
Daniels, K. H./Pommerin, G. (1979): Die Rolle sprachlicher Schematismen im Deutschunterricht für ausländische Kinder. In: Die Neueren Sprachen 6, 572-586
Dascal, M. (1987): Defending literal meaning. In: Cognitive Science 11, 259-281
Dascal, M. (1989): On the roles of context and literal meaning in understanding. In: Cognitive Science 13, 253-257
Deutsche Grundsprache (1969): Wort- und Satzlexikon, bearbeitet von Heinrich Mattutat. o.O.

Dieckmann, W. (1981): K. O. Erdmann und die Gebrauchsweisen des Ausdrucks ›Konnotationen‹ in der linguistischen Literatur. In: ders.: Politische Sprache. Politische Kommunikation. Vorträge, Aufsätze, Entwürfe. Heidelberg, 78-136
Dirven, R. et al. (1982): The scene of linguistic action and its perspectivization by speak, talk, say and tell. Amsterdam
Dittmann, J./Blanken, G./Wallesch, C. W. (1988): Über die Erforschung der menschlichen Sprachproduktion. In: Blanken, G. et al. (Hg.): 1-18
Dittmar, N. (1982): Soziolinguistik. Teil 1 und 2. In: Studium Linguistik 12, 20-52, und 14, 20-57
Dobrovol'skij, D. (1988): Phraseologie als Objekt der Universalienlinguistik. Leipzig
Dressler, W. U. (1989): The cognitive perspective of ›naturalist‹ linguistic models. (A 251) Duisburg: L. A.U.D
Ducrot, O. (1973): Der Strukturalismus in der Linguistik. In: Wahl, F. (Hg.): Einführung in den Strukturalismus. Frankfurt a. M.
Duden (1984): Die Grammatik. 4., völlig neu bearbeitete und erweiterte Auflage. hg. u. bearb. v. Günther Drosdowski et al. Mannheim/Wien/Zürich
Duden (1989): Deutsches Universalwörterbuch A-Z. 2., völlig neu bearbeitete und stark erweiterte Auflage. Mannheim/Wien/Zürich
Durkheim, E. (1970): Die Regeln der soziologischen Methode. Neuwied/Berlin
Durkheim, E. (1981): Die elementaren Formen religiösen Lebens. Frankfurt a. M.
Eckes, Th./Six, B. (1984): Prototypenforschung: Ein Ansatz zur Analyse der alltagssprachlichen Kategorisierung von Objekten, Personen und Situationen. In: Zeitschrift für Sozialpsychologie 15, 2-17
Edmondson, W. J. (1989): Discourse production, routines and language learning. In: Kettemann, B. et al. (Hg.): Englisch als Zweitsprache. Tübingen
Eigen, M. (1979): Sprache und Lernen auf molekularer Ebene. In: Peisl, A./Mohler, A. (Hg.): Der Mensch und seine Sprache. Frankfurt a. M./Berlin/Wien: 181-218
Eisenberg, P. (1989): Grundriß der deutschen Grammatik. 2. Aufl. Stuttgart
Eisenberg, P. (1989a): Die Schreibsilbe im Deutschen. In: ders./Günther, H. (Hg.): Schriftsystem und Orthographie. Tübingen: 57-84
Engel, D. (1977): Textexperimente mit Aphatikern. Tübingen
Engel, D. (1981): Discourse processing in aphasics. In: Text 1, 361-383

Erb-Sommer, M./Schmitz, W. (1989): Wegblicken in verbaler Interaktion. Zur Funktion und Determination nonverbalen Verhaltens. In: Knobloch, C. (Hg.): Kognition und Kommunikation, 101-136

Erdmann, K. O. (1925/1966): Die Bedeutung des Wortes. Aufsätze aus dem Grenzgebiet der Sprachpsychologie und Logik (unveränderter Nachdruck der 4.Auflg. Leipzig 1925), Darmstadt

Etymologisches Wörterbuch (1989): Etymologisches Wörterbuch des Deutschen, bearbeitet v. e. Autorenkollektiv des Zentralinstituts für Sprachwissenschaft u. Leitung von Wolfgang Pfeifer. 3.Bde. Berlin

Fanselow, G./Felix, S. (1987): Sprachtheorie. Eine Einführung in die generative Grammatik. Bd.1: Grundlagen und Zielsetzungen. Tübingen

Farr, R. M./Moscovici, S. (eds.): Social representations. Cambridge

Feilke, H. (1986): Stereotype Formen der Wissensorganisation in der Alltagssprache. – Theoretische Erörterung und Darstellung an ausgewählten Beispielen. Siegen: Unveröffentlichte Examensarbeit

Feilke, H. (1989): Funktionen verbaler Stereotype für die alltagssprachliche Wissensorganisation. In: Knobloch. C. (Hg.): Kognition und Kommunikation, 137-156

Feilke, H. (i. V.): Sprache als soziale Gestalt. Ausdruck, Prägung und die Ordnung der sprachlichen Typik. Frankfurt a. M. (in Vorbereitung)

Feldbusch, E. (1986): Sprache – ein Spiel? (Institut für Allgemeine Sprachwissenschaft der Westfälischen Wilhelms-Universität; Arbeitsberichte 3) Münster

Fillmore, C. J. (1976): Frame semantics and the nature of language. In: Harnad, S. R. et al. (eds.): Origins and evolution of language and speech. Annals of the New York Academy of Sciences. Vol. 280. New York: 20-32

Fillmore, C. J. (1977): Scenes and frames semantics. In: Zampolli, A. (ed.): Linguistic structures processing. Amsterdam et al.: 55-81

Fillmore, C. J. (1978): On the organization of semantic information in the lexicon. In: Parasession on the lexicon. [Chicago Linguistic Society] Chicago: 148-173

Fillmore, C. J. (1979a): Innocence: A second idealization for linguistics. In: Berkeley Linguistics Society 5, 63-76

Fillmore, C. J. (1979b): On fluency. In: ders. et al. (eds.): Individual differences in language ability and language behavior, 85-101

Fillmore, C. J. (1987): Fillmore's case grammar. A reader, ed. by René Dirven. Heidelberg

Fillmore, C. J./Kay, P./O'Connor, M. C. (1988): Regularity and idiomaticity in grammatical constructions. The case of ›let alone‹. In: Language 64/3, 501-538

Fillmore, C. J./Kempler, D./Wang-William, S. (eds.) (1979): Individual differences in language ability and language behavior. New York

Fillmore, L. W. (1979): Individual differences in second language acquisition. In: Fillmore, C./Kempler, D./Wang-William, S. (eds.): Individual differences in language ability and language behavior, 203-228

Fillmore, L. W. (1985): The role and function of formulaic speech in conversation. (Ms.) (To appear in a volume of papers from the Multiple Analysis project ed. by Allen Grimshaw for Ablex Press)

Finke, P. (1983): Politizität. Zum Verhältnis von theoretischer Härte und praktischer Relevanz in der Sprachwissenschaft. In: ders. (Hg.): Sprache im politischen Kontext. Tübingen: 15-75

Firth, J. R. (1957): Modes of meaning. In: ders.: Papers in Linguistics 1934-1951. London: 190-215

Fleischer, W. (1982): Phraseologie der deutschen Gegenwartssprache. Leipzig

Fleischer, W. et al. (Hg.) (1983): Kleine Enzyclopädie: Deutsche Sprache. Leipzig

Forgas, J. P. (ed.) (1981): Social cognition. Perspectives on everyday understanding. London

Forgas, J. P. (ed.)(1985): Language and social situations. New York/Berlin/Heidelberg/Tokyo

Fraser, B. (1970): Idioms within a transformational grammar. In: Foundations of Language 6, 22-42

Fraser, B. (1987): Pragmatic performatives. In: The pragmatic perspective. Selected papers from the 1985 International pragmatics conference, ed. by J. Verschueren. Amsterdam/Philadelphia: 179-194

Freeman, T. et al. (1969): Studien zur chronischen Schizophrenie. Frankfurt a. M.

Furnham, A. (1987): The proverbial truth: contextually reconciling the truthfullness of antonymous proverbs. In: Journal of language and social psychology 6, 49-55

Furnham, A. (1988): Lay theories: Everyday understanding of problems in the social sciences. Oxford

Furnham, A. (1990): Commonsense theories of personality. In: Semin, G. R./Gergen, K. J. (eds.): Everyday understanding. Social and scientific implications. London et al.: 176-203

Galtung, J. (1983): Struktur, Kultur und intellektueller Stil. In: Leviathan 3, 303-338

Gardner, H. (1989): Dem Denken auf der Spur. Der Weg der Kognitionswissenschaft. Stuttgart [The mind's new science. A history of the cognitive revolution, New York 1985]

Geckeler, H. (1971): Strukturelle Semantik und Wortfeldtheorie. München
Geertz, C. (1983): Common sense als kulturelles System. In: ders.: Dichte Beschreibung. Beiträge zum Verstehen kultureller Systeme. Frankfurt a. M.: 261-288
Gehlen, A. (1978): Der Mensch. Seine Natur und Stellung in der Welt. 12. Aufl. Wiesbaden
Gergen, K. J./Semin, G. R. (eds.) (1990): Everyday understanding. Social and scientific implications. London/Newbury Park/New Delhi
Gessinger, J. (1990): Metaphern in der Wissenschaftssprache. (Manuskript; Juni 1990), Hannover
Gibbs, R. W. (1984): Literal meaning and psychological theory. In: Cognitive Science 8/3, 275-304
Gibbs, R. W. (1985): Situational conventions and requests. In: Forgas, J. P. (ed.): Language and social situations, 97-110
Gibbs, R. W. (1986): Skating on skin ice: Literal meaning and understanding idioms in conversation. In: Discourse Processes 9, 17-30
Gibbs, R. W. (1989): Understanding and literal meaning. In: Cognitive Science 13, 243-251
Gibbs, R. W./Gonzales, G. P. (1985): Syntactic frozeness in remembering and processing idioms. In: Cognition 20, 243-259
Gibbs, R. W./Nayak, P. N./Cutting, C. (1989): How to kick the bucket and not decompose: Analyzability and idiom processing. In: Journal of Memory and Language 28, 576-593
Gläser, R. (1988): The grading of idiomaticity as a presupposition for a taxonomy of idioms. In: Hüllen, W./Schulze, R. (Hg.): Understanding the lexicon, 264-277
Glasersfeld, E. v. (1986): Zeichen – Kommunikation – Sprache. (Manuskript) Siegen. Auch in: ders. (1987a)
Glasersfeld, E. v. (1987a): Wissen, Sprache und Wirklichkeit. Arbeiten zum radikalen Konstruktivismus. Wiesbaden
Glasersfeld, E. v. (1987b): Siegener Gespräche über Radikalen Konstruktivismus. In: Schmidt, S. J. (Hg.): Der Diskurs des Radikalen Konstruktivismus. Frankfurt a. M.: 401-440
Gloy, K. (1985): Studentische Topik und die Antworten der Institution. – Zur Pragmatik universitärer Konflikte. In: Kodikas/Code 8, 47-80
Gluck, M./Rumelhart, D. (1990): Neuroscience & connectionist theory. Hillsdale, N. J.
Goldman-Eisler, F. (1968): Psycholinguistics: Experiments in spontaneous speech. New York
Grace, G. (1987): The linguistic construction of reality. London/New York/Sydney

Grave, S. A. (1960/1977): The scottish philosophy of common sense [second reprint 1977] Westport, Connecticut
Gréciano, G. (1982): Zur Semantik der deutschen Idiomatik. In: Zeitschrift für germanistische Linguistik 10, 295-316
Gréciano, G. (1983): Forschungsbericht: Forschungen zur Phraseologie. In: Zeitschrift für germanistische Linguistik 11, 232-243
Gréciano, G. (1987): Idiom und sprachspielerische Textkonstitution. In: Korhonen, J. (Hg.): Beiträge zur allgemeinen und germanistischen Phraseologieforschung, 193-206
Gréciano, G. (Hg.) (1989): Europhras 88. Phraséologie contrastive. Actes du colloque international. Klingenthal-Strasbourg 12-16 mai 1988. Strasbourg
Greenbaum, S. (1976): Contextual influence on acceptability judgements. In: Linguistics 187, 5-11
Grewendorf, G./Hamm, F./Sternefeld, W. (1987): Sprachliches Wissen. Eine Einführung in moderne Theorien der grammatischen Beschreibung. Frankfurt a. M.
Grice, H. P. (1968/1975): Logic and conversation. In: Cole, P./Morgan, J. L. (eds.): Syntax and Semantics Bd. 3 ›Speech acts‹. New York: 41-58
Groeben, N. (1990): Subjective theories and the explanation of human action. In: Gergen, K. J./Semin, G.R (eds.): Everyday understanding, 19-44
Groeben, N. et al. (1988): Das Forschungsprogramm Subjektive Theorien. Tübingen
Großklaus, G. (1981): Konnotative Typen alltäglicher Wertverständigung. In: Zeitschrift für Semiotik 3, 171-184
Grzybek, P. (1984a): Überlegungen zur semiotischen Sprichwortforschung. In: Kodikas/Code 7 H3/4, 215-249
Grzybek, P. (1984b): Zur Psychosemiotik des Sprichworts. In: Kodikas/Code 7 H3/4, 409-432
Grzybek, P. (1984c): How to do things with some proverbs. Zur Frage eines parömischen Minimums. In: Kodikas/Code 7 H3/4, 351-358
Gülich, E. (1981): »Was sein muß, muß sein.« Überlegungen zum Gemeinplatz und seiner Verwendung (überarbeitete Fassung der Arbeit von 1978). In: Geckeler, H. et al. (Hg.): Logos Semantikos, Vol. II. Studia linguistica in honorem E. Coseriu. Berlin/NewYork/Madrid: 343-363
Gumperz, J. (1975): Sprache, lokale Kultur und soziale Identität. Düsseldorf

Gumperz, J. J. (1982): Discourse strategies. Cambrigde
Günther, H. (1979): »Ist Langue-Kompositum ein Parole-Kompositum?«. In: Zeitschrift für germanistische Linguistik 7, 338-345
Günther, H. (1989): Kreativität, Produktivität, Lexikon. Zur Kompatibilität und Inkompatibilität linguistischer und psychologischer Konzepte in der Morphologieforschung. In: Knobloch, C. (Hg.): Kognition und Kommunikation, 157-172
Güttgemanns, E. (1980): Ferdinand de Saussure: Der redende Mensch als unbewußter Schachspieler. In: Linguistica Biblica 7, 93-130
Habermas, J. (1970/1971): Vorlesungen zu einer sprachtheoretischen Grundlegung der Soziologie. In: Habermas, J. (1984), 11-126
Habermas, J. (1971): Vorbereitende Bemerkungen zu einer Theorie der Kommunikativen Kompetenz. In: Habermas, J./Luhmann, N.: Theorie der Gesellschaft oder Sozialtechnologie? Frankfurt a. M.: 101-141
Habermas, J. (1975/1984): Handlung, Operationen, Körperliche Bewegungen. In: Habermas, J. (1984) 273-306
Habermas, J. (1981a): Theorie des Kommunikativen Handelns. Bd. 1, Frankfurt a. M.
Habermas, J. (1981b): Theorie des Kommunikativen Handelns. Bd. 2, Frankfurt a. M.
Habermas, J. (1984): Vorstudien und Ergänzungen zur Theorie des kommunikativen Handelns. Frankfurt a. M.
Habermas, J. (1992): Faktizität und Geltung. Beiträge zur Diskurstheorie des Rechts und des demokratischen Rechtsstaats. Frankfurt a. M.
Hagège, C. (1987): Der dialogische Mensch. Sprache – Weltbild – Gesellschaft. Hamburg [L'homme de parole. Contribution linguistique aux sciences humaines. Paris: 1985]
Haiman, J. (1983): Iconic and economic motivation. In: Language 59/4, 781-819
Hain, M. (1951): Sprichwort und Volkssprache. Eine volkskundlich soziologische Untersuchung. Gießen
Haken, H. (1988): Die Selbstorganisation der Information in biologischen Systemen aus der Sicht der Synergetik. In: Küppers, B. O. (Hg.): Ordnung aus dem Chaos. München: 127-156
Halliday, M. A.K. (1978): Eine Interpretation der funktionalen Beziehung zwischen Sprache und Sozialstruktur. In: Quasthoff, U. (Hg.): Sprachstruktur – Sozialstruktur. Zur linguistischen Theoriebildung. Königstein/Ts.: 30-43
Hamilton, M. E./Barton, D. (1983): A word is a word. Metalinguistic skills in adults of varying literacy levels. In: Journal of pragmatics 7, 581-594

Harley, T. (1984): A critique of top-down independent level models of speech-production. Evidence from non-plan-internal speech errors. In: Cognitive Science 8, 191-219

Hasan, R. (1975): Code, Register und sozialer Dialekt. In: Bernstein, B. (Hg.): Sprachliche Codes und soziale Kontrolle.

Hasan, R. (1988): Linguistics, language and verbal art. Oxford

Hassenstein, B. (1979): Wieviele Körner ergeben einen Haufen? Bemerkungen zu einem uralten und zugleich aktuellen Verständigungsproblem. In: Peisl, A./Mohler, A. (Hg.): Der Mensch und seine Sprache. Frankfurt a. M./Berlin/Wien: 219-242

Hausmann, F.J. (1984): Wortschatzlernen ist Kollokationslernen. Zum Lehren und Lernen französischer Wortverbindungen. In: Praxis des neusprachlichen Unterrichts 31, 395-406

Hausmann, F.J. (1985): Kollokationen im deutschen Wörterbuch. Ein Beitrag zur Theorie des lexikographischen Beispiels. In: Bergenholtz, H./Mugdan, J. (Hg.): Lexikographie und Grammatik, 118-129

Head, H. (1915): Hughlings-Jackson on aphasia and kindred affections of speech. In: Brain 38, 1-27

Heikkinen, H./Valo, M. (1985): Slips in interaction: The psychopathology of everyday discourse. In: Forgas, J.P. (ed.): Language and social situations, 213-227

Hejl, P.M. (1987): Zum Begriff des Individuums. Bemerkungen zum ungeklärten Verhältnis von Psychologie und Soziologie. In: Schiepek, G. (Hg.): Systeme erkennen Systeme. Individuelle, soziale und methodische Bedingungen systemischer Diagnostik. München u.a.: 115-154

Hejl, P.M. (1987a): Konstruktion der sozialen Konstruktion. Grundlinien einer konstruktivistischen Sozialtheorie. In: Schmidt, S.J. (Hg.): Der Diskurs des radikalen Konstruktivismus, 303-340

Hejl, P.M./Köck, W./Roth, G. (Hg.) (1978): Wahrnehmung und Kommunikation. Frankfurt a. M./Bern/Las Vegas

Helbig, G. (1973): Geschichte der neueren Sprachwissenschaft. Unter dem besonderen Aspekt der Grammatik-Theorie. 2. Aufl. München

Helbig, G. (1990): Entwicklung der Sprachwissenschaft seit 1970. Opl.

Henderson, L. (1988): Bericht über den Workshop ›Linguistical and psychological approaches to morphology‹, Cambridge 1987. In: Linguistische Berichte 116, 357-362

Hermann, Th. (1982): Sprechen und Situation. Eine psychologische Konzeption zur situationsspezifischen Sprachproduktion. Berlin

Hess-Lüttich, E.W.B. (1982): Topische Argumentation und sprachliche Schichtung. In: Kühlwein, W./Raasch, A. (Hg.): Stil: Komponenten/Wirkungen, Bd. II. Tübingen: 64-69

Hickey, T. (1993): Identifying formulas in first language acquisition. In: Journal of Child Language 20, 27-41

Hjelmslev, L. (1943/1974): Prolegomena zu einer Sprachtheorie. München

Hockett, C. F. (1956): Idiom formation. In: Halle, M. et al. (eds.): For Roman Jakobson. Essays on the occasion of his sixtieth birthday. The Hague: 222-229

Hoffmann, J. (1983): Das aktive Gedächtnis. Berlin

Hoffmann, J./Trettin, N. (1980): Organizational effects of semantic relations. In: Klix, F./Hoffmann, J. (eds.): Cognition and memory. Berlin

Holenstein, E. (1975): Roman Jakobsons phänomenologischer Strukturalismus. Frankfurt a. M.

Holenstein, E. (1980): Von der Hintergehbarkeit der Sprache. Kognitive Unterlagen der Sprache. Frankfurt a. M.

Holland, D./Quinn, N. (1987): Culture and cognition. In: dies. (eds.): Cultural models in language and thought, 3-40

Holland, D./Quinn, N. (eds.) (1987): Cultural models in language and thought. Cambridge

Honeck, R. P./Hoffmann, R. R. (eds.) (1980): Cognition and figurative language. Hillsdale, N. J.

Honeck, R. P./Kibler, C. T. (1984): The role of imagery, analogy and instantiation in proverb comprehension. In: Journal of psycholinguistic research 6, 393-414

Hörmann, H. (1967): Psychologie der Sprache. Berlin

Hörmann, H. (1976): Meinen und Verstehen. Grundzüge einer psychologischen Semantik. Frankfurt a. M.

Hornby, A.S (1988): Oxford Advanced Learner's Dictionary of Current English. 3. Aufl., Oxford

Hüllen, W./Schulze, R. (eds.) (1988): Understanding the lexicon. Meaning, sense and world knowledge in lexical semantics. Tübingen

Humboldt, W. v. (1963/1988 [1830-1835]): Ueber die Verschiedenheit des menschlichen Sprachbaues und ihren Einfluss auf die geistige Entwicklung des Menschengeschlechts. In: ders., Werke 3, Schriften zur Sprachphilosophie. 6. unveränderte Auflage, Darmstadt: 368-757

Huth, L. (1985): ›Das ist doch kein Argument!‹ – Topik in der Argumentation zwischen Fachleuten und Laien. In: Kopperschmidt, J./Schanze H. (Hg.): Argumente-Argumentation, 153-169

Imhasly, B. (1974): Der Begriff der sprachlichen Kreativität in der neueren Linguistik. Tübingen

Jäger, L. (1976): Ferdinand de Saussures historisch-hermeneutische Idee der Sprache. Ein Plädoyer für die Rekonstruktion des Saussure'schen Denkens in seiner authentischen Gestalt. In: Linguistik und Didaktik 27, 210-244

Jakobson, R. (1929/1971): Remarques sur l'évolution phonologique du russe comparée celle des autres langues slaves. In: ders.: Selected Writings I, Phonological Studies. 2nd, expanded edition. The Hague: 7-116

Jakobson, R. (1956/1974): Zwei Seiten der Sprache und zwei Typen aphatischer Störungen. In: ders.: Aufsätze zur Linguistik und Poetik, 117-141

Jakobson, R. (1974): Aufsätze zur Linguistik und Poetik. hrsg. v. Wolfgang Raible. München

Jantsch, E. (1986): Die Selbstorganisation des Universums. Vom Urknall zum menschlichen Geist. 3. Aufl., München

Januschek, F. (1986): Redensarten und Sprüche der ›Jugendsprache‹: Was besagen sie wirklich? In: Brekle, H. E./Maas, U. (Hg.): Sprachwissenschaft und Volkskunde. Opladen

Januschek, F. (1987): Arbeit an Sprache. Opladen

Jarrett, D. (1982): Pragmatic coherence in an oral formulaic tradition: I can read your letters/sure can't read your mind. In: Tannen, D. (ed.) Coherence in spoken and written discourse. Norwood, N.J.: 155-171

Jaschke, H./Sialm, A./Burger, H. (Hg.) (1981): Reader zur sowjetischen Phraseologie. Berlin et al.

Jespersen, O. (1924/1977): The philosophy of grammar. London

Johnson, M. (1987): The body in the mind: The bodily basis of meaning, imagination and reason. Chicago

Jolles, A. (1930/1972): Einfache Formen. Legende, Sage, Mythe, Rätsel. Spruch, Kasus, Memorabile, Märchen, Witz. Studienausgabe der 4. Auflage von 1968. Tübingen

Juchem, J. (1984): Die Konstruktion des Sprechens. Kommunikationssemantische Betrachtungen zu Philipp Wegener. In: Zeitschrift für Sprachwissenschaft 3/1, 3-18

Kaempfert, M. (1984): Wort und Wortverwendung. Probleme der semantischen Deskription anhand von Beobachtungen an der deutschen Gegenwartssprache. Göppingen

Kallmeyer, W./Keim, I. (1986): Formulierungsweise, Kontextualisierung und soziale Identität. Dargestellt am Beispiel formelhaften Sprechens. In: Zeitschrift für Literaturwissenschaft und Linguistik 16/64, 98-126

Kallmeyer, W./Schütze, F. (1977): Zur Konstitution von Kommunikationsschemata der Sachverhaltsdarstellung. In: Wegner, D. (Hg.): Gesprächsanalyse. Hamburg

Kambartel, F./Stekeler-Weithofer, P. (1988): Ist der Gebrauch der Sprache ein durch ein Regelsystem geleitetes Handeln? – Das Rätsel der Sprache und die Versuche seiner Lösung. In: Stechow, A. v./Schipping, M. T. (Hg.): Fortschritte in der Semantik. Weinheim: 201-223

Kanngießer, S. (1984): Deduktion der Sprecher-Hörer-Maschine. In: Osnabrücker Beiträge zur Sprachtheorie 29, 37-77

Kanngießer, S. (1986): Wissen, Sprache, Kompetenz. In: Zeitschrift für Literaturwissenschaft und Linguistik 64, 32-60

Katz, J. (1981): Literal meaning and logical theory. In: Journal of philosophy 78, 203-234

Kay, P. (1987): Linguistic competence and folk theories of language. In: Holland, D./Quinn, N. (eds.): Cultural models in language and thought, 67-77

Keesing, R. (1987): Models ›folk‹ and ›cultural‹. Paradigms regained? In: Holland,D./Quinn, N. (eds.): Cultural models in language and thought, 369-393

Keller, E. (1981): Gambits. Conversational strategy signals. In: Coulmas, F. (ed.): Conversational routine, 93-113

Keller, R. (1986): Zu einem evolutionären Sprachbegriff. (Manuskript)

Keller, R. (1990): Sprachwandel. Von der unsichtbaren Hand in der Sprache. Tübingen

Kempen, G./Hoenkamp, E. (1987): An incremental procedural grammar for sentence formulation. In: Cognitive Science 11, 201-258

Kenny, A. (1974): Wittgenstein. Frankfurt a. M.

Kienpointer, M. (1983): Argumentationsanalyse. [Innsbrucker Beiträge zur Kulturwissenschaft, Sonderheft 56] Innsbruck

Kienpointer, M. (1986): Topische Sequenzen in argumentativen Dialogen. In: Zeitschrift für germanistische Linguistik 3, 321-355

Kintsch, W./Dijk v., T. A. (1978): Toward a model of text comprehension and production. In: Psychological Review 85, 363-394

Kiparsky, P. (1976): Oral poetry: Some linguistic and typological considerations. In: Stolz, B. A./Shannon, R. S. (eds.): Oral literature and the formula, 73-106

Klein, W. (1986): Das Geltende, oder: System der Überzeugungen. In: Zeitschrift für Literaturwissenschaft und Linguistik 16/64, 10-31

Klein, W. (1989): Sprechen lernen – Das Selbstverständlichste von der Welt. In: Zeitschrift für Literaturwissenschaft und Linguistik 19/73, 7-17

Klix, F. (1984): Über Wissensrepräsentation im menschlichen Gedächtnis. In: ders. (Hg.): Gedächtnis, Wissen, Wissensnutzung. Berlin: 9-73

Klix, F. (1987a): On the role of knowledge in sentence comprehension. In: Vorabdruck der Plenarvorträge. XIV. Internationaler Linguistenkongreß Berlin, 10.-15. August 1987, Berlin: 111-124

Klix, F. (1987b): Gedächtnis und Wissen. In: Mandl, H./Spada, H. (Hg.): Wissenspsychologie. München/Wien/Baltimore

Knobloch, C. (1984): Sprachpsychologie. Ein Beitrag zur Problemgeschichte und Theoriebildung. Tübingen

Knobloch, C. (1988a): Geschichte der psychologischen Sprachauffassung in Deutschland von 1850-1920. Tübingen

Knobloch, C. (1988b): ›Gesagt – getan?‹ Thesen zum Problem: Sprechen und Handeln. In: Zeitschrift für Literaturwissenschaft und Linguistik 18/71, 121-128

Knobloch, C. (1988c): Die Bedeutung von Bühlers Axiomatik für die Psycholinguistik. In: Eschbach, A. (Hg.): Karl Bühlers theory of language. Amsterdam/Philadelphia: 415-434

Knobloch, C. (1988d): Sprache als Technik der Rede. Beiträge zu einer Linguistik des Sprechens. Frankfurt a. M./Bern/New York/Paris

Knobloch, C. (1989a): Philipp Wegener (1848-1916) und die sprachpsychologische Diskussion um 1900. In: Zeitschrift für Phonetik, Sprachwissenschaft und Kommunikationsforschung 42/2, 232-249

Knobloch, C. (1989c): Sprach- und Textverstehen: Über die Aktualität Schleiermachers. In: Spiel 8/2, 213-231

Knobloch, C. (Hg.) (1989): Kognition und Kommunikation. Beiträge zur Psychologie der Zeichenverwendung. Münster

Korhonen, J. (Hg.) (1987): Beiträge zur allgemeinen und germanistischen Phraseologieforschung. Oulu

Krashen, S./Scarcella, R. (1978): On routines and patterns in language acquisition and performance. In: Language Learning 28, 283-300

Kreckel, M. (1981): Communicative acts and shared knowledge in natural discourse. London et al.

Krikmann, A. (1984): 1001 Fragen zur logischen Struktur der Sprichwörter. In: Kodikas/Code 7, 387-408

Krippendorf, K. (1990): Der verschwundenen Bote. Metaphern und Modelle der Kommunikation. In: DIFF (Hg.) Funkkolleg Medien und Kommunikation. Studienbegleitbrief 3. Tübingen: 11-50

Kruglanski, A. W./Baldwin, M. W./Towson, S. M.J. (1985): Die Theorie der Laienepistemologie. In: Frey, D./Irle, M. (Hg.): Theorien der Sozialpsychologie. Bd. III. Motivations- und Informationsverarbeitungstheorien. Bern et al.: 293-314

Kühn, P. (1984): Pragmatische und lexikographische Beschreibung phraseologischer Einheiten: Phraseologismen und Routineformeln. In: Studien zur neuhochdeutschen Lexikographie IV., hrsg. v. H. E. Wiegand. Hildesheim/Zürich/New York [Germanistische Linguistik 1-3/83], 175-235

Kühn, P. (1989): Die Beschreibung von Routineformeln im allgemeinen einsprachigen Wörterbuch. In: Hausmann, F. J./Reichmann, O./Wiegand, H. E./Zgusta, L. (eds.): Wörterbücher. Ein internationales Handbuch zur Lexikographie. Bd. 1. [Reihe Handbücher zur Sprach- und Kommunikationswissenschaft]. Berlin/New York: 830-835

Kuhn, Th. S. (1962/1976): Die Struktur wissenschaftlicher Revolutionen. 2. rev. und um das Postkriptum von 1969 erw. Aufl., Frankfurt a. M.

Küppers, B. O. (1986): Der Ursprung biologischer Information. Zur Naturphilosophie der Lebensentstehung. München/Zürich

Küppers, B. O. (1988): Die Komplexität des Lebendigen. Möglichkeiten und Grenzen objektiver Erkenntnis in der Biologie. In: ders. (Hg.): Ordnung aus dem Chaos, 15-48

Küppers, B. O. (Hg.) (1988): Ordnung aus dem Chaos. Prinzipien der Selbstorganisation und Evolution des Lebens. München/Zürich

Lakoff, G. (1971): Linguistik und natürliche Logik. Frankfurt a. M.

Lakoff, G. (1987): Women, fire and dangerous things. What categories reveal about the mind. Chicago/London

Lakoff, G./Johnson, M. (1980): Metaphors we live by. Chicago u. a.

Lambrecht, K. (1984): Formulaicity, frame semantics and pragmatics in german binominal expressions. In: Language 60/4, 753-796

Langacker, R. W. (1986): An introduction to cognitive grammar. In: Cognitive Science 10, 1-40

Langacker, R. W. (1987): Transitivity, case, and grammatical relations. A cognitive grammar prospectus. Duisburg: L. A.U. D. [A 172]

Langacker, R. W. (1988): The cognitive perspective. Duisburg: L. A. U. D. [A 197]

Laucken, U. (1974): Naive Verhaltenstheorie. Stuttgart

Lehmann, Ch. (1989): Grammatikalisierung und Lexikalisierung. In: Zeitschrift für Phonetik, Sprachwissenschaft und Kommunikationsforschung 42, 11-19

Lehrer, A. (1989): Polysemie, conventionality and the structure of the lexicon. Duisburg: L. A.U. D. [A 240]

Leiss, E. (1992): Die Verbalkategorien des Deutschen. Ein Beitrag zur Theorie der sprachlichen Kategorisierung. Berlin/New York

Leontjew, A. A. (1975): Psycholinguistische Einheiten und die Erzeugung sprachlicher Äußerungen. Berlin

Leontjew, A. A./Leontjew, A. N./Judin E. G. (1984): Grundfragen der Theorie der sprachlichen Tätigkeit. Stuttgart et al.

Lichtenberg, G. C. (1985): Lichtenbergs Werke. 5. Aufl., Berlin/Weimar

Lilli, W. (1982): Grundlagen der Stereotypisierung. Göttingen/Toronto/Zürich

Linke, A./Nussbaumer, M. (1988): Kohärenz durch Präsuppositionen. In: Der Deutschunterricht 40/VI, 29-53

Lobkowicz, E. (1986): Common Sense und Skeptizismus. Studien zur Philosophie von Thomas Reid und David Hume. Weinheim

Lorenz, K. (1973): Die Rückseite des Spiegels. Versuch einer Naturgeschichte des menschlichen Erkennens. München

Lötscher, A. (1987): Text und Thema. Studien zur thematischen Konstituenz von Texten. Tübingen

Luckmann, Th. (1986): Grundformen der gesellschaftlichen Vermittlung des Wissens: Kommunikative Gattungen. In: Neidhardt, F. et al. (Hg.): Kultur und Gesellschaft. [Sonderh. 27 KZfSS] Opladen: 191-211

Lüdtke, H. (1980): Sprachwandel als universales Phänomen. In: ders. (Hg.): Kommunikationstheoretische Grundlagen des Sprachwandels. Berlin/New York: 1-19

Lüger, H. H. (1989): Stereotypie und Konversationsstil. Zu einigen Funktionen satzwertiger Phraseologismen im literarischen Dialog. In: Deutsche Sprache 1, 1-25

Lüger, H. H. (1980): Formen rituellen Sprachgebrauchs. In: Deutsche Sprache 1, 21-40

Lüger, H. H. (1983): Some aspects of ritual communication. In: Journal of Pragmatics 7, 695-711

Luhmann, N. (1975): Öffentliche Meinung. In: Politische Planung. Aufsätze zur Soziologie von Politik und Verwaltung. 2. Aufl., Opladen

Luhmann, N. (1975a): Interaktion, Organisation, Gesellschaft. Anwendungen der Systemtheorie. In: ders.: Soziologische Aufklärung. Bd. 2. Opladen: 9-20

Luhmann, N. (1975b): Einfache Sozialsysteme. In: ders.: Soziologische Aufklärung Bd. 2. Opladen: 21-36

Luhmann, N. (1981): Die Ausdifferenzierung von Erkenntnisgewinn. Zur Genese von Wissenschaft. In: Stehr, N./Meja, V. (Hg.): Wissenssoziologie. [Sonderheft 22 KZfSS]. Opladen: 102-140

Luhmann, N. (1985): Soziale Systeme. Grundriß einer allgemeinen Theorie. Frankfurt a. M.

Luhmann, N. (1986): Ökologische Kommunikation. Opladen

Lutz, H. D. (1974): Zur Formelhaftigkeit mittelhochdeutscher Texte und zur ›theory of oral-formulaic composition‹. In: DVjS 48, 432-447

Lutzeier, P. R. (1985): Linguistische Semantik. Stuttgart
Lyons, J. (1968): Introduction to theoretical linguistics. Cambridge
Lyons, J. (1980): Semantik. Bd. I. München
Lyons, J. (1983): Semantik Bd. II. München
Maas, U. (1985): Konnotation. In: Januschek, F. (Hg.): Politische Sprachwissenschaft. Zur Analyse von Sprache als kultureller Praxis. Opladen: 71-97
Maas, U. (1988): Die Sprache der Sprachwissenschaftler. In: Geteilte Sprache. Festschrift für Rainer Marten; hrsg.v. Utz Maas und Willem van Reijen. Amsterdam: 175-189
Maas, U. (1989): Sprache im Nationalsozialismus. Analyse einer Rede eines Studentenfunktionärs. In: Ehlich, K. (Hg.): Sprache im Faschismus. Frankfurt a. M.: 162-197
Maas, U./Brekle, H. E. (Hg.) (1986): Sprachwissenschaft und Volkskunde. Opladen
Macheiner, J. (1991): Das grammatische Varieté oder Die Kunst und das Vergnügen, deutsche Sätze zu bilden. Frankfurt a. M.
MacWhinney, B./Leinbach, J./Taraban R./McDonald, J. (1989): Language learning: cues or rules? In: Journal of memory and language 28, 255-277
Makkai, A. (1972): Idiom structure in english. The Hague
Malkiel, Y. (1959): Studies in irreversible binominals. In: Lingua 8, 113 ff.
Marfurt, B. (1975): Textsorte Witz. Möglichkeiten einer sprachwissenschaftlichen Textsortenbestimmung. Tübingen
Maturana, H. (1982): Erkennen: Die Organisation und Verkörperung von Wirklichkeit. Braunschweig/Wiesbaden
Maturana, H./Varela, F. (1987): Der Baum der Erkenntnis. Die biologischen Wurzeln des Erkennens. Bern/München/Wien
Mazeland, H. (1986): Short note on Gumperz' contextualisation cues. In: Osnabrücker Beiträge zur Sprachtheorie 33, 170-182
McClelland, J. (1988): Connectionist models and psychological evidence. In: Journal of Memory and Language 27, 107-123
McClelland, J./Rumelhart, D. E. (1986): A distributed model of human learning and memory. In: dies. (eds.): Parallel distributed processing. Bd. 1. Cambridge: 170-215
Mead, G. H. (1934/1973): Geist, Identität und Gesellschaft – aus der Sicht des Sozialbehaviorismus. [hrsg. v. Charles W. Morris]. Frankfurt
Meinefeld, W. (1977): Einstellung und soziales Handeln. Reinbek
Merten, K. (1990): Wirken sie wirklich, die Wirkungen der Massenkommunikation? In: DIFF (Hg.): Funkkolleg Massenmedien und Kommunikation. Studienbegleitbrief 0. Tübingen: 49-55

Mininni, G. (1990): ›Common speech‹ as a pragmatic form of ›social reproduction‹. In: Journal of Pragmatics 14, 125-135
Mohr, H. (1981): Biologische Erkenntnis. Stuttgart
Mohr, H. (1986): Evolutionäre Erkenntnistheorie. In: Alexander v. Humboldt-Stiftung, Mitteilungen 47,1-7
Moore, T. E. (1975): Linguistic intuitions of twelve year-olds. In: Language and Speech 18, 213-216
Morgan, J. L. (1978): Two types of convention in indirect speech acts. In: Cole, P. (ed.): Syntax and Semantics, vol. 9. Pragmatics. New York
Morris, C. W. (1938/1988): Grundlagen der Zeichentheorie. Ästhetik der Zeichentheorie. Aus dem Amerikanischen von Roland Posner unter Mitarbeit von Jochen Rehbein. Frankfurt a. M.
Moscovici, S. (1981): On social representations. In: Forgas, J. P. (ed.): Social cognition, 181-209
Moscovici, S. (1984): The phenomenon of social representations. In: Farr, R. M./Moscovici, S. (eds.): Social representations, 3-69
Mugdan, J. (1985): Pläne für ein grammatisches Wörterbuch. In: Bergenholtz, H./Mugdan, J. (Hg.): Lexikographie und Grammatik, 187-224
Müller, Karin (1989): »Schreibe, wie du sprichst!« Eine Maxime im Spannungsfeld von Mündlichkeit und Schriftlichkeit. Eine historische und systematische Untersuchung. Frankfurt a. M./Bern/New York/Paris
Müller, Klaus (1984): Rahmenanalyse des Dialogs. Aspekte des Sprachverstehens in Alltagssituationen. Tübingen
Myers, P. S. (1986): Right hemisphere communication impairment. In: Chapey, R. (ed.): Language intervention strategies in adult aphasia, 444-461
Nabrings, K. (1981): Sprachliche Varietäten. Tübingen
Nagata, H. (1988): The relativity of linguistic intuitions: The effect of repetition on grammaticality judgements. In: Journal of Psycholinguistic Research 17/1, 1-17
Nagy, W./College C. (1978): Some non-idiom larger-than-word units in the lexicon. In: Parasession on the lexicon. [Chicago linguistic society] Chicago, 289-300
Negt, O. (1974): Soziologische Phantasie und exemplarisches Lernen. 4. Aufl. Frankfurt a. M./Köln
Neubert, A. (1966): Analogien zwischen Phonologie und Semantik. In: Zeichen und System der Sprache, Bd.3. Berlin: 106-116
Neumann, W. (1987): Wilhelm von Humboldt und die moderne Sprachwissenschaft. In: Vorabdruck der Plenarvorträge. XIV. Internationaler Linguistenkongreß Berlin, 10.-15. August 1987, Berlin: 26-59

Nothdurft, W. (1985): Das Muster im Kopf? Zur Rolle von Wissen und Denken bei der Konstitution interaktiver Muster. In: Kommunikationstypologie. Jahrbuch 1985 des Instituts für deutsche Sprache. Düsseldorf: 92-116

Nunberg, G. (1978): Slang, usage conditions, and l'arbitraire du signe. In: Parasession on the lexicon. [Cicago linguistic society] Chicago, 301-311

Oeser, E. (1976): Wissenschaft und Information. Bd. 3. Struktur und Dynamik erfahrungswissenschaftlicher Systeme. Wien/München

Oksaar, E. (1958): Semantische Studien im Sinnbereich der Schnelligkeit. ›Plötzlich‹, ›schnell‹ und ihre Synonymik im Deutschen der Gegenwart und des Früh-, Hoch- und Spätmittelalters. Stockholm/Uppsala

Ong, W.J. (1987): Oralität und Literalität. Die Technologisierung des Wortes. Opladen [Orig.: Orality and literacy. The technologizing of the word. London/New York: 1982]

Ostman, J.O. (1981): You know: A discourse functional approach. Amsterdam/Philadelphia

Parsons, T. (1972): Das System moderner Gesellschaften. München

Paul, H. (1898): Principien der Sprachgeschichte. 3. Aufl. Halle a. S.

Paul, I. (1990): Rituelle Kommunikation. Sprachliche Verfahren zur Konstitution ritueller Bedeutung und zur Organisation des Rituals. Tübingen

Pawley, A. (1986): Lexicalisation. In: Tannen, D./Atlatis, J.E. (eds.): Language and Linguistics: The interdependence of theory, data and application. Georgetown University Round Table on Languages and Linguistics 1985 [GURT]. Washington DC, 98-120

Pawley, A./Syder, F.H. (1983): Two puzzles for linguistic theory: nativelike selection and nativelike fluency. In: Richards, J.C./Schmidt, R. (eds.): Language and Communication. London: 191-226

Permjakov, G.L. (1984): Die Grammatik der Sprichwörterweisheit. In: Kodikas/Code 7, 295-344

Peters, A. (1977): Language learning strategies: Does the whole equal the sum of the parts? In: Language 53, 560-573

Peters, A. (1983): The units of language acquisition. Cambridge

Peters, U.H. (1981): Schizophrene Sprachstörungen. In: Huber, G. (Hg.): Schizophrenien. Stand und Entwicklungstendenzen. Stuttgart/New York: 11-14

Peters, U.H. (1982): Schizophrene ›Mißverständnisse‹: Zeichenfeldstörungen. In: Heinrich, K. (Hg.): Der Schizophrene außerhalb der Klinik. Bern/Stuttgart/Wien

Piaget, J. (1970/1985): Meine Theorie der geistigen Entwicklung. hrsg. v. R. Fatke. Frankfurt a. M.

Pilz, K. D. (1978): Phraseologie. Versuch einer interdisziplinären Abgrenzung, Begriffsbestimmung und Systematisierung. Göppingen
Pilz, K. D. (1981): Phraseologie: Redensartenforschung. Stuttgart
Plank, F. (1979): Ikonisierung und De-Ikonisierung als Prinzipien des Sprachwandels. In: Sprachwissenschaft 4, 121-158
Plank, F. (1981): Morphologische (Irr)-Regularitäten. Tübingen
Pörschke, D. (1988): Der genetische Code: Zufall oder Notwendigkeit? In: Küppers, B. O. (Hg.): Ordnung aus dem Chaos. München: 85-102
Polanyi, M. (1985): Implizites Wissen. Frankfurt a. M.
Popper, K. R./Eccles, J. R. (1982/1987): Das Ich und sein Gehirn. München
Posner, R. (1980): Ikonismus in der Syntax: Zur natürlichen Stellung der Attribute. In: Zeitschrift für Semiotik 2, 57-82
Prinz, P. M. (1983): The development of idiomatic meaning in children. In: Language and Speech 26, 263-272
Putnam, H. (1975/1979): Die Bedeutung von ›Bedeutung‹. Frankfurt
Quasthoff, U. M. (1973): Soziales Vorurteil und Kommunikation. Eine sprachwissenschaftliche Analyse des Stereotyps. Frankfurt a. M.
Quasthoff, U. M. (1978): The uses of stereotype in everyday argument. In: Journal of Pragmatics 2, 1-48
Quasthoff, U. M. (1983): Formelhafte Wendungen im Deutschen. Zu ihrer Funktion in dialogischer Kommunikation. In: Sandig, B. (Hg.): [Germanistische Linguistik] Stilistik II: Gesprächsstile. Hildesheim/New York: 5-25
Quasthoff, U. M. (1985): Argumentationsbarrieren. Die Manifestation von Gruppenspezifik und die Behinderung von Verständigung durch topisches Argumentieren. In: Kopperschmidt, J./Schanze, H. (Hg.): Argumente – Argumentation, 170-207
Quasthoff, U. M. (1987): Linguistic prejudice/stereotypes. In: Ammon, U. et al. (Hg.): Soziolinguistik. [Reihe Handbücher zur Sprach- und Kommunikationswissenschaft Bd. 3.1]. Berlin/New York: 785-799
Redder, A./Rehbein, J. (1987): Zum Begriff der Kultur. In: Osnabrücker Beiträge zur Sprachtheorie 38, 7-21
Rehbein, J. (1977): Komplexes Handeln. Elemente zu einer Handlungstheorie der Sprache. Stuttgart
Rehmke, J./Schneider, F. (1983): Geschichte der Philosophie. Wiesbaden
Reid, Th. (1895/1983): Philosophical works I/II. With notes and supplementary dissertations by Sir William Hamilton. [2. Nachdruckauflage der 8. Auflage Edinburgh 1895]. Hildesheim/Zürich/New York

Rensch, B. (1978): Wahrnehmung und Denken in erkenntnistheoretischer Sicht. In: Hejl, P. M./Köck, W./Roth, G. (Hg.): Wahrnehmung und Kommunikation, 51-64

Rensch, K. H. (1967): Organismus – System – Struktur in der Sprachwissenschaft. In: Phonetica 16, 71-84

Reuter, B. (1984): Probleme des Nachweises verbaler Automatismen (pattern). In: Info DaF 1, 42-46

Reuter, B. (1985): Die pragmatische Funktion von Formeln im Spracherwerb in der Phase der Mittleren Kindheit. In: Kutsch, St./Desgranges, I. (Hg.): Zweitsprache Deutsch – ungesteuerter Erwerb. Interaktionsorientierte Analysen des Projekts Gastarbeiterkommunikation. Tübingen, 165-181

Rickheit, G./Strohner, H. (1985): Psycholinguistik der Textverarbeitung. In: Studium Linguistik 17/18, 1-78

Rickheit, G./Strohner, H. (1989): Textreproduktion. In: Antos, G./Krings, H. P. (Hg.): Textproduktion, 220-256

Riedl, R. (1979/1988): Biologie der Erkenntnis. München

Riedl, R. (1984): Evolution und Erkenntnis. München/Zürich

Riedl, R. (1987): Begriff und Welt. Biologische Grundlagen des Erkennens und Begreifens. Berlin/Hamburg

Rieser, H. (1983): Deskriptive Rhetorik, Interaktion und natürliche Topik. In: Petöfi, J. (Hg.): Texte und Sachverhalte. Hamburg: 160-183

Rochester, S. R./Martin, J. R. (1979): Crazy talk. A study of the discourse of schizophrenic speakers. New York

Rock, P. (1979): Another common sense conception of deviancy. In: Sociology 13, 75-80

Rosengren, I. (Hg.) (1981): Sprache und Pragmatik. Lunder Symposium 1980. Lund

Rosengren, I. (Hg.) (1983): Sprache und Pragmatik. Lunder Symposium 1982. Lund

Ross, J. R. (1980): Ikonismus in der Phraseologie. In: Zeitschrift für Semiotik 2, 39-56

Rothkegel, A. (1973): Feste Syntagmen. Grundlagen, Strukturbeschreibung und automatische Analyse. Tübingen

Rothkegel, A. (1989): Polylexikalität. Verb-Nomen-Verbindungen und ihre Behandlung in EUROTRA. [Eurotra-D Working-Papers No. 17]. Saarbrücken

Rumelhart, D. E. (1980): Schemata: The building blocks of cognition. In: Spiro, R. J. et al.: Theoretical issues in reading comprehension. Bd. 1. Hillsdale, N. J.

Ryle, G. (1969): Der Begriff des Geistes. Stuttgart

Salomon, G. (1919): Die Entstehung und Entwicklung der deutschen Zwillingsformeln. Diss. Göttingen

Sandig, B. (1986): Stilistik der deutschen Sprache. Berlin/New York

Sandig, B. (1991): Formeln des Bewertens. In: Palm, Ch. (Hg.): Europhras 90. Akten der internationalen Tagung zur germanistischen Phraseologieforschung Aske/Schweden 12.-15. Juni 1990. Uppsala: 225-252

Saussure, F. de (1931/1967): Grundfragen der allgemeinen Sprachwissenschaft. hrsg.v. Charles Bally und Albert Sechehaye. Unter Mitwirkung von Albert Riedlinger. Übersetzt von Herman Lommel. 2. Auflage. Berlin

Savigny, E.v. (1969/1974): Die Philosophie der normalen Sprache. Eine kritische Einführung in die ›ordinary language philosophy‹. Frankfurt

Schäfer, M. L./Philipp, M. (1979): Syntagmatische Wortfeldstörungen als Grundlage einer Psychopathometrie der Schizophrenie. In: Neurologia Psychiatria 5, 473-476

Schank, R. C./Abelson, R. P. (1977): Scripts, Plans, Goals, and Understanding. Hilldsdale N. J.

Scheerer, Th. M. (1980): Ferdinand de Saussure. Rezeption und Kritik. Darmstadt

Schemann, H. (1981): Das idiomatische Sprachzeichen. [Beihefte zur Zeitschrift für Romanische Philologie 183]. Tübingen

Schemann, H. (1982): Zur Integration der Funktionsverbgefüge in die Idiomatikforschung. In: Deutsche Sprache 10, 83-96

Schemann, H. (1987): Was heißt ›Fixiertheit‹ von phraseologischen oder idiomatischen Ausdrücken? In Korhonen, J. (Hg.): Beiträge zur allgemeinen und germanistischen Phraseologieforschung, 22-36

Schemann, H. (1989): Das phraseologische Wörterbuch. In: Hausmann, F. J./Reichmann, O./Wiegand, H. E./Zgusta, L. (eds.): Wörterbücher. Ein internationales Handbuch zur Lexikographie. Bd. 1. [Reihe Handbücher zur Sprach- und Kommunikationswissenschaft]. Berlin/New York: 1019-1032

Scherner, M. (1989): Zur kognitionswissenschaftlichen Modellierung des Textverstehens. Anmerkungen, Perspektiven und Fragen aus sprachwissenschaftlicher Sicht. In: Zeitschrift für germanistische Linguistik 17, 94-102

Schildt, W. (1976): Abriß der Geschichte der deutschen Sprache. 2. Aufl., Berlin 1981

Schirn, M. (ed.)(1974): Sprachhandlung – Existenz – Wahrheit. Hauptthemen der sprachanalytischen Philosophie. Stuttgart

Schlieben-Lange, B. (1983): ›Traditionen des Sprechens‹. Elemente einer pragmatischen Sprachgeschichtsschreibung. Stuttgart

Schmidt, H. (1989): Zum Metapherngebrauch in deutschen sprachwissenschaftlichen Texten des 19. Jahrhunderts. In: Schlieben-Lange, B. (Hg.): Europäische Sprachwissenschaft um 1800. Bd. 1. Münster: 203-227

Schmidt, S. J. (1969): Bedeutung und Begriff. Zur Fundierung einer sprachphilosophischen Semantik. Braunschweig

Schmidt, S. J. (1969a): Sprachliches und soziales Handeln. In: Linguistische Berichte 2, 64-69

Schmidt, S. J. (1973): Texttheorie. München

Schmidt, S. J. (1980): Grundriß der empirischen Literaturwissenschaft. Bd. 1, Braunschweig/Wiesbaden

Schmidt, S. J. (1983): Text, Subjekt, Gesellschaft. Aspekte einer konstruktivistischen Semantik. In: Manfred Faust (Hg.): Festschrift für Peter Hartmann – Allgemeine Sprachwissenschaft und Sprachtypologie. Tübingen: 55-73

Schmidt, S. J. (1991): Gedächtnisforschungen: Positionen, Probleme, Perspektiven. In: ders. (Hg.): Gedächtnis, 9-55

Schmidt, S. J. (Hg.) (1987): Der Diskurs des radikalen Konstruktivismus. Frankfurt a. M.

Schmidt, S. J. (Hg.) (1991): Gedächtnis. Probleme und Perspektiven der interdisziplinären Gedächtnisforschung. Frankfurt a. M.

Schmitz, W. (1987): Zur Übertragbarkeit kommunikativer Routinen und Strategien. Antrittsvorlesung (Manuskript) Bonn

Schneider, M. (1978): Soziale Kontrolle und Sprache. Aspekte von Kontrollstrategien in differenzierten Gesellschaften. Diss. Aachen

Schnelle, H. (Hg.) (1981): Sprache und Gehirn. Frankfurt a. M.

Schoenfeld, A. H. (1983): Beyond the purely cognitive: Belief systems, social cognitions, and metacognitions as driving forces in intellectual performance. In: Cognitive Science 7, 329-363

Schrameier, A. (1990): Wortbedeutung im Gedächtnis. Göttingen/Toronto/Zürich

Schütz, A. (1971): Das Problem der Relevanz. Frankfurt a. M.

Schütz, A./Luckmann, Th. (1979): Strukturen der Lebenswelt. Frankfurt a. M.

Schütze, F. (1987): Die Rolle der Sprache in der soziologischen Forschung. In: Ammon, U. et al. (Hg.): Soziolinguistik. [Reihe Handbücher zur Sprach- und Kommunikationswissenschaft Bd. 3.1]. Berlin/New York: 413-431

Schwarze, Ch. (1982): Stereotyp und lexikalische Bedeutung. In: Studium Linguistik 13, 1-17

Schweigert, W. A./Moates, D. R. (1988): Familiar idiom comprehension. In: Journal of Psycholinguistic Research 4, 281-296

Scinto, L. F. M. (1986): Written language and psychological development. Orlando

Searle, J. R. (1971): Sprechakte. Ein sprachphilosophischer Essay. Frankfurt a. M.

Searle, J. R. (1982/1990): Ausdruck und Bedeutung. Untersuchungen zur Sprechakttheorie. 2. Aufl. Frankfurt a. M.

Searle, J. R. (1986): Geist, Hirn und Wissenschaft. Frankfurt a. M.

Seibert, T. M. (1980): Juristische Topik. In: Zeitschrift für Literaturwissenschaft und Linguistik 10, 169-176

Seppänen, L. (1978): Zur Ableitbarkeit der Nominalkomposita. In: Zeitschrift für germanistische Linguistik 6, 133-150

Seppänen, L. (1979): »Langue-Kompositum ist vorläufig Parole-Kompositum«. In: Zeitschrift für germanistische Linguistik 17, 346-351

Sicker, F. (Hg.) (1967/1983): Reden und Ansprachen für jeden Anlaß. Niedernhausen/Ts.

Sommerfeldt, K. E. (1988): Entwicklungstendenzen in der deutschen Gegenwartssprache. Leipzig

Spence, D. P./Owens, K. C. (1990): Lexical co-occurence and association strength. In: Journal of Psycholinguistic Research 19/5, 317-330

Spencer, N. J. (1973): Difference between linguists and nonlinguists in intuitions of grammaticality – acceptability. Journal of Psycholinguistic Research 2, 83-98

Spillner, B. (1981): Thesen zur Zeichenhaftigkeit der Topik. In Breuer, D./Schanze, H. (Hg.): Topik, 256-263

Stedje, A. (1987): Sprecherstrategien im Spiegel der Phraseologie. In: Korhonen, J. (Hg.): Beiträge zur allgemeinen und germanistischen Phraseologieforschung, 91-110

Steger, H. et al. (1974): Redekonstellation, Redekonstellationstyp, Textexemplar, Textsorte im Rahmen eines Sprachverhaltensmodells. Begründung einer Forschungshypothese. In Gesprochene Sprache. Jahrbuch 1972 des IDS. Düsseldorf: 39-97

Steiner, E. (1983): Die Entwicklung des britischen Kontextualismus. Heidelberg

Stolz, B. A./Shannon, R. S. (eds.) (1976): Oral literature and the formula. Ann Arbor

Störig, H. J. (1961): Kleine Weltgeschichte der Philosophie. Stuttgart

Strack, F. (1985): Urteilsheuristiken. In: Frey, D./Irle, M. (Hg.): Motivations- und Informationsverarbeitungstheorien, 239-267

Streeck, J. (1983): Kommunikation in der kindlichen Sozialwelt. Tübingen

Strohner, H. (1988): Zentrale Planung oder dezentrale Kooperation. Adaptive Strategien des Textverstehens. In: Linguistische Berichte 118, 481-496

Struck, G. (1977): Zur Theorie juristischer Argumentation. Berlin

Strunk, H. (1992): Stuttgarter und Wiesbadener Empfehlungen. Entstehungsgeschichte und politisch-institutionelle Innenansichten gescheiterter Reformversuche von 1950 bis 1965. Frankfurt/Berlin/Bern

Svensson, A. (1977): Anspielung, Stereotyp und Konversationsimplikation. In: Papiere zur Linguistik. Kronberg/Ts.: 40-59

Svensson, A. (1984): Anspielung und Stereotyp. Eine linguistische Analyse des politischen Sprachgebrauchs am Beispiel der SPD. Wiesbaden

Swinney, D. A./Cutler, A. (1979): The access and processing of idiomatic expressions. In: Journal of Verbal Learning and Verbal Behavior 18, 523-534

Tannen, D. (1982): The oral/literate continuum in discourse. In: dies. (ed.): Spoken and written language. Norwood, N.J.: 1-16

Tannen, D. (1987): Repetition in conversation: Towards a poetics of talk. In: Language 63/3, 574-605

Taylor, G. R. (1985): Die Geburt des Geistes. Frankfurt a. M. [Orig.: The natural history of the mind. An exploration. London: 1979]

Thomssen, W. (1980): Deutungsmuster – eine Kategorie der Analyse von gesellschaftlichem Bewußtsein. In: Weymann, A. (Hg.): Handbuch für die Soziologie der Weiterbildung. 2. Aufl., Darmstadt, 358-373

Trampe, W. (1990): Ökologische Linguistik. Opladen

Tress, W./Pfaffenberger, U./Frommer, J. (1984): Zur Patholinguistik schizophrener Texte. Nervenarzt 55, 488-495

Tulving, E. (1972): Episodic and semantic memory. In: Tulving, E./Donaldson, W. (eds.): Organization of memory. New York: 381-403

Tulving, E./Thomson, D. M. (1973): Encoding specifity and retrieval processes in episodic memory. In: Psychological Review 80, 352-373

Ungeheuer, G. (1974): Was heißt Verständigung durch Sprechen? In: Gesprochene Sprache. Jahrbuch 1972 des IDS. Düsseldorf: 7-39

Upmeyer, A. (1985): Soziale Urteilsbildung. Stuttgart/Berlin/Köln/Mainz

van Dijk, T. A. (1980): Textwissenschaft. Eine interdisziplinäre Einführung. München

van Dijk, T. A. (1984): Prejudice in discourse. Amsterdam/Philadelphia

van Dijk, T. A. (1985): Cognitive situation models in discourse production: The expression of ethnic situations in prejudiced discourse. In: Forgas, J. (Hg.): Language and social situations, 61-79

van Dijk, T. A./Kintsch, W. (1983): Strategies of discourse comprehension. New York
van Lancker, D. (1972): Language processing in the brain. Language lateralization and grammars. In: UCLA Working Papers in Phonetics 23, 22-31
van Lancker, D. (1973): Language lateralization and grammars. In: Kimball, J. P. (ed.): Syntax and Semantics 2, 197-204
van Lancker, D. (1987): Nonpropositional speech: Neurolinguistic studies. In: Ellis, A. W. (ed.): Progress in the Psychology of Language. Vol.3. Hillsdale, N.J.: 49-118
van Lancker, D./Kempler, D. (1987): Comprehension of familiar phrases by left- but not by right-hemisphere damaged patients. In: Brain and Language 32, 265-277
Varela, F. (1990): Kognitionswissenschaft – Kognitionstechnik. Eine Skizze aktueller Perspektiven. Frankfurt a. M.
Viehweger, D. (1987): Kollokationen. In: Neumann, W./Techtmaier, B. (Hg.): Bedeutung und Ideen in Sprache und Texten. Berlin: 227-237
Viehweger, D. (1988): Kollokationen im Lexikon und deren Darstellung im Wörterbuch. In: Jensen, H./Zettersten, A. (Hg.): Symposion on Lexicography III. Proceedings of the third international Symposion of Lexicography. May 14-16-1986. Copenhagen: 107-135
Vihman, M. M. (1982): Formulas in first and second language acquisition. In: Ohler, L. K./Menn, L. (eds.): Exceptional language and linguistics. New York: 261-284
Vollmer, G. (1975): Evolutionäre Erkenntnistheorie. Stuttgart
Völzing, P. L. (1979): Begründen, Erklären, Argumentieren. Heidelberg
Vukovich, A. (1977): Der rhetorische Forschungsansatz in der Kommunikationspsychologie. In: Tack, W. (Hg.): Bericht über den 30.Kongreß der DGfPs in Regensburg 1976. Göttingen: 157-167
Wagner, W. (1980): ›Fuzzy Sets‹ als formales Modell kognitiver Strukturen. Archiv für Psychologie 133, 85-115
Wahrig, G. (1986/1987): Deutsches Wörterbuch. Völlig überarbeitete Neuausgabe. München
Warning, R. (1979): Lyrisches Ich und Öffentlichkeit bei den Trobadors. In: Deutsche Literatur im Mittelalter. Kontexte und Perspektiven. Festschrift für Hugo Kuhn. hrsg. v. Christoph Cormeau. Stuttgart: 120-159
Watzlawick, P./Beavin, J. H./Jackson, D. D. (1969/1980): Menschliche Kommunikation. Formen, Störungen, Paradoxien. 5. unveränd. Aufl. Bern/Stuttgart/Wien

Weber, M. (1913/1973): Über einige Kategorien der verstehenden Soziologie. In: ders.: Soziologie – Universalgeschichtliche Analysen – Politik. hrsg.v. Johannes Winckelmann. 5. überarbeitete Auflage. Stuttgart: 97-150

Weber, M. (1922/1980): Wirtschaft und Gesellschaft. Grundriß der verstehenden Soziologie. 5. revidierte Auflage, besorgt von J. Winckelmann. Tübingen

Wegener, P. (1885/1991): Untersuchungen über die Grundfragen des Sprachlebens. Halle a. S. [Reprint der Ausgabe von 1885, neu herausgegeben von Konrad Koerner, mit einer Einleitung von Clemens Knobloch] Amsterdam/Philadelphia

Wegener, H. (1992): Kindlicher Zweitspracherwerb. Habil.Ms. Augsburg

Wegner, D. M./Vallacher, R.R (1981): Common sense psychology. In: Forgas, J. P. (ed.): Social cognition, 225-246

Wegner, I. (1984): Die Frame-Theorie. Eine neue Theorie konzeptueller Makrostrukturen für die Lexikographie. In: Der Deutschunterricht 5, 45-61

Weinreich, U. (1969/1980): Problems in the analysis of idioms. In: ders.: On semantics, 208-264

Weinreich, U. (1980): On semantics. ed. by Labov, W. and B. S. Weinreich, University of Pennsylvania Press

Weizsäcker, C. F.v. (1980): Der Garten des Menschlichen. Beiträge zur geschichtlichen Anthropologie. München

Weizsäcker, E.v. (1974): Erstmaligkeit und Bestätigung als Komponenten der pragmatischen Information. In: ders. (Hg.): Offene Systeme I. Stuttgart

Werlen, I. (1983): Vermeidungsritual und Höflichkeit. Zu einigen Formen konventionalisierter indirekter Sprechakte im Deutschen. In: Deutsche Sprache 11, 193-218

Werlen, I. (1984): Ritual und Sprache. Zum Verhältnis von Sprechen und Handeln in Ritualen. Tübingen

Wertsch, J. V. (1991): Voices of the mind. A sociocultural approach to mediated action. Herts [Simon & Schuster]

White, G. M. (1987): Proverbs and cultural models. An american psychology of problem solving. In: Holland, D./Quinn, N. (eds.): Cultural models in language and thought, 151-172

Wilensky, R. (1987): Meaning and knowledge representation. In: Vorabdruck der Plenarvorträge. XIV. Internationaler Linguistenkongreß Berlin, 10.-15. August 1987, Berlin: 125-152

Wilensky, R. (1989): Primal content and actual content. An antidote to literal meaning. In: Journal of Pragmatics 13, 163-186

Wills, W. (1989): Anspielungen. Zur Manifestation von Kreativität und Routine in der Sprachverwendung. Tübingen

Winograd, T. (1985): Software für Sprachverarbeitung. In: Spektrum der Wissenschaft. Sonderheft Computersoftware, 48 ff.

Winograd, T./Flores, F. (1989): Erkenntnis Maschinen Verstehen. Zur Neugestaltung von Computersystemen. Berlin [Orig.: Understanding computers and cognition. Norwood, N.J.: 1986]

Wittgenstein, L. ([1921] 1959/1982): Tractatus logico-philosophicus. Logisch-philosophische Abhandlung. Frankfurt a. M.

Wittgenstein, L. (1958/1967): Philosophische Untersuchungen. Frankfurt a. M.

Wygotski, L.S. (1934/1981): Denken und Sprechen. Frankfurt a. M.

Zabel, M. (Hg.) (1989): Der gekippte Keiser. Bochum

Zimmermann, M. (1981): Zum Begriff der Kollokation in der Sprachwissenschaft und der Glottodidaktik. In: Glottodidactica 14, 61-68

Namenregister

Aebli, H. 55, 97, 108
Aitchison, J. 264, 308, 310
Albrecht, J. 341
Alverson, H. 182
Andersen, S. 58, 98
Anderson, P. 240
Andresen, H. 340
Antos, G. 74, 75, 101, 114, 211, 341, 345 ff., 348
Arbinger, R. 124, 218
Auer, P. 97, 288 f., 291, 292 f.
Augst, G. 114, 232, 262, 280, 332

Ballmer, Th. 114
Bally, Ch. 44, 114, 160, 229, 235, 352, 354
Barton, D. 261
Bateson, G. 34
Bausinger, H. 132
Beaugrande, R. de 273, 278, 282-286
Becker, J. D. 284, 339
Bergenholtz, H. 110
Berger, P. 30, 32, 50, 68 f., 89 f., 105-118, 120, 125, 136-140, 143 f., 147 ff., 152, 159 f., 181, 263, 293, 363 ff.
Bernstein, B. 75
Bierbach, Ch. 159
Bierwisch, M. 315 ff., 332-339
Blankenburg, W. 178, 182
Bloomfield, L. 314
Bolinger, D. 124 f., 127, 137, 165, 230, 306
Bornscheuer, L. 67
Bourdieu, P. 74, 351, 367

Bowers, D. 45
Brown, R. 88
Bruce, L. 252
Bruner, J. S. 55, 215, 251
Brünner, G. 263
Bühl, W. L. 134
Bühler, K. 150 ff., 176, 215, 221-225, 228, 233, 265, 279, 295, 298, 300-304, 304 ff., 337 f., 342, 347, 353-358, 375 f.
Burger, H. 122, 233, 310
Busse, D. 89

Campbell, D. T. 252 f.
Chafe, W. L. 88, 147, 273, 310
Chapey, R. 340
Chomsky, N. 51, 63 f., 100, 124, 169 ff., 226, 307 f., 313 f., 317, 322, 351, 362
Cicourel, A. V. 69, 75, 273
Clahsen, H. 256
Cook-Gumperz, J. 122
Corballis, M. C. 340
Coseriu, E. 36, 64, 166 f., 172, 226 ff., 277, 281, 295 f., 307 f., 310, 339, 353-358
Coulmas, F. 113, 124 f., 211, 217, 281, 305 f., 318
Czihak, G. 259, 331

Dittmann, J. 237
Dittmar, N. 275
Dressler, W. U. 161 f., 273
Ducrot, O. 343
Durkheim, E. 44, 74, 89, 125, 136

Eccles, J.R. 50, 71f., 239f.
Edmondson, W.J. 168
Eigen, M. 247-249, 367
Eisenberg, P. 261, 336f.
Engel, D. 340
Erb-Sommer, M. 149

Fanselow, G. 169, 256, 264, 311ff.
Feldbusch, E. 343
Felix, S. 169, 256, 264, 311ff.
Fillmore, C.J. 156, 162, 211, 233, 237, 259, 280, 291, 293, 307, 339ff.
Fillmore, L.W. 135
Finke, P. 263, 343f., 348
Firth, J.R. 83, 285-288, 302, 369
Fleischer, W. 230, 274
Flores, F. 76, 80, 100, 138, 321
Forgas, J.P. 33, 47, 134
Fraser, B. 295, 310
Freeman, T. 182
Furnham, A. 33, 133f.

Galtung, J. 135, 282
Gardner, H. 218, 264, 275, 321
Geckeler, H. 99
Geertz, C. 43, 50
Gehlen, A. 106, 183
Gergen, K. 33
Gessinger, J. 263
Gibbs, R.W. 127, 165, 320, 331
Gläser, R. 306
Glasersfeld, E. v. 34, 39, 249
Gloy, K. 86, 270
Goldman-Eisler, F. 25
Grace, G. 59, 75f., 162, 235, 339, 381
Grave, S.A. 37
Gréciano, G. 233
Greenbaum, S. 310

Grewendorf, G. 261, 311f.
Grice, H.P. 144, 227
Groeben, N. 33
Großklaus, G. 87
Grzybek, P. 121f., 127
Gumperz, J.J. 88, 97, 122, 273, 276, 288-299, 369
Günther, H. 110, 308, 354
Güttgemanns, E. 343f., 345

Habermas, J. 42, 44f., 47, 70, 181-205, 365
Hagège, C. 164
Haiman, J. 125, 241
Haken, H. 258
Halliday, M.A.K. 45
Hamilton, M.E. 261
Hasan, R. 164
Hausmann, F.J. 110, 236, 309
Head, H. 340
Heikkinen, H. 351
Hejl, P.M. 39, 72, 74
Helbig, G. 260, 271, 273, 274, 318, 348
Henderson, L. 322
Hermann, Th. 347
Hess-Lüttich, E.W.B. 67
Hickey, T. 168
Hjelmslev, L. 343, 374
Hockett, C.F. 137
Hoenkamp, E. 237
Hoffmann, J. 124, 127, 218
Holenstein, E. 62, 162f. 164, 271, 343
Holland, D. 33, 47, 90, 120, 126
Honeck, R.P. 126
Hörmann, H. 16, 20, 24f., 223f., 236, 264f., 280, 341f., 348, 350, 374
Humboldt, W. v. 21f., 266, 270, 307f., 351, 373

Huth, L. 89

Imhasly, B. 100

Jäger, L. 160, 342
Jakobson, R. 255, 270 f.
Jantsch, E. 247, 249 f., 252-255
Januschek, F. 164
Jarrett, D. 122
Jespersen, O. 119
Johnson, M. 41
Jolles, A. 120 f., 126, 130 f., 140
Juchem, J. 158, 176

Kaempfert, M. 234, 261
Kallmeyer, W. 273, 297
Kambartel, F. 162, 263
Kanngießer, S. 321
Katz, J. 323, 326
Kay, P. 162, 233
Keim, I. 297
Keller, E. 295
Keller, R. 13, 51, 71, 95, 97, 141, 159, 165-169, 173 ff., 178 f., 253, 366
Kempen, G. 237
Kienpointer, M. 67
Kintsch, W. 274
Kiparsky, P. 119
Klix, F. 108
Knobloch, C. 101, 141 f., 221, 263, 277, 352 f.
Krashen, S. 168, 280
Kreckel, M. 298
Krikmann, A. 121
Kruglanski, A. W. 33
Kühn, P. 309
Kuhn, Th. S. 35, 211, 298
Küppers, B. O. 71, 239, 246-251, 254, 258, 367

Lakoff, G. 32, 41, 59, 233, 242, 267, 339
Lambrecht, K. 234
Langacker, R. W. 32, 41, 339, 352
Laucken, U. 33, 134
Lehmann, Ch. 217, 306
Lehrer, A. 325
Leiss, E. 338
Leontjew, A. A. 110, 280
Lichtenberg, G. C. 256
Lilli, W. 218
Linke, A. 216
Lobkowicz, E. 37-40, 42
Lorenz, K. 33, 52, 59, 209
Luckmann, Th. 30, 32, 50, 68 f., 90, 105-118, 120, 125, 136-140, 143 f., 147 ff., 152, 159 f., 181, 263, 293, 363 ff.
Lüger, H. H. 129, 306
Luhmann, N. 30 f., 42, 46, 65, 68-73, 79, 80-104, 106, 111, 133, 140, 146, 181, 183 f., 191, 210, 292, 363 ff.
Lutz, H. D. 122
Lutzeier, P. R. 217
Lyons, J. 99, 234, 323 ff.

Maas, U. 47, 80, 102, 172, 180
MacWhinney, B. 175, 339
Makkai, A. 157, 233
Malkiel, Y. 164
Marfurt, B. 182
Matt, P. v. 122
Maturana, H. 17, 20, 33, 54, 56, 154 f.
Mazeland, H. 290, 298
McClelland, J. 218
Mead, G. H. 32, 73, 144, 152 ff., 181, 184, 186 ff., 195, 210, 291, 302, 365, 369

Meinefeld, W. 218
Merten, K. 177
Mohr, H. 33, 52, 56, 59, 61
Morris, C. W. 20
Moscovici, S. 32, 47, 119
Mugdan, J. 110
Müller, Kl. 293, 347
Myers, P. S. 340

Nabrings, K. 95
Nagata, H. 162, 267
Neubert, A. 156, 229, 375
Nussbaumer, M. 216

Oeser, E. 52 f., 63, 322
Oksaar, E. 281
Olson, D. R. 55
Ong, W. J. 122 f., 128 ff., 137

Parsons, T. 44, 185
Paul, H. 140, 168, 349, 352, 354, 357
Paul, I. 128 ff.
Pawley, A. 162, 168, 217, 263, 280, 282, 306, 315, 339
Permjakov, G. L. 121
Peters, A. 168
Peters, U. H. 182
Piaget, J. 251
Pilz, K. D. 137, 233
Plank, F. 164
Popper, K. R. 50 f., 63, 71 f., 239 f.
Pörschke, D. 259
Posner, R. 241
Putnam, H. 45, 162, 242 f.

Quasthoff, U. M. 218
Quinn, N. 33, 47, 90, 120, 126

Redder, A. 289, 296

Rehbein, J. 289, 296
Rehmke, J. 37, 42
Reid, Th. 37-43
Rensch, B. 57
Rensch, K. H. 263
Reuter, B. 168
Rickheit, G. 218, 275, 278, 282, 341
Riedl, R. 33, 34, 49, 52-58, 96, 107, 219, 253
Rochester, S. R. 182
Rock, P. 134
Rosengren, I. 273, 286
Ross, J. R. 163
Rothkegel, A. 306, 309, 321
Rumelhart, D. E. 108

Salomon, G. 164
Sandig, B. 74
Saussure, F. de 74, 94, 136, 142, 151, 155, 160, 285, 308, 342-345, 349 ff.
Savigny, E. v. 37
Schank, R. 226
Scheerer, Th. M. 159 f., 342
Schemann, H. 211, 233, 309
Scherner, M. 218, 275
Schirn, M. 37
Schmidt, H. 263
Schmidt, S. J. 80, 102, 135, 218, 222, 273, 274 f., 282
Schmitz, W. 135, 149
Schneider, F. 37, 42
Schneider, M. 75
Schütz, A. 89, 105-108, 116 f., 140, 147, 159, 181, 223
Schütze, F. 136
Scinto, L. F. M. 253
Searle, J. R. 33, 147, 175, 184, 242 ff., 273, 286 f., 298 f., 320, 323, 325 ff., 367

Seibert, T. M. 67
Semin, G. R. 33
Seppänen, L. 354
Spencer, N. J. 310
Steiner, E. 83, 96, 287
Stekeler-Weithofer, P. 263
Stolz, B. A. 122
Störig, H. J. 37, 39
Strohner, H. 218, 237, 275, 278, 282, 341
Strunk, H. 43
Svensson, A. 130
Syder, F. H. 162, 168, 217, 263, 280, 282, 339

Tannen, D. 164
Thomssen, W. 89
Tulving, E. 218

Upmeyer, A. 218

Valo, M. 351
van Dijk, T. A. 218, 273 f.
van Lancker, D. 306, 340
Varela, F. 20, 33, 54, 56, 60, 65, 154 f.
Viehweger, D. 236, 273 f., 295

Vihman, M. M. 168
Vollmer, G. 33
Vukovich, A. 89, 134

Warning, R. 122, 130
Watzlawick, P. 56, 83, 87, 292
Weber, M. 44 f., 56, 73, 77-79, 89, 92, 130, 135, 154, 182, 185, 194, 200
Wegener, H. 168
Wegener, P. 23, 24, 151, 157
Weizsäcker, C. F. v. 33, 54, 59-61, 63-65, 146, 209
Weizsäcker, E. U. v. 81, 247, 367
Werlen, I. 129
White, G. M. 121, 126
Wilensky, R. 317, 321-323, 326, 329-332, 371
Wills, W. 164
Winograd, T. 76, 80, 100, 138, 319, 321
Wittgenstein, L. 14, 76, 81, 102, 195 f., 201, 233, 240 f., 265 f., 268, 381
Wygotski, L. S. 244 ff., 258, 260, 266, 333, 367, 372

Sachregister*

Anschließbarkeits-Kriterium *77-80*, 99, 100 ff., 364, 382
Anspielung 130, 297
Ausdruck 373-377
Ausdruckstypik 100, 143-147, *146f.*, 155 f., 374 f.,
Ausdrückbarkeit 147

Bedeutung 20
  -Konnotation vs. Denotation 80, 102, 129, *222f.*, *225ff.*, 231, 234, 249, 271, 376
  -Gebrauchsbedeutung vs. Bedeutung im Gebrauch 369
  -wörtliche/literale 268, *319-325*, 330 f., 370 ff.
  -übertragene 59, 231, 330
  -›scenes and frames‹ 291-293
  -Merkmalanalyse 63
  -Prototypen 108, 242, 267

Common sense
  -Begriff 32-35, 48-51, 65 f.
  -Genese 101 f., 141 f., 364
  -historisch 35, 37-42, 44
  -epistemologisch 52-66
  -soziologisch 88 f., 101-104, 111, 115-118, 152 f., 158
  -linguistisch 90-100, 146-149, *213-238*, 276 ff., 315-340, *364-371*

›Da-Sein‹ vs. ›So-Sein‹ 71 f., 180, 200

Diskurs 85, 108, 227
›doppelte Artikulation‹ 255 f., 368
Drei-Welten-Theorie (Popper) 50 f., 240

Einverständnis
  -formales (Weber) *78 f.*, 154, 194
  -substantielles (Habermas) *185-205*
Erstmaligkeit und Bestätigung (v. Weizsäcker) 246-259, 348 f., 367
Evidenz, negative und positive (GTG) 169-173

›fluency‹ (fließendes Sprechen) 280 Fn., 378
Formulieren 346 ff.

Gedächtnis 122 ff., 218
Gestalt 25, 203, 247, 251, 256 f., 265, 370, 374
Geste (Mead) *152-158*, 302 f., 365
Gewöhnung 109 ff.
Generative Grammatik 110, 124, 169 ff., 237, 263, 310-314, 315 ff., 351
Grammatik 189 f., 310 ff., 315 ff.
›Grammatik und Lexikon‹ 191, 266, 270, 304 ff., 340, 349, 369 f.

* Kursiv gesetzte Seitenangaben kennzeichnen Schwerpunkte der Argumentation zum Schlagwort.

Habitus (Bourdieu) 74, 103, 161, 187f., 210, *351*, 367
Habitualisierung 109 ff., 126
Hemmung 331

Idiomatik
- Begriff 21, 125 ff., 136 f., 144, 157, 211, 230, 309, *340*
- Systematik 157, 211, 339, 377 ff.
- Formel *119 ff.*, *132*
- Paarformel 233 f.
- Präpositionalobjekte 229
- reflexive Verben 228
- Routineformel 226 f., 257
- rituelles Sprechen, Ritual *127 ff.*, 135
- Sprichwort 121
- syntaktisches Ausdrucksmodell 233 f., 337, 339
- Prägungseinbettungen 378

Idiomatische Kreativität 268
Idiomatische Prägung
- Begriff 18, 64, 217 ff., 225 ff., 235 f., *238*, 269, *332*, 356, 358, 366 ff., 369
- pragmatische Prägung 225 ff.
- semantische Prägung 228 ff.
- syntaktische Prägung 231 ff., 233 Fn., 337, 339

idioms of decoding 157
idioms of encoding 157
Ikonismus 163 ff.
Innere Sprache (Wygotski) 246
Institutionalisierung, Sprache als Institution *111 ff.*, 147 ff., 150 ff., 158 ff.
Intentionalität 74 f., 141, 154, 161, 202 f., *325 ff.*
Implizite Kenntnis 197, 262
Impliziteit (in der Kommunikation) 292 f.

›Kognitive‹ Linguistik 40 f.
Kohärenz 213-225
Kollokation 110, 226 ff., 230, 232, *287*, 325, 328
Kompetenzbegriff 16, *18*, 21 f., 36, 51, 71 f., 93, 95, 158 ff., 167, 169 ff., 175 f., 213-238, 230, 266 ff., *295*, 361-372
Kompositionalitätsprinzip 318
Konnektionismus 218, 237
Konsens und Common sense 70, 181-205
Konstruktivismus 17 ff., 19 f., 23 f., 39, 65, 154
Kontext
- Kontextualisierung (methodisch) 285 ff.
- Kontextualisierung (kommunikativ) 97, *217 ff.*, *288-300*, 332 ff., 366
- britischer Kontextualismus 285 ff.

Kontingenz/Möglichkeit 13, 14, *18*, 61, 65, 82 ff., *102*, 179, 200, 363
Konventionalität 20, 43, 142, *370*
Konversationsanalyse 275
Kreativität 100, 247, 257, 367/368

Laientheorien 33, 49, 114
Lebenswelt 46 f., 186
Lexikon 192, *304-309*
Literalität und Oralität 122 ff., 129
lokale vs. globale Faktoren 91, 92, 237, 290

Metapher 41, 59, 231
minimalsemasiologischer Ansatz 272, 353 ff., 372

monothetisches und polythetisches Wissen (Schütz) 116 ff., 346 f.

Natürlichkeit
-Begriff 29, 62, *158-169*, *163*, 179/180
-Naturordnungen 42
-Strukturbildung 246 ff.
-Natürlichkeitstheorie 161
Nebeneffekte 141 ff.
Norm, Normativität 43, 95, 139 f.

Oberflächen, sprachliche 101, 265 f., 292, 369
order-on-order-Prinzip 17, 58, 96, 103, *250 ff.*, 253, 254, 256

Phono-/Graphotaktik 280 f.
Phraseologie (siehe Idiomatik)
Präferenzen *18*, *162*, 178, 180, 204, 230, *236 f.*, 299, 315-370, *315 ff.*, *332 f.*, 334, 338, 370

Rationalisierung 44 f., 194 f.
Rationalismus vs. Empirismus 37 ff.
Reafferenz 18, 54 f.
Realität 33, 58 ff.
Reduktionismus 19, 239 ff.
-als Problem der Linguistik 246 ff., 255, 259 ff., *266*, 271, 367 f.
Regeln 187 f., 194 ff., 263 ff., 315 ff.
Repräsentations-Topos 47, 55, 64, 76 f., 94, 103, 120 f., 126, 133, 153 ff.
Rückbezüglichkeit, Selbstreferenz *18*, 77 ff., 79, 101, 304

Schema 64 f., 108 f., 145, 293
Schizophrenie 182
Sprachbegriff
-handlungsorientierter 273 ff.
-grammatischer 304 ff.
-lexikalischer 341 ff.
-Sprachsystem 350 ff.
Spracherwerb 168 f., 170 ff.
Sprechakttheorie 273 f., 282 ff., 286, 298
Sprechhandlung und Sprachwerk (Bühler) *300-304*
Stil 22, 74
Struktur, Strukturalismus 16, 31, 83, 99, 342 ff., *356*, 371
Sympathie 23 ff., 151, 181, 204
syntagmatische und paradigmatische Achse 61, 235, 236, 341 ff., 346 f., 369 ff.
Systemtheorie 19, 67-90, 69, 70 ff. 73 ff., 90-105, 363

Texttheorie 80, 273 f.
Typisierung 105, 107 ff., 111, 143 f.
Topik 67, 89

Verfügbarkeits-Kriterium 110 f.
Verstehen 130 f., 141, 156, *315 ff.*, 329 ff.
Verursachung ›von oben‹ 246 ff., 253, 367
Viabilität 63, 77
Volksetymologie 114

Wahrheit 43, 45, 63, 185 f., 243
Wahrnehmung 33, 52 ff., 60 ff., 82 f.
Wahrscheinlichkeit 15, 53 ff. 78, 85, 98, 100
Weltwissen 215, 218 f., 234, 238

Werte 44f., 129f.
Wiederholung 77, 100, *110*
Wissenssoziologie 69, 105-119, 136ff.
Witz 178, 182, 331
Wortbildung 147, *308f.*, 352-358
Wortfeld 281

Zeichen

-pars-pro-toto-Relation 153f., 155, 292ff.
-Figur/Hintergrund 25, *146f.*, 155, 330
-Indexikalität 90f., *127*, 130
-Symptom 79
-gestisches Prinzip 152ff.
-Zeichenbegriff u. -theorie 15ff., 20, *155ff.*, 160, *365*